조세전략과 대응

조세전략과 대응

| 오 윤 지음

- 국제자본거래를 중심으로 -

KSi 한국학술정보㈜

세계경제는 오랜 기간 붐을 만끽하면서 버블을 키워왔다. 2007년 미국의 서브프라임 모기지 사태로 그 버블이 꺼지면서 고비를 맞고 있다. 우리나라도 예외는 아니어서 그간 우리 주식시장을 지배하던 외국계 자본이 줄기차게 주식을 매도하여 주가는 반 토막이 되고 원화가치까지 폭락하였다. 금융자산가치의 급격한 변화에 의하여 실물경제가 요동치는 현상이 나타나고 있다. 그러한 변화는 그간 반영되지 못하던 실물자산 가치가 금융자산 가치에 일시에 반영되는 과정에서 나타나게 된다. 기대의 변화가 결정적인 영향을 미친다. 기대는 심리에 의해 좌우된다. 안주할 데 없는 군중의 심리는 요동치게 되어 있다. 조세의 관점에서 보면 자산가치의 변화는 자본이득 또는 자본손실로 나타나게 된다. 마치 먼 바다에서 올라온 태풍과도 같이 난폭한 거대자본은 시장을 온통 흔들면서 군중의 심리를 자극한다. 그리고 늘 자본이득을 챙긴다. 자본이득은 일과성의 소득이다. 자본이 심화된 선진국들 사이에는 외국자본이 국내에서 벌어들인 일과성의 자본이득은 과세하지 않는 원칙을 수립해놓고 있다. 국내에서 입은 자본손실을 세금 계산상 고려해주지 않는 것과 같은 사고에 입각해 있다. 그런데 거대자본은 투자은행 또는 자산운용업자가 관리하며 거의 예외 없이 여러 국가를 경유하여 자본의 외양을 변화시켜 가면서 투자를 한다. 투자수익과 위험의 최적 조합을 찾는 전략을 구사한다. 이 과정에서 조세는 결정적인 변수가 된다. 수익 측면에서는 순수익을 결정하고 위험 측면에서는 조세위험이 영향을 준다.

필자는 오늘날 자본과세제도가 국제자본의 투자행태에 미치는 영향은 무엇이고 그러한 현상이 왜 나타났으며 그것이 과연 바람직한 것인지에 대해 관심을 가지고 연구해 왔다. 이 책에서 필자는 국제자본의 투자행태와 그것에 대응하는 각국 정부의 조세제도를 분석한 후 앞으로 진행될 현상을 예측하고 제도개혁의 방향을 제시하였다. 이 연구를 위해서는 자본시장을 이해하고 자본시장의 참여자들에게 의미가 있는 조세가 무엇인지에 대해 이해할 수 있는 기본적인 틀을 정립하여야 했다. 그 연구의 결과물은 필자의 다른 책인『자본과세론』에 담았다. 국제자본에 대한 조세제도는 이미 여러 학자와 전문가들의 탐구심을 자극해 왔는데 필자는 그들의 연구성과를 습득해가면서 앞으로의 자본시장에서는 원천지주의과세 및 이원적 소득세제를 확대하는 것이 바람직하다는 소견을 갖게 되었다. 원천지주의 과세는 소득이 발생한 나라 즉 원천지국가가 자국에서 발생한 소득에 대해서만 과세하고 자국 거주자가 다른 나라에서 벌어들인 소득에 대해서는 과세하지 말자는 것이다. 원천지국가의 과세권을 강화하자는 얘기는 아니다. 이원적 소득세제는 소득은 인적 자본을 밑천으로 한 노동소득과 물적 자본을 밑천으로 한 자본소득으로 구분할 수 있는데 노동소득은 누진세율로 과세하고 자본소득은 단일세율로 과세하자는 것이다. 이 두 가지의 아이디어에 대해 형평성을 강조하는 관점에서의 비판은 불을 보듯 명확하게 짐작할 수 있다. 전자에 대해서는 외국 나가서 번 소득을 과세하지 않으면 국내에서 번 소득만 과세되기 때문에 문제이며, 후자에 대해서는 인적 소득만 누진세율로 과세되면 그것만 차별적으로 중과되기 때문에 문제라는 것이다. 필자가 왜 그러한 반론에 불구하고 소견을 펴게 되었는가를 궁금해 한다면 이 책과 『자본과세론』을 읽어 보기를 권한다.

필자가 탈고한 후 6개월이 지나서야 이 책이 빛을 보게 된 데에는 이 책이 전문서적이어서 넓은 독자 기반을 갖기 어려울 것이라는 기대와 아울러 우리나라 출판업계가 겪고 있는 불황 때문이다. 이 책은 한국학술정보(주)의 도움이 없었으면 출간할 수 없었을 것이다. 채종준 사장님에게 진심으로 감사드린다. 그리고 이 책의 완성을 위해 꾸준히 도움을 준 삼성증권의 문성훈 연구위원, 서울시립대학교 지방세연구소의 허원 연구원, 한국조세연구원의 정경화 연구원, 법무법인 율촌의 이정화 세무사 그리고 한양대학교의 임동원 군에게 감사드린다. 자식들 키우느라 애 많이 쓰면서도 나에게는 한결같은 아내에게 고마운 마음을 담고 싶다.

2008년 12월
행당동 한양대에서
오 윤

|목차|

| 사례 목차 |

| 표 목차 |

제1장

서 론

‖ 제1장 서 론

제1절 본서의 목적

필자는 본서에서 국제자본의 조세전략에 대해 구체적 사례를 중심으로 분석하였다. 더불어 현행의 조세제도가 자본의 국제화 시대에도 여전히 타당성을 가지고 있는지에 대해 검토하고 제도 개선방안을 제안하였다.

조세법에 의해 구체화되는 조세제도는 국가나 지방자치단체의 재정을 조달하기 위한 것이다. 사인 간의 자유로운 경제활동을 보장하고 정부가 그에 대한 간섭을 최소화하는 것이 사회 전체의 후생을 증대할 수 있다는 자유주의 시장경제의 원칙에 입각한다면 조세제도는 재정을 조달하는 과정에서 중립성을 지킬 것을 요청받는다. 이를 위해서는 세제가 가급적 단순하게 구성되어야 한다. 모든 과세대상을 동등하게 과세하게 된다는 점에서 수평적 형평을 제고할 수 있는 길이기도 하다. 현대국가는 시장의 실패를 치유하고 복잡한 정치사회적 욕구를 충족하기 위해 자유주의적 시장경제에서 탈피하여 사회적 시장경제를 지향하고 있는데 그 과정에서 조세제도는 수직적 형평을 도모할 것을 요청받고 있다. 수직적 형평의 추구는 과세대상 및 세율과 같은 과세의 기본적인 요소가 복잡해지게 하는 요소가 된다.

오늘날과 같은 국제화의 시대에 경제주체들은 국내거래 못지 않게 국제거래를 통해 경제적 이익을 추구하고 있다. 정부로서는 자국으로 자본을 유치하고 유치한 자본에 대한 과세권을 확보하기 위해 노력하고 있다. 자국에 더 많은 자본이 유입하도록 하기 위해서는 정부가 과세권을 어느 정도는 축소할 동기를 가지게 된다. 국제거래는 무엇인가의 국제적 이동을 수반하는데 구체적으로는 사람, 자본 및 재화가 이동하게 된다. 과세당국의 입장에서는 사람이나 재화는 그것을 고리로 하여 과세권을 지키기 용이하다. 그러나 자본은 계약의 집행을 보장하는 법의 보호만 있다면 당사자 간 계약만으로 이동하기 때문에 과세권 확보에 어려움을 겪게 된다. 자본의 이러한 특징은 자본가들로 하여금 국제거래를 이용한 조세회피에 나서게 만드는 요인이 되고 있다. 국제자본의 조세회피 행태에 대해 그간 각국의 정부는 개별적인 행위 유형마다 그것을 규제하는 사후 입법을 해 왔다. 그 결과 조세제도는 더욱 복잡한 방향으로 진화하고 있다. 새로운 입법에 대해서 국제자본이 다시 그것을 우회하기 위한 새로운 전략을 구사하여 왔기 때문에 더욱 그러하다. 본서에서 필자는 이러한 국제자본의 조세전략에 대해 분석하는 것을 일차적인 목적으로 한다.

국제자본은 조세회피를 통해 수직적 형평의 가치를 훼손해 오고 있는데 정부는 집행비용만 늘리는 모순이 확대되어 왔다. 이 책에서 우리는 이와 같이 수직적 형평을 지향하는 조세제도가 금융국제화의 시대에도 여전히 바람직한 제도인지에 대해 검토하고 국가정부 차원에서의 제도개선방안을 아울러 살펴보고자 한다.

제2절 연구대상과 방법론

필자는 본서에서 자본을 다른 나라에 투자하는 과정에서 발생하는 기업이나 투자자들의 조세전략을 주로 법적인 분쟁사례를 통해 분석하였다. 국제자본은 주권국가 관할권을 넘나들면서 각국의 규율과 조세제도를 이용하고 이에 대해 각국의 정부는 입법과 법해석을 통해 대응하고 있다. 이 과정에서 세법을 해석하는 데 있어 입법목적을 고려하지 않을 수 없는 사정 그리고 세법을 적용하는 데 있어 경제적 실질을 규명하는 과정에 관한 치열한 논리의 대결을 이해할 필요가 있다. 정책적 목적과 경제적 실질은 다소 거시적이지만 경제와 시장 전체에 대한 이해가 갖추어질 때 보다 완전히 파악할 수 있게 되는 것이다.

본서는 필자가 조세에 관한 공무원, 변호사 및 교수로서 재직해 오는 동안 의문을 갖고 연구해 온 개념과 원칙을 정리하여 우리 시대에 보탬이 되는 제안을 만들어 보고자 노력한 결과물이다. 본서에서 필자가 제시하는 내용과 또 필자가 독자에게 연구해 보기를 권하는 주제는 독자들로 하여금 국제자본을 둘러싼 국가정부 및 자본가들의 행태를 이해하게 함으로써 그들의 그룹에 편입하기 용이하게 할 뿐 아니라 그들의 행태를 비판적으로 분석함으로써 우리 사회에 보다 나은 대안을 찾을 수 있는 역할에 익숙하게 할 것으로 기대한다.

본서는 필자의 다른 저서 『국제자본과세론』과 상호보완적인 관계를 가지고 있다. 『국제자본과세론』에서 필자는 국제자본시장의 구조를 분석하고 그 안에서 우리나라 현행 세법상 국제자본에 대한 과세제도와 그 논리를 설명하고자 하였다. 필자는 본서에서 이러한 제도적 틀 안에서 형성된 개별 거래에 대한 분석을 하고자 하였다. 이는 법적인 분쟁을 통해 정보가 노출된 사례에 한정되고 있다. 아울러 그러한 사례를 통해 살펴본 과세당국의 대응전략에 대해서도 분석을 하고 과세제도가 나아가야 할 방향을 모색하였다. 두 저서 모두에서 필자는 우리 세제나 그것의 배경이 되는 이론의 이해를 도모하기 위해 외국의 사례를 적지 않게 인용하였다. 본서에서 필자는 조세전략(tax strategy)과 조세설계(tax planning)의 개념을 동의어로 보고 문맥에 따라 둘 중 하나의 개념을 선택하여 사용하였다.

본서는 독자들로 하여금 본문에서 다루지 못한 문제에 대해 스스로 연구해 볼 수 있도록 부록에 [탐구]를 두고 있다. 아울러 주요 개념에 대해서는 본문에서 해당용어를 *로 표시하고 부록에서 [용어설명]을 하였다.

제2장

조세전략*

---

* 오윤, 금융거래와 조세, 한국재정경제연구소, 2003 참조.

조세전략이라 함은 세후순이익의 극대화를 위한 경제적 활동을 말한다. 조세전략의 주된 방법을 소득과세를 중심으로 살펴본다면 소득종류의 변경, 귀속시기의 변경, 귀속자의 변경 및 귀속지의 변경 등이 있다. 한편 조세회피는 정당하지 않은 조세절약을 의미한다. 조세회피의 소지가 있는 조세설계는 올바른 조세전략이라 할 수 없을 것이다. 조세회피는 조세재정 활동을 통해 주로 나타난다. 조세절약과 조세회피 간 구별이 항상 명확한 것은 아니다. 이는 조세회피를 둘러싸고 납세자와 과세관청 간 분쟁이 빈발하는 원인이 된다.

제1절 개념

제1항 세후순이익의 극대화

조세전략(tax strategy) 혹은 조세설계(tax planning)라 함은 조세로 인한 경제적 부담을 최소화하기 위해 조세부과의 요건이 되는 각종 경제적 활동을 계획적으로 조정하는 것을 말한다. 경제적 부담의 최소화는 어떤 경제적 활동에 대한 조세부담의 최소화(tax minimization)를 의미하는 데서 더 나아가 일정 기간에 걸쳐 귀속하는 세후순이익의 극대화(after－tax profit maximization)를 의미한다. 단순히 부담세액을 줄이는 것을 목표로 하다가는 경영에 관한 기본 의사결정에 차질을 초래하여 세전이익을 위축시키고 결과적으로 세후순이익을 감소시키는 결정을 내릴 가능성이 있다. 조세전략 또는 조세설계는 장단기에 걸친 여러 경제활동을 포괄하는 방향으로 발전하게 되며 경우에 따라 조세 이외의 영업, 인사 등 기타 경영목적과의 조화를 추구하기도 한다.

조세전략 또는 조세설계는 경영학적인 개념이지만 법적인 분석을 전제로 하는 것이다. 따라서 조세전략 또는 조세설계 행태에 대한 법학적인 분석은 조세전략 또는 조세설계를 이해하는 데 있어 매우 유용한 접근방법이다. Myron S. Scholes와 Mark A. Wolfson의 1992년 저술 Taxes and Business Strategy[1])에 의하면 기업이나 투자자는 세후순이익의 극대화를 지향하는 방향으로 조세전략을 짜거나 조세설계를 하게 된다. 세후순이익은 할인된 미래현금흐름을 의미한다. 미래현금흐름을 차감하는 요인이 되는 조세의 부담을 가급적 줄이고 미래로 연기하는 것이 바로 조세전략의 핵심이다. 결정을 해야 할 자에게는 과연 그러한 전략 내지 설계가 법상 허용되는 것인지가 늘 문제된다. 상상력을 발휘한 대안들이 현명한 절약의 범주에 포섭될 수 있는 것인지, 탈세가 되는 것인지 아니면 그 중간의 영역인 조세회피에 해당하여 과세당국과의 분쟁을 유발하는 것인지에 대한 판단을 하여야 한다. 이러한 관점에서 볼 때 조세전략 또는 조세설계는 늘 개별 사안에 대한 법적인 분쟁 위험이 도사리고 있다. 실제 기업이나 투자자를 둘러싼 법제 환경에서는 이와 같은 분쟁이 무수하게 일어나고 있다. 기업이나 투자자들은 여러 대안들이 가지고 있는 조세위험(tax risk)과 조세절약(tax savings)의 조합들 중 자신의 성향과 처한 경영여건에 따라 위험선호(risk lover)적인 선택을 하든가 위험회피(risk averter)적인 선택을 한다. 납세자들 중에는 매우 위험회피적인 성향을 가진 자들도 있다. 이들에게 조세전략은 조세회피라는 공격을 받을 가능성이 가장 적은 대안을 선택하는 것이 될 것이다. 이는 Myron S. Scholes와 Mark A. Wolfson의 세후순이익의 극대화의 관념에 배치되는 것이 될 수도 있다. 즉 그러한 위험회피적인 성향을 가진 납세자들에게 조세전략 내지 조세설계의 원칙은 법적 분쟁의 가능성의 최소화가 되는 것이다. 기업이 도덕경영을 기치로 내걸면서 조세는 국가에 대한 기부금으로 인식하고 사회기여 차원에서 가

---

1) Myron S. Scholes & Mark A. Wolfson, Taxes and Business Strategy, Prentice and Hall, 1992.

능한 한 많은 세금을 내는 전략을 세울 수도 있는 일이다. 중간적인 기회를 모색하는 납세자들은 보다 과학적으로 위험의 요소를 반영하여 미래현금흐름을 조정하고 세후순이익의 극대화를 도모하기도 한다.

제2항 개념의 구별

1. 절세, 조세회피 및 탈세

조세전략 또는 조세설계는 절세, 조세회피 및 탈세의 개념과는 구분되어야 한다. 조세설계는 단순하게 납세자가 경제행위를 계획하는 과정에서 조세의 요소를 감안하여 이른바 세후순이익을 극대화하는 행위를 의미할 뿐 그것이 법적으로 적법, 탈법 또는 불법인지의 여부와는 무관한 개념이다. 통상적으로 조세설계를 논할 때에는 탈세의 개념은 배제된다. 탈세는 이미 성립한 납세의무를 이행하지 않기 위하여 신고 또는 납부를 하지 않거나 사기 기타 부정한 행위로써 납세의무의 확정을 막는 것이기 때문에 올바른 조세설계의 범주에 든다고 보기 어렵다. 한편 절세는 적법하고 정당한 조세절약을 의미하는 것이며 상당 부분 정부가 의도하는 경제행위에 부합하는 것이다. 조세회피는 이른바 정당하지 않은 조세절약을 의미한다. 충분히 짐작할 수 있는 일이지만 '정당'한지 또는 '부당'한지를 가리는 것은 쉬운 일이 아니다. 조세회피는 절세와 구분하기 어려우며 경우에 따라서는 탈세와도 구분이 곤란하다. 탈세에 대해서는 조세범처벌법이 규율하지만 조세회피에 해서는 마땅한 규제수단이 없는 경우가 많다. 정부는 조세회피의 방법을 연구하고 효과적인 대응수단을 마련하고자 노력하게 된다.

조세설계행위 중 상당수는 정부에 의해 조세회피행위로 분류된다. 그리고 조세회피행위는 주된 법적 분쟁거래가 된다. 조세회피행위를 보다 엄밀히 표현하자면 어떤 거래가 정당한 경제적인 동기 없이 세금을 절약하기 위한 목적으로만 이루어진 경우를 말하는데 무위험이득을 얻게 되는 행위가 항상 조세재정행위가 되고 그것이 바로 조세회피행위가 되는 것은 아니다. 자금을 조달하여 이를 다시 투자하는 자가 지급하는 이자는 전액 소득공제하고 투자는 면세되는 생명보험증권에 하는 경우 세금혜택을 볼 수 있게 된다. 이 경우 생명보험증권을 사는 행위가 고유한 목적이 없는 행위 ― 즉 조세회피행위 ― 라고 주장하는 데에 대해서는 적지 않은 반론이 있을 수 있을 것이다. 조세회피는 조세재정행위의 방식으로 나타나는 경우가 많다.

2. 조세재정행위

(1) 재정행위

재정행위(arbitrage)*2)는 일반적으로 어떤 자산을 취득함(long position)과 동시에 다른 자산을 매도(short position)함으로써 실질적으로 투자한 자금은 없이 무위험이득(riskless gain)을 얻는 행위를 말한다. 이런 측면에서 경제적 실질은 없으면서 단순히 조세혜택만을 보고자 형성된 거래를 위한 활동을 조세재정행위(tax arbitrage)라 한다. 일반적으로 재정행위는 조세제도를 이용하는 조세재정행위 이외에도 금융시장에서 지역 간 규제의 차이, 만기에 따른 이자율 차이 등을 이용하는 금융재정행위가 있다. 국제금융시장에서 각 지역 간 이자율의 차이가 존재할 때 양 지역을 거쳐 자금대차를 할 수 있는 자는 이자율의 차이를 이용하여 무위험수익을 올릴 수 있다. 동일한 관할 안이라도 서로 다른 시장이 존재할 경우 재정행위는 가능하다. 3년 만기채의 복리이자율이 10%이고, 1년 만기채의 이자율이 9%이며, 2년 만기채의 1년 후 선물이자율(forward rate)이 9.5%일 때 투자자는 1년 만기채를 발행하여 자금을 조달하면서 1년 후의 선물에 대해 매도지위(short position)를 얻고 한편으로는 1년 만기채를 통해 조달한 자금으로

---

2) 재무이론상 '차익거래'라고 한다.

3년 만기채를 살 경우 3년의 기간에 걸쳐 2.4%[＝(1.331 − 1.307)*100]의 무위험이득을 올릴 수 있다. 다른 예로서 주식스왑을 들 수 있다. 주식스왑(equity swap)을 하는 기본적인 동기는 비용절감이다. 스왑을 통해 주식 명의는 취득하지 않으면서 보유한 것과 같은 수익률을 수취하는 자는 실제 주식투자를 할 경우 지불해야 하는 매매수수료, 자본소득세, 배당금에 대한 원천징수 및 보관수수료 등의 제비용을 회피할 수 있다. 주식스왑은 비용절감을 통해 포트폴리오구성에 신축성을 높여준다는 이점을 갖고 있다. 한 예로 A국 주식에 투자하고 있는 투자자가 이를 처분하여 B국 주식에 투자하려 할 때 주식스왑을 하면 실제 매매에 부수되는 비용부담 없이 동일한 효과를 얻을 수 있는 것이다. 채권투자자가 주식으로 투자전환을 원할 경우도 주식스왑을 하여 실제로 채권매도와 주식매입에 드는 비용과 시간을 줄일 수 있게 된다. 주식스왑은 각종 규제를 우회하는 용도로 많이 활용되고 있다. 예를 들어 외국인 주식투자가 금지된 국가의 주가지수를 대상으로 주식스왑을 하면 외국인 투자자의 취득금지를 내용으로 하는 규제를 우회하는 셈이다. 조세재정행위와 기타의 재정행위의 근본적 차이는 후자는 시장에 의해 그것에 의한 무위험차익이 축소되는 성격을 가지고 있는 데 반하여 전자는 그렇지 않다는 것이다.

(2) 두 방법

조세재정행위는 크게 보아 ① 조직형태(자산보유방식)의 차이를 이용한 조세재정(organizational form arbitrage)과 ② 귀속세율의 차이를 이용한 조세재정(clientele − based arbitrage)이 있다.[3]

① 의 조직형태 차이를 이용한 조세재정행위는 과세대상물건의 성격을 조정하여 조세부담을 줄이는 방식이다. 즉 소득과세를 빌려 설명하면 소득의

---

3) ①은 국세기본법상 내용의 실질에 관한 제14조 제2항에 주로 관련되며 ②는 귀속의 실질에 관한 제14조 제1항에 주로 관련된다.

종류를 변경하는 것이 그 예이다. 어떤 경제주체가 특정인에게 자금을 빌림과 동시에 같은 조건으로 제3자에게 다시 빌려 줄 경우 당해 경제주체를 기준으로 볼 때 자금의 흐름은 전혀 없이 조세이득만 남게 되는 경우가 있다.[4] 자금을 조달하여 이를 다시 투자하는 자가 지급하는 이자는 전액 소득공제하고 투자는 면세되는 생명보험증권에 하는 경우와 같은 것이다. 그 투자자가 그간 보유하고 있던 과세채권을 처분하고 받은 대가로 생명보험증권을 산 경우라면 그는 과세채권에 대해 매도지위(short position)를 가지고 생명보험증권에 대해 매수지위(long position)를 가지게 된 것이다. 즉 자산보유방식을 바꿈으로써 조세차익을 챙긴 셈이다. 우리나라에서는 개인이 지급하는 이자비용을 소득에서 공제하지 못하도록 되어 있기 때문에 이러한 방식의 조세재정행위가 이루어질 수 없다. 다만 개인 사업소득자가 사업명목으로 차입한 자금으로 생명보험증권을 구입한 경우 이와 유사한 효과를 얻을 수 있는 가능성이 있다. 그러나 이에 대해서는 업무와 관련 없는 지출로 보아 필요경비 산입을 부인하도록 되어 있다.[5] 다른 예로서, 미국의 지방정부가 발행하는 공채(municipal bonds)가 법으로 정해진 목적에 사용하는 자금의 조달을 위해 발행된 경우라면 면세된다. 만약 당해 지방정부가 이를 해당 목적에 사용하지 않고 다시 자금을 대여하는 데 사용한다면 이는 순수한 조세혜택만을 보기 위한 거래로서 조세재정행위가 될 것이다. 미국 내국세입법은 지방정부의 이러한 행위에 사용되는 채권을 사적활동공채(private activity bond)라 하여 면세혜택을 배제하고 있다.

②의 귀속세율차이를 이용한 조세재정행위는 과세대상인(人)을 조정하여 조세부담을 줄이는 방식이다. 이를 소득과세를 들어 설명하면 소득의 귀속주체를 변경하는 방법이다. 각 납세자의 한계세율이 다른 점을 이용하여 소득을 납세자 간 이전시킨다. 당사자 간 각자 보유하고 있는 자산의 소유권은 유지한 채 당해 자산으로부터의 소득을 스왑할 경우 각자에 대한 적

---

4) Knetsch v. United States(1960, Supreme Court of US, 364 US 361.) 사건이 그 예이다.
5) 소득세법 시행령 제78조 제3호, 또는 초과인출금으로 분류될 수도 있을 것이다(소득세법 시행령 제61조 제1항 제2호).

용세율이 낮아진다면 이를 이용하고자 할 것이다. ①과 ②가 병합되기도 한다. 예를 들어, 고세율의 납세자가 조세혜택이 있는 자산을 저세율의 납세자로부터 취득(long)하는 한편 조세혜택이 없는 자산을 그에게 매각(short)하는 경우와 같은 것이다.

제2절 방법

개인 및 법인에 귀속하는 소득에 관한 조세에 있어 조세설계의 기법으로는 다음과 같은 것들이 있다. 소득세에 관한 조세설계의 기법은 다른 종목의 조세에도 용이하게 응용될 수 있다. 조세설계가 모두 조세재정의 요소를 활용하는 것은 아니지만 아래의 ①과 ②는 대체로 조직형태(자산보유방식)의 차이를 이용한 조세재정을 가능하게 하며, ③과 ④는 귀속세율의 차이를 이용한 조세재정을 가능하게 한다.

① 소득종류의 변경
② 소득귀속시기의 변경
③ 소득귀속자의 변경
④ 소득귀속지의 변경

국내거래에서는 소득종류의 변경, 소득귀속시기의 변경 및 소득귀속자의 변경이 사용될 수 있으며 소득귀속지의 변경은 주로 국제거래에서나 상정될 수 있다. 연방제국가에서 지방마다 세율이 다를 경우 소득귀속지 변경방법이 사용될 수 있을 것이다. 아래에서는 주로 국내자본거래상 사례를 들고자 한다. 본서의 주제인 국제조세전략에 대해서는 別途의 장으로 논한다.

제1항 소득종류의 변경

소득을 얻거나 비용을 지출하는 납세자의 입장에서 볼 때 조세와 관련하여 세후순이익극대화를 자신의 경제행위의 목표로 한다는 가정을 할 수 있다. 이에 따라 소득의 종류에 따라 과세방식과 세율이 다르다면 보다 적은 세부담을 가져오는 종류의 소득으로 과세되도록 거래를 구성하려 할 것이다.

1. 이자소득으로의 변경

소득의 지급자와 수령자를 한데 묶어 전체 세후순이익을 극대화하는 관점에서 보면 배당을 창출하는 출자지분의 발행을 통해 기업자금을 조달하는 것보다 이자를 창출하는 회사채를 통해 기업자금을 조달하는 것이 유리하다. 이자는 지급자가 비용으로 공제할 수 있는 반면 배당은 공제할 수 없으며, 배당의 경우 경제적 이중과세의 조정이 세제에 따라 다과는 있으나 완벽히 이루어지지는 못하기 때문이다. 이자의 이러한 성격 때문에 이를 공제가능한 배당(deductible dividend)의 하나로 부르기도 한다. 자금을 조달하는 기업의 입장에서 볼 때 비용으로서 인정받는 이자비용을 창출하면서도 투자자 개인에게는 주식의 배당과 같은 수익을 얻을 수 있도록 하는 혼성증권(hybrid securities)이 개발되는 것은 이러한 이유 때문이다.

2. 배당소득으로의 변경

배당소득에 대한 과세가 양도차익에 대한 과세보다 경미한 경우 배당을 늘리고자 할 것이다. 법인이 주주인 경우 수령한 배당에 대해서는 수령배당공제가 가능하므로 출자법인이 누적한 이윤을 자본이득보다는 배당으로 실현하고자 할 것이다. 미국 내국세입법[6]상으로는 조세회피적 요소가 있는 배당에 대해서는 배당으로 보지 않는 제도 또는 조세조약의 적용을 배제하는 제도가 존재한다.

[참고] 미국 내국세입법상 배당의 성격을 부인하는 제도

(1) 합병 전 배당(pre-merger dividends)제도

미국 내국세입법상 합병대상법인의 법인주주가 배당 시점에서 합병대상법인의 주식을 매각할 의무가 주어진 경우에는 배당을 자본이득으로 보아 수령배당공제(dividend received deduction)를 받을 수 없도록 하고 있다. 이러한 취지를 반영한 판례도 찾을 수 있다. 즉 일관된 계획에 따라 합병대상법인의 법인주주가 '배당'으로서 당해 법인에 대한 채권을 획득하고 인수법인이 합병대상법인에 그 채무를 지급할 금전을 제공한 경우 당해 분배금은 배당이 아니라 법인주주가 인수법인에 매각한 주식의 대가에 산입해야 한다는 판례가 있다.[7]

(2) 과다배당(extraordinary dividend)제도

주식처분 전 과도한 배당을 규제하기 위해 소위 과다배당(extraordinary dividend)제도를 두고 있다. 법인주주가 당해 배당의 공시일로부터 2년 이하 보유한 주식에 대한 배당으로서 배당금액이 당해 보통주의 취득원가의 10% 또는 당해 우선주의 취득원가의 5%를 초과하는 것을 과다배당으로

---

6) 미국의 세법은 모든 세목을 하나의 법전인 내국세입법(Internal Revenue Code)에서 규정하는 방식으로 구성되어 있다.

7) Waterman Steamship Corp. 사건이 그 예인데 그 사건에서는 여러 단계의 거래가 실질적으로는 주식을 현금으로 매도하는 것과 같은 결과를 초래한 점을 감안하여 하나의 주식매각거래로 보았다. 해당 주주에 대한 배당은 발행법인이 발행한 30일 만기 부채증서로 이루어졌으며, 당해 부채의 상환은 주식의 매수자가 발행법인에 제공한 자금으로 이루어진 경우였다(8.05[2](a), Federal Income Taxation of Corporations and Shareholders, 7thedition, Bittker and Eustice, 2000).

규정하고 있는데, 이 경우에 대해서는 수령배당공제 해당분만큼을 배당소득으로 과세하지 않고 보유주식의 취득원가를 차감하게 된다. 이에 따라 보유주식의 취득원가가 마이너스가 될 경우에는 마이너스 해당 부분을 당해 연도 자본이득으로 본다. 특히 단기적인 자본손실을 인식하는 대신 배당소득을 실현하기 위한 방안으로 고액의 배당이 지급될 것으로 알려진 법인의 주식을 산 법인이 배당락일 직후에 동 주식을 매각한 경우에도 과다배당의 규정이 적용된다.[8] 비록 우리나라 세법상 이에 대한 명문적인 제재조항은 두고 있지 않지만 우리나라 과세당국에서도 이를 조세를 부당히 회피하기 위한 것으로 보아 국외투자가의 배당소득으로 보지 않고 주식양도차익으로 과세할 여지는 있는 것으로 보인다.

(3) 지주회사 · 투자회사제도

배당소득으로의 변경은 중간기구를 이용하여 목적을 달성할 수도 있을 것이다. 즉 원천지국에 지급배당공제(dividend paid deduction)를 이용할 수 있는 투자회사(mutual fund)나 사모전문투자회사(private equity fund)를 설립하여 목적회사의 주식을 보유하게 하고 배당의 형식으로 이윤을 실현하는 경우이다. 이러한 경우에도 한미조세조약상 지주회사(holding company) 및 투자회사(investment company)에 대한 규정이 바로 적용되지는 않지만 조세조약의 혜택을 배제하는 방안을 강구해야 한다는 시사점은 제공하고 있다.

3. 자본이득으로의 변경

자본이득(capital gains)이라 함은 자본자산의 처분시점의 실현가액에서 취득시점의 지출가액을 차감한 것이 정(+)의 수치일 때 그것을 의미한다.

---

8) 내국세입법 제1059조

취득 이후의 자본적 지출액이 있을 때에는 장부가액을 조정(adjusted basis)하고 그것을 차감한다. 해당 자본자산이 완전경쟁시장에서 거래되었다면 취득과 처분 두 시점 모두에 시장가격에 의해 거래되었을 것이다. 만약 자본이득이 발생하였다면 미래현금흐름에 대한 기대치가 변경 또는/그리고 시장이자율의 변화가 있었을 것이다. 미래현금흐름에 대한 기대치가 변화하지 않고 순수한 시장이자율의 변화에 기인한 것이라면 자본이득에서 그간 당해 자산을 보유한 노력과 직접적 관련성이 있는 부분은 처분시점까지 매각을 유보한 정도일 것이다. 미래기대현금흐름이 증가하였다면 이에 기여한 여러 요인에는 그간 보유하던 자의 노력이 개입되었을 개연성이 한층 높아진다. 예를 들면, 주식의 가치가 그렇다. 주주로서의 권리의 행사가 적정했는지에 따라 당해 주식의 미래기대현금흐름이 좌우되기도 한다. 배당정책 및 회사의 기본적 경영정책이 이사회에서 결정되지만 주주총회도 영향력을 행사하기 때문이다. 이 경우 자본이득에 대한 과세는 과거의 일정한 활동, 즉 노무활동에 대한 과세로서의 의의가 다소 내재되어 있다. 이러한 성격을 가지는 자본이득 중 다른 예로서는 영업권의 양도차익을 들 수 있겠다.

배당소득에 대해서는 과세하는 반면 주식의 양도차익에 대해서는 비과세한다면 주주는 배당을 통한 소득의 실현보다는 주식의 양도를 통한 소득의 실현을 선호할 것이다. 채권의 경우에도 채권 양도 시 실현되는 소득 중 일부는 양도차익으로 보아 과세되지 않는 경우가 있기 때문에 납세자의 입장에서는 채권 양도로 실현되는 소득을 자본이득의 형태를 갖도록 할 것이다. 예를 들어, 발행 시보다 시장이자율이 크게 하락한 경우 채권을 보유하고 있는 자는 만기까지 보유할 자금의 여유가 있음에도 이를 중도매도하고자 할 것이다.

이자소득보다는 자본이득에 대한 과세가 경미한 경우 이를 자본이득으로 변경하고자 하는 유인이 있을 것이다. 특정 자산을 취득하면서 그것을 기초자산으로 하는 short future position을 가지게 되는 경우,[9) 자산을 취득하기 위해서 차입한 자금에 대해 이자비용이 발생하게 되는 한편 short future position을 이행하는 시점에서 자본이득이 발생할 것이다. 즉 이자비용과 상계되는 일반소득이 자본이득으로 변경되는 효과가 발생한다.

[참고] put-call parity 등식

put-call parity 등식은 S+P=Z+C로 표현된다.[10] 이 등식은 다양한 형태로 응용된다. 예를 들어, 어떤 증권(S)을 보유하고 그 증권에 대한 매수옵션(C)을 팔면서 매도옵션(P)을 사는 경우와 같은 것이 그것이다. 이는 채권과 같은 현금흐름을 창출한다. 이를 합성사채라 한다.[11] 이 등식을 이용한 합성사채(synthetic bond)의 경우 put과 call 양쪽의 위험, 즉 불확실성이 상계되어 전체적으로 확정적인 과실을 낳는 결과를 초래하지만, 과세상 불확정적인 상품들로 구성되어 있기 때문에 과세가 소득의 실현시기까지 이연되는 결과를 초래하게 된다. 위 등식은 다음과 같이 변형될 수 있다. 즉 양변에 Z를 차감하면 다음과 같이 된다.[12] 등식의 우변처럼 자금(Z)을 차입하여 주식(S)을 사는 방법으로 합성사채를 구축할 경우 합성사채에 대해서는 계약종결 시점까지 인식할 소득은 발생하지 않으면서 차입금에 내한 이자비용을 손비로 인식할 수 있게 된다. 위 등식은 다시 다음과 같이 재구성할 수 있다. 주식(S)을 팔아 부의 합성사채를 구축하면서 주식매각자금으로 대여(Z)하는 경우이다.[13]

---

9) put call parity 등식에 의하면 S=Z+C-P이다. (S-F)는 선물계약(F)상의 행사가격(strike price)에 상당하는 자금(Z)의 position을 가지는 것과 같은 효과를 가져온다.

10) S: 주식의 가격
   Z: 무이표채권의 액면금액
   C: call option으로부터의 profit
   P: put option으로부터의 profit

11) Z=S-C+P〈-Synthetic Bond

12) Z-Z=(S-C+P)-Z

13) Z-Z=Z-(S-C+P)

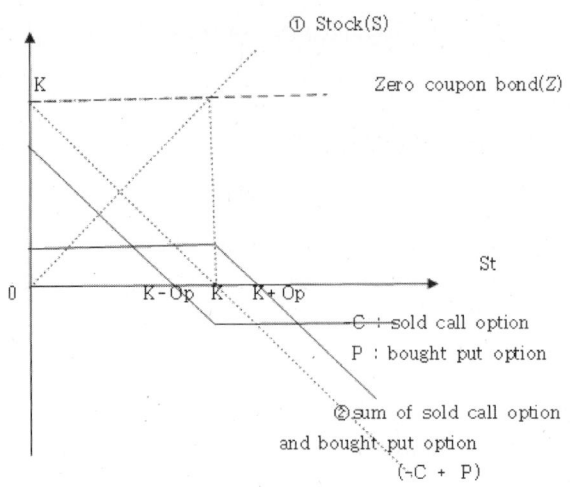

〈합성사채(synthetic bond)[14]〉

① Stock(S)

K ·········· Zero coupon bond(Z)

St

0   K-Op K   K+Op

C : sold call option
P : bought put option

② sum of sold call option
and bought put option
(¬C + P)

제2항 소득귀속시기의 변경

소득세를 납부하는 납세자의 입장에서 조세부담의 경제적 효과는 세액
과 납부시기가 결정한다. 세액은 소득금액과 세율로 결정되며 세율은 소득
의 종류 및 소득금액에 의하여 결정된다. 납세자는 세액의 규모와 납부시
기를 자신에게 가장 유리하게 구성하기를 원한다. 자신의 경제행위에 대한
세후순이익을 극대화하기 위해 경제행위의 내용 및 그 시행시기와 방법을
선택할 것이다. 법인의 경우에는 비조세요인(non-tax factor)[15]도 고려하
여야 할 것이지만 개인의 경우 세후순이익의 극대화가 가장 바람직한 기
준일 것이다.

납세자의 입장에서 볼 때 같은 규모의 세액이라면 납부를 이연시키기를
원할 것이다. 일찍 세금을 납부하기 위하여 이자비용을 부담해야 하기 때문

---

14) K: strike price, Op: option 가격(put option과 call option의 가격이 같은 것으로 전제), 그림에서 선
①은 주식의 가격을 나타낸다. 선 ②는 C와 P의 합계치이다. 선 ①과 선②의 합계치는 Z와 같아진다.
15) 이에는 암묵적 조세(implicit tax), 주당 순이익에 대한 영향, 즉 세무회계와 재무회계의 차이, 현금흐름,
거래의 상대방 입장, 비조세적인 비용 및 문제가 될 경우 해결방안 등이 고려될 것이다.

이다. 따라서 같은 세액이라면 가급적 이연시키는 것이 유리하다. 이는 세후 순이익의 현재가치를 극대화하는 한 방법이 되는 것이다. 세전순이익이 같다면 세부담의 현재가치를 최소화하는 것이 유리하다는 것이다. 이러한 과세소득의 이연문제는 소득세법상 소득 및 비용의 인식시기의 문제로 나타난다. 같은 시기에 세액을 납부해야 한다면 세액이 적은 경우가 유리할 것이다. 부담하는 세액의 최소화 및 세액납부의 연기를 통한 자신의 세후순이익의 현재가치의 극대화가 조세설계의 요체이다.

1. 소득종류 변경에 의한 귀속시기의 변경

소득귀속시기를 조정하기 위한 방법으로 소득종류를 변경할 수 있다. 이자·배당과 같은 기간소득[16]과 자본이득과 같은 일시소득에 대한 과세에 있어 기간소득으로 과세될 수 있는 것이 일시소득으로 변경될 수 있다면 과세이연이나 면세의 혜택을 볼 수도 있다. 왜냐하면 기간소득은 보유기간 중 매기 과세되는 반면 일시소득은 실현되는 시점, 즉 보유기간이 종료하는 시점에 과세되기 때문이다. 예를 들어, 배당지급을 결정하는 이사회의 입장에서 볼 때 고려하여야 할 것 중의 하나는 이를 지급받는 개별 주주의 입장에서 부담하여야 할 세금이다. 우리 세법상 배당은 과세되는 데 반해 주식양도차익은 과세되지 않는 경우가 많기 때문이다. 과세되지 않는 주식양도차익을 고려하여 유보이윤을 늘릴 수 있을 것이다.[17]

같은 종류의 소득 안에서 소득의 귀속시기를 조정할 수 있다. 예를 들어, 이자의 경우 소득의 귀속시기가 지급일로 되어 있다면 할인채를 발행함으로써 소득인식시기를 이표채보다 늦출 수 있는 기회가 있다. 할인채는 대부분 만기가 90일 또는 180일 이내로 비교적 짧지만 할인어음을 취득한

---

16) 소득세와 법인세와 같이 세법으로 규정한 인위적인 기간에 귀속하는 소득을 묶어 하나의 과세대상으로 하는 세목에 있어 해당 소득을 기간소득이라고 한다.
17) 기업의 이러한 행태를 방지하기 위한 초과유보이윤에 대한 과세가 그간 운영되어 왔으나 이는 기업의 재무구조 개선을 지원하기 위한 목적에서 2001년 말에 폐지되었다.

개인도 이자소득금액 전액의 소득인식시기를 90일 또는 180일 이후의 만기로 연기할 수 있다.

2. 파생거래를 이용한 귀속시기의 변경

특정 금융상품을 보유하면서 이를 사실상 처분하는 것과 같은 효과를 보도록 파생상품을 이용하여 금융포지션을 구축할 수 있다. 예를 들면, 위장매매(wash sale)*계약, 주식차입매도(short sale)계약*[18] 또는 명목원금계약(notional principal contract, NPC)*을 체결하거나, put-call parity를 이용하여 합성주식(synthetic stock)*을 구성하고 그것을 매각하는 지위를 만드는 방법 등이 그것이다. 소득의 귀속시기의 조정은 스트래들(straddle)*을 구성하는 방법에 의해서도 가능하다.

혼성증권(hybrid securities)도 과세이연의 도구로 활용될 수 있다. 혼성증권의 예로 지수연계채권(Index-Linked Note)과 같은 불확정채무증서(Contingent Debt Instrument)를 들 수 있다. 지수연계채권의 예로 SIGN(Stock-index growth note)이 있다. S&P 500index가 1,000달러인 시점에서 발행된 SIGN을 산 투자자는 경제적으로 보아 발행자에게 1,000달러를 대여한 셈이다. 조건은 5년 후 원본 1,000달러와 S&P 500 Index가 1,000달러를 초과하는 금액을 받는 것이다. 따라서 당해 초과금액은 대여금에 대한 대가로서 이자의 성격을 가지고 있다. 그러나 이에 대한 과세는 매기 이루어지는 것이 아니라 소득이 실현되는 만기에 이루어진다.

3. 그룹 내 자산의 이전을 통한 귀속시기의 변경

인식을 미루는 구체적인 방법에는 이월과 이연의 두 가지가 있을 수 있

---

18) 주식차입(stock lending)을 하고 공매도를 하는 경우를 covered short sale이라고 하고 그러한 주식차입 없이 공매도하는 경우를 naked short sale이라고 한다.

을 것이다. 이연은 갑의 양도차익 30원을 을이 동 자산을 매각할 때에 인식하는 것이고, 이월은 갑의 양도차익 30원을 을이 양도할 때 을의 소득으로 인식하는 것이다. 그러나 이러한 구분은 두 회사가 같은 그룹으로 있을 때에는 무의미할 것이며, 둘 중의 하나가 그룹을 이탈할 때에야 의미가 있을 것이다. 을이 회사를 이탈할 때, 이연의 규정이 적용된다면, 갑은 을의 이탈 시 양도차익이 실현된 것으로 인식하여야 할 것이며, 이월의 규정이 적용된 경우라면, 그렇게 하지 않을 것이다.

연결납세제도를 도입하고 있는 국가라면 대부분의 경우에 있어서 그룹 내 자산의 이전에 대해 그룹 바깥으로의 처분이 있을 때까지 양도차익이나 손실에 대한 인식의 이연 또는 이월을 허용하고 있다. 예를 들면, 그룹 내 두 개의 회사 갑과 을이 있을 때 갑이 70원에 취득한 자산을 을에게 100원에 팔았는데 을은 그것을 취득한 다음 해에 110원에 매각하였다고 하자. 갑이 을에게 자산을 매각하여 30원의 양도차익을 실현하였지만 이는 을이 다시 그룹 외 제3자에게 매각하는 다음 해까지는 그 손익을 인식하지 않는 것이다. 이는 어차피 갑과 을의 손익은 합산하여 연결손익계산서와 연결대차대조표에 계상할 것인데, 양도차익을 실현된 것으로 보게 될 경우 그룹 전체적으로는 실현되지 않은 이익을 반영한 것, 즉 시가법을 적용하여 재평가한 것과 같은 결과를 초래할 것이기 때문이다. 일반적으로 미실현이익에 대해서는 언제든지 현재가치화할 수 있는 경우를 제외하고는 과세하지 않는 것이 과세제도의 안정적인 운용을 위하여 필요한 것이기 때문에 이러한 경우에는 양도차익이 실현되었다고 인식하지 않는 것이다.

제3항 소득귀속자의 변경

1. 실효세율이 낮은 과세실체

소득귀속자별로 실효세율에 차이가 난다면 가급적 실효세율이 낮은 자에게 소득이 귀속되도록 하는 것이 거래당사자 모두의 입장에서 보아 유리할 것이다. 이러한 경우는 특수관계자 간 거래에서 빈발하는 문제이다. 왜냐하면 세법상 외형적 소득의 귀속에 불구하고 실질적으로 귀속된 세후 소득을 당사자 간 재분배할 수 있기 때문이다. 특수관계자 간 자금거래에 있어서 필요에 따라 이자비용을 조정함으로써 고세율 적용 소득자의 소득을 임의로 낮출 수 있는 기회가 있다. 자본자산 또는 일반자산의 매매거래에 있어서도 그와 같은 소지가 있다.

특히 일방의 거래당사자가 면세자일 경우가 있다. 이러한 면세단위는 조세피난제도(tax shelter scheme)로서의 기능을 한다. 어떤 소득이 면세단위를 거쳐 분배될 경우 해당 분배소득의 귀속자의 세금이 낮아질 수 있다. 일반법인도 이러한 혜택을 부여하는 주체가 될 수 있다. 결손금과다로 합병되는 법인의 결손금을 합병법인이 활용할 수 있다면 그 법인은 순이익을 많이 내는 법인에 있어 매우 좋은 가치를 가지고 있는 것이다.

2. Total Return Swap

주식의 경우 단순히 배당만 스왑하는 것이 아니고 가치증감분도 같이 스왑하는 계약을 Total Return Swap(TRS)*라고 한다. TRS는 스왑의 일종으로서 특정한 증권(주식 또는 채권)의 법률적인 소유자가 일정한 기간 동안 보유하면서 당해 증권[19)으로부터 발생하는 경제적 이득을 제3자에게 지급하기로 하고 상대방이 되는 제3자가 당해 증권으로부터 발생하는 경제적 손실을 법률적인 소유자에게 보상하기로 하는 약정이다. 여기서 법률적인 소유자는 주식의 경우 주주명부에 등재된 자일 것이며, 채권의 경우 기명채권으로서 채권자명부에 등록된 자를 말한다. 경제적 이득은 보유기간 동안 가치증가액과 지급받은 배당 또는 이자이며 경제적 손실은 보유기간 동안 가치 감소액일 것이다. 상대방이 되는 제3자는 경제적인 소유주

---

19) 이를 underlying assets(기초자산)이라 하는데 경우에 따라서는 부동산이 기초자산이 되기도 한다.

가 된다. 경제적 소유의 개념을 처분권은 없지만 여러 가지 수익권으로 구성되어 있는 점을 감안하여 합성소유권(synthetic ownership)이라고도 하는데 이는 일종의 수익적 소유(beneficial ownership)의 상태라 할 것이다. 그리고 이러한 약정은 '상쇄하는 효과가 있는 명목원금계약(offsetting NPC)*'이라 할 수 있다. 원본(principal)의 교환 없이 당해 원본으로부터 예상되는 경제적 이익만을 거래하는 계약(NPC)으로서 명의상 소유권을 유지하고 있는 자산으로부터의 손익을 상쇄(offsetting)하는 효과가 있기 때문이다. 통상 당사자 간 계약의 집행을 담보하기 위해 경제적 소유자는 주식의 값에 해당하는 금원을 법적 소유자에게 이전하고 법적 소유자가 그 돈으로 직접 주식을 사게 된다. 경제적 소유자가 자금을 제공하는 대가로 법적 소유자로부터 그가 발행한 채권을 받는다. 채권으로부터는 이자소득과 채권가격증감의 경제적 효과가 나타나고 주식으로부터의 배당소득과 주식가격증감의 효과가 나타나는데 각 자산으로부터의 종합적 경제효과를 완전하게 교환하게 된다. 실제 법적 소유자는 자신이 발행한 채권에 따른 이자를 지급받지는 않는다. 그것은 단순히 담보로 제공된 것이기 때문이다. 이자 대신 이러한 거래에 협조한 대가로 수수료를 받는다.

TRS를 통해 경제적인 소유권을 획득한 자는 소유권을 획득하는 데 대한 법률적인 제약을 우회하여 당해 자산으로부터의 기대이익을 향유할 수 있게 된다. 예를 들어, 외국인의 주식 취득에 대한 제한, 외국인의 부동산 취득 제한, 특정 산업에 대한 외국인의 투자제한 등을 우회할 수 있을 것이다. 한편 경제적 소유권을 처분하는 자의 입장에서는 당해 자산의 가치 감소 위험을 회피할 수 있는 장점이 있다. 법률적인 소유주는 당해 증권으로부터의 배당, 이자, 가치증가분을 포기하는 대신에 확정된 이율을 적용하여 계산한 금액과 가치 감소분에 상당하는 금전을 지급받게 되는데 그 결과 자기가 얻은 실질적인 소득의 성격이 바뀌었다고도 볼 수 있을 것이다. 한편 외국법인이 영위하는 TRS거래가 법률적 소유자로 간여하든 경제적 소유자로 간여하든 사업활동에까지 이를 경우에는 이를 사업소득으로 보아 과세한다. 실제 과세당국이 이에 대해 어떠한 과세를 하는지는 실질

과세원칙*을 적용하기 나름이다.[20]

3. 소득의 이전기법

통상 소득의 이전은 특수관계기업 간 이루어지지만, 비특수관계기업 간에도 상호 대가를 주고받는 식으로 소득의 이전이 가능할 것이다. 대개의 경우 과세당국은 소득의 이전에 대해 이를 규제하는 특수한 장치를 두고 있다. 이를 위해 특수관계기업 간 소득의 이전을 위한 거래를 정상가격으로 재조정하는 장치를 두고 있지만, 일부 국가의 경우에는 특수관계기업 간 이전가격과세의 원칙하에서 소득의 배분을 허용하는 경우도 있다.[21] 소득의 이전을 완벽하게 허용하는 북구3국 이외에도 캐나다는 다음과 같은 방식으로 소득의 이전이 사실상 가능하도록 하고 있다. 이득을 시현하는 기업이 그러한 이득을 창출하는 사업부를 손실을 시현하는 기업에 장부가액으로 양도하면서 그 대가로 양수기업의 주식을 취득하는 것을 허용한다. 이것을 바로 소득의 이전으로 보기는 어렵지만 수익을 창출하는 사업부의 당래 소득을 이전하는 효과는 가져오는 것이다.

제4항 이월결손금의 활용

1. 연결납세제도가 도입된 경우

연결납세제도의 대상이 되지 않는 기업이 영업손실을 처리할 수 있는 방법은 일반적으로 소급공제 또는 이월공제가 될 것이다. 연결납세제도는

---

20) TRS와 관련된 우리나라 과세당국의 입장은 확인할 수 없다. 국심2005서1741에서는 당사자들이 설정한 TRS거래와 관련된 share put and call agrement에 의해 주식을 매입한 자가 put option을 같이 취득하여 주식가치 하락 위험을 회피한 거래에 대해 주식을 매입한 자에게 주식발행법인이 지급한 것을 이자소득으로 보았다(국심2005서1741, 2006.3.17).
21) 체코가 그런 예에 해당한다.

이와 같은 시간적인 해결방법에서 더 나아가 기업들이 선택할 수 있는 기회를 넓히는 역할을 한다. 연결납세제도는 제도 도입의 취지와 달리 단순한 손실의 이전을 통하여 조세상 이득을 목적으로 이용될 가능성도 적지 않다. 즉 그룹으로 편입되기 전의 영업손실, 그룹에서 이탈할 때의 영업손실, 그리고 그룹 외 회사와의 인수합병 등의 처리에 있어 그러하다. 이러한 부문에 있어 대부분의 국가가 제한하는 규정을 두고 있다.

우선 편입 전 손실에 대해서는 호주에서는 모회사에 이전할 수 있는 손실의 한도를 설정하고 있다. 오스트리아에서는 Organschaft[22]에 편입되기 전의 손실은 자기 자신의 소득을 한도로 상계하도록 하고 있다. 이와 유사한 규정이 덴마크, 독일, 이태리, 룩셈부르크, 멕시코, 네덜란드, 포르투갈에서 발견된다. 일본에서는 자회사가 편입 전 손실을 사용하는 것을 허용하지 않지만, 모회사에는 허용하고 있다.

한편 프랑스에서는 그룹에서 이탈하는 소속사에 대해서는 자신의 손실을 가지고 이탈하지 못하도록 하고 있다. 즉 모회사에 해당 손실이 남아 있도록 하는 규정을 두고 있는 것이다. 한편, 네덜란드에서는 이탈한 후에는 편입 전 손실을 다시 회복하도록 하고 있다. 미국에서는 이탈하는 기업에 귀속하는 손실은 이탈 이후에도 활용할 수 있도록 허용하는 산식이 개발되어 있다.

2. 연결납세제도가 도입되지 않은 경우

연결납세제도 도입 여부와 무관하게 합병과 같은 구조조정에 대해 이를 과세사건으로 인식하지 않을 경우 합병 전 영업손실을 활용할 수 있는 길을 열어 놓는 결과를 가져오기도 한다. 합병 등이 과세사건으로 인식되지

---

22) 독일과 오스트리아에 도입된 연결납세제도로서 자회사를 모회사의 지점으로 간주하는 방식(Organschaft)이다. 동일한 모회사에 의하여 지배당하는 그룹사들은 그 모회사의 장기와 같이 여겨진다. 이에 따라 그룹사들의 손익은 모회사에 귀속하는 것으로 본다. 한편, 그룹 내부의 자산거래에 대해서는 손익의 인식 이연은 없다.

않기 위해서는 일정한 요건을 설정하고 또한 한계를 두도록 설계되어 있는 경우가 대부분이다.

예를 들어, 벨기에에서는 합병 전 손실은 당해 기업의 가치가 합병 후 기업의 가치에서 차지하는 비율만큼만 합병 전 손실을 인정하는 규정을 두고 있다. 체코에서는 손실시현기업이 이익시현기업에 흡수합병되는 경우 합병 전 손실을 인정하지 않도록 하는 입법이 추진된 바 있다. 우리의 경우에도 피합병기업의 손실은 일정 요건을 충족하지 못할 경우 이용할 수 없도록 하고 있다.

과세상 partnership과 같은 도관체(pass through entity) 제도가 도입되어 있는 국가에서는 partnership을 이용할 경우 손실의 이전이 훨씬 용이해질 것이다. 즉 이익을 시현하는 기업과 손실을 시현하는 기업이 합작하여 partnership을 형성하고 초기손실이 많이 발생하는 사업을 영위할 경우에는 이익을 시현하는 기업이 손실을 시현하는 기업에 비해 partnership에서 나오는 초기손실을 매기 흡수할 수 있는 여건이 마련되는 것이다. 이러한 제도는 우리나라에서와 같이 지급배당공제제도를 도입한 나라에서는 소득이 시현될 경우에는 경제적 이중과세가 배제되지만 손실을 시현하였을 때에는 그렇지 못하도록 제도를 설계하고 있기 때문에 적용하기 어려울 것이다.

제5항 간접세의 절약 또는 회피

부가가치세는 재화나 용역의 제공에 대해 과세한다. 사실상 제공을 함에 따라 실질적인 소유권이 이전하였음에도 불구하고 부가가치세를 과세하지 못하는 경우가 있을 수 있는가? 화물대표증권을 양도한 경우 부가가치세는 과세된다. 그렇다면 골드노트의 경우에는 어떠한가? 우리나라에서 금은 원칙적으로 재화로 간주된다. 이에 따라 금을 공급하는 자는 부가가치세를 거래징수하여야 한다. 그런데 금을 표창하는 골드노트, 금을 예금하는 금예금 및 금의 가치에 연계된 금연계증권의 경우 그것을 취득한 자가 마치

금을 보유한 것과 동일한 경제적 지위를 누리면서 부가가치세를 부담하지 않게 된다. 단순히 화물대표증권을 인수하는 경우에는 특정 물건에 대한 소유권을 취득하게 되기 때문에 부가가치세 과세거래가 되지만 위와 같은 거래구조에서는 부가가치세를 과세할 수 없게 된다.

증권을 사실상 보유하거나 처분하는 것과 같은 지위에 있으면서도 그것을 부담하지 않는 방법으로 TRS가 사용된다. 외국의 자본주가 국내의 주식보유자와 TRS 계약을 체결할 경우 국내의 주식보유자는 사실상 해당 주식에 대한 소유권을 이전한 것과 같음에도 불구하고 증권거래세의 과세사건은 발생하지 않게 된다.

[탐구] 2-1

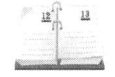 사례 | 스왑계약을 통한 소득종류의 변경

각국의 연금기금은 면세단체인 경우가 많다. 그러나 이들이 외국의 증권에 투자할 경우 거주지국으로 소득을 송금할 때 원천지국가에서 과세된다. 외국연금기금이 미국주식을 가지고 있고 미국연금기금이 당해 외국에 소재하는 법인의 주식을 보유하고 있을 때 각각이 보유하고 있는 주식으로부터의 배당을 스왑한다면 두 기금 모두 송금 시 원천징수되는 과정을 생략할 수 있다. 경우에 따라서는 투자은행이 개입할 수도 있다. 외국연금기금은 투자은행과의 스왑계약을 통해 은행 간 금리를 얻는 채권으로부터의 이자를 얻고 S&P 500 수익에 상응하는 불확정수익을 줄 수 있다. 이 경우 외국연금기금이 얻는 소득은 이자로 간주되어 미국에서 원천징수되지 않는다. 좀 더 나아가 증권투자회사나 투자조합이 미국법인이 여유자금을 운용하는 수단으로 활용되기도 하는데 그러한 사정을 이용하여 소득종류를 변경하는 사례를 보자. 외국 국적의 면세단체인 외국연금기금(foreign pension fund)이 미국법인과 합작하여 증권투자회사를 만든다. 미국은 조세조약에 의해서 당해 외국 거주자가 미국으로부터 수취하는 배당에 대하여는 15% 과세하지만 이자 및 자본이득에 대하여는 면세한다. 외국연금기금은 증권투자회사에 미국주식을 출연한다. 대신 이자소득 및 자본이득소득을 보장받는다. 미국법인은 회사채를 출연한다. 그리고 배당소득을 보장받는다. 외국연금기금은 원천징수 없이 소득을 벌어 간다. 미국법인은 증권투자회사로부터 받는 배당은 수령배당공제를 통해 받는다. 외국연금기금은 배당소득을 이자소득 또는 자본이득으로 미국법인은 이자소득을 배당소득으로 변경하였다.

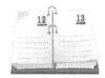 사례 │ 주식소각이익의 소득구분

■ 사실 개요

원고 회사는 1995년 12월 22일 소외 갑 소유의 원고 회사 주식 2,600주(주당 액면가: 금 5,000원, 이하 '이 사건 주식'이라 함)를 금 26억 원(주당 금 100만 원)에 매입한 후 그 대금지급채무를 갑에 대한 동액 상당의 대여금 채권과 상계하는 한편, 이 사건 주식 전부를 소각하였다.[23]

---

23) 원고 회사는 1966년 1월 10일 부동산임대업을 목적으로 설립되었고, 1995년 초를 기준으로 그 발행주식 총 24,000주 중 정이 10,000주를, 그 아들들인 갑, 을, 병이 합계 7,800주(이 사건 주식 포함)를 각 보유하고 있었다. 원고 회사는 평소 소외 **교역 주식회사, **정보통신 주식회사, 소외 ****주식회사(갑 운영)를 비롯한 관계회사들과 정, 갑을 비롯한 주주 및 임원들에게 많은 금원을 대여하여 왔는바, 1995년 12월 22일 현재 갑에 대한 대여금은 합계 금 1,823,044,220원에 이르렀다. 원고 회사는 갑이 운영하던 ****주식회사가 같은 해 5월 30일 부도를 내어 사실상 갑으로부터 위 대여금을 회수할 길이 없자 같은 해 12월 18일 대표이사 무, 정 및 갑, 을, 병이 참석한 가운데 임시 주주총회를 개최하여 이 사건 주식의 가액평가절차를 전혀 거치지 아니한 채 갑으로부터 이 사건 주식을 주당 100만원 합계 26억 원에 취득하여 전량 소각함으로써 원고 회사의 자본을 감소시키고, 그 매수대금은 갑에 대한 대여금과 상계하기로 의결한 후 같은 달 22일 위와 같은 결의내용대로 주식양도증서를 작성한 후 그 매매대금에서 같은 날 현재 대여금 잔액 1,823,044,220원 및 이에 대한 이자명목으로 합계 금 23억 4,000만 원을 공제한 후 나머지 금 2억 6,000만 원을 매매잔금조로 갑에게 지급하였다. 이 사건 주식의 매매 이후 같은 해 12월 31일 현재 대차대조표상 원고 회사의 자본금은 1994년 사업연도에 비하여 1억 2,000만 원에서 1억 700만 원으로 감소하였고, 587,000,000원의 감자차손이 발생한 것으

| 원고 회사 | ① 임시주주총회 의결
  - 주식 매수 후 감자 및 대여금 상계 등

② 주식 2,600주 매각(26억 원)

③ 대여금 및 이자(23억 4,000만 원) 상계 후
  매매잔금(2억 6,000만 원) 지급
④ 자본금 감소
  (1억 2,000만 원 → 1억 700만 원)
⑤ 주식양도에 대한 양도소득세 부과 | 갑 |

피고(**세무서장)는, 이 사건 주식의 취득원가 1,300만 원(2,600주×5,000원/주)과 양도가액과의 차액 상당이 갑에 대한 의제배당에 해당함에도 원고가 이에 관한 소득세를 원천징수하거나 지급조서를 제출하지 아니하였다는 이유로, 1999년 7월 21일 원고에게 1995년 귀속분 배당소득세금 711,425,000원(납부불성실 가산세 포함) 및 1996년 귀속분 법인세(지급조서 미제출에 대한 가산세) 77,610,000원을 부과하였다. 이에 원고는 불복하여 행정소송을 제기하였고, 행정소송에서 패소하자 항소하였다. 항소심에서도 패소하여 상고하였고, 상고심에서 대법원은 원심을 파기하여 원심법원에 환송하였다.

■ 쟁 점

주식의 매도가 자산거래인 주식의 양도 또는 자본거래인 주식의 소각 내지 자본의 환급에 해당하는지와 단순한 주식의 양도가 아닌 주식소각방법에 의한 자본감소절차의 일환으로 이루어진 주주에 대한 자본의 환급에 해당한다면 그로 인하여 주주가 얻은 이득은 의제배당소득에 해당하는지와 동일한 납세의무에 대하여 양립될 수 없는 수개의 부과처분이 중복된 경우 후행처분의 위법 여부가 쟁점이 된다.

로 나타났다.

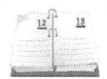 사례 | ASA Investerings Partnership V. Commissioner,
201 F.3d 505(D.C.Cir.2000)

■ 사실관계

1990년 1월 항공 및 자동차부품 관련 사업을 하는 AlliedSignal이 Union Texas Petroleum Holdings, Inc라는 석유회사에 대한 지분을 매각하기로 결정하였는데 거액의 양도차익이 발생할 것을 예상하고 세부담을 줄이기 위하여 당시의 파트너십 관련 세법규정을 이용하여 외국법인을 파트너로 한 파트너십을 설립하여 세무상 결손금이 발생하도록 거래를 설계하였다. 자산 양도 시 양도가액을 분할지급조건(installment payment)으로 수령하고 분할수령액의 가치를 사전에 정확히 알 수 없도록 거래를 설계하여 발생한 양도차익을 세무상 결손금과 상계하도록 하되 결손금 상계 시 사용한 이익은 미국세법의 규정을 적용받지 않는 외국법인에 배분되도록 하였다.

1차 연도에는 다음과 같은 거래가 있었다. 파트너십이 내국세입법 §453[Installment sales]의 규정을 적용받는 단기채권(short-term private placement notes('PPN'))을 구입하였다. 수주 후 파트너십은 동 단기채권을 80%의 현금과 20%의 채무증권(몇 년에 걸쳐서 현금흐름이 이루어지며 ratable basis recovery rule이 적용됨)을 받는 대가로 매각하였다. 상당한 자본이득이 발생하였지만 이 과세소득은 면세되는 외국 파트너에게 귀속되었다. 2차 연도 중 AlliedSignal은 파트너십의 지분을 인수하여 채무증권을 매각하였다. 채무증권양도차액 계산 시 이용되는 장부가액을 상당히 초과하는 결손금이 발생하였다.

이에 대한 대가로 Merrill Lynch & Co 는 세무자문대가로 7백만 달러를 받았다. 그 후 외국인 파트너를 채용하여 후속 투자절차를 밟았다. 첫 번째 PPN 매각과 관련하여 Merrill Lynch & Co는 자문료로 1백만~2백만 달러를 수령하고 증권의 매각과 관련하여 20만~40만 달러의 대가를 수령하였다. 외국인 파트너는 285만 달러와 파트너십 관련 발생비용 전부를 보상받고 파트너십에 투자된 금액에 대한 LIBOR＋0.75%의 수익 중 큰 금액을 받게 될 것이었다. 외국은행은 ABN은행이며 파트너십과 관련하여 두 개의 SPC를 설립하고 up－front fee로 AlliedSignal로부터 5백만 달러를 받고 주기적으로 일정대가(premium)를 받기로 합의하였다. 이에 따라 1990년 4월 17일 Bermuda Agreement를 체결하였다. 조세법원에서 법관은 동 사전협약이 있었음을 알지 못하였다.

■ 쟁점

파트너십 설립행위 자체를 '가장행위(sham)'로 보는 것은 아닌지와 그것이 사업활동(business activity) 목적이 있었던 것으로 볼 수 있는가가 쟁점이 된다.

■ 판결

세무목적상 ASA는 유효한 파트너십이 될 수 없으며, Barber와 Dominguito를 파트너로 볼 수 없다고 보았다. 쟁점거래 자체가 경제적 실질이 결여되어 있는지 여부를 고려하는 것이 아니라 파트너십이 경제적 실질이 있는지를 판단하였다. 파트너십의 설립은 경제적 실질이 있는 사업활동행위로 볼 수 없으며 조세회피 목적을 가진 거래에 불과한 것으로 판단한 것이다.

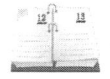 **사례 | Knetsch v. U.S. 364 U.S. 361(1960)**

납세자는 보험회사로부터 일시납연금보험증권을 구입하면서 동시에 계약

금액에 상당하는 금액을 차입하였다. 연금보험증권의 조건은 30년 만기 연이율은 2.5% 1년차 말 가액은 410만 달러에 달하는 것이었다. 그런데 Knetsch는 그 보험증권의 구입자금을 해당 보험회사에 외상으로 하였다. 외상을 입증하기 위해 보험사에 액면 4백만 달러짜리 어음을 발급하였다. 어음의 조건은 소구불능으로서 연리 3.5%였다. 차입한 결과 보험증권의 실질적인 가치는 거의 0에 가까웠다. 보험회사에는 정기적으로 이자를 지급하면서 소득금액 계산상 이를 이자비용으로 처리하였다. 미국순회법원은 이러한 거래가 조세를 절약하기 위한 목적에 의한 것으로 보아 이자비용의 공제를 부인하였다.

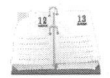 **사례 | Waterman Steamship Corp. v. Commissioner(430 F.2d 1185)**

인수대상기업(Target)은 매도자(Seller)인 Steamship와 연결납세대상그룹에 포함되어 있었다. 이에 따라 매도 전에 지급한 배당은 세금 계산상 지급하지 않은 것으로 간주되는 것이었다. 그리고 분배 시 매도자의 인수대상기업에 대한 주식의 장부가액은 배당에 불구하고 동일하게 유지되었다. 결과적으로 매도자는 인수대상기업으로부터 받은 배당금 3,500을 세금 없이 취득한 셈이었다.[24] 미국조세법원은 그중 2,800은 배당으로 과세되어야 한다고 판시하였다. 제5순회법원은 2,800은 양도대금의 일부로 보아야 한다는 취지로 조세법원에 동 사건을 환송하였다. 매도자와 매수자가 일관된 계획에 따라 매수자의 재원으로 매도자가 분배를 받은 경우에는 주식의

---

24) 법인주주는 투자법인으로부터 얻는 소득의 형태를 자본이득으로 하는 것보다 배당으로 하는 것이 유리하다. 왜냐하면 수령배당공제를 받을 수 있기 때문이다. 투자법인이 합병의 대상이 되는 경우 법인주주는 일부 법인이 자기 보유주식을 매각하는 경우가 있다. 이때에는 법인주주는 자본이득을 실현하게 된다. 이때 자본이득의 금액을 줄이기 위해 합병 전 배당의 방법으로 합병대상법인인 투자법인의 가치를 줄여 놓은 다음 주식을 인수법인에 매각하고자 할 수 있을 것이다. 이러한 조세회피를 방지하기 위해 내국세입법은 합병대상법인의 법인주주가 배당 시점에서 합병대상법인의 주식을 매각할 의무가 주어진 경우에는 자본이득으로 보아 수령배당공제를 받을 수 없도록 하고 있다.

양도대금으로 보아야 한다는 취지이다. 배당으로 과세할지에 대한 판단을 위해서는 다음의 세 요소를 고려하여야 한다.

(1) 매도와 배당금 지급의 시점

(2) 분배를 위한 재원 조달(인수대상기업의 돈인지 아니면 매수자의 돈인지)

(3) 그러한 분배가 정상적인(business purpose)에 의한 것인지

제3장

국제자본거래

제1절 국민경제와 자본

자본은 '화폐', '돈' 또는 그것의 등가물로 존재한다. 자본은 노동을 고용하고 노동은 자본의 거래에 종사한다. 자본은 사인(私人), 공적 주체에 귀속하면서 인적 자산과 물적 자산을 구매하고 그것을 운용함으로써 소득을 창출하고 스스로를 확대한다. 자본은 그것의 보유주체와 동기에 따라 산업자본과 금융자본으로 나눌 수 있지만 그러한 구분은 인위적이고 불완전한 것이다.

자본은 노동 및 토지와 함께 생산요소로서 생산에 기여한다. 자본은 시장에서 거래되지 않고 내적으로 축적되어 생산요소가 되기도 하지만 대개는 거래되는 속성을 가진다. 이는 자본을 가진 자보다 그것을 빌리는 자가 보다 높은 생산성을 가지는 경우가 많기 때문이다. 모든 자본은 노동 등 다른 생산요소들과 결합하여 최대한의 수익률을 올리고자 하는 점에서 공통적인 생리를 가지고 있다. 여기서 노동은 늘 자본의 대리인의 역할을 하게 되어 있다. 예를 들어, 산업자본에서의 이사회의 구성원들 그리고 금융자본에서의 자산관리회사 모두 노동의 제공을 핵심으로 한다. 노동을 요소로 하는 그들은 숙명적으로 대리인 문제를 안고 있다. 그럼에도 불구하고 자본은 노동을 고용하고 노동은 자본의 거래에 종사한다.

국민경제 안에서의 자본의 비중은 지속적으로 증가하여 왔다. 국제통화기금에 의하면 2006년 말 현재 전 세계 자본시장규모의 GDP대비율은 395% 수준으로서 매년 3.2% 정도 증가하고 있다. 그러나 세계 각국의 경제에서 자본의 비중이 증가하고 있다는 사실이 바로 연간 국민소득 중 자본에 대한 보상이 노동에 대한 보상보다 많아지고 있다는 것을 의미하지는 않는다. 자본화의 정도와 소득의 분배구조는 직접적인 연관을 가지고 있지 않으며, 국가 간 비교할 때에는 소득의 분배구조가 자본화의 진행 정도와는 직접적인 관련성을 가지지 않는다. 예를 들어 역사적으로 보면 영국은 자본화가 진행되면서 피용자보수의 비중이 다소 낮아지고 있다. 그러나 2003년 영국의 경우 전체 GDP 중 피용자보수가 57.4%를 차지하는 반면 한국은 44.2%에 불과하다. 비록 국민경제 안에서 자본의 비중이 늘어나고 있지만 자본에 대한 과세가 그 사실을 이유로 자본에 대한 과세에 근본적인 변화를 주어야 하는 것은 아님을 말해준다.

〈OECD 주요국의 국민계정1) 지표〉[25]

국가	연도	경제규모			분배구조(%)				
		GDP (억 달러)	GNI (억 달러)	1인당 GNI (달러)	피용자 보수2)	기업 및 재산소득	고정자본 소모	순생산세	국외 순수취 경상이전
한국	1970	81	82	254	33.8	48.4	7.5	9.2	1.1
	2003	6,052	6,061	12,646	44.2	29.9	13.8	12.7	- 0.5
미국	1970	10,385	10,376	5,059	59.9	22.0	10.3	8.4	- 0.6
	2003	110,040	110,336	37,905	57.4	24.1	12.3	6.9	- 0.6
일본	1970	2,044	2,040	1,967	42.8	37.7	13.6	5.9	0.0
	2002	39,725	40,378	31,685	53.0	19.9	19.7	7.5	- 0.1
영국	1970	1,236	1,248	2,243	59.1	18.9	9.6	12.6	- 0.2
	2003	17,949	18,306	30,831	55.1	21.9	10.9	12.8	- 0.7
독일	1970	2,037	2,050	2,638	52.5	27.0	10.7	10.1	- 0.4
	2003	24,020	23,862	28,917	54.2	20.8	15.2	10.9	- 1.2
캐나다	1970	849	836	3,920	55.9	19.6	11.8	12.9	- 0.1
	2003	8,565	8,401	26,562	52.1	21.8	14.0	12.1	0.0

1) 경제규모, 생산구조, 지출구조, 분배구조는 모두 당해년가격(At current prices) 기준
2) 한국, 미국 이외의 국가는 국외 순수취 피용자보수 제외

25) 한국은행, OECD국가의 국민계정 주요지표, 2004.

제2절 자본의 국제화

제1항 개념

금융국제화란 자금의 융통이 국제적으로 이루어지는 현상을 말한다. 실물경제활동과 동전의 앞·뒷면을 이루는 금융활동이 국제적으로 이루어지는 것은 그만큼 경제거래가 국제화되어 가고 있기 때문이다. 금융은 기업의 입장에서 보면 자금의 조달과 운용으로 표현할 수 있다. 자금의 조달방식은 회계학적으로 보아 자기자본의 조달과 타인자본의 조달로 나누어 볼수 있다. 두 가지의 구분이 가능하지만 그 구분은 제공하는 방식의 차이에 불과할 뿐 본질적으로는 자본의 이동으로서 공통적인 것이다. 금융국제화란 자본의 국제적 이동이 왕성해지는 현상이므로 자본 이동의 국제화라고 표현할 수 있다.

자본의 국제적 이동에 대한 제약이 거의 사라진 오늘날 모든 자본은 국제자본이 될 가능성을 공유하고 있다. 여기서 '국제자본'은 과세상 통상 여러 나라에 걸쳐 이동하는 자본으로서 그 형성지와 진출지가 서로 다른 시장 내지 과세관할권에 소재하는 자본을 의미한다. 실제 자본은 여러 관할권을 옮겨 다니면서 이합집산하기 때문에 어느 하나의 개체로 독립된 자본으로 분리해내기는 곤란하다. 따라서 특정한 자본의 형성지와 진출지를 구분한다는 것은 무의미하다고 볼 수도 있다. 정확히 국내외를 기준으로 자본의 형성지와 진출지를 구분하기 어렵다는 점을 본다면 어떤 자본을 꼬집어 국제자본이라고 지칭하기 곤란할 것이기도 하다. 굳이 국제자본을 정의하자면 다수의 관할권을 넘나드는 돈의 뭉치 정도로 정의할 수 있을 것이다.

제2항 시장의 국제화

1. 국내시장의 개방

국제자본은 진출지국가의 자본시장에서 그 국가의 통화로 형태를 전환하여 투자를 하게 된다. 외국자본에 문호를 개방한 국내자본시장은 그 자체가 국제자본시장이 된다. 어느 정도 개방하였는가에 따라 국제화의 정도가 달라질 뿐이다. 국내시장을 국제화하는 방법으로는 국내증권거래소에서 외국주식을 거래하도록 하는 방법, 외국주식 또는 주식예탁증서를 국내에 상장하는 방법 및 인터넷증권회사가 인터넷으로 여러 나라의 주식에 투자할 수 있게 하는 방법 등이 있다. 외국의 증권이 국내자본시장에서 거래된다면 국내자본은 외국의 증권에 투자하기 위해 환전을 할 필요가 없게 된다.[26]

2. 역외금융시장의 발전

전통적인 자본시장에서 국제자본은 어느 나라에 개설된 자본시장에 진입하기 위해 그 나라의 화폐로 환전한다. 국제자본이 그 나라의 화폐로 환전하게 되지만 실제 그 나라 자본시장에 진입하지 않고 투자하는 곳이 역외시장이다. 가장 대표적인 예로 영국런던의 미국달러화표시채권시장을 들 수 있다. 런던은 역외채권시장으로서는 가장 거래규모가 크다.[27] 런던역외채권시장에서 거래되는 미국채권의 유통은 시장이 개설된 국가인 영국의 법에 따르게 된다. 역외금융시장(offshore financial market)은 투자자가 취득하는 권리에 따라 역외예금시장(eurocurrency market), 역외채권시장

---

26) 국제금융시장에서 외환거래액규모 증가추세가 2001년을 전후로 잠시 주춤하였다. 이는 유로화 도입, 전자금융에 의한 중개 확대, 은행산업 재편 등 금융환경의 변화에 기인한 것으로 분석된다(성용모, 국제금융시장, 탐진, 2004, p.147).

27) 2006년 말 영국에서 발행한 채권의 잔액은 2조 5천억 USD에 이르지만(BIS Quarterly Review December 2007), 영국의 파운드표시 발행채권잔액은 1조 4천5백억 원에 그친다(IMF, Global Financial Stability Report, 2007.10).

(eurobond market) 및 역외주식시장(euroequity market)으로 구분된다. 외환시장에서는 필연적으로 여러 통화가 거래되므로 거래대상물이 규율되는 지역과 시장이 개설되는 지역이 같은지 여부에 따라 역내외환시장 및 역외외환시장으로 구분하는 것은 무의미하다. 역외금융시장은 역외예금시장에서 시작하여 역외채권시장으로 발달하였다.[28]

역외시장의 발달은 민간금융자본의 증식을 가속화하는 한편 국가 과세기반이 축소되는 부작용을 초래하였다. 이에 따라 국가정부로서는 역외시장의 확대에 따른 부정적인 효과가 자국의 시장에 미치지 않도록 방어막을 설치하고자 하는 동기를 갖게 되었다. 영국이 미국달러화표시자산의 역외시장을 개설한 사례를 들자면 다음과 같은 논의가 가능하다. 역외시장을 개설한 국가(영국)는 외환과 자본규제를 통해 자국시장과 역외시장을 격리시키게 된다. 그러나 역외시장에서 거래되는 상품의 통화표시국(미국)은 달리 이를 제어할 방법을 찾기 어렵다. 실제 미국은 해당 자산의 통화표시국으로서 우회적 방법으로 대응하였다. 유로채시장이 투자자에게 주는 혜택을 국내시장에서도 주는 방식으로 자신의 자본시장을 지키고자 하였다. 미국은 통화표시국으로서 자국금융기관에 대한 일정 예치금이나 일정 채권의 이자소득에 대해서는 원천징수를 배제하는 방법으로 이에 대응하였다. 역외시장의 형성을 막을 수 없다면 아예 자국의 역내시장에서 자국의 자본수입지들이 역외시장에서 형성된 수준의 낮은 이자율로 자본을 조달할 수 있도록 함으로써 국내금융산업도 활로를 찾도록 하자는 이유에서였다. 이런 과정을 거치면서 외국금융자본의 유치를 위한 경쟁은 미국과 EU 국가들 간에 이자소득에 대한 면세경쟁으로 비화되었다.

---

28) 역내시장에서의 규율(세금을 포함하여)을 회피할 수 있는 점 및 익명성이 상대적으로 높게 보장될 수 있는 점 그에 따라 결과적으로 역내시장에 비해 높은 수익률을 제공할 수 있는 점 때문에 역외시장은 급속도로 발전하였다. 역외주식시장은 통화표시국 — 역내시장 — 에서 부분적으로라도 주식을 공모하여야 하는 부담 때문에 발달하지 못하였다. 역외에서 주식은행이 부진한 데 반하여 동시상장 및 DR발행 등의 방법으로 국제화가 진행되고 있다.

제3항 이동의 양상

1. 이동의 정도

최근의 자본의 이동 양상을 보면 자본이 갈수록 국제화되어 가고 있음을 알 수 있다. 수치로 본다면 전 세계 금융자산은 2006년 현재 2001년 대비 26.9% 증가하는 데 그쳤다. 그런데 국제적인 자본의 유입은 2006년 현재 2000년 대비 64.8% 증가하고 국제적인 자본의 유출은 2006년 현재 2000년 대비 70.0% 증가하였다.[29]

〈자본의 총량〉[30]

(10억 USD)

	2001(A)	2002	2003	2004	2005	2006(B)	(B/A)
주식시가총액	28,875	22,077	31,202	37,168	41,966	58,826	203.7%
채권발행잔액	41,792	43,357	51,304	57,842	59,690	68,734	164.5%
은행자산	79,401	85,002	47,834	57,315	63,473	70,860	89.2%
총계	150,069	150,437	130,341	152,327	165,130	190,421	126.9%

〈자본의 이동〉[31]

(10억 USD)

	유입				유출			
	2000(A)	2005	2006(B)	(B/A)	2000(A)	2005	2006(B)	(B/A)
외국인 직접투자	1,079.7	7,82.0	934.3	86.5%	−893.7	−608.2	−1,004.4	112.4%
포트폴리오투자	1,101.0	2,167.2	2,658.5	241.5%	−799.6	−1,461.1	−1,874.0	234.4%
계	2,180.7	2,949.2	3,592.8	164.7%	−1,693.3	−2,069.3	−2,878.4	170.0%

---

29) 양자의 차이는 주로 통계상 불일치에 기인한다.
30) IMF, Global Financial Stability Report, 2007.10.
31) UNCTAD, World Investment Report, 2007.

2. 이동의 방향

2006년 현재 미국과 영국은 자본의 최대순수입국이며 중국과 일본이 자본의 최대순수출국이다. 미국은 포트폴리오투자자금을 받아들여 외국인직접투자자금으로 수출하고 있으며, 영국, 중국 및 일본은 주로 포트폴리오자금으로 수출하고 있다.

〈국가별 순유입 동향〉

(10억 USD)

		1996	2000	2005	2006
미국	직접투자	− 5.4	162.1	116.7	− 54.8
	포트폴리오	183.5	308.7	628.6	591.3
	기타	− 47.1	15.9	18	265.5
	유보자산	6.7	− 0.3	14.1	2.4
	총투자	137.7	486.4	777.3	804.4
일본	직접투자	− 23.2	− 23.3	− 42.2	− 57
	포트폴리오	− 33.8	− 36	− 13.3	127.6
	기타	36.3	− 14.3	− 60.7	− 175.3
	유보자산	− 35.1	− 49	− 22.3	− 32
	총투자	− 55.9	− 122.6	− 138.5	− 136.8
영국	직접투자	− 9.3	− 124.1	103.9	11
	포트폴리오	− 25.4	158.4	− 51.2	− 79.3
	기타	37.1	− 12.2	4.6	114.9
	유보자산	0.7	− 5.3	− 1.7	1.3
	총투자	3.1	16.8	55.6	48
유로지역	직접투자		2.6	− 259	− 197.6
	포트폴리오		− 117.2	185.7	347.5
	기타		174.5	100.6	17.9
	유보자산		16.2	22.9	− 5.2
	총투자		76	50.2	162.7
신흥시장	직접투자	116.8	168.7	254.4	228.3
	포트폴리오	88.8	− 12.5	− 43.7	− 202.6
	기타	2.4	− 136.5	− 94.9	− 9.9
	유보자산	− 103.5	− 132	− 592.4	− 746.6
	총투자	104.6	− 112.4	− 476.5	− 730.6

유엔무역개발회의(UNCTAD)의 "세계투자보고서(World Investment Report)"에 의하면 전 세계적으로 1995년 이래 외국인직접투자의 규모가 급증하고 있다. 2006년 현재 선진국의 국내총생산 대비 외국인직접투자 잔액의 비율은 24.2% 수준이다. 외국인직접투자는 주로 유로지역에서 대규모의 순유출이 이루어지고 있다. 이는 유로지역에서 대외직접투자로부터의 소득 ― 배당소득 및 유가증권양도차익 ― 에 대해 과세를 면제하는 제도를 유지하고 있는 점과 비교하여 연구할 가치가 있는 부분이다.

3. 이동의 수단

국제자본시장에서 증권화와 펀드화가 빠른 속도로 진행되고 있다. 증권화를 토대로 한 파생상품거래의 증가는 가히 폭발적이다. 파생상품거래의 증가는 위험회피동기의 증가를 의미하는 한편 그만큼 위험을 추구하는 투기거래의 증가를 의미하기도 한다. 투기거래는 자본이득을 추구하는 거래이다. 따라서 증권화는 자본의 자본이득 추구성향을 심화시키는 요인이 되고 있다.

한편 국제자본시장의 또 다른 추세는 펀드화이다. 2007년 현재 세계 채권과 주식 중 약 22%가 펀드방식으로 보유되고 있다. 펀드화의 추세는 투자자본의 대형화를 의미한다. 대형화된 자본이 단기 자본이득을 추구하는 곳이 국제자본시장이다.

제3절 국제적 조세회피

국제자본거래는 자금의 제공자와 수령자가 서로 다른 과세관할권에 소재하는 금융거래이다. 이는 자금의 공여방식에 따라 자본거래, 대차거래, 파생거래 및 부의 무상이전거래 등으로 분류할 수 있다. 국제자본거래에 대해서는 직접세로서 소득세와 법인세와 같은 소득과세와 상속세와 증여세와 같은 무상이전세가 부과될 수 있으며 간접세로서 부가가치세, 개별소비세, 교육세 및 증권거래세 등이 부과될 수 있다.

국제자본거래는 조세회피의 수단이 되기 용이하다. 이는 그것이 금융거래로서의 특징과 국제거래로서의 특징이 모두 작용한다. 금융거래는 그것의 형식과 실질의 차이를 이용하여 조세를 절약하기 용이한 속성을 가지고 있다. 경제적 실질은 동일하지만 상이한 법적 형식을 취하여 거래할 수 있을 것이기 때문이다. 국제자본거래를 통해서는 동일한 경제적 실질을 가진 거래에 대해 과세관할권마다 서로 다르게 설정되어 있는 제도적 차이를 이용할 수 있다. 세율뿐 아니라 소득구분, 소득인식시기 및 관계회사 과세제도[32] 등이 그러한 예이다. 세법을 적용할 때 실질을 어느 정도 감안하는가에 관한 차이도 이용할 수 있다.

소득세, 법인세 및 무상이전세와 같은 직접세는 간접세에 비해 조세회피의 대상이 되기 용이하다. 우리나라의 간접세와 관련해서는 몇 가지 측면에서 법적 확실성이 부족한 점 이외에는 조세회피적인 문제는 크게 나타나지 않은 것으로 판단된다. 간접세가 조세설계의 대상이 되기 어려운 이유는 재화나 용역의 공급 등에 대해 단일세율의 간편한 방법으로 부과되기 때문이다. 또한 사람이 아닌 재화나 용역에 대해 과세되기 때문에 특정인이 조세부담을 회피하는 것이 원천적으로 곤란한 특징이 있기 때문이다. 조세부담은 시장의 거래를 통해 귀착된다. 이러한 점은 조세회피에 대한 대응전략으로 간접세에 대한 의존도를 높이거나 직접세를 간접세처럼 징수하는 방법, 즉 원천징수를 사용하도록 하는 것이 바람직하다는 시사점을 주고 있다.

---

32) 이전가격세제 및 연결납세제도 등의 예가 있다.

제4절 국가의 대응

제1항 방법론

조세회피와 조세설계의 개념의 경계선은 분명하지 않다. 조세설계는 납세자가 조세의 요소를 고려하여 자신의 행동을 합리적으로 영위하기 위한 계획을 수립하는 것을 의미한다. 정부가 어떤 법규정을 도입할 때에는 이미 납세자들이 세법의 내용을 알고 그에 따라 자신의 경제활동의 내용과 수위를 조절할 것으로 예견한다. 굳이 조세설계에 대해 정부가 대응한다고 한다면 그러한 예견이 잘못되었거나 아주 새로운 경제상황이 나타나 그에 적응할 필요가 있는 경우가 될 것이다. 이러한 논의는 납세자의 조세설계가 합법적이고 정당한 정도에 머무를 때를 상정한 것이다. 만약 어떠한 조세설계가 불법적인 탈세(tax evasion) 또는 정당하지 않은 조세의 절약(tax saving), 즉 조세회피(tax avoidance)에 이르게 될 때에는 그에 대해 법규로써 제재하여야 할 것이다. 예로서 한국의 국내법상 탈세에 대해서는 조세범처벌법에 의해 형벌로 다스리도록 되어 있고 세금도 추징한다. 그러나 조세회피는 그 범주가 분명하게 획정되어 있지 않다. 현행 세법은 별도의 '조세회피'의 개념조차 설정하고 있지도 않고 있다. 단지 몇몇의 조항에서 '부당하게 조세를 감소'시키는 거래에 대해 정부가 해당 거래를 재구성하여 그에 대해 세법을 적용하는 규정을 두고 있을 뿐이다. 이러한 입법태도는 납세자에게 조세회피행위를 하지 말아야 한다는 경각심을 주지 못한다. 이와 동시에 실제 과세당국이 그러한 조세회피행위에 해당한다고 볼 경우 법적인 분쟁으로 이어져 납세자의 법적인 지위를 불안정하게 만들기도 한다. 한편 입법론적 대응은 늘 시차를 갖기 마련이기 때문에 정부가 해석론적 방법에 의존하지 않을 수 없는 상황이 발생하게 마련이다.

1. 법적 수단

법적 수단이라 함은 권리의무관계의 성립에 관한 규정을 마련한다는 것을 의미한다. 법적 수단에는 입법적인 방법이 있고 해석적인 방법이 있다. 권리의무관계의 확정을 위해서는 사실관계를 확정하여야 한다. 사실관계의 확정을 위한 구체적인 수단으로서 정보교환이나 세무조사와 같은 행정적 수단이 효과적으로 작동하여야 한다. 더불어 확정된 조세채무를 이행하지 않을 경우 이를 집행할 수 있는 장치가 아울러 구비되어야 할 것이다.

현행 법체계의 큰 틀을 유지하면서 조세회피에 대응하는 방법에는 입법론적인 방법과 해석론적인 방법이 있다. 입법론으로서는 일반적인 조세회피방지규정을 도입하는 방법이 사용된다. 해석론으로서는 목적론적 해석방법이 사용되는데 권리남용금지의 법리는 그러한 해석론의 한 형태라고 볼 수 있을 것이다. 특히 해석론과 관련해서는 각 나라별로 그 정도 적용시기 그리고 법적용의 우선순위 등의 주제에 있어 다양한 분쟁거래를 만들어 내고 있다. 결과적으로 당장 활용될 수 있는 최후의 수단(last resort)이라고 할 수 있는 해석론은 그리 효과적이지도 않으면서 납세자의 불신과 불안감을 조장할 위험이 있다. 이는 해석론이 갖는 숙명적인 한계이기는 하지만 보다 큰 틀의 제도개혁을 통해 그 정도를 축소할 수 있다면 그것을 택하지 않을 이유는 없는 것이다.

2. 행정적 수단

행정적인 대응을 위해서는 그 절차에 관한 법규가 구비되어야 한다는 점에서 행정적인 수단도 법적인 수단으로서의 성질을 가지고 있지만 위에서 언급한 바 권리의무관계 그 자체에 관한 것이라기보다는 그것의 확정절차에 관한 것이라는 차이점이 있다.

정부가 가지고 있는 실체적인 권한을 제대로 행사함으로써 조세법의 실효성을 높이기 위한 수단으로서는 국가 간 정보교환, 원천징수, 자금출처 조사 및 자금세탁방지제도 등이 있다. 이러한 행정적인 수단의 중요성이 갈수록 증가하고 있는데 국제적인 협력 및 정보기술의 발달이 이를 뒷받침하고 있다.

제2항 준칙

주권국가는 과세고권에 입각하여 집행 가능한 범위 안에서라면 어떤 것이든 과세할 수 있는 자주권을 갖는다. 나라에 따라서는 통상적으로 설정하는 과세관할권과 비교해 과세권을 확장하기도 한다. 그러나 실제 과세권을 축소함으로써 국제자본을 유인하는 나라들이 더 많다. 과세권 축소를 통한 국제자본의 유인전략은 법인세인하경쟁으로 나타나고 있다. 추세를 주도하고 있는 국가들은 세율인하에도 불구하고 과세기반의 확대로 재정의 비중을 유지하거나 확대하고 있다.

한편 국제적으로 국가 상호간 피해만 주는 유해조세경쟁을 방지하기 위한 국가 간 자율규약이 작동하고 있다. 시장에서 후생을 증대시키기 위해서는 공정한 경쟁의 룰이 지켜져야 하듯이 국가 간에도 최소한의 경쟁의 룰이 필요하다. 마치 시장에서처럼 국가 간 자본유치를 위한 경쟁의 장에도 완전경쟁의 개념이 존재한다면 그것은 각국 정부가 가장 저렴한 비용으로 서비스를 제공하도록 유도하는 긍정적인 효과가 있게 된다. 이때 조세경쟁은 세계후생을 증진시키는 유익한 조세경쟁(beneficial tax competition)이 될 것이다. 자국의 재정에는 부담을 주지 않으면서 타국의 경제에 손실만 입히는 방식의 조세경쟁으로는 위와 같은 긍정적인 효과를 기대하기 어려우며 결과적으로 각국의 정부재정을 위축시키는 악순환이 초래될 가능성이 높다. 이러한 조세경쟁은 유해한 것(harmful tax competition)이라고 부를 수 있을 것이다. 국가 간 조세경쟁을 하면서도 과세기반의 축소를 막을 수 있는 방법은 없을까? 1990년대에 이러한 공통의 관심사에 입각하여 각국이 자율적으로 경쟁을 규제하는 제도를 도입하게 되었다.

바람직하지 않은 '경쟁'에 대해 명쾌하게 해답을 준 것은 아니지만 어느 정도 개념적 정의를 내려준 것은 1998년 OECD "유해조세경쟁(Harmful Tax Competition)보고서"이다. 이 보고서는 1998년 OECD 각료회의가 채택한 것인데 그 후 전 세계적으로 조세피난처(tax haven)와 조세특혜제도(preferential tax regime)를 폐지하기 위한 노력을 경주하게 된 계기가 되었다. 특기할 점은 이 보고서가 유해조세경쟁으로 규제할 범주를 스스로 금융·서비스산업 등에 투입되는 국제적으로 이동성이 높은 자본으로 한정하고 있다는 것이다. 이는 이 보고서가 주로 역외금융센터를 규제하려 하고 있음을 알려준다. 세계 국제금융거래의 50%를 전후한 거래가 역외금융센터를 중심으로 이루어지는데 그러한 역외금융센터의 대부분은 조세피난처이거나 그러한 성격이 짙은 것이다.

OECD의 기준에 의해 유해한 것으로 판명된다면 해당 제도를 가지고 있는 나라는 그것을 폐지하여야 하는가? 타국의 조세제도 변경을 강제하는 것은 마치 지방정부에 영향력을 행사하는 중앙정부와 같은 기능을 하는 세계국가정부가 있어야만 가능한 일이다. 그러나 좀 더 자세히 들여다보면 각 나라 정부가 채택할 수 있는 방법이 없는 것은 아니다. 우선 한 국가 스스로 할 수 있는 것으로는 자기 나라 국민이 타국의 유해한 조세제도를 이용하는 경우 이를 제재하는 방법, 조세피난처를 거쳐 오는 자본에 대해서는 조세조약을 적용하지 않도록 하는 방법과 같은 것들이 있다. 양자 간 조세조약에서도 조세피난처를 이용하는 경우를 제재하는 규정을 두거나 국가 간 정보교환을 의무화할 수 있다. 현재 OECD에서 추진하고 있는 바와 같이 다자간 협력을 통해 비협력적인 조세피난처를 공개하는 방법 또는 국가 간 협의를 통해 각국이 스스로 유해조세제도를 폐지하도록 유도하는 방법이 사용될 수 있다.

제4장

국제자본의 조세전략

제4장 국제자본의 조세전략

> 국제조세전략에는 국내세법 간 차이의 이용, 조세조약의 이용, 조세피난처의 이용 및 소득 귀속지의 변경 등이 사용된다. 소득과세를 염두에 두고 여러 방법을 생각해 본다면 국내세법 간 차이의 이용에는 소득에 대한 인식의 차이, 소득인식시기의 차이, 인적 과세대상에 대한 인식의 차이, 해외관계기업의 결손금 활용 및 소득·비용의 이전 등의 방법이 사용된다. 조세 조약의 이용에는 소득종류의 변경, 소득귀속의 조작 및 거주지의 이전 등의 방법이 사용된다. 조세피난처의 이용에는 소득종류의 변경, 소득인식시기의 이연 및 소득귀속자의 변경 등의 방법이 쓰인다. 소득귀속지의 변경에는 이전가격행위 및 스왑계약의 체결 및 전자상거래의 활용 등의 방법이 사용된다.

국제자본거래는 자금의 제공자와 수령자가 서로 다른 과세관할권에 소재하는 금융거래이다. 이는 자금의 공여방식에 따라 자본거래, 대차거래, 파생거래 및 부의 무상이전거래 등으로 분류할 수 있다. 국제자본거래에 대해서는 직접세로서 소득세와 법인세와 같은 소득과세와 상속세와 증여세와 같은 무상이전세가 부과될 수 있으며 간접세로서 부가가치세, 개별소비세, 교육세 및 증권거래세 등이 부과될 수 있다.

국제자본거래가 조세전략의 대상이 되는 데에는 금융거래로서의 특징과 국제거래로서의 특징이 모두 작용한다. 금융거래는 그것의 형식과 실질의 차이를 이용하여 조세를 절약하기 용이한 속성을 가지고 있다. 경제적 실질은 동일하지만 자유자재로 상이한 법적 형식을 취하여 거래할 수 있을 것이기 때문이다. 한편 국제자본거래를 통해서는 동일한 경제적 실질을 가진 거래에 대해 과세관할권마다 서로 다르게 설정되어 있는 제도적 차이를 이용할 수 있다. 세율뿐 아니라 소득구분, 소득인식시기 및 관계회사

과세제도[33]) 등이 그러한 예이다. 세법을 적용할 때 실질을 어느 정도 감안하는가에 관한 차이도 이용할 수 있다.

소득세, 법인세 및 무상이전세와 같은 직접세는 간접세에 비해 조세전략의 대상이 되기 용이하다. 우리나라의 간접세와 관련해서는 몇 가지 측면에서 법적 확실성이 부족한 점 이외에는 조세회피적인 문제는 크게 나타나지 않은 것으로 판단된다. 간접세가 조세설계의 대상이 되기 어려운 이유는 재화나 용역의 공급 등에 대해 단일세율의 간편한 방법으로 부과되기 때문이다. 또한 사람이 아닌 재화나 용역에 대해 과세되기 때문에 특정인이 조세부담을 회피하는 것이 원천적으로 곤란한 특징이 있기 때문이다. 조세부담은 시장의 거래과정에서 귀착된다. 이러한 점은 국제자본거래가 세계경제에서 차지하는 비중이 증가하면서 조세회피도 따라서 늘어나는 것에 대한 대응전략의 일환으로 간접세에 대한 의존도를 심화시키는 방향으로 세제를 개선하거나 직접세를 징수하는 데 있어 간접세와 같이 과세하는 방법, 즉 원천징수의 방법을 사용하도록 하는 것이 바람직하다는 시사점을 주고 있다.

국제조세전략이란 국제거래를 하면서 관련되는 국가에서 부담할 조세를 절약하는 방법에 관한 것이다. 국제거래를 하면서 세후순이익을 극대화하기 위해서는 관련국들이 부과하는 세금부담의 합이 줄어들도록 하여야 할 것이다. 사람과 돈이 국제적으로 자유로이 이동하는 것이 일상화되면서 사람은 자국을 남기고 정부가 행적을 추적하기 용이하지만 돈은 그렇지 않다는 점 때문에 갖가지 설계의 대상이 되고 있다. 국제조세설계의 방법으로는 국내세법 간 차이의 이용, 조세조약의 이용, 조세피난처의 이용 및 소득귀속지의 변경 등이 사용된다. 국내세법상 조세전략을 위해 사용된 소득종류 변경, 소득귀속시기 변경 및 소득귀속자 변경의 방법이 국제조세설계에도 활용될 수 있다. 국제조세설계에는 일국의 국내세법 이외에 다른 나라들의 국내세법 및 각 나라의 조세조약들이 이용대상이 된다.

---

33) 이전가격세제 및 연결납세제도 등의 예가 있다.

제1절 국내세법 간 차이의 이용

각국의 국내세법 간 차이를 이용하는 방법은 국제거래를 이용한 조세설계의 가장 전형적인 방법이라고 할 수 있다. 통상의 납세자라면 동일한 경제적 목적을 달성하는 데 선택가능한 두 가지 거래형태가 있을 때 그중 하나는 양국 간 국내세법상 취급이 동일하고 다른 하나는 다른데 후자의 경우 세금을 절약할 수 있다면 그 길을 택할 것이다. 이는 일종의 조세재정행위이다. 일반적으로 시장에서의 재정행위 — 가격의 차이를 이용한 재정 — 에 대해서는 바로 시장의 힘에 의해 재정의 기회가 사라지게 된다. 그런데 제도적 차이를 이용한 재정행위는 그러한 제도가 바뀌지 않는 한 지속적으로 활용가능하게 된다. 지방정부 간 조세제도의 차이를 이용한 재정행위에 대해서는 중앙정부(내지 연방정부)가 그것을 메우는 제도적 보완을 할 수 있다. 국가 전체에 걸쳐 유효한 헌법이 있으며 그 헌법은 대개 실질적 형평을 하나의 중요한 가치 기준으로 천명하고 있으므로 중앙정부는 그러한 제도적 보완에 나설 수 있다. 반면 국제조세의 장에서는 중앙정부의 개념이 존재하지 않는다. 각국은 자국의 과세고권을 지키는 범위 안에서 국제거래가 국내거래에 비해 불리해지지 않도록 중립성을 갖게 하는 것을 목적으로 한다. 즉 실질적 형평은 추구하기 곤란한 가치가 되는 것이다. 따라서 국가 간 조세규범의 차이를 이용한다면 그것은 어느 나라로부터도 비난받지 않으면서 조세를 절약할 수 있는 국제거래를 하는 자만의 특권이라 할 수 있을 것이다.

제1항 소득의 개념과 구분에 대한 인식의 차이의 활용

양국의 국내세법 간 특정의 소득에 대해 서로 달리 분류할 경우 납세자의 입장에서 보아 국내거래에 비해 불리해질 수도 있고 유리해질 수도 있다. 불리한 결과는 회피하고 유리한 결과는 향유하는 것이 시장인의 당연한 선택일 것이다. 우선 불리한 사례를 살펴보자. 투자가의 거주지국가에서는 주식양도소득으로 분류되는 소득이 주식발행법인의 소재지국가에서는 배당소득으로 분류되는 경우가 있을 수 있다. 예를 들어, 우리나라에서는 주식소각을 위해 발행법인이 주식을 매집하는 경우 발생하는 주주의 이득을 의제배당으로 볼 때, 미국에서는 이를 주식양도소득으로 볼 수 있다. 이 경우 우리나라 세법에 의하면 비거주자나 외국법인의 배당소득에 대해서는 원천지국가인 우리나라가 제한세율의 범위 안에서 과세권을 행사한다. 반면, 미국세법에 의하면 이는 주식양도소득이 되어 투자가의 거주지국가인 미국에서만 과세되는 것이 원칙일 것이다. 이러한 문제에 대해서는 조세조약에서 그 해답을 찾아야 할 것이다. 한미조세조약은 이에 대해 배당소득의 개념을 원천지국가의 세법을 따르도록 하고 있고 주식양도소득에 대해서는 원칙적으로 거주지국가에 과세권이 있음을 밝힐 뿐이며, 거주지국가에서 주식양도소득으로 과세될 경우 원천지국가에서 배당소득으로 과세될 수 없다는 식의 조정조항은 발견할 수 없다. 결과적으로 주식발행법인인 한국법인에 주식을 반환한 미국 거주자인 주주는 한국에서는 배당소득으로 과세되는 한편, 미국에서는 주식양도소득으로 과세된다. 이때 해당 미국 납세자는 미국 내에서 간접외국납부세액공제를 받지 못하게 될 것이다.

다음 유리한 사례에 대해 생각해 보자. 미국에서는 배당소득으로 과세되면서 한국에서는 이자소득이 되며 그에 따라 국내의 지급자가 이자비용을 공제받는 경우를 상정한다면 미국투자자는 미국에서 간접외국납부세액공제까지 받을 수 있게 된다. 한편 납세자는 아래와 같은 방법으로 국제선물거래 또는 국제전환사채거래를 구성할 수 있다.

1. 환매조건부증권거래[34]

환매조건부증권거래를 통해 원천지국에서는 이자비용으로 공제하면서 거

---

34) 오윤, 금융거래의 실질적 소유, 국세월보, 2005 참조.

주지국에서는 배당소득으로 간접외국납부세액을 공제받는 효과를 거둘 수 있다. 통상 환매조건부증권 거래에서 '증권'은 '채권'이 되지만 여기서는 '주식'인 경우를 상정해 보자.

(1) 우리나라에 투자한 경우

1) 환매조건부증권거래에 따른 이득

증권매도(매수) 시 일정 기간 경과 후 일정 가격으로 동일 증권을 다시 매수(매도)하는 조건의 거래를 'repo(Repurchase Agreement)'라 하며, 우리나라에서는 '환매조건부채권매매'로 알려져 있다. 초기에는 딜러가 자금조달을 위해 사용하는 금융수단으로서 도입되었으나 오늘날에는 이자율 위험의 헤지, 공매도 포지션의 커버, 차익거래 및 각종 파생상품거래 등과 연계되어 널리 활용되고 있다.[35]

환매조건으로 채권을 매입하는 자가 얻는 소득은 이자소득이다. 환매조건으로 주식을 매입하는 경우에도 이자소득이다. 특별히 소득세법에서 이자소득으로 규정하는 것에 대해서는 다음과 같이 규정하고 있다.

> 소득세법 제16조 제1항 제9호: 대통령령이 정하는 채권 또는 증권의 환매조건부매매차익
>
> 소득세법시행령 제24조(환매조건부매매차익) 법 제16조 제1항 제9호에서 "대통령령이 정하는 채권 또는 증권의 환매조건부매매차익"이라 함은 금융기관('금융실명거래 및 비밀보장에 관한 법률' 제2조 제1호 각 목의 1에 해당하는 금융기관과 '법인세법 시행령' 제111조 제2항 각 호의 1에 해당하는 법인을 말한다. 이하 같다)이 환매기간에 따른 사전약정이율을 적용하여 환매수 또는 환매도하는 조건으로 매매하는 채권 또는 증권의 매매차익을 말한다.

비거주자의 국내원천소득에 대해 소득세법 제119조는 제16조 제1항상 이자소득 중 '국외에서 받는 예금의 이자'를 제외한 모든 이자소득에 대해 국

---

35) 증권거래법에서는 repo의 거래형태를 채권의 장외거래(증권거래법 제194조)의 하나로 보고 있다. 즉 repo의 거래 시 채권의 소유권이 이전되는 것으로 보고 있다. 이에 따라 환매조건부채권의 매수자는 이를 처분할 권리를 갖게 된다. repo거래는 증권의 매매거래로서의 특성을 가지고 있는 것이다.

내원천소득으로 과세한다. 따라서 비거주자가 국내의 금융기관과 repo약정을 체결하여 얻는 소득은 이자소득으로 과세된다. 세무처리에 있어서는 repo거래를 담보부 단기자금거래(secured loan)로 보는 것은 repo채권은 대차대조표에 반영되지 않고 발생 수익이 매도자에게 보장되는 특징이 있기 때문이다. 거래의 실질을 꿰뚫어 보는 투시접근방법(transparency approach)*을 사용하고 있는 것이다. 경제적 실질을 담보부 단기자금거래로 보는 것은 미국국세청의 일반적인 입장이기도 하다.[36]

2) 선물매도position를 획득함으로써 repo거래와 동일한 효과를 거둘 경우

소득세법 제16조 제1항 제9호의 규정상 이자소득의 요건은 (1) 금융기관이 거래상대방이 되는 repo거래에서 얻는 이득으로서 (2) 사전이율이 정해진 것이라면 거래되는 자산이 채권이든 다른 증권이든 이자소득으로 본다는 말이다. 한편 소득세법 제16조 제1항 제13호는 '제1호 내지 제12호의 소득과 유사한 소득으로서 금전의 사용에 따른 대가의 성격이 있는 것'을 이자소득의 범주에 포함하고 있으므로 위에서 (1)이나 (2)의 요건과 완전히 동일하지 않은 것이라 하더라도 이자소득으로 볼 수 있는 것 아닌가 하는 의문을 갖게 만든다.

---

36) 환매조건부채권 매매거래는 증권예탁원이 관리한다. 비록 채권자명부에는 매수자가 당해 채권의 형식적인 소유자로 등록되어 있지만 증권예탁원이 관리하는 계좌에는 일반예탁계좌가 아닌 repo계좌에 기록되어 발행법인이 지급하는 repo채권의 수익이 매수자가 아닌 매도자에게 귀속하도록 설계되어 있다. 이에 따라 환매조건부채권으로부터의 수익은 채무자(매도자) 격인 은행이 인식한다. 여기에서 증권예탁원(또는 금융기관)은 매도자에게 이자를 지급하면서 원천징수를 하게 된다. 여기서 이자는 일종의 substitute payment이다. 만약 매수자가 매수한 환매조건부채권을 중도에 증권예탁원을 통하지 않고 매도한 경우에는 다음의 제3의 매수자는 채권발행기관으로부터 받은 이자를 처음의 매도자에게 지급하면서 원천징수한다(소득 46073-48, 2002.2.22). 은행은 환매조건부채권매매계약상 피담보채권에 대해 사전에 약정된 이자를 고객, 즉 매수자에게 지급한다. 매도자는 매수자에게 이자를 지급할 때 원천징수한다. 한편 담보가 되는 환매조건부채권의 발행법인은 증권예탁원을 통해 채권의 매도자에게 이자를 지급하면서 원천징수하게 된다. repo채권의 매도자가 고정사업장이 없는 외국법인인 경우에는 당해 repo채권에 귀속하는 이자에 대해서는 원천징수되면서 피담보 채무를 위해 지급하는 이자에 대해서는 국내에서 손금인정을 받지 못하게 된다. 한편 repo채권의 매수자는 피담보채권으로부터 발생하는 이자에 대해 과세를 받게 된다. 이는 repo채권과 repo채권이 담보하는 채무는 별개의 채권채무관계를 형성하기 때문이다. 이를 경제적 이중과세로 보기는 어려울 것이다. repo채권이 담보하지 않는다 하더라도 피담보채무에 기인한 이자는 발생할 것이며, 동시에 repo채권으로부터 이자는 앞의 이자와 무관하게 지속 발생할 것이었음을 고려하면 더욱 그러할 것이다.

repo거래에서는 (1) 채권이나 증권을 매수하는 약정과 (2) 매수한 채권이나 증권을 환매도하는 약정이 동일한 당사자들 간 이루어진다. 이때 거래되는 채권이나 증권은 당사자들 간 자금의 대차상 차입금상환을 담보하는 역할을 하는 데 그친다. 만약 (1)의 약정과 (2)의 약정의 거래상대방이 다른 경우에는 어떻게 과세할 것인가? 갑이 을과 repo약정을 체결하는 대신 갑은 을로부터 주식을 매입하고 병에게 채권을 선물매도하는 계약을 체결한다. 병은 선물매수한 주식을 을에게 선물매도하는 계약을 체결한다. 이 경우 병은 갑과 을 간의 거래를 매개하는 기능만을 수행하게 되고 사실상 갑과 을 간에 repo거래가 이루진 것과 동일한 결과를 가져올 것이다. 여기서 병은 선물거래의 당사자가 되는 수수료를 받고자 할 것이다. 이 경우 국세기본법 제14조 제3항의 규정이 적용될 가능성이 매우 높다.[37]

만약 갑과 을이 병의 개입을 원하지 않고 repo거래로 취급받기를 원하지 않는다면 달리 동일한 경제적 효과를 거둘 수 있는 방법은 없는가? (1) 갑이 을로부터 주식을 매입하면서 시장에서 선물매도 포지션을 취한다. 을은 갑에게 주식을 매도하면서 시장에서 선물매수포지션을 취한다. 이 방법은 주식의 현물가격과 선물가격 간의 차이가 시장이자율의 차이에 근접할 경우 당사자 간 직접 repo거래를 하는 것과 유사한 효과를 가져올 것이다. 만약 현물가격과 선물가격의 차이[38]가 시장이자율을 보상하지 못하는 수준이라면 주식을 장외에서 거래하면서 주식가격을 낮추면 된다. (2)또 다른 방법으로 당사자 간 현물은 시장가격대로 거래하고 선물시장에서 시장이자율을 보상하는 수준의 가격을 실행가격으로 하는 put/call mechanism을 만드는 방법도 있다. (3)더 나아가서는 당사자 간 거래를 하지 않고 갑이 바로 합성채권의 지위(주식을 사면서 매도옵션을 구입하고 매수옵션을 매도하는 방법)를 구축할 수도 있을 것이다.

---

37) ③ 제3자를 통한 간접적인 방법이나 2 이상의 행위 또는 거래를 거치는 방법으로 이 법 또는 세법의 혜택을 부당하게 받기 위한 것으로 인정되는 경우에는 그 경제적 실질내용에 따라 당사자가 직접 거래를 한 것으로 보거나 연속된 하나의 행위 또는 거래를 한 것으로 보아 이 법 또는 세법을 적용한다 〈신설 2007.12.31〉.
38) 실제 현물가격과 선물가격 간의 차이가 이자 부분을 포함하고 있다.

(1)의 경우 갑의 지위의 처분에 따른 소득은 주식양도차익이 될 것이다. 갑이 정상적으로 repo거래를 하였다면 이자소득으로 과세될 것이었다. 을의 경우 처음 주식을 양도할 때 주식양도차익으로 과세될 것이다. repo거래를 하였다면 주식의 매매로 인식되지 않았을 것이다. 상장주식을 장내에서 거래한 것이라면 갑이든 을이든 양도차익에 대한 세금을 부담하지 않게 된다. (2)의 경우 을은 주식양도차익을 인식하여야 하지만 갑은 어떠한 소득도 인식하지 않게 된다. 물론 갑이 법인이라면 모든 경제적 이득은 과세되므로 과세될 것이다. (3) 합성채권의 지위에 따른 이득이 이자소득으로 과세되지는 않는다. 갑이 취득한 주식을 양도할 때 주식양도차익과세의 문제가 발생할 뿐이다.

(2) 미국에 투자한 경우

미국에서는 일정 요건을 충족하는 repo거래를 자금의 소비대차거래로 인식한다.

1) 우리나라 거주자가 미국에서 repo거래를 통해 얻은 이득

우리나라 거주자가 미국법인과의 repo거래를 통해 미국에서 환매조건으로 채권을 매입하는 경우에는 이자소득으로 과세될 것이다.[39] 미국에서도 이자소득으로 과세될 것이므로 이론의 여지는 없을 것으로 보인다.[40]

2) 선물매도position을 획득함으로써 repo거래와 동일한 효과를 거둘 경우

우리나라 거주자가 미국법인으로부터 주식을 시장가격대로 매입하고 선

---

39) 거주자와 외국투자가가 외형은 주식거래이나 이면계약을 통해 미래의 일정 시점에 이자 상당액을 가산해 매매할 수 있는 환매조건부 거래를 하는 경우, '이자소득'으로 과세할 수 있음(재국조46017-203, 1997.11.04).

40) 거주지국의 과세당국이 거주자의 국외원천소득에 대해 과세할 때 소득의 종류 구분을 어느 나라의 세법에 입각하여 할 것인가에 대해서는 우리나라는 우리나라의 세법에 입각한다는 원칙을 정립하고 있다.

물시장 또는 장외에서 시장이자율을 보상하는 수준의 가격을 실행가격으로 하는 put/call mechanism[41]을 만드는 방법도 있다. 이 경우 우리나라 거주자가 주식으로부터 얻는 소득은 이자소득이 아니라 주식양도소득이 될 것이다. 보유기간 중 배당이 지급되면 배당소득으로 보게 될 것이다. 한국의 거주자가 법인이라면 간접외국납부세액공제를 받을 수 있을 것이다. 한편 미국의 세법에 의하면 주식을 시장가격대로 매도하고 시장이자율을 보상해 주는 수준의 가격을 실행가격으로 하는 put/call mechanism을 만드는 자는 마치 채무를 부담하는 것으로 보아 이자비용을 공제할 수 있도록 하고 있다.

2. 전환사채거래

원천지국에서는 이자비용으로 공제하면서 거주지국에서는 배당소득으로 간접외국납부세액을 공제받기 위한 방법으로 전환사채거래를 상정할 수 있다. 예를 들어, 전환사채(Convertible Bond, CB) 발행자 갑의 거주지국은 CB를 채무증서로 보고 CB의 취득자 을의 거주지국은 지분증서로 본다면 갑은 이자비용으로 공제받을 수 있는 한편 을은 간접외국납부세액공제를 받을 수 있게 된다. 미국에서는 주식으로 상환하는 채권을 일정한 경우 주식으로 인식하고 전환사채를 지분증서로 보기도 한다.

제2항 소득인식시기의 차이의 활용

스왑계약에 의해 A국의 갑이 B국의 을에게 5년 후 정액을 지급하도록 되어 있는데, A국의 세법은 발생주의에 의해 비용을 인식하도록 하고 B국의 세법은 현금주의에 의해 수익을 인식하도록 되어 있는 경우 갑과 을은 스왑

---

41) put call parity등식을 이용하여 합성된 지위를 창출하는 것을 말한다. 제2장 참조.

계약을 통해 시간의 이익(time value of money)을 벌게 된다. 또한 국내 조세설계의 사례에서 논한 특정 금융상품을 보유하면서 이를 사실상 처분하는 것과 같은 효과를 보도록 파생상품을 이용하여 구축한 금융포지션에 대해 그것을 그대로 인정하는 국가(예, 우리나라)와 인정하지 않고 세법의 규정에 의해 재규정하는 국가(예, 미국) 간에는 소득인식시기에 차이가 발생할 수 있다. 이는 납세자로 하여금 시간의 이익을 벌 수 있게 하는 요인이 된다.

제3항 인적 과세대상에 대한 인식의 차이의 활용

1. 거주지 규정 차이의 이용

대부분의 국가는 거주자에 대해서는 전 세계 소득을 과세하고 비거주자에 대해서는 국내원천소득만 과세한다. 만약 특정인이 어느 나라의 거주자도 아닌 상태를 유지할 수 있다면 각 나라별로 발생한 소득에 대한 과세만 받게 되어 그 결과 원래 거주지국의 과세율에 의한 과세를 회피할 수 있게 된다. 이는 각국의 거주지 규정의 차이를 이용해서 달성할 수 있다.

각국은 거주자의 개념을 설정하면서 항구적 주거, 이해관계의 중심지 및 통상적 거소 등과 같이 추상적 기준을 활용하고 있다.42) 구체적으로 보면 각국이 설정하는 기준은 상이한 경우가 많다. 오스트리아, 캐나다, 프랑스, 독일, 영국 및 미국 등은 거소 등의 개념을 거치지 않고 단순하게 1년의 반을 체류할 경우 거주자로 간주한다. 예를 들어 영국은 일 역년 중 183일 이상 영국에 체류하면 거주자로 본다. 또는 지난 4년간 평균 90일 이상 체류하여도 거주자로 본다. 2년 이상 영국체류를 목적으로 입국하는 자는 입국일부터 거주자로 본다. 미국은 '실질적인 체류기준(substantial presence test)'이라고 하는 183일 기준을 적용한다. 당해 연도 중 31일 이상 체류하여야 하며, (당해 연도 체류일수) + (직전년 체류일수의 3분의 1)

---

42) Angel Schindel, Source and Residence(Cahiers), IFA, 2005, pp.58 – 60.

+(직전전년 체류일수의 6분의 1)의 값이 183일을 초과하면 거주자가 된다. 해당 연도에 183일 이상 미국에 체류한 경우라 하더라도 다른 나라에 tax home을 가지고 있으며 그 나라와 보다 밀접한 관련성을 가진 것을 입증한 경우에는 거주자 신분을 벗어날 수 있다. 영주권을 가진 체류자는 모두 거주자로 본다(green card holders).

나라에 따라서는 거주자 이외에 '영구적 거주자', '통상적 거주자' 또는 '본적' 등의 개념을 설정하여 납세의무의 범주를 달리 설정하고 있다. 이 경우에는 해당 국가의 거주자가 되면서도 사실상 비거주자로 취급받음으로써 원래 거주지국의 과세율에 의한 과세를 회피할 수 있게 된다. 일본에서는 우리와 같이 주소를 가지거나 1년 이상 거소를 가진 자를 거주자로 본다. 거주자는 다시 영구적 거주자와 비영구적 거주자로 나뉜다.43) 영구적 거주자는 일본에서 영구적으로 거주할 의사를 가지거나 일본 내에 5년 이상 계속하여 거주자신분을 유지한 자를 말한다. 비영구적 거주자에 대해서는 국외원천소득에 대한 과세상 송금주의 — 즉 일본 내로 송금받은 소득에 대해서만 과세 — 를 적용한다. 영국은 영국 내에 통상적으로 거주 (ordinarily resident)하거나 본적을 가지고 있는(domiciled) 자가 아니면 국외원천소득에 대한 과세상 송금주의를 적용한다. '통상적으로 거주'의 의미는 여러 해에 걸쳐(year after year) 거주자인 경우를 의미한다. 근로목적으로 입국한 자의 경우 3년 이상 체류하여야 한다. '주거를 가지고 있는 자'로 취급되기 위해서는 영국에 항구적인 주거(permanent home)를 가지고 있어야 한다. 영국세법상 본적(domicile)의 개념은 비세법상의 용어를 원용한 것으로서 우리로 얘기하면 '본적'과 유사한 것이다. 16세 이상의 자는 본적을 선택할 수 있지만 그 이전에는 부모의 본적을 따른다. 상속세 목적으로는 지난 20년 중 17년 이상을 영국에 거주하여야 본적이 있는 것으로 보며, 그 경우에야 국외소재자산에 대해 상속세를 부과한다.44)

---

43) 일본 세법상 영주자, 비영주자로 표기한다.
44) HM Treasury, Reviewing the residence and domicile rules as they affect the taxation of individuals: a background paper, April 2003, pp.3 – 6.

2. 이중공제구조의 구축

(1) 혼성체

A국에서는 도관체로 취급되는 한편, B국에서는 과세실체가 되는 경우 A국의 입장에서는 B국에 설립된 그러한 실체를 혼성체(hybrid entity)라고 한다. 아래 그림의 사례에서 혼성체는 B국에 100% 출자한 자회사를 둔다. 자회사와 혼성체는 B국에서 연결납세대상이다. 혼성체가 지급하는 이자는 B국에서는 혼성체의 이자비용으로 하여 자회사의 소득금액 계산에 반영된다. A국에서는 혼성체가 도관으로 취급되기 때문에 B국의 은행에 지불한 이자비용도 비용으로 인정받을 수 있다. 혼성체를 이용하여 A국과 B국에서 두 번 이자비용을 공제받을 수 있게 되는 것이다.[45] B국의 입장에서는 대차거래에서 발생하는 소득은 은행의 이자수입이 되므로 문제될 것이 없지만 A국의 입장에서는 하나의 이자비용이 모법인의 소득금액 계산 시 반영되고 자회사의 소득금액 계산 시 반영되어 경제적 실질과 달리 과다한 비용을 공제받게 된다.

〈연결납세제도하에서 혼성체를 통한 이자비용의 이중공제〉[45]

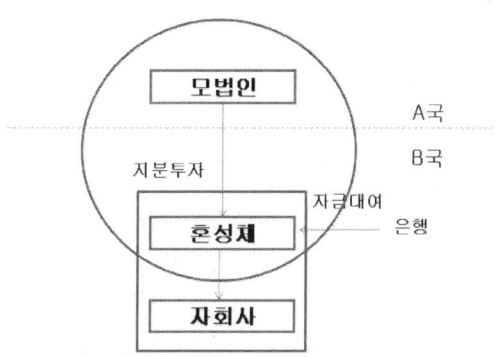

---

45) 이를 double dipping이라고 한다.

(2) 이중거주회사(dual resident companies)

　각국의 국내세법의 차이에 의하여 발생할 수도 있지만 꼭 그것을 요건으로 하지 않는 사례로서 이중거주회사의 경우를 생각해 볼 수 있다. 하나의 실체가 A국의 국내세법에 의해 그곳의 내국법인이 되며 B국의 국내세법에 의해서도 그곳의 내국법인이 될 때 이중거주자가 된다. 예를 들면, 해당 회사가 B국에서 설립되었지만 실질적인 관리장소는 A국에 있는데 B국의 세법은 설립준거법을 기준으로 내외국법인을 구분하고 A국의 세법은 실질적인 관리장소를 기준으로 내외국법인을 구분한다면 이중거주자가 될 것이다. 원래 이중거주자가 되면 두 국가로부터 전 세계 소득에 대해 과세를 받게 되므로 이중과세의 조정이 필요한데 그러한 조정은 해당 법인이 외국납부세액공제를 신청할 때 문제된다. 이 경우 단순하게 일방국에서 타방국에서 납부한 세액을 공제할 것인가의 문제로 끝나기도 하지만 양국 간 조세조약에 따라 어느 일방의 거주자로 확정되는 과정을 거치게 된다. 이와 같이 이중거주회사는 납세자 스스로 납세의 부담을 줄이기 위해 만나지 않았으면 하는 상황이지만 경우에 따라서는 스스로 이중거주자의 지위를 획득하여 절세에 이용할 수도 있다. 아래 그림에서와 같이 이중거주회사가 A국과 B국 각국의 금융기관으로부터 자금을 차입하여 사용하는 구조를 상정해 보자. 이중거주회사가 A국에서 모법인과 연결납세제도의 적용을 받는 한편 B국에서 자회사와 역시 연결납세제도의 적용을 받는다면 하나의 이자지급액이 양국에서 각각 이자비용으로 공제되는 효과를 거둘 수 있다.

---

46) Raffaele Russo, Fundamentals of International Tax Planning, IBFD, 2007 참조.

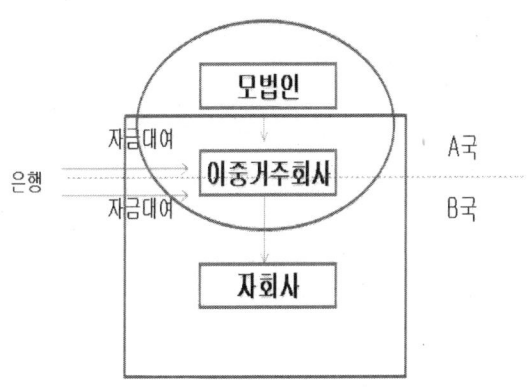

3. check the box regulation

미국의 check the box regulation은 이중공제가 가능한 기회를 주고 있다. 미국에서 도관으로 간주되는 법인으로부터의 분배금액은 법인 단계에서는 과세가 되지 않아 사실상 비용으로 인정받는 것과 같은 효과가 발생하는 한편 부사사 소재지국에 송금되어 그곳에서 과세될 때에는 배당으로 인식되어 간접외국납부세액공제가 가능할 수도 있는 것이다. 미국세법은 자기 나라뿐 아니라 세계 각국의 법에 의해 설립한 조직에 대해 그것을 과세실체로 인정할 것인가에 대해 독특한 제도를 두고 있다. 자기 나라의 조직에 대해서는 일반적인 partnership은 과세실체로 인정하지 않고 상법상의 회사는 과세실체로 인정하되 그 사이에 LP, LLP 및 LLC와 같은 조직에 대해서는 납세자가 스스로 과세실체로 취급될 것인지를 선택하도록 하고 있다. 외국의 조직에 대해서는 반드시 법인으로 보아야 할 것을 조사하여 공표하고 있으며 그 이외의 조직에 대해서는 미국세법상 취급을 납세자가 선택하도록 하고 있다. 이것을 check the box regulation[48]이라고 한다. 미국국세

---

47) Raffaele Russo, supra 참조.
48) 'check the box'는 내국세입법 §7701에 의한 신청서상 난(box)에 check함으로써 선택한다는 의미를 내포한다.

청의 규정에 의하면 한국의 주식회사는 미국에서 법인으로 보도록 되어 있지만 다른 형태의 회사는 과세실체로 볼 것인가를 납세자가 선택하도록 하고 있다.

우리나라 세법상 유한회사는 법인으로 보아 과세한다. 그런데 만약 그것의 사원이 미국법인이고 해당 사원이 미국에서 한국의 자회사인 유한회사를 미국 내에서 check the box regulation에 따라 과세실체로 취급받지 않는 것을 선택한 경우를 상정해 보자. 그 경우에는 미국세법상 한국 유한회사의 손익이 그대로 미국의 모법인의 소득에 합산되게 된다. 만약 한국유한회사가 결손을 시현하고 있다면 미국 모법인의 세부담을 줄이게 될 것이지만 이익을 시현하고 있다면 배당을 하지 않았는데도 미국 모법인의 세부담을 늘리게 될 것이다. 이 경우 미국의 check the box regulation은 미국 내에서 외국법인과의 연결납세를 가능하게 하는 하나의 매개가 될 수 있다. 참고로 미국의 연결납세제도에 의하면 외국법인과의 결납세는 원칙적으로 허용되지 않지만 캐나다 및 멕시코의 자회사 중 100% 지분을 가진 회사와의 연결은 허용된다.

제4항 해외관계기업의 결손금 활용

1. 해외자회사(non-resident subsidiaries)

과세당국의 입장에서 보면 내국법인의 해외자회사를 연결납세의 대상으로 하기 위해서는 국외원천손실을 즉시 인식하는 데서 비롯하는 세수의 일실과 국외원천손실이 실제 발생하였는지를 확인하는 행정적인 부담을 감수하여야 한다. 미국과 같은 나라에서는 일정 국외 도관체(pass through entity)에 출자하는 경우 이를 국내출자자의 손실로 보는 제도가 있기는 하지만 연결납세제도는 기본적으로 내국법인 간에 인정된다. 세계적으로 보아서는 점차 해외자회사를 연결납세제도의 틀 안에 편입시키는 국가가 늘어나고 있다. 이는 그룹 내 기업 간 역내외 수입금액의 배분을 둘러싸고 더 많은 조세설계의 기회를 주고 있다. 예를 들어, EU국가 중 덴마크, 프랑스 및 이태리는 해외자회사의 경우에도 연결납세제도의 적용을 받을 수 있도록 하고 있다.

(1) 덴마크(joint taxation scheme)

내국법인이었다면 덴마크 법인세법에 의해 법인세를 과세당할 국외의 과세단위[49])에 대해서는 그것이 내국법인의 자회사일 경우에는 연결납세제도의 적용을 받도록 하고 있다. 구체적으로는 다음의 요건을 충족하여야 한다. 2003년 현재 1,140개의 해외자회사가 동 제도의 적용을 받고 있다.

- 과세소득금액은 소재지국의 화폐단위로 계산한 후 덴마크화로 환산한다.
- 해외자회사가 당해 그룹에 편입될 때에는 초기대차대조표를 작성하여야 한다.
- 손실을 두 번 활용하는 깃을 방지하기 위해 그룹 바깥 기업의 소득과의 합산을 하지 못하도록 하고 있다.
- 외국납부세액공제를 받기 위해서는 해외자회사의 소득은 엄격한 이전가격과세검증을 받아야 한다.

(2) 프랑스(benefice consolide)

1965년에 해외자회사의 연결납세를 위해 별도로 도입된 제도이다. 절차상 특별 승인을 받아야 하는데, 실제 이러한 규정의 적용을 받는 경우는 10개의 그룹에 불과하다. 동 제도의 적용을 받기 위해서는 다음의 실체적 요건도 충족하여야 한다. 해외자회사에 대한 직간접적인 지분율이 50% 이

---

49) 국외에서 도관으로 보지만 국내에서 과세실체가 되는 혼성체(hybrid entity)도 포함하는 개념이다.

상 되어야 한다. 연결그룹에 편입되기 위해서는 해외자회사는 프랑스세법이 특별히 규정한 요건을 충족하여야 한다. 국내기업 간 그룹과는 달리 그룹 내 자산의 이전에 대해서는 손익을 즉시 인식하여야 한다. 이 제도를 이용하면 국외손실을 사용할 수 있으며, 국별 한도제로 되어 있는 외국납부세액을 활용 폭을 넓힐 수 있으며, 이전가격조사의 위험을 줄일 수 있다.

(3) 이태리(worldwide consolidation)

국외자회사와 연결납세를 하기 위해서는 다음의 요건을 충족하여야 한다. 지주회사는 내국법인이어야 한다. 내국법인 간의 그룹과는 달리 지분비율에 비례적인 연결을 할 수 있도록 되어 있다. 외국자회사라면 모두 포함시켜야 한다. 저세율 국가의 자회사를 제외하는 등의 방식은 허용되지 않는다. 외국납부세액의 공제는 허용된다.

2. 외국법인의 국내사업장

외국법인의 국내사업장은 외국법인의 한 부분이기 때문에 다른 외국법인과의 관계에서 기업그룹을 형성하는 문제는 고정사업장 소재지국가에서는 기본적으로 문제가 안 될 것이다. 그러나 두 개의 서로 다른 외국법인의 국내사업장이 있는데 각 외국법인 간 지배관계가 있을 때에는 당해 두 개의 서로 다른 국내사업장 간 연결납세하여야 하는 문제가 있을 수 있다. 이러한 문제는 외국법인의 국내사업장이 출자한 내국법인과 당해 국내사업장 간의 관계, 그리고 내국법인의 해외자회사의 국내사업장과 당해 내국법인 간의 관계에서도 발견될 수 있다. 이에 대해서는 유럽국가를 중심으로 2000년대 들어 국내사업장을 연결납세의 범주에 포함시키는 입법이 활발하게 진행되고 있다. 이러한 경향은 조세조약상 무차별의 원칙에 입각한 것이라고 볼 수 있을 것이다. 특징적인 것은 유럽국가 간 이런 논의가 진행되는 것과는 상이하게 미국에서는 무차별의 원칙이 이 분야에서는 적용되지 않는 것으로 이해되고 있다는 점이다. 유럽국가의 경우 EU협약상 사업장 설치의 자유(freedom of establishment) 조항의 영향을 받고 있기 때문인 것으로 보인다.[50] 일본도 이와 같은 입장에 있는데 그 논거로서는 일본법인의 지점에 대한 과세제도와 외국법인의 국내사업장에 대한 과세제도에 있어 일관성이 유지되고 있다는 데서 찾고 있다. 그러나 연결납세의 대상이 되는 기업이라면 그것의 지점도 당연히 연결납세의 대상이 될 것이기 때문에 그러한 논리는 설득력을 결여한다.

제5항 소득 · 비용의 이전

1. 전환사채의 과실수령권(usufruct)

한 자산으로부터의 과실을 성격에 따라 구분하여 서로 다른 과세관할권에 있는 자들에게 귀속시키는 구조를 생각할 수 있다. 투자를 하게 되면 통상 원본을 반환받을 권리와 과실을 수령할 권리를 가지게 된다. 물론 원본을 다 돌려받지 못할 가능성이 있는 것(즉 투자성이 있어 자통법상 금융투자상품으로 분류되는 것)도 있지만 채무증서의 경우 만기까지 보유한다면 원본은 반드시 반환받도록 되어 있다. 여기서 원본을 제외한 투자수익을 지급받는 권리를 증서화한 것을 과실수령권(usufruct)이라고 한다. 우리나라에서도 통상 이자수령권은 이자수령권(interest coupon)으로 별도로 유통되기도 하므로 채권이자수령을 표창하는 과실수령권이 존재하는 셈이다. 이러한 구분을 전환사채에 대입하면 전환사채가 표창하는 권리는 이자수령권, 전환권 및 원본반환권으로 구분할 수 있다. 이제 전환사채를 통해 소득을 이전하는 경우를 소개하기 위해 차입자가 전환사채로부터의 이자수령권

---

50) 독일의 Lankhorst 사건(ECJ, Lankhorst-Hohorst GmbH, C-324/00)을 참조할 수 있다(본서 제6장 제1절 사례 참조).

을 표창하는 과실수령권을 C국의 회사에 지급하고 원본반환권 및 전환권
은 A국의 회사에 지급할 경우를 아래와 같이 상정해 보자. 차입자의 소재
지인 B국에서는 전환사채의 발행에 따른 비용을 모두 이자비용으로 인정
하는 한편, A국은 전환권의 가치증분에 따른 소득을 자본소득으로 보게 되
는데 자본소득에 대해서는 낮은 세율을 적용한다면 A국에서 낮은 세율로
과세될 수 있다. C국은 원래 저세율국이라면 자금을 제공하는 모법인의 입
장에서는 자금의 사용처인 B국에서는 세금을 보조받으면서 A국과 C국에서
는 낮은 세금을 부담하는 효과를 거둘 수 있다. 실제 우리나라는 전환사채
의 발행자는 전환사채를 통한 자금조달비용을 모두 이자로 보도록 되어 있
다.51) 한편 C국에서는 전환사채를 지분증서로 본다면 수령금은 배당소득이
되어 간접외국납부세액을 공제받을 수도 있을 것이다.

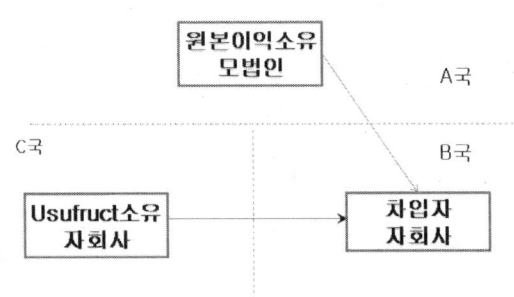

〈과실수령권의 분리를 통한 절세〉51)

2. 파생금융상품의 이용

A국의 갑이 B국의 을로부터 옵션(option)을 구매하면서 옵션가격
(premium)을 지불하고 만기에 옵션을 행사한 경우 A국은 옵션가격을 자산
의 원가가 아닌 통상의 비용으로 취급하고 B국은 갑이 받은 옵션가액을

---

51) 개인과세상 채권 자체의 가치증분에 대해서는 채권 양도소득으로 보도록 되어 있다. 전환권 자체의 가
치증분에 대해서는 과세하지 않게 된다.
52) Raffaele Russo, supra 참조.

기초자산을 이전할 때 계산하는 자본이득금액에 가산하게 되는데 B국은 자본이득에 대해 낮은 세율을 적용한다면 옵션가액은 A국에서는 높은 세율을 적용받는 비용이 되고 B국에서는 낮은 세율을 적용받는 이득이 된다.

3. 낮은 세율 국가의 고정사업장을 이용

원천지국에서의 과세소득금액을 감소시키면서 해당 소득에 대응하는 금액을 낮은 세율로 과세되는 국가로 이전시키는 방법[53]이다. 예로서 연결납세신고제도가 적용되는 지역의 회사가 국외에 고정사업장을 이용하는 조세회피방식이 있다. 국외사업장에 귀속하는 소득에 대해 국외소득면제방식을 취하고 있는 국가에서 모자회사 간 연결납세제도를 도입하고 있을 때, 자회사의 국외고정사업장이 모회사로부터 자금을 빌리고 이자를 지불하게 된다. 이 경우 고정사업장이 지불하는 이자는 모자회사 간 거래이므로 모회사가 수익으로 인식하지 않고 동시에 고정사업장의 비용으로 인식하지 않는다면 고정사업장에 귀속하는 소득은 늘어나게 된다. 고정사업장소득은 국외원천소득으로서 모자회사의 소재지국에서 과세받지 않게 된다.[54]

[탐구] 4-1

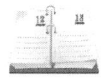 사례 | Cecilton 사건(93누13162, 1994.4.15.)

■ 사실관계

원고는 원천징수의무자인 베어링 씨큐리티즈 리미티드(Baring Securities Limited)였다. 원고는 케이만아일랜드법에 따라 설립된 영국런던에 본점을

---

53) 전통적인 이전가격행위에 대해서는 논의를 생략한다.
54) Stef van Weeghel, The Treaty Abuse, Kluwer Law International, 1998, pp.126-128.

둔 법인이었으며 소외회사 Cecilton Ltd.의 거주지가 문제된 사안이었다. 동법인은 다음과 같은 사실관계를 가지고 있다.

- 1988.1.15. 투자신탁업무 영위를 위해 홍콩법에 의해 설립.
- 1989.12.27. 홍콩거주 이사들 사임.
- 1989.12.28. 네덜란드 거주 이사 1인 선임.
- 1990.1.10. 네덜란드 암스테르담에 상업등록.
- 1990.3.1. 과세대상 주식양도.
- 소외회사 과세대상 주식양도차익 네덜란드에서 소득으로 신고하지 않음.
- 암스테르담에 사무소 설치 않고 자신명의 전화도 없음.
- 네덜란드 이사에게 적은 임금 지급.
- 한국국세청이 질의하였지만(1991.11.30), 판결일까지 네덜란드 재무부 회신 없음.

■ 쟁점

법원은 네덜란드회사인 쎄실톤이 단지 형식적으로만 그 주된 사무소를 네덜란드에 등록하였으므로 한국과 네덜란드 간 조세조약을 적용할 수 없다고 한 바 있다. 여기서 거주성의 입증은 원고인 납세자가 하여야 하였다. 조세조약이 국내세법에 대한 특별법으로서 조세특례를 부여하는 성격을 감안한 것이다. 그리고 법원은 한국과 네덜란드 간 조세조약상 네덜란드에서 거주자가 되기 위한 요건 ― 즉 네덜란드에서 납세의무가 있는 (liable to tax) ― 을 문맥과 취지에 맞게 해석한 것으로 이해할 수 있다. 판결에서 법원이 실질과세원칙을 명백히 거론하고 있지는 않다.

제2절 조세조약의 이용

국내세법 간 차이를 이용한 조세재정행위와 더불어 최근 많이 사용되고 있는 조세설계방법으로 조세조약의 이용을 들 수 있겠다. 국내세법 간 차이의 이용이든 조세조약의 이용이든 모두 조세규범을 이용한다는 점에서는 동일하다. 조세규범상 어느 조항을 이용하겠다는 목적을 설정하고 그러한 목적을 달성하기 위하여 수단으로 이용하는 방법은 무언가 경제적인 동기를 그대로 따르자면 갖게 될 외형에 변형을 가하여 해당 조항을 이용하는 데 유리한 법적 형태를 갖도록 하는 것이 그 요체이다. 따라서 국내세법 간 차이의 이용이든 조세조약의 이용이든 그것을 이용하려 하는 납세자의 내심은 동일한 것이라고 보아야 할 것이다.

조세조약은 양국의 정부가 합의하여 체결한 것으로서 두 국가에 걸쳐 하나의 조세규범으로 존재한다. 따라서 두 국가의 국내세법의 차이를 이용한 재정의 경우에서와는 달리 양 체약국은 해당 조약을 부당하게 이용하는 행위에 대해 각각의 권한으로 이를 규제할 수 있게 된다. 조세조약의 부당한 이용, 즉 '남용'이라는 이유로 각국 정부기 납세자가 설계한 거래구조를 부인하려 할 때 늘 뒤따르는 문제는 과연 남용은 무엇이며 왜 특정 거래가 남용으로 부인되어야만 하는가에 관한 논쟁일 것이다.

OECD 모델조세조약은 1990년대 후반까지만 해도 국제적 조세회피를 방지하는 데에는 효과적이지 못하였다. 실제 동 모델은 국가 간 정보교환에 관한 조항을 두고 있지만 그것은 실제 효과적으로 작동하지 않고 있다. 다국적기업에 대해서는 그것이 진출지국가에서 별도 법인의 형태로 존재할 때에는 고정사업장의 형태로 있을 때에 비해 원천지국가의 과세권이 현저하게 위축된다. 그에 따라 다국적기업은 소득을 거류(parking)시키고 싶은 관할권에 얼마든지 소득을 이전할 수 있는 수단을 갖게 된 셈이다. 즉 소득의 인적 귀속을 조정할 수 있는 수단이 되어 버린 별도 법인에 대해 현행 OECD 모델조세조약은 그것을 하나의 과세상 실체로 취급할 뿐

그것을 관통하는 과세원칙을 개발하지 못하고 있는 것이다.[55]

  1990년대 후반부터 OECD 재정위원회를 중심으로 조세조약 남용에 대한 대응의 필요성이 적극적으로 제기되었다. 이제 OECD 모델조세조약 주석서는 조세조약의 목적은 이중과세를 방지하고 국제적인 조세회피와 탈세를 방지하는 것이라고 하면서 납세자가 조세조약이 없었더라면 가능하지 않았을 방법으로 국가 간 조세제도의 차이를 이용하여 조세를 회피하거나 인위적인 법적 관계를 설정하여 국내세법상 조세혜택과 조세조약에서 부여하는 혜택을 확보하는 것을 조세조약의 남용으로 보고 있다.[56] 한편, UN 국제조세협력을 위한 임시전문가회의[57]는 조세조약의 남용을 '해당 조약이 혜택을 주고자 했던 자가 아닌 자에 의하여 해당 조약이 그에게 부여하고자 의도하지 않았던 혜택을 얻기 위해 이용되는 것'[58] 정도로 개략적인 의미를 부여하고 있다. 주체와 객체에 모두 조세조약이 뜻하지 않은 대상에 조세조약의 혜택이 주어지는 경우를 남용(abuse)이라 한 것이다. Stef van Weeghel은 조세조약의 남용을 '일방 또는 쌍방체약국의 조세를 회피하고자 하는 목적만으로 영위한 거래로서 양 체약국이 공유하고 있는 기본적이고 지속적인 기대와 정책목표에 부합하지 않으며 그에 따라 넓은 의미의 조약의 목적에 위배되는 행위'로 비교적 좁게 정의하고 있다.[59] Klaus Vogel은 조세조약의 남용을 개념적으로 구분하여 해당 조약 전체를 남용하는 경우를 조약 남용(treaty shopping)으로 소득의 종류를 변경하는 것과 같이 일부 조항을 남용하는 경우를 조항 남용(rule shopping)

---

55) Michael J. McIntyre, Developing Countries and International Cooperation on Income Tax Matters: An Historical Review, unpublished manuscript, 2003.
56) OECD op.cit., 제1조에 대한 주석 제7항과 제8항.
57) UN Ad Hoc Group of Experts in International Co-operation in Tax Matters.
58) "The term 'abuse of tax treaties' may be defined loosely as the use of tax treaties by person the treaties were not designed to benefit, in order to derive benefits the treaties were not designed to give them."(UN Ad Hoc Group of Experts in International Co-operation in Tax Matters, NY, 1987.)
59) The particular use of a tax treaty that 1) has the sole intention to avoid the tax of either or both of the contracting states, and 2) defeats fundamental and enduring expectations and policy objectives shared by both states and therefore the purpose of the treaty in a broad sense(Stef van Weeghel, The Treaty Abuse, Kluwer Law International, 1998, p.117).

으로 규정하고 있다.[60] 조세조약의 남용은 거래행위의 외형상으로는 특정 조세조약이나 그 조약의 특정 조항이 적용되어야 할 것으로 보이지만, 그러한 거래의 구성의도나 목적 등에 대한 사실 및 정황을 보면 조세조약의 혜택을 부여하는 것이 조세조약이 당초 기대한 것에 부합하지 않을 경우 그 행위를 의미하는 것으로 이해할 수 있다. 이러한 조세조약의 남용은 대체로 아래와 같은 유형들을 포섭한다. 특히 여기서 주목해야 할 점은 OECD 모델조세조약 주석서에 의하면 조세조약의 남용은 조세조약 전체 또는 그중 일부 조항을 목적에 어긋나게 이용하는 것뿐 아니라 그것들을 통해 국내세법을 남용하는 것도 포괄하는 것이라는 점이다.

제1항 소득종류 등의 변경

조세조약을 이용하기 위해 소득종류를 변경하는 데에는 앞 절에서 소개한 방법들이 사용될 수 있을 것이다. 여기서 소득종류의 변경에 대해 다시 논하는 이유는 그에 따른 조세조약상 효과에 대해 알아보기 위함이다. 소득종류의 변경은 Klaus Vogel의 표현을 빌리자면 rule shopping에 해당하는 것이라고 할 수 있다.

1. 소득종류의 변경

소득종류의 변경은 소득귀속의 변경과 맞물려 시도되는 경우가 많다. 특히 금융업을 영위하는 자가 금융소득을 얻을 때 그것을 사업소득으로 보아야 할지 불분명한 경우가 많다. 조합이나 익명조합의 형태를 빌려 투자할 경우 조합원에 귀속하는 소득의 유형에 대해서는 기타소득, 배당소득

---

60) Klaus Vogel, Klaus Vogel on Double Taxation Convention, Kluwer Law International, 1999, p.119.

및 사업소득 등 여러 유형의 소득 중 어떤 것인지 가늠하기 곤란한 경우가 있다. 일본의 예를 들면, 외국인직접투자자금이 국외에서 회사형태의 펀드로 들어오거나 국내로 직접 들어와 민법상 조합이나 상법상 익명조합의 형태로 투자하는 경우가 많아지고 있다. 이에 대해 일본 국세청은 그러한 투자가 외국인직접투자에 해당하는지를 규명할 실익은 없다. 외국인직접투자라고 하여 그것을 이유로 조세특례를 부여하는 제도를 두지 않고 있기 때문이다. 다만 그와 같은 형태로 투자한 외국자본이 수익을 거두어 갈 때 그 소득의 귀속자가 누구인지 그리고 그 소득의 유형이 기타소득인지 사업소득인지가 문제되고 있다. 소득세법상 조합이나 익명조합의 분배금[61]은 기타소득으로 보도록 되어 있지만 실제 일본에 해당 자금을 운영하는 자가 체류하면서 계속적인 영리활동을 하고 있다면 그자가 해당 자금의 귀속주체의 사업장이 되고 그 소득은 사업소득으로 볼 수 있을 것이기 때문이다.

(1) 이자소득으로의 전환

배당소득을 이자소득으로 전환하는 것인데 내국법인의 비거주자인 주주가 사업법인(operating company)을 지배하는 지주회사(holding company)를 설립한다. 이를 위해 해당 비거주자는 사업법인의 주식을 현물출자하고 대신 지주회사로부터 채무증서(debt note)를 받는다. 이후 사업법인에 발생하는 이윤은 지주회사에 분배되고 지주회사는 해당 비거주자에게 이자소득을 지급한다. 배당소득이 자본이득 또는 이자소득으로 전환된다.[62] 또한 배당소득을 이자소득으로 전환하기 위해 파생금융거래를 이용하는 방법으로 혼성증권(hybrid securities)을 통하여 분배할 이윤을 이자소득의 형태로 실현하는 경우가 있다. 그리고 자본이득을 이자소득으로 전환하는 것으로서 보

---

61) 우리나라는 2006년 소득세법 개정으로 익명조합원에 대한 지급금을 배당소득으로 과세된다.
62) Pasquale Pistone, Report of the Proceedings of Seminar D, Abusive application of international tax agreements, Munich, 2006(6 September) IFA. p.4.

유하고 있는 채권에 대해 이자가 지급되기 바로 전에 환매조건부로 채권을 매각한다. 채권을 환매조건부로 매입한 비거주자는 이자소득과 자본손실을 얻게 된다. 채권의 발행지국(원보유자의 거주지국)과 채권매입자 거주국 간에는 이자소득에 대해 발행지국에서 과세하도록 조세조약이 체결된다. 해당 채권은 또한 발행지국에서 면세되는 채권의 유형에 해당한다.[63]

(2) 배당소득으로의 전환

외국투자가의 자신의 거주지국 세법상 간접외국납부세액공제가 허용되는 경우에는, 기왕 배당소득에 대해 원천지국에서 징수당한 세액에 대해서는 직접외국납부세액공제를 받을 수 있으므로, 배당소득으로 실현하고자 하는 유인이 발생한다. 국내 투자법인의 유보이윤을 배당으로 실현시키기 위해서 외국투자가가 주식을 양도하거나 합병하기 전에 배당을 법정 한도까지 최대한 지급함으로써 주식가치를 낮추어 놓은 다음 양도하거나 합병하여 주식양도소득을 줄이는 방법을 사용할 수 있을 것이다. 이러한 경우 법정 한도, 즉 유보이윤의 범위 안에서 이루어지는 배당에 대해 상법상으로 제재를 가할 수는 없는 것이며, 실제로 세법상으로도 이를 규제할 마땅한 방법을 찾기 곤란할 것이다.

(3) 유가증권양도소득으로의 전환

1) 지주회사의 설립

배당소득을 자본이득으로 전환하기 위해 유보이윤이 많은 법인의 비거주자인 주주가 사업법인(operating company)을 지배하는 지주회사(holding company)를 사업법인의 주식을 현물출자하여 설립한다. 주식의 현물출자

---

63) Brian J. Arnold & Michael J. McIntyre, International Tax Primer, Kluwer LawInternational, 2002 참조.

로 발생하는 자본이득에 대해서는 조세조약에 의해 거주지국에서 과세하
도록 되어 있는데 해당 주주의 거주지국은 자본이득에 대해 과세하지 않
을 수 있다.[64]

2) 소득유형의 전환

미국에서의 예를 들자면 S&P 500 Index를 가지고 있는 외국연금기금은
미국법인으로부터 수령한 배당에 대해 미국 내에서 원천징수의 형태로 과
세된다. 미국 내에서의 이자와 자본이득은 조세조약과 내국세입법에 의해
과세되지 않는 경우가 많다. 당해 외국연금기금은 S&P 500 Index를 파는
대신 매각대금으로 채권과 함께 S&P 500 Index 선물을 매입($Z+F$)한다면
기대할 수 있는 미래현금흐름이 주식(S)을 보유하고 있는 것과 같을 것이
다.[65] 다만 과세소득의 형태와 과세의 시기는 다를 것이다. 전자(S)의 경
우 과세소득은 배당과 자본이득이다. 후자($Z+F$)의 경우 과세소득은 정기
적인 이자와 향후 선물계약의 처분을 통해 얻은 자본이득(또는 손실)이다.
선물계약의 처분 시 얻는 자본이득(또는 손실)은 기초자산인 S&P 500
Index의 가격변화에 의한 자본이득의 다른 표현이므로 이는 S&P 500
Index를 직접 보유(S)할 때 얻을 수 있는 자본이득의 변형이다. 자본이득
은 조세조약에 따라서는 미국에서 과세되지 않는다. 미국법인의 경우 배당
소득에 대해서는 수령배당공제를 통해 경제적 이중과세가 완화되는 점을
감안할 때, 이자보다는 배당이 더 유리할 수 있다. 따라서 외국연금기금과
미국법인은 상호 이러한 유형의 소득을 교환하는 방식을 모색하게 된다.
주식을 선물형태로 보유하고 있는 경우에도 특정 주식 대신에 기초자산의
범주가 넓은 인덱스상품을 보유하면 상대방국가의 경제·사회적 위험요인을
많이 흡수할 수 있을 것이다.

---

64) Brian J. Arnold, etc., General Anti-Avoidance Rules in International Taxation, Case Studies and
notes, IFA, 57th Congress, Sydney, Australia, 2003.
65) put call parity등식에 의하면 $S=Z+C-P$이면서 $F=C-P$이다. 따라서 $S=Z+F$라는 등식이 나온다.

2. 낮은 세율 구간으로의 이동

소득의 종류를 변경하는 방법 이외에 같은 종류의 소득 내에서도 적용세율을 유리하게 하기 위하여 지분비율을 높이는 방법 등이 사용되기도 한다. 조세조약상 배당에 대한 제한세율이 지분비율이 일정 비율 이상일 경우 낮아지도록 설계되어 있을 경우 사실상 경영에 참여할 수 있는 지분비율은 낮으면서 외형상 지분비율만 높일 경우 제한세율은 낮아지게 된다. 이러한 거래구조에 협조하는 자가 법인소재지국의 거주자인 경우에는 법인소재지국의 과세당국 이외에 손해 보는 자가 없게 된다. 이에는 배당수령권(dividend coupon)이나 옵션계약 등이 활용된다. 이러한 방식은 조세조약이 지분비율이 일정 수준 이상일 때 이를 경영참여(participation)로 보고 해당 지분의 처분에 따른 자본이득에 대해 법인소재지국에서 과세하지 않도록 되어 있을 경우에도 사용되기도 한다. 지분비율을 높이기 위한 방법으로 원천지국에 소재하는 법인에 대한 지분을 보유하기 위한 지주회사를 설립하는 방법이 활용될 수 있다. 비거주자가 원래 회사에 대한 지분을 모두 현물출자하여 원천지국에 지주회사를 설립히고 당해 지주회사는 비거주자가 100% 지분을 보유하도록 구성할 경우 당해 비거주자가 실현하는 배당소득에 대해서는 낮은 제한세율이 적용된다. 다른 한편으로 법인의 보유자산의 50% 이상이 부동산으로 구성된 경우에는 이를 부동산과 같이 보아 법인소재지국에서 과세되도록 되어 있는 경우 당해 주식을 양도하기 전에 해당 법인의 자산 중 동산의 가치를 시가화하는 방법으로 부동산의 상대적인 가치를 희석하는 방법이 사용될 수 있다.

제2항 귀속의 조작

조세조약을 적용받을 수 있는 자격을 가진 자를 만들거나 원래부터 해당 조약을 적용받을 수 있는 자에게 소득을 귀속시키는 거래를 창출하는 방법이 사용된다. Klaus Vogel의 표현을 빌리면 전자는 조약 남용(treaty shopping), 후자는 조항 남용(rule shopping)이라 할 것이다.

1. 도관의 설립

특정 조세조약의 적용대상이 되는 것이 부적절한 주체가 조세조약을 적용받으려 할 수 있다. 이러한 조약 남용에는 별도의 실체를 활용하는 다음과 같은 방법이 있다. 첫째, 도관구조(conduit structure)를 이용하는 방법으로서 직접도관(direct conduit)을 설립하는 방법과 징검다리도관(stepping stone conduit)을 설립하는 방법으로 나누어 볼 수 있다. 둘째, 도관구조의 하나로 볼 수도 있지만 특히 저세율 국가로서 준거법주의나 본점소재지주의를 취하는 국가에 투자회사나 지주회사를 설립하는 방법이 자주 사용된다. 이러한 방법을 채택하는 것은 조세조약의 적용을 받을 수 있도록 하기 위함이므로 조세조약의 적용이 배제되는 도관체(pass through entity)를 설립하는 경우에 대한 논의는 별 의미가 없다.

도관을 설립한 사례로서 다음을 들 수 있다. 미국은 브라질과는 조세조약을 체결하지 않고 있으나 네덜란드와는 조세조약을 체결하고 있다. 이에 따라 미국법인이 브라질 주주에게 지급하는 배당에 대해서는 제한세율이 적용되지 않고 미국 내국세입법에 의해 30%의 원천징수를 받게 된다. 브라질에 있는 자본주가 미국 내 자회사로부터의 배당에 대한 고율과세를 회피하기 위해서 다음과 같은 방식의 거래를 활용할 수 있다.

1) 브라질 소재 모법인이 네덜란드에 지주회사를 설립한다.
2) 네덜란드의 지주회사는 미국에 자회사를 설립한다.
3) 미국의 자회사가 네덜란드 지주회사에 배당을 지급한다. 이때 미국정부는 당해 배당에 대해 5% 세율로 과세한다.
4) 네덜란드의 지주회사가 브라질 모법인에 배당을 지급한다. 브라질은

네덜란드와 조세조약을 체결하고 있으며 이에 따라 네덜란드법인이 브라질 주주에게 지급하는 배당에 대해서는 5% 세율로 과세한다.

브라질 모법인이 미국에 직접 자회사를 설립하고 배당을 지급받았다면 30%의 세율로 과세되었을 것이다.

2. 도관거래구조의 구축

일반적으로 소득귀속자의 변경을 위한 소득의 이전(assignment)은 과세상 인정되지 아니한다. 조세피난처에 별도의 도관회사(conduit company)를 설립하는 조약 남용(treaty shopping) 이외의 방법으로 소득을 다른 과세단위에 이전함으로써 조세를 회피할 수 있다. 이는 일종의 조항 남용(rule shopping)이라 볼 수 있는데 이자소득의 귀속을 이전하는 방법, 배당권을 이전하는 방법, 재사용허여(sublicensing)를 해 주는 방법 및 연예인·체육인 개인의 소득을 법인의 소득으로 전환하는 방법 등이 있다. 이자소득의 귀속을 이전하는 방법으로는 back-to-back loan과 같은 도관금융약정(conduit financing arrangements)을 체결하는 방법이 활용된다. 연예인 또는 운동가의 활동대가가 이들 자신에게 귀속하지 아니하고 제3자인 독립된 법인격을 가진 악단이나 구단에게 귀속되도록 할 경우에는 조세조약상 사업소득의 조문이 적용되도록 되어 있는 점이 이용된다. 다른 한편으로는 다음과 같이 고정사업장을 활용하는 방법이 사용될 수 있다. 국외고정사업장의 소득에 대해서는 국외소득으로 과세를 면제하는 국가의 법인이 고정사업장에 귀속하는 투자소득을 제3국으로부터 수령하면서 본점소재지국과의 조세조약에 따라 원천지국에서의 조세부담을 줄이는 방법이다.[66]

---

66) Stef van Weeghel, supra, pp.124-126.

제3항 거주지의 이전

유리한 조세조약을 적용받기 위해 납세자 스스로 자신의 거주지를 해당 조세조약을 적용받을 수 있는 곳으로 이전할 수 있다. 예를 들어, 법인 소재지국의 국내세법이 법인의 거주지를 실질적인 관리장소로 하고 있을 때 실질적인 관리장소를 다른 국가로 이전할 경우 새로이 이주하는 국가가 체결한 조세조약이 적용되게 된다. 원래 실질적인 관리장소가 있던 국가는 해당 법인이 지급하는 배당에 대한 과세권을 잃게 된다. 주식양도차익의 과세를 회피하기 위하여 개인이 항구적인 주거를 옮기는 것도 유사한 방식이라 볼 수 있다. 국제자본은 이와 같이 과세상 유리한 곳에 거주지를 이전하거나 관계회사를 설립하는 방법을 활용한다. 과세상 유리한 곳이라 함은 국내세법상 세금부담이 적거나 조세조약망이 발달한 곳을 말한다. 단순히 세율이 낮은 곳일 수도 있지만 그와 더불어 원천지주의를 채택하고 있기 때문에 그 나라 바깥의 소득에 대해 과세하지 않는 곳이면 더욱 선호된다. 거주지를 이전하는 방법은 개인의 경우 자신의 체재지를 옮기는 방법을 사용하며 법인의 경우에는 관리장소를 이전하는 방법이 사용된다. 거주지를 이전하는 대신 관계회사를 설립하는 방법도 자주 사용된다. 앞에서 설명한 것은 어느 한 나라에 거주지를 두고 있는 방법이다. 국제자본은 이외에도 어느 나라에도 거주지를 두지 않는 방법 또는 두 개 이상의 국가에 거주지를 두는 방법을 활용하기도 한다.

제4항 기타 조세조약의 이용

1. 고정사업장 개념 적용의 회피

사업소득은 고정사업장이 없으면 과세하지 못하는 점에 착안하여 실제 사업활동을 영위하면서 고정사업장 요건을 회피하는 방법이다. 이에는 사업활동의 기간을 줄이는 방법 및 사업활동의 기능을 분산시키는 방법 등이 있다.

2. 외국납부세액공제를 받기 위한 조세회피

투자소득이 국외고정사업장에 귀속하는지 파악하기 곤란한 경우 다음과 같은 방법을 사용할 수 있다. 고정사업장을 이용하여 외국납부세액을 공제받는 방법으로서 국외고정사업장의 소득에 대해서는 국외소득으로 과세를 면제하는 국가의 법인이 고정사업장에 귀속하는 투자소득을 제3국으로부터 수령받으면서 해당 외국납부세액은 국외고정사업장에서는 비용처리하고 본점소재지국에서는 외국납부세액공제를 받는다.[67]

실현하는 소득을 배당으로 하는 방법에 대해서는 앞에서 소개하였다. 실질적으로 소득이 발생한 일도 없는데 배당소득을 실현하는 즉시 자본손실을 실현하는 방법은 앞의 '과다배당'에 관한 제도를 설명하면서 조세회피 행위적 성격에 대해 살펴보았다. 그러한 방법은 외국납부세액공제를 받기 위한 방법으로도 활용될 수 있다. 외국납부세액공제를 받기 위한 목적으로 거주자가 외국법인의 배당락일 직전에 해당 법인의 주식을 사서 배당을 받은 다음 바로 그 주식을 매도하여 자본손실을 기록한다. 배당액과 자본손실액은 거의 같아 거주자의 소득에는 영향을 미치지 않는 반면, 거주자는 국외에서 납부한 세액을 국내에서 공제받게 된다. 거래상대방은 배당으로 실현할 소득을 자본이득으로 실현하는 셈이다.[68]

[탐구] 4 - 2

---

67) Joost Smeets & Eric Vroemen, Netherlands, "Tax Credit Denied in Triangular Case", World Tax Advisor, Deloitte Touche Tohmatsu, May 2002.
68) Compaq Computer Corporation v. Commissioner, 277F3d 778(2001).

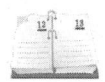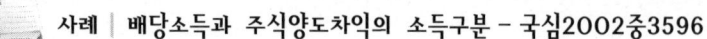

사례 | 배당소득과 주식양도차익의 소득구분 - 국심2002중3596

사실관계

네덜란드법인 갑이 한국법인 을의 주식을 취득하여 장기간 보유하다가 과세기간의 종료 직전 동 주식의 일부를 시중은행 병에게 매각하였다. 당해 매각은 환매조건부매매였으며 환매기간은 3개월로 설정되어 있었다. 환매기간이 다 되어 한국법인 을은 동 주식을 자본감소의 방법으로 유상소각하였다. 네덜란드법인 갑은 매도차익을 실현한 것으로 되어 한국과 네덜란드 간 조세조약에 따라 네덜란드에 과세권이 주어지게 되어 있었다. 한편 네덜란드에서 5% 이상의 해외지분에서의 소득은 경영참여소득면제제도에 따라 네덜란드에서 과세하지 않도록 되어 있었으므로 해당 지분의 매도차익은 네덜란드에서도 과세되지 않았다.

쟁점

본 사건에서의 쟁점은 시중은행 병이 3개월의 기간 동안 주식의 실질적인 소유자인지, 네덜란드법인 갑이 실현한 주식양도차익을 실질과세의 원칙에 따라 의제배당소득으로 재구성할 수 있는지 그리고 전체적인 거래는 거래당사자들의 매도의 의사가 없는 민법상의 '가장행위'에 불과한 것인지였다.

결정

국세심판원은 네덜란드법인 갑과 시중은행 병 간의 거래는 가장행위에 해당하기 때문에 그 거래행위는 재구성되어야 하며 그에 따라 네덜란드법인 갑이 취득한 것은 주식양도차익이 아니라 의제배당이라는 결정을 하였다. 납세자는 이와 같은 국세심판원의 결정에 이의를 갖고 서울행정법원에 제소하였지만 패소하고 항소를 포기하였다. 당시 국세심판원은 위 결정을 내리면서 대법원의 선판결례 중 다음과 같은 부분을 인용하였다.

실질적으로 개인과 법인 사이의 거래이면서 형식적으로 중간에 자연인을 개재시킨 경우에 그 중간의 거래가 가장행위라고 인정되는 때에는 과세상 의미를 가지지 아니하는 그 가장행위를 사상하고, 그 뒤에 숨어 있는 실질에 따라 개인과 법인과의 거래를 보아야 한다(대법원 91누 12103, 1992.5.22).

비록 거래당사자가 선택한 방식이 조세의 부담을 회피하기 위한 행위라 해도 그러한 거래행위가 가장행위에 해당한다는 등 특별한 사정이 없는 이상 유효하다고 보아야 할 것이므로 이를 부인하기 위해서는 조세법률주의의 법적 안정성 또는 예측가능성의 요청에 비추어 법률상 구체적인 근거가 필요하다(대법원 90누3027, 1991.5.14).

국세심판원에 의하여 이 사안에 적용된 가장행위이론에 의하면 해당 가장행위는 무효이고 그 이면에 숨어 있는 은닉행위를 찾아야 하는데 해당 매도행위를 단순한 대차관계로 보고 법인 을의 자본감소 시 실질적인 주식의 소유주는 네덜란드법인 갑으로 보아 과세하여야 한다고 보아 과세관청의 손을 들어준 것이다. 여기서 적용한 가장행위 내지 은닉행위이론은 민법상의 가장행위이론을 매우 완화하여 사실상 가장행위로서의 요건을 갖추고 있지 않음에도 불구하고 그렇게 본 것이라는 비판을 면하기 어렵다.

사례 | RMM Enterprise – Equilease[69]

■ 사실관계

국심2002중3596의 사건과 거의 같은 구조를 갖는 사건이 캐나다에서 문제되었다. 1997년 RMM Canadian Enterprises Inc. v. Canada(97 D.T.C. 302, T.C.C.)이 그것인데 이는 조세조약의 남용을 방지하기 위해 국내세법

---

69) IFA, General Anti-Avoidance Rules in International Taxation, Seminar E(Case Studies and Notes), 2003 참조.

상 원칙을 적용할 수 있다는 점을 보여주는 사건으로 자주 인용된다. 원래 캐나다에서 소득세법 제245조는 1988년 일반적 조세회피방지규정으로서 도입되었지만, 법원은 조세회피방지규정의 해석에 있어서 제한적인 입장을 취하여 왔다. 동 규정은 조세 이외의 진정한 목적을 결여한 거래로서 소득 세법을 오용하거나 남용하는 것이 되는 경우 적용된다.[70] 여기서 오용이나 남용의 의미는 명확하지 않는 것이었다.[71]

이 사건에서 미국법인(Equilease)는 캐나다 자회사 1에 대한 주식을 완전소유하고 있었다. 그리고 캐나다 자회사 1은 캐나다 자회사 2의 주식을 완전소유하고 있었다. 자회사 1과 2는 복사기를 임대하는 사업을 영위하고 있었다. Equilease는 캐나다에서 철수하기로 함에 따라 자회사 1과 2는 새로운 리스계약의 체결을 중단하였다. 그간 사업은 잘되었으며 자회사 1과 2는 거의 유동성자산만을 보유하고 있었다. Equilease는 자신의 자회사 1에 대한 주식을 캐나다법인인 RMM에게 매도하였다. RMM의 주식은 미국법인이 소유하고 있었다. 미국 파트너십의 파트너들은 Equilease를 위해 일하는 미국변호사들로 구성되어 있었다. RMM은 Equilease로부터 주식을 매수하기 위해 은행으로부터 자금을 차입하였다. 이때 Equilease는 RMM에 대해 자회사 1과 자회사 2가 회수할 리스료의 (최저한) 금액에 대해 보증계약을 체결하였다. Equilease는 그리고 RMM에게 그 보증계약에 따라 주식매도자금을 활용하여 리스료 납입기한이 되기도 전에 지급을 하여 버렸다. 이후 자회사 2는 자회사 1에 흡수되었으며 다시 자회사 1은 RMM에게 흡수되었다. 그 다음 RMM은 은행에 자금을 상환하였다. 이후 RMM에게 정상적으로 들어온 리스료는 Equilease에게 지급하게 되었다. 이는

---

70) 本庄 資, 『國際的 脫稅租稅回避防止策』, 大藏財務協會, 2004, pp.344-345.
71) 거래의 재구성은 아래 제2항의 규정에 의한다.

　　(2) 어떤 거래가 회피거래가 될 경우 해당 거래 관련자에 대한 조세효과는 이 조항이 없었다면 해당 거래나 해당 거래를 포함하는 일련의 거래로부터 직접 또는 간접적으로 초래되는 조세혜택을 부인하는 방향으로 거래의 정황에 부합하게 재결정되어야 한다.

　동 조 제1항에서는 조세혜택에 대해 다음과 같이 규정하고 있다.

　'조세혜택'이라 함은 이 법에 의하여 납부하여야 할 조세의 감액, 회피 또는 이연을 의미하거나 이 법에 의하여 환급받을 조세액의 증가를 의미한다.

Equilease가 보증계약에 따라 지급한 것을 상환하기 위함이었다. 이 구조는 Equilease가 캐나다에서 지속적인 자회사들을 통해 지속적인 리스사업을 영위하면서도 마치 주식을 매도한 것처럼 하여 캐나다의 리스료에 대한 과세권을 회피한 것이었다. 주식을 매도한 경우 그 양도차익은 미국과 캐나다 간의 조세조약에 따라 미국에 과세권이 있게 된다. 그러나 캐나다 과세당국은 Equilease의 소득은 사실상 배당소득 — 즉 캐나다 자회사 1로부터의 배당소득 — 이라고 주장한 것이다.

■ 쟁점

Equilease의 소득이 배당소득으로서 캐나다에서 과세할 수 있는 것인지

■ 판결

이 사건에서 법원은 Equilease가 실현한 소득은 배당소득이기 때문에 미국과 캐나다 간의 조세조약에 의하더라도 15%의 세율로 캐나다에서 과세권을 갖는다고 판시하였다. 이는 조세조약 남용을 방지하기 위해 캐나다의 국내 소득세법 제245조상 일반적 조세회피방지규정을 적용할 수 있는가에 관한 여러 판례 중 그 적용을 인정한 유일한 판례이다.[72] 위 사건에서 납세자는 캐나다 조세법원(일심)에서 패소하고 항소를 포기하였다. 이 사건에서 법원은 조세조약을 적용하는 데 있어 조세회피방지규정을 소급하여 적용한 바 있다. 국내세법상의 일반적인 조세회피방지규정의 적용과 그러한 적용에 대한 양국 간 합의가 소급적용될 수 있는가가 문제된 사건이다. 동 사건에서는 납세자가 수행한 일련의 거래가 캐나다 국세청이 주장하는 대로 소득세법 제245조에 의하여 '이윤잠식행위(surplus stripping)'에 해당하므로 부인되어야 하는지가 문제되었다. 한편 소득세법 제245조의 규정은 1988년에 발효한 것으로 소급적용이 허용되지 않은 것이었다. 그런데도 캐나다 국세청이 미국과 캐나다 간 조세조약의 기술적 설명서를 소급하여

---

72) Brian J. Arnold and Stef van Weeghel, "The Relationship between Tax Treaties and Domestic Anti-Abuse Measures", Tax Treaties and Domestic Law, IBFD, 2006, p.117.

적용하는 것을 허용하는 방법으로 캐나다법원은 이를 수용하였다.[73]

사례 | Northern Indiana Public Service Co., Petitioner, v. Commissioner

사실관계

1981년 미국법인인 Northern Indiana Public Service Co.('P')은 건설사업에 필요한 자금을 조달하기 위해 네덜란드 안틸레스에 Northern Indiana Public Service Finance N.V.('S')를 설립하였다. 1981년 10월 15일 S는 역외채권시장에서 연 17.25%의 이자율로 7천만 달러의 유로채를 발행하였는데 P는 이에 대해 보증하였다. 같은 날 P는 S에게 연 18.25%의 이자율로 같은 금액의 약속어음을 발행하였다. 위 유로채는 영국과 아일랜드의 거래소에 상장되었다.

쟁점

미국 내국세입법 제871조(a) 및 제881조(a)는 국내원천소득이 있는 비거주자가 받는 이자소득에 대해 30%의 세율로 원천징수하도록 되어 있는데, 미국과 네덜란드 간 조세조약에 의하면 미국 내 고정사업장과 실질적으로

---

73) 법원은 1995년 기술적 설명서는 미국과 캐나다가 캐나다의 일반적인 조세회피방지규정을 적용할 권리가 양국 간 조세조약에 원래부터 존재한다고 해석하는 데 합의한 것을 반영한다고 판단하였다. 정작 소득세법상 일반적인 조세회피방지규정 자체는 1988년 이전 사안에 대해 소급적용하지 않는다고 하고 있음에도 그리 본 것이다. 이에 대해서는 해석에 관한 추후의 합의가 문맥의 이해에 참고가 될 수 있지만 이를 소급적용하는 것은 비엔나협약의 정신에 부합하지 않는다는 비판이 있기는 하다. 또한 법원은 미국과의 조세조약 제29A조 제7항을 결정의 근거로 제시하고 있다. 1995년 캐나다와 미국 간 의정서는 1984년 양국 간 조세조약을 개정하는 것이었는데 그에 의해 추가된 조세조약 제29A조 제7항은 다음과 같은 것이었다.
"7……은 일방국이 합리적으로 판단할 때 일정한 조치를 취하지 않으면 이 조약의 남용을 초래한다고 볼 때에는 해당국이 이 조약상의 혜택을 부인하는 권리를 어떠한 방식으로든 제한하는 것으로 해석되지 않는다."

관련되지 않는 이자소득은 거주지국에서 과세하도록 되어 있다(동 조약 제8조). P가 채권자들에게 직접 이자를 지급한 것으로 보아 S가 자금을 대여하고 이자를 지급하는 과정에서 단순한 도관에 불과하므로 P는 국내세법에 의해 30%의 세율로 원천징수하였어야 하는지가 쟁점이다.

■ 항소법원의 입장

사실관계를 보면 네덜란드 안틸레스 법인은 그 경제적 실질을 가지고 사업을 영위하는 법인으로서 미국 네덜란드 조세조약에 따라 원천징수를 면제받는 것이 타당하다.

 사례 | 론스타 사건74)

■ 사실관계

벨기에법인인 스타홀딩스(Star Holdings SCA)는 스타타워빌딩을 소유하고 있는 (주) 스타타워 주식을 2001년 6월 15일 1,000억 원에 매입하고 2004년 12월 28일 3,511억 원에 매각하여 양도차익 2,450억 원을 실현하였다. 론스타펀드Ⅲ(US) LP75)와 론스타펀드Ⅲ(버뮤다) LP 및 허드슨파트너스코리아 Ltd(버뮤다)76)가 공동투자하여 설립한 스타홀딩스는 2001년 6월 15일 국내 휴면법인인 C&J Trading Co., Ltd.을 매입한 후 법인명을 (주)스타타워로 변경하는 방식으로 (주)스타타워의 단독주주가 되었다. 그로부터 3일 후인 2001년 6월 18일 (주)스타타워는 현대산업개발(주)이 신

---

74) 오윤, 외국펀드와 조세회피, (주)학술진흥정보, 2008. 4 참조.
75) limited partnership으로서 개정 상법안 중 `합자조합`과 같이 유한책임조합원과 무한책임조합원으로 구성된 조합을 말한다. 펀드가 limited partnership으로 설립된 경우에는 통상 일반투자자는 유한책임조합원, 자산운용사(fund manager)는 무한책임조합원이 된다. 본 사건에서 론스타펀드Ⅲ(US) LP는 closed-end(지분 상환 불가), private-equity(사모방식)로 설립되었다.
76) 지분율은 미미하다.

축 중이던 아이타워빌딩을 취득하였다. 그리고 완공 후에는 건물의 명칭을 스타타워빌딩77)으로 개칭하였다.

(주)스타타워의 100% 주주인 벨기에법인 스타홀딩스에 대해서는 룩셈부르크에 있는 론스타캐피탈인베스트먼트(Lone Star Capital Investments S.ar.L.78))가 100% 소유하고 그것을 다시 버뮤다에 있는 지주회사가 소유하고 그것을 또 다시 론스타펀드Ⅲ(US) LP와 론스타펀드Ⅲ(버뮤다) LP 및 허드슨파트너스코리아 Ltd(버뮤다)가 공동소유하고 있다. 한편 론스타캐피털매니지먼트는 벨기에법인으로서 스타홀딩스를 관리하는 회사이다.79) 2007년 9월 현재 법인장을 포함하여 19명이 근무하면서 한국, 일본 및 유럽에 소재하는 17개의 투자회사, 즉 홀딩스를 관리하고 있다고 한다. 론스타캐피털매니지먼트는 각 투자회사에 대해 아주 미미한 주식을 보유하면서 지배인주주로 되어 있기 때문에 각 투자회사의 투자결정은 론스타캐피털매니지먼트이 내린다고 한다. 실제 론스타캐피털매니지먼트에서 이사회가 열리고 17개 투자회사에 대한 투자결정을 하면 19명의 직원들이 집행한다고 한다.80) 한국에서는 (주)스타타워에 투자한 이외에도 LSF－KEB홀딩스롤 통해 외환은행에 투자하고 있고, KC홀딩스를 통해 극동건설에 투자하고 있다고 한다. 론스타펀드Ⅲ는 일본에도 투자하고 있는데 일본 소재 자산으로는 100여 개의 골프장을 운영하는 퍼시픽골프와 도쿄스타뱅크를 소유한 회사를 관리하고 있다고 한다.

론스타펀드는 한국 내 자산을 관리하기 위하여 한국 내 자회사로서 론스타어드바이저코리아(Lone Star Advisor Korea)와 손자회사로 허드슨어드바이저코리아(Hudson Advisor Korea)를 두고 있다. 미국에서 Hudson Advisor는 LLC81) 형태의 회사로서 론스타펀드들의 투자를 관리하는 회사

---

77) 현재 동 건물은 강남금융센터로 불리고 있다.

78) societe a responsibilite limitee: 이사는 한 명 그리고 주주는 두 명 이상은 되어야 하는 private company(비공개회사) 형태를 말한다.

79) 스타홀딩스의 주식을 미량 가지고 있는 것으로 알려져 있다.

80) 2007년 9월 한국경제신문/조세일보 보도.

81) 일부 국가에만 있는 회사형태로서 limited liability company이다. 구성원의 행위책임을 일정 한도로 제한하는 한편 재무적으로 무한책임을 지도록 하는 회사형태이다. 미국에서는 세법상 파트너십과 같이

이다. 900여 명의 직원으로 구성되어 있으며 텍사스에 본사를 두고 있다. 한국 이외에 일본, 대만, 영국, 프랑스, 독일 및 멕시코에 자회사가 있다.

■ 쟁점

본건 양도차익의 귀속자는 LSF - KEB 홀딩스인지? 국세청이 그에 귀속하지 않는다는 입증을 하여야 하는지 아니면 LSF - KEB홀딩스가 그에 귀속하는 것을 입증하여야 하는지?

제3절 조세피난처의 이용[82]

외국자본이 투자대상국에서 취득하고자 하는 자산에 대한 소유명의자를 설정할 때 조세피난처를 이용하여 누군가를 중간에 개입시키곤 한다. 자신의 자회사의 형태로 새로 만들어 내거나 이미 존재하는 다른 자를 활용하세 된다. 이 과정에서 중간에 개입한 자가 투자대상국, 즉 진출지국에 대해서는 가장 유리한 구조(예, 소득의 종류를 이자소득으로)를 설정하고 다른 편으로는 자본의 거주지국에 대해서도 가장 유리한 구조(예, 소득의 종류를 배당소득으로)로 전환할 수 있게 된다. 특정 조세조약을 통해서만 좋은 구조를 설계할 수 있을 때에는 징검다리 회사를 조세조약을 이용할 수 있는 지역에 설치하는 방법이 사용된다. 그 징검다리 회사가 자금을 받아 옮겨 주는 역할만 한다면 자신에 귀속하는 소득은 거의 없게 될 것이다.

조세피난처를 이용하기 위해 조세피난처에 누군가를 두는 방법 이외에 자신이 직접 조세피난처로 옮겨 가는 방법도 있다. 즉 거주지를 이전하는 방법이다. 거주지의 이전에 대한 제한은 점차 사라지고 있다. 자연인의 경우

과세되도록 선택할 수 있다. 파트너십으로 과세되면 회사 단계에서는 법인세를 부담하지 않으며 회사의 소득이 지분비율에 따라 각 파트너에게 귀속되어 과세된다. 손실도 마찬가지이다.
82) David Spencer, International Tax Evasion, Journal of International Taxation, 2007.4.

자신이 생활하는 곳과 자산을 두는 곳을 달리 설정할 수 있다. 이때 조세피난처에 자산을 둘 수 있다. 예를 들어, 스위스로 이민 가고자 할 때 스위스의 세금을 회피하기 위해 버뮤다에 자산을 두는 회사나 신탁을 설정할 수 있다. 캐나다는 이민자를 위해 이민 오기 직전 역외에 신탁을 설정할 경우 5년간 캐나다 소득과세를 하지 않는다. 일본(영국)은 5년간(3년간) 거주자가 된 자의 국외소득은 송금주의 과세를 한다.

Barry Spitz에 의하면 일반적으로 국제자본은 자본의 소재지에서 가장 유리한 종류의 소득을 창출하는 국제거래, 경제활동 또는 관계의 형태를 선정하되 그것을 가능하게 하는 투자지역 또는 거주지를 선정하고, 경우에 따라서는 하나 또는 그 이상의 중간지 역할을 하는 역외지역을 개입시키거나 합작방법을 사용하게 된다.[83] 조세피난처는 그 과정에서 중요한 중간기지의 역할을 하게 되는 것이다. 조세피난처를 이용하는 데에도 소득종류 변경, 소득귀속시기 변경 및 소득귀속자의 변경 등의 방법이 사용되지만 일단 자금을 역외로 이전할 수 있는가가 가장 중요한 관건이 된다. 이를 위해 여러 가지 기법이 활용된다. 실제 국제자본이 조세피난처를 어떻게 활용하고 있는가는 최근 미국 상원이 조사한 '조세피난처를 이용한 공격적 조세회피사례'에서 그 대표적인 것들을 찾아볼 수 있다.[84]

제1항 소득종류의 변경

소득종류의 변경에는 혼성증권이 활용될 수 있다. 특수한 형태의 우선주인 Monthly Income Preferred Stock(MIPS)과 조세피난처를 이용하여 소득종류를 변경하는 사례로서 다음과 같은 방법이 있다. 소득종류를 변경하되 조세피난처 자회사가 수령할 때에는 이자소득으로 하고 그것이 지급할 때에

---

83) Barry Spitz, Offshore Strategies, Tottel, pp.130-148.
84) US Senate Permanent Subcommittee on Investigations, Tax Haven Abuses: The Enablers, the Tools and Secrecy, Aug. 1, 2006, Hearing.

는 배당으로 하는 방법을 사용하여 거주지국 및 원천지국에서 가장 유리한 조세효과를 거두는 방법이다.

- 자금이 필요한 법인이 역외 조세피난처에 자회사를 설립한다.
- 자회사는 우선주의 일종인 MIPS(매달 배당을 지급하는 우선주)[85]이다. 사채와 경제적 기능이 유사하다. MIPS는 미국법인에도 판매된다.
- 당해 자회사는 모법인으로부터 MIPS와 별도로 모법인이 발행한 채권을 산다. 이때 모회사는 자회사가 MIPS를 발행하여 조달한 자금을 이전받는다.
- 모법인은 지급이자를 손비 처리한다.
- 자회사는 조세피난처에 있기 때문에 세금부담 없이 이자를 수령한다. 미국 내 원천이자소득은 당해 조세피난처와 미국과의 조세조약에 의해서 원천징수하지 않는다.
- 자회사는 우선주를 보유한 투자자에게 배당을 지급한다. 투자자가 미국법인일 경우 배당소득으로 인식하고 외국납부세액공제 및 간접외국납부세액공제를 받게 된다.

이러한 과정을 거쳐 최종적인 자금의 사용자인 모법인은 조세목적상 당해 금액을 부채로 처리하고 미국의 투자자는 MIPS로부터의 분배금을 배당으로 인식할 수 있게 된다.

제2항 소득인식시기의 이연

저세율국의 보험사업자에게 보험을 가입하게 되면 보험재산이 증식할 때 세금부담을 줄이면서 소득인식시기도 늦추는 효과를 거둘 수 있다. 일시납종신보험[86]은 보험료를 전액 일시에 불입하고 죽는 시점에서 보험금

---

85) 우리나라에서는 신종자본증권이라 하여 2002년 말부터 일부 은행이 발행하기 시작했다.

을 수령하게 된다. 반면 일시납연금(Single Premium Deferred Annuities)은 보험료를 전액 일시에 불입하고 일정 기간 동안 또는 수혜자의 사망 시까지 정기적으로 지급되는 금전을 말한다. 국외의 보험업자가 판매하는 일시납종신보험의 경우 보험가입자가 보험료를 재원으로 투자에 관여할 수 있고 보험업자가 도산할 경우에 대한 보증까지 가능하게 되어 있다. 분배는 하지 않고 지속 증식할 수 있으므로 고세율국의 거주자는 자산을 역외로 가지고 나가 세금 없이 증식시킬 수 있는 좋은 방법이 된다.

제3항 소득귀속자의 변경

1. 역외지주회사[87]

지주회사의 소재지로 자주 이용되는 곳은 영국, 호주, 스페인, 네덜란드, 벨기에 및 덴마크 등이다.[88] 이들 지역은 비교적 높은 세율에 불구하고 일정한 요건을 갖춘 국외원천소득에 대해서는 조세를 면제하는 제도를 두고 있음에 따라 지주회사가 터를 잡게 되는 것이다. 역외지주회사는 각국의 자회사로부터 수령한 소득을 집결시키고 투자와 자금관리에 관한 종합적인 결정을 내린다. 지주회사를 활용할 경우 자본수출국에 의한 배당과세 또는 자본이득과세를 이연하는 구조를 설계할 수 있다. 물론 자본수출국에 조세

---

86) 생명보험(life insurance)은 손해의 발생 여부를 불문하고 사람의 생존 또는 사망을 보험사유로 하여 일정한 금액을 지급하거나 기타 급여를 지급하는 보험을 말한다. 보험자는 보험회사를 말하며 보험계약자는 보험료를 납부하는 의무를 지며, 보험수익자는 보험사고가 발생할 때 보험금을 수령하는 자를 말하며, 피보험자는 보험사유의 발생대상이다. 피보험자의 일정 시기까지의 생존을 보험금지급사유로 하는 보험이 생존보험이며 사망보험은 기한 설정 없이 피보험자가 사망할 때 보험금을 지급한다. 정기보험은 일정 기간 내에 죽어야만 보험금을 받는 것으로서 미국법상 정기보험(term life insurance)에 해당하는 사망보험이며, 종신보험은 죽는 시점에서 보험금을 지급하는 보험으로서 미국법상 종신보험(whole life insurance)에 해당하는 사망보험이다. 종신보험의 경우 보험료의 지급기간은 따로 설정한다.

87) Raffaele Russo, supra, pp.85 - 106.

88) Richard Weisman, Holding Company Structure: Australia, Hong Kong, Labuan(Malaysia), Netherlands and Singapore, Baker&McKenzie, 1995; Michael Velten, Tax Havens and Offshore Holding Companies in Treaty Jurisdictions including Labuan and Singapore, Baker&McKenzie, 1997, 1999.

피난처세제가 있다면 그 효용은 반감될 것이다. 역외지주회사가 소재하는 곳의 조세조약망이 덜 발달되어 있다면 조세조약망이 발달된 제3국을 경유하는 방식을 활용하면 된다는 점에서 역외금융회사와 동일하다. 한편, 역외지주회사가 적은 세금을 부담하면서 자본수출본국에 자금을 보내는 방법으로서 자본수출국 모회사에서 상품을 사는 방법을 활용하기도 한다.

국외의 투자대상기업을 조세피난처에 소재하는 투자회사나 지주회사를 통하여 지배하는 경우 투자대상기업으로부터 분배받은 소득을 국내의 인수기업에 배당으로 지급하는 대신 대여할 경우에는 인수기업은 투자대상기업에 대한 투자를 위해 조달한 자금을 이자로 공제하고 또한 중간의 투자회사나 지주회사로부터 대여받은 자금에 대한 이자비용을 공제할 수 있을 것이다. 인수기업은 투자회사나 지주회사로부터 배당을 받지 않고 청산하는 방법으로 국내에서 낮은 세율로 과세되는 자본이득을 실현할 수도 있을 것이다.

2. 역외금융회사

(1) 그룹 내 금융사(intragroup financing companies) - 저세율국 이용

Raffele Russo에 의하면 저세율국에 그룹 내 금융사를 설치하고 동 금융사로 하여금 투자대상국의 자회사에 자금을 대여하도록 할 경우 투자대상국의 자회사는 이자비용을 공제할 수 있는 반면 저세율국에 위치하는 자회사는 본국의 모회사에 배당을 지급하게 될 것이지만 그것이 의무화되어 있지 않으므로 세금부담을 이연하는 효과가 있게 된다.[89]

---

89) Raffaele Russo, supra 참조.

(2) 그룹 내 금융사구조와 혼성증권의 결합

앞의 구조에서 그룹 내 금융자회사가 소재하는 국가가 고세율국일 때에
는 새로운 금융자회사 2를 중간에 개입시키고 기존의 금융자회사 1이 금
융자회사 2에 출자의 방식으로 투자하게 하되 그 출자를 금융자회사 2의
소재지국에서는 채무관계로 인식하도록 하는 구조를 설정할 수 있다. 이러
한 기능을 하는 증권을 혼성증권(hybrid securities)이라고 한다.

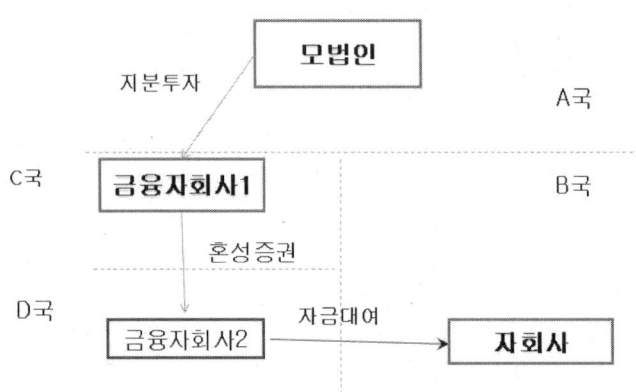

〈그룹 내 금융사구조와 혼성증권의 결합〉

3. 역외펀드(offshore fund)

(1) 역외신탁(offshore trust)

신탁[90]의 설정지에서 신탁을 하나의 과세실체로 보고 그에 대해서 과세

---

90) 신탁은 영국법에 연원한다. 보통법보다는 형평법에 의해 다루어지면서 납세자가 형성한 계약관계가 비
교적 존중되어 왔다. 여러 나라의 신탁에 대한 과세제도를 보면 신탁을 도관으로 보는 경우와 실체로
보는 경우가 대립하고 있다. 우리나라는 신탁을 하나의 도관으로 보고 있다. 투자신탁은 소득의 구분
과 원천징수상 특례가 인정되고 있지만 본질적으로 도관으로 보고 있는 것이다. 이는 일본과 같은 대
륙법계 국가의 입장과 같은 것이다. 적지 않은 나라에서 신탁은 하나의 실체로 보아 신탁의 설정자나
수익자와 별개의 것으로 보게 된다. 실체 납세의무의 이행은 신탁의 수탁자의 이름으로 하되 조세의
부담은 신탁재산에서 하는 것이다.

하되 매우 낮은 세율로 과세한다면 신탁의 설정자나 수익자는 실제 신탁의 수익을 향유하면서 낮은 세부담만 할 수 있다. 실제 이것은 신탁의 설정자나 수익자의 거주지국가의 과세당국이 역외에 설정된 신탁을 어떻게 보는가에 달려 있다.

(2) 조세피난처에 가공회사로서 역외펀드를 설정

1) 조세피난처의 역외펀드를 이용한 전환사채거래

거주자 갑은 우리나라와 조세조약에 의해 유가증권 양도차익이 비과세되는 조세피난처(말레이시아 라부안)에 역외펀드를 설립하고 그 펀드가 국내벤처기업이 발행한 해외 전환사채를 인수토록 하여 3개월여의 단기간에 자본이득을 실현하였다. 갑이 그 역외펀드를 국내에서 사실상 운영하였다. 갑은 동 펀드가 말레이시아법인이므로 국내에서 누구도 세금을 납부할 의무가 없다고 판단하였다.

2) 조세피난처의 역외펀드를 이용한 관계사 주식거래

거주자 갑이 국내에서 벤처캐피탈 업체를 설립하고 조세피난처인 말레이시아 라부안 및 버진아일랜드에 수개의 역외펀드를 설립 운영하면서 그 펀드로 하여금 국내 관계사의 주식을 취득하게 하였다. 갑은 실제 이들 역외펀드들을 국내에서 운영하면서 이들 역외펀드가 외국법인임을 내세워 세금을 내지 않았다.

- 가공의 자본손실 창출: POINT - Offshore Securities Portfolio

Seattle에 있는 Quellos Group LLC는 POINT(Personally Optimized Investment Transaction)이라는 상품을 5명의 부호들에게 여섯 개의 개별 거래를 통해 판매하였다. 이 거래구조는 미국 내 자본이득을 가장의 유가증권거래를 통해 창출한 가장의 자본손실로 상쇄하는 것이다. 가장의 유가증권거래는 두 개의 역외(Isle of Man) 가장회사들에 의하여 이루어졌다. 그런데 그러한 거래의 상당 부분은 변호사가 개입하여 비밀을 법적으로 보장받을 수 있는 것들이었다. 실제 그 해당 회사에는 종업원이 없었기 때문에 거래는 역외소재하는 관리인이나 수탁자가 수행하였다. 상쇄하는 거래들을 만들어 냄으로써 마치 미국의 하이테크회사 주식을 소유하는 것과 같은 구조를 창출하였다. 그리고 시장가격의 하락으로 큰 손실을 입은 것과 같은 외양을 만들어 낸 것이다.

- 소득의 인식시기 이연: Wylys - 58 Offshore Trusts and Corporations

사실상 주식을 보유하면서 해당 주식을 역외의 가장회사에 넘기면서 그 대가로 연금계약을 매수하는 것으로 하여 주식의 보유에 따른 이익(배당) 또는 주식옵션의 행사에 따른 이익에 대한 과세를 연금수령일까지 이연하는 구조를 만들어 낸 것이다.

- 자금의 역외유출: EDG

Equity Development Group('EDG')라는 인터넷컨설팅회사가 인터넷을 통해 고객을 모집하여 역외구조를 설계하도록 도와주는 사업을 약 6년간 900여 고객들을 상대로 영위한 사례이다. 역외의 은행 및 회사와 협력하여 각 고객들이 역외신탁이나 회사를 설립하도록 도와준 결과 고객들은 자산을 역외로 이전하고 관리하면서도 소유권의 귀속을 불분명하게 함으로써 과세를 회피하도록 한 것이다.

- 자금의 역외유출: Turpen - Holliday - A How - To Manual

Holliday는 자신의 자산을 역외(Isle of Man)에 설립한 가공회사(shell corporation)가 보유하도록 하면서 자신이 그 회사의 주식을 취득하는 대신 명의상의 이사가 자신을 관리자문 역(management consultant)으로 지명하게 함으로써 사실상 사업에 관한 주요 의사결정을 하고 기업자금을 사용하였다. Holliday는 네바다에도 회사를 설립하였는데 네바다회사가 용역을 공급한 것으로 가장하여 그 대가를 네바다회사에 지급하고 다시 그 회사는 역외의 가공회사에 가상의 용역(예, 실행가능성 조사보고서 작성)에 대한 대가를 지급하도록 하여 자금을 역외로 이전하였다. 첫 번째 단계에서 Holliday는 역외의 은행이 발행한 신용카드를 통해 지불하였으며, 역외회사가 관련 비용을 지불하도록 하였다. 네바다회사는 Holliday의 역외회사들로부터 자금을 빌리도록 하였다.

- 자금의 역외유출: Anderson - Hiding Offshore Ownership

Anderson은 4억 5천만 달러 상당의 주식과 현금에 대한 소유권을 가공회사(shell company), 무기명주식, 명의상의 이사와 수탁자를 활용하여 역외회사와 신탁에 이전하였다. 예를 들어, British Virgin Islands에 역외회사를 만든 다음 그 주식을 다시 같은 지역에 설립한 다른 회사에 현물출자하였다. 두 번째 회사는 다시 무기명주식을 발행하는 파나마소재회사가 소유하였는데 그 회사는 Anderson이 사실상 지배하고 있었다. Anderson의 어머니가 그 회사 주식의 99%를 살 수 있는 배타적인 옵션을 가지고 있는 방식을 활용하였던 것이다.

[탐구] 4 - 3

1999년 3월 ○○○(주) 대표 김○○는 유가증권 양도차익이 비과세되는 조세피난처(말레이시아 라부안)에 위장 역외펀드 BBB를 설립하고 국내벤처기업이 발행한 해외 전환사채를 인수하여 3개월 만에 자본이득을 실현하였다. 실제로는 내국인이 그 역외펀드를 국내에서 사실상 운영하면서도 말레이시아법인임을 내세워 국내에서 납부하여야 할 유가증권 양도차익에 대한 세금을 탈루한 혐의가 있었다.

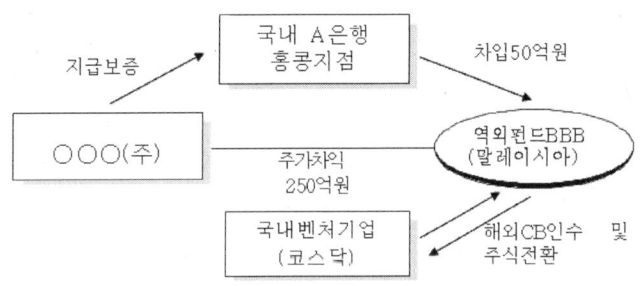

제4절 소득귀속지의 변경

소득의 귀속지에 따라 적용세율이 다를 경우 소득의 귀속지를 변경할 수 있는 지위에 있는 납세자는 가급적 낮은 세율지역으로 소득을 이전시키고자 할 것이다. 이의 대표적인 방법이 이전가격행위(transfer pricing)이다. 이전가격행위는 국가 간, 지방 간 실효세율이 다른 점을 이용하여 이루어진다. 세계에는 무세국, 경과세국 또는 조세피난처 등으로 불리는 국

---

91) US Senate Permanent Subcommittee on Investigations, Tax Haven Abuses: The Enablers, the Tools and Secrecy, Aug. 1, 2006, Hearing.

가들[92]이 있기 때문에 고세율 국가의 납세자는 국적포기(expatriation) 또는 가공회사(paper company)의 설립 등의 방법으로 새로운 과세실체를 만들거나 이전하고 다음 소득을 이전하게 된다. 아래에서는 위와 같이 새로운 과세실체를 만들거나 이전하는 단계의 다음 소득을 이전하는 것에 대해 주로 논의한다.

제1항 이전가격행위

다국적기업 내 특수관계가 있는 기업들 간 자금거래를 통해 소득이전이 가능하다. 예를 들어, 미국에 있는 모법인이 네덜란드에 자회사를 설립하고 당해 자회사로부터 시장이자율보다 높은 이자를 지급하면서 자금을 차입한다. 당해 모법인은 시장이자율보다 낮은 이자를 받으면서 아일랜드에 있는 자회사에 동 자금을 대여한다. 미국법인은 정상이자율보다 높은 율로 계산한 지급이자를 비용처리하고 정상이자율보다 낮은 율로 계산한 수입이자를 수익처리함으로써 소득금액을 줄이는 효과를 얻을 수 있다. 이러한 경우에 대해 미국국세청은 내국세입법 제482조의 규정[93]에 따라 시장이자율을 적용하여 소득금액을 재조정한다. 동 규정은 같은 국가 내에서 다른 지방세율을 적용받는 개인 간의 거래에도 적용된다.

제2항 지역별로 소득종류를 배분

1. 이자소득의 이전

과거 대부분의 유럽국가는 자국법인이 발행한 채권을 취득한 외국인에

---

92) 우리 세법상 이를 '조세피난처'라 한다. 국제조세조정에 관한 법률 제17조.
93) 미국 내국세입법상 이전가격과세의 근거가 되는 조문이다.

게 지급하는 이자에 대해 원천징수하였다. 그러자 많은 투자자들이 자기가 보유하고 있는 외국채권의 이자를 주고 상대방이 보유하고 있는 자국채권의 이자를 받는 방식의 통화이자율스왑(cross – currency interest rate swap)을 이용하게 되었다.

다른 예로서는 금융자회사를 이용하는 다음과 같은 방법이 있다. 미국기업은 네덜란드 안틸레스(Netherlands Antilles)와 같은 경과세국에 금융자회사(financial subsidiary)를 설립하여 동 자회사가 유로본드(Eurobond)를 발행하여 조달한 자금을 미국 모법인에 대여하도록 하였다. 이에 대해 미국 모법인은 자회사에 유로본드 발행과 거의 같은 조건으로 차입하였다.[94] 네덜란드와의 조세조약에 의해 미국법인이 네덜란드 안틸레스 자회사에 지급하는 이자에 대해서는 미국 내에서 원천징수되지 않으며, 네덜란드 안틸레스는 경과세국이므로 네덜란드 안틸레스 소재 법인이 지급하는 이자는 과세되지 않았다. 이러한 방법으로 원천징수제도가 유명무실하게 되자 최근에는 아예 외국인에게 지급하는 이자소득에 대한 원천징수를 면제하는 국가가 늘어나고 있다. 미국도 비거주자 및 외국법인의 이자소득에 대해 대부분 면세하고 있다.

2. ADR TRS

우리나라 세법상 비거주자가 한국법인 주식의 ADR(American Depositary Receipt)[95]의 거래에 따라 얻은 이득은 국내원천소득으로 보지 않다가 2008년 세법을 개정하여 국내원천소득으로 보게 되었다.[96] ADR에 대한 TRS[97] 방식으로 얻은 소득에 대해서는 어떻게 과세될까? TRS의 거래상대방이 ADR의 법적인 소유자가 되어 있으며 그자의 자본이득은 국내원천소

---

94) back – to – back loan이 된다.
95) 미국증권거래소에서 발행한 외국법인의 주식예탁증서.
96) 소득세법 제119조 제12호, 법인세법 제93조 제10호.
97) Total Return Swap.

득으로 과세된다. ADR의 경제적 소유자는 일반적인 TRS의 경우와 같이 과세될 것이다.

제3항 전자상거래의 이용

인터넷을 통한 국제거래는 이제 거의 모든 사업부문에 확산되고 있다. 이러한 현상은 무형의 재산이나 용역의 거래에 있어 두드러진다. 일반적으로 무형의 재산이나 용역이 거래될 때 해당 거래와 어떤 고리(nexus)를 갖는 나라들은 나름대로 논리를 갖추어 조세 — 그것이 직접세이든 간접세이든 — 를 부과하려고 한다. 간접세에 있어서는 제공지와 소비지의 원칙이 상충하는 경우도 있으며 그것을 하나로 통일해 보려고 국가 간 노력도 많이 하였지만 아직 결실을 보지 못하고 있다. 부가가치세에 있어서도 우리나라 소비자가 외국의 회사로부터 재화 또는 용역을 디지털형태로 다운로드받고 대금을 지급할 경우 외국회사는 우리나라 사업자가 아니기 때문에 과세가 불가능하도록 되어 있는 것이다. 직접세에 있어서는 재산이나 용역을 공급받아 대금을 지급하려는 자가 거주하는 국가 — 원천지국 — 의 과세당국은 대금을 지급할 때 원천징수하라는 방식으로 과세할 수 있다. 일반적인 조세조약에서는 무체재산권으로부터의 소득은 사용료라고 하여 원천지국의 과세권을 제약하고 있다. 무체재산이나 용역의 공급이 사업활동에 이르게 될 경우에는 원천지국의 과세권이 더욱 제약받고 있다. 현재 발효 중인 조세조약들은 사업소득 — 계속적·반복적 영리행위에 의한 소득 — 에 대해서는 원천지국 — 소득을 지급하는 자가 소재하는 국가 — 에 소득을 가득하는 자의 고정사업장이 있으며 그 고정사업장에서 사업활동을 영위한 경우에 한하여 원천지국에 과세권을 부여하고 있는 것이다.

따라서 대개는 원천지국은 자국에 고정사업장이 있음을 입증하여야 과세권을 행사할 수 있도록 되어 있는 것이다. 그런데 전자상거래의 발달은 원천지국에 굳이 사업장을 두지 않고도 해당 국가에서 얼마든지 사업을 영위할 수 있는 기회를 제공하고 있다. 대출과 같은 금융서비스는 물론 보험가입도 원격으로 인터넷을 통해 가능하다. 금융업의 back office의 기능 ― 예를 들면, call center기능 ― 은 (인터넷과의 관련성은 높지 않지만) 굳이 해당 국가에 고정사업장을 두지 않아도 사업영위가 가능한 경우의 한 예가 될 것이다. 이러한 새로운 형태의 사업방식의 출현은 원천지국의 과세권을 제약할 뿐 아니라 거주지국의 과세권도 아울러 잠식하고 있다. 조세피난처에 실제 사업을 영위하는 회사를 설립하되 고정사업장은 비교적 세율이 낮은 나라에 두는 방식을 채택할 경우 거주지국 ― 즉 투자자의 거주지국 ― 은 조세피난처세제를 적용할 수 없게 된다. 이는 대체적인 조세피난처세제는 조세피난처에 소재하는 기업이 실질적인 사업활동을 하는 경우에는 적용되지 않도록 설계되어 있기 때문이다.

전자상거래의 발전은 원천지국 및 거주지국 모두에 유해한 영향을 줄 수 있어 국제적으로 OECD를 중심으로 고려하고 있는 방안으로 service PE[98]의 개념을 도입하자는 논의가 이루어지고 있다. 비록 해당국에 물리적인 고정사업장이 없더라도 그곳에서 일정한 용역이 이루어진다면 그곳에 고정사업장이 있다고 보는 개념이다. 이를 service PE라고 명명하고 OECD 모델조세조약에 삽입하는 방안이 고려 중인 것이다. 개별 국가의 국내세법에 도입된 사례로는 크로아티아의 이윤세법상 service PE가 있다.

[탐구] 4-4

---

98) PE는 고정사업장을 말한다.

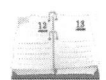

사실관계

1957~1960의 기간에 걸쳐 US Steel이 베네수엘라 원광석을 수입하면서 라이베리아 소재 완전자회사인 Navios로부터 해상운송서비스를 받았다. 베네수엘라 원광석 광산은 역시 US Steel의 완전자회사(Delaware소재)인 Orinoco의 소유였다. Orinoco는 US Steel에 공급하는 가격과 동일한 가격으로 미국 내외 철강업자에게 원광석을 판매하였다. 철광석 판매가격은 베네수엘라 정부의 눈치를 보지 않을 수 없어 모든 구매자에게 동일한 가격(FOB 기준)으로 판매하였다. 운임지급에 있어서는 광산개발 초기(1953~1956)까지 철강운송은 독립의 운송회사(Universe Tankships, Inc., Joshua Hendy Corp.)에 맡겼다. Navios는 다른 미국 내외 철강업자에게도 운송용역을 제공하였지만 대부분의 용역은 US Steel에 제공하였다. US Steel의 미국 내 철강판매가격은 Lower Lake Erie 가격을 초과할 수 없는 상황이었는데 US Steel은 운임 지급액은 (Lower Lake Erie 가격) − (Orinoco FOB 가격) 수준으로 하였다. US Steel이 Navios에 지급한 운임은 Sharon Steel, Youngstown Sheet&Tube 및 다른 법인들이 지급한 운임과 같았다.

쟁점

1977년 미국국세청은 미국 내국세입법 제482조에 의거하여 US Steel은 대량구매자이면서 장기구매자이므로 독립구매자의 가격보다 낮은 가격을 지불했어야 했는데 독립구매자 사례 중 베네수엘라 − 영국의 경우를 들면서 그 운임이 베네수엘라 − 미국 거리와의 차이비율만큼 차이가 나지 않았으므로 US Steel의 미국 내 철강판매가격은 Lower Lake Erie 가격을 초과할 수 없는 상황이었는데 US Steel은 운임 지급액은 (Lower Lake Erie 가격) − (Orinoco FOB 가격) 수준으로 하였으므로 정상운임을 지급했다고 볼 수 없다고 하였다. 정상가격산정을 위해서는 1975년부터 1977년까지의 시장가격을 일부 조정한 수준과 비교하면서 대상기간 동안 Navios가 US Steel에 운임을 25% 과다 청구하였다고 보았다.

■ 법원의 결정

● 조세법원

1977년 조세법원(TC Memo 1977‒140)은 원처분을 인용하면서 다음을 근거로 하였다. US Steel이 Navios를 지배하면서 운임을 사실상 결정하면서 정상가격 이상을 지급함. 납세자가 제시한 독립구매자(Bethlehem Steel, Eastern Fuel and Gas, 6개 대규모법인) 거래가격은 해당 구매자가 경제적인 필요에 의해 Navios를 이용하도록 사실상 강제를 받았으므로 독립성이 떨어지는 가격이라고 보았다. Quealy 판사는 정상가격을 산정하면서 US Steel가 지급한 운임이 과연 1천만 톤 이상의 철광석 수송을 지속적으로 운반하는 데 합리적인 운임인지를 검증해야 하며 이에 따라 대량주문 장기거래를 비교가능거래로 하여야 한다고 보았다. (1) 광산개발 초기(1953~1956)까지 운송하였던 독립의 운송회사(Universe Tankships, Inc., Joshua Hendy Corp.)와의 계약서상 요금에 (증가된 비용, 위험 및 이익)을 가산한 가격, (2) (해당 과세연도의 Navios 비용추정치+(증가된 위험 및 이익))의 두 가지 방법 중 정부에 이익이 되지만 조정은 최소화하는 것을 선택하였다.

● 항소법원

1980년 항소법원(617 F. 2d 942, 1980)은 조세법원의 결정을 파기 환송하였다. 그 근거로서는 비교가능성에 관한 기본적인 원칙은 납세자의 입증 정도에 있어서 비교가능성(comparability)은 유사성만 입증하면 되는 것인데 대상 납세자의 상황을 너무 다 고려할 경우에는 이전가격과세에 있어 불확실성이 높아지는 문제가 있었다는 것이다. 그리고 비교가능한 가격이 항상 완전시장가격이어야 하는 것은 아니며 시장지배력을 가진 자가 지급하는 가격과 비교가능한 가격을 찾는 데 있어 다른 시장지배자를 찾기 곤란한 점은 비교가능성을 검증하는 데 있어 용인할 수밖에 없는 사실이라는 것이다. 납세자가 Bethlehem Steel이 지급한 운송비는 그 자체가 수량과 금액이 상당 수준에 이르고 장기간에 걸쳐 이루어진 거래이기 때문에 문제가 없다는 주장을 수용하였다. 그리고 국세청의 주장에 대해서는 장기구매자에 대해서는 운송비 상승에 따른 위험을 감안 가격을 높게 설정할 요인도 발생하며, 운임의 거리비례문제에 대해서는 비례한다는 원칙이 확인된 바 없으며, 유럽으로 운반된 가격의 상한이 스웨덴산철강가격에 의해 결정됨에 따라 미국고객에 비해 유럽고객에게 낮은 가격을 적용할 수밖에 없는 사정이 있다고 하면서, Lower Lake Erie 가격을 기준으로 한 운임 설정 방식을 문제 삼아 정상가격이 아님을 주장하는 것은 비교가능성 입증과는 무관한 논리라고 보았다.

제5절 국제인수합병

국제적인 인수합병에는 포트폴리오투자 일반에 걸친 조세설계의 방법 이외에 몇 가지 중요한 사항에 대한 고려를 필요로 한다. 국내인수합병에서와는 달리 여러 과세관할권에 걸쳐 다양한 형태의 기구(vehicle)와 증권(instruments)을 활용하는 방법이 이용된다.

기업인수는 한때 큰 회사들의 전유물로서 기존사업의 확장이 주된 목적이었다. 1990년대에 들어 기업의 인수합병은 사업의 전략적 확장을 위한 것보다는 '투자수익률' 제고를 통한 재무이익의 극대화를 위한 것이 주류를 이루게 되었다. 특히 기업의 신설과 함께 퇴출(exit)을 원활하게 하는 것이 경제의 전반적인 탄력성 증대에 도움이 된다는 정책적 필요성에 대한 인식이 확산되면서 활력을 잃은 기업을 다른 자가 인수하여 재활시키는 과정을 원활하게 하는 제도들도 발전하고 있다. 이 과정에서 기업들은 주주가치의 극대화(maximization of the shareholder's value)를 가장 중요한 경영목표로 설정하고 그것을 달성하기 위해 현금흐름을 관리하는 방식에 치중하게 되었다. 여유재원의 수익성을 높이기 위한 목적으로 인수·합병하며 경우에 따라서는 자금을 차입하여 큰 기업을 샀다가 적절한 시점에 되파는 방식의 거래가 증가하게 되었다. 기업인수합병의 목적이 투자수익률에 초점이 맞추어지고 있는데 여기서 수익률은 당연하게 세후수익률이 되며 이에 따라 기업인수합병은 늘 세금을 가장 절약할 수 있는 방법을 따라 이루어지고 있다.

제1항 인수의 조세비용 절감 등[99]

1. 초기 결손금 활용

기업인수 초기에는 결손이 발생하기 쉬우며, 인수자는 그러한 손실을 조기 반영하기를 희망할 것이다. 국제적인 인수에 있어서는 피인수기업의 결손을 조기 반영하기 위해 혼성체(hybrid entity)가 활용될 수 있다. 미국 내국세입법[100]상 혼성체는 외국에서는 과세실체로 취급받는데 미국에서는 과세실체로 보지 않는 것을 말하며 역혼성체는 외국에서는 과세실체로 보지 않는데 미국에서는 과세실체로 보는 것을 말한다. 국내역혼성체는 국내에서 설립된 법인으로서 미국에서는 과세실체로 보는데 외국에서는 과세실체로 보지 않는 것을 말한다.[101] 우리나라의 유한회사와 같은 실체에 대해 미국에서는 법인으로 보지 않는 선택을 할 경우, 초기 진출지국가에서 발생하는 결손을 미국 투자법인이 바로 자신의 전 세계 소득금액 계산에 반영할 수 있을 것이다.

---

99) 오윤, 국제적 인수합병세제 동향, 조세학술논집, 국제조세협회, 2005 참조.

100) 내국세입법 §894(c)

101) 국내역혼성체(domestic reverse hybrid entity)에 관해서는 미국기업을 인수하는 외국기업이 역외에서 조달한 자금의 비용을 미국기업으로부터 빼내 가면서 배당을 이자로 소득유형을 전환하고 유리한 조세조약을 적용받는 조세회피행위를 규제하기 위한 재무부규칙이 2002년 도입되었다(재무부규칙 1.894-1(d)(2)(ii)).

2. 인수비용의 이중공제

(1) 인수비용

기업의 인수비용으로는 이자비용뿐 아니라 각종 위험전가비용도 고려되어야 한다. 국제적인 인수합병에는 여러 과세관할권에 걸쳐 다양한 형태의 기구(vehicle)와 증권(instruments)을 활용하는 방법이 이용되는데 보증(warranties)과 면책(indemnities)의 수단을 활용하여 투자자는 투자위험을 줄이고 매도자는 더 이상 책임을 지지 않는 구조를 설계하는 사례가 증가하고 있다. 이때 위험을 전가하는 측은 비용을 부담하게 되고 인수하는 쪽은 수익이 발생한다. 전가하는 쪽은 고세율국에 소재하고 인수하는 쪽은 저세율국의 과세실체일 경우 전체거래구조에서 조세를 절약하는 효과가 발생하게 된다.

이자비용은 그에 대응하는 소득에 대해 한 번 공제받는 것이 일반적이다. 그러나 혼성증권을 이용한 금융거래(hybrid financing), 파생거래 또는 혼성체(hybrid entity)는 설계하기에 따라서는 이중공제(double dipping)를 가능하게 하기도 한다.

(2) 혼성증권(hybrid financing)

1) 국외원천소득에 대한 과세특례가 있는 경우

일정 국외원천배당이자 유가증권양도차익에 대해서는 과세하지 않는 경영참여소득면제(participation exemption)제도를 도입하고 있는 국가(캐나다, 네덜란드, 벨기에, 프랑스 등)의 자본이 국외에 진출하여 그 나라와의 조세조약상 제한세율을 적용받는다면 양국에 걸쳐 낮은 세부담만 할 수 있다는 점은 여러 번 언급한 바 있다. 그러한 제도를 도입한 국가의 기업은 다음과 같은 방식을 사용한다면 이중공제의 효과까지 누릴 수 있다.

예를 들어 캐나다법인이 조세피난처에 자회사를 설립하기 위하여 캐나다에서 자금을 대여받고 당해 자회사는 미국의 관계기업에 자금을 대여한 경우 미국의 관계기업은 조세피난처에 있는 자회사가 이자소득으로 인식하는 금액만큼 이자비용으로 공제할 것이다. 조세피난처의 자회사는 그 이자소득을 캐나다의 모회사에 배당으로 지급하게 될 것이다. 조세피난처국가는 자회사의 소득과 배당에 대해 모두 과세하지 않는다. 그리고 캐나다에서는 국외사업소득으로부터의 배당은 면세된다.[102] 이에 따라 캐나다의 모회사는 공제받을 외국납부세액이 없을 것이다. 그러나 일정한 요건을 충족할 경우에는 조세피난처에 있는 자회사가 얻는 이자소득은 캐나다 세법에 의해 사업소득이 된다. 캐나다의 모회사는 그러한 소득에 대해 면세혜택을 받는다. 국외사업소득으로부터의 배당은 면세되기 때문이다. 캐나다 모법인의 입장에서는 배당소득은 과세받지 않으면서 이자비용을 공제받고 미국 관계기업도 이자비용을 공제받으니 이중공제가 가능한 것이다.

우리나라에서는 조세피난처의 자회사로부터의 분배금에 대해 면세하는 제도가 없으니, 기업으로서는 당해 자회사로부터의 배당을 지연하는 방법을 생각해 볼 수도 있을 것이지만, 이는 조세피난처세제의 적용대상이 될 것이다.

2) 형식과 실질의 재정(arbitrage)

① 채무증서를 보유하더라도 지분증서로 보는 경우

이중공제와 유사한 효과는 해외의 자회사가 국내의 모회사에 발행하는 증권이 발행지국에서는 채권으로 간주되지만 국내에서는 주식으로 여겨지는 성격을 가지고 있을 때 가능할 것이다. 이는 발행지국에서는 이자로서 비용 인정을 받는 한편, 국내 모법인은 이를 배당소득으로 신고하게 됨에 따라 당해 해외자회사가 납부한 법인세를 국내에서 공제받을 수 있게 되

---

102) 다른 한편으로 캐나다는 조세조약을 통해 캐나다(독일도 유사)의 다국적기업의 국외원천소득에 대해서는 과세를 면제하는 제도를 두고 있다.

기 때문이다. 그러나 실제 그러한 혼성증권을 찾기는 쉽지 않다.

② 지분증서를 보유하더라도 채무증서로 보는 경우

미국은 일정한 경우 예를 들면, repo거래에 있어서는 출자증권을 보유하더라도 채권을 보유하고 있는 것으로 본다. 반면, repo거래라 하더라도 출자증권을 가지고 있는 형식을 존중하는 나라(예, 캐나다)와의 사이에서는 repo매도자[103]인 미국법인은 이자비용을 공제하고 repo매수자인 그 국가(예, 캐나다) 법인은 간접외국납부세액공제[104]를 받을 수 있을 것이다.

우리나라는 환매조건부채권매도를 단기담보부자금거래(secured loan)로 보는 입장은 미국과 같다. 우리나라 법인이 repo매도자가 되는 경우에는 이자비용을 공제할 수 있을 것이다. 우리나라 법인이 외국기업과 환매조건부로 주권을 사는 거래 — 우리나라 기업이 repo매수자가 되는 거래 — 를 설계할 수는 있을 것이지만, 그렇다 하더라도 우리나라 국세청은 해당 국내기업이 주권을 소지한 것으로 보지는 않을 것이기 때문에 이중공제의 가능성이 없다고 보아야 할 것이다. 다만 repo거래임을 과세당국에 밝히지 않고 단순히 배당을 지급받은 것으로 신고한다면 과세당국으로서는 그러한 거래가 repo거래임을 알기 곤란할 것이다.

(3) 혼성체(Hybrid entity)

1) 형식과 실질의 재정(arbitrage)

투자대상기업의 법적 형태를 혼성체로 함으로써 이중공제를 받는 경우도 있다. 미국에서는 LLC[105]가 법인으로 간주되기를 선택하지 않는다면 과세상 도관으로 취급된다. 미국국세청은 캐나다의 LLC도 도관으로 본다.

---

103) 환매조건부 주권매도자는 주권을 담보로 제공하고 자금을 차입한 것으로 보기 때문에 매수자에게 지급하는 비용은 이자비용으로 보게 된다.
104) repo매수자의 거주지국가가 간접외국납부세액공제제도를 가지고 있는 경우를 전제한다.
105) 제6장 제1절 참조.

미국법인이 자금을 차입하여 캐나다의 LLC에 출자한 경우 캐나다의 LLC는 초기 결손금을 시현할 것인데 이는 미국법인이 자신의 소득금액 계산에 반영하고, 이자비용도 공제하게 될 것이다.

캐나다법인이 미국에 LLC 방식으로 진출할 경우 캐나다는 이를 법인으로 취급하므로 배당을 받기 전까지는 국외원천소득으로 인식하지 않을 것이다. 한편, 미국국세청은 LLC의 소득에 대해 외국법인에 귀속하는 사업소득으로 보아 과세하지 않을 수 있을 것이다. 캐나다법인의 입장에서는 과세이연의 효과를 기대할 수 있을 것이다.

2) 우리나라의 경우

한편 우리나라의 과세당국은 외국법인의 법인격을 인정하는 데 있어서 당해 법인의 소재지국의 법을 존중한다. 그러나 좀 더 구체적으로 보면, 외국법인, 본 논의에 있어서는 투자대상기업이 보유하고 있는 결손금을 인정하는 데 있어서는 투자대상기업소재지국의 회사법을 존중하는 반면, 당해 법인격이 과세실체인지 아니면 단순한 도관에 불과한 것인지의 판정은 해당국의 세법을 따르고 있다. 따라서 해낭국의 세법이 법적인 형식보다는 경제적 실질을 존중하는 미국과 같은 나라에 투자대상기업이 소재하는데 그것이 예를 들어 LLC이고 그 법인이 결손을 시현한 경우라면 그 결손금은 국내 모법인의 소득금액 계산에 산입하는 것을 허용하지 않으면서, 당해 LLC의 한국 내 원천소득이 있을 경우 그것에 대한 과세에 있어서는 그것을 도관으로 보아 각 출자자에게 과세하게 될 것이다.

3. 배당에 대한 조세절감

인수합병에 따라 투자대상기업이 사업을 잘 영위하여 소득을 시현하고 배당을 지급하고자 할 때 인수법인은 당해 배당에 대한 조세를 최소화할 수 있는 방안을 찾고자 할 것이다.

(1) 샌드위치(sandwich) 구조를 해소하기 위한 분할

국외의 투자대상기업이 국내에 자회사(S)를 두고 있을 때, 국내의 인수기업이 국외의 투자대상기업을 인수하게 되면 S가 투자대상기업에 지급하는 배당에 대한 원천징수, 투자대상기업이 인수기업에 지급하는 배당에 대한 원천징수 등의 여러 단계의 과세가 있게 된다. 이와 같은 샌드위치 구조에 있어서는 지배구조개편의 필요성이 제기될 것이다. 이를 위해서는 인수기업이 S를 흡수 합병하는 방안도 있을 수 있지만 투자대상기업이 부실 사업부문을 분할하고 그 부문이 S로부터 배당을 받도록 하는 방법도 사용되고 있다. 이 경우 S가 지급하는 배당에 대해 경제적으로 양국에서 과세하는 일은 없게 될 것이다.

(2) 배당을 인수기업의 이월결손금과 상계

국내의 인수기업이 이월결손금을 가지고 있으며 이의 활용시한이 다가올 경우 해외의 자회사로부터의 배당을 받아 상쇄하는 방법도 있다. 국내의 인수기업과 인수기업의 관계기업 R이 해외의 투자대상기업에 공동출자하면서 인수기업은 저렴한 가격에 무의결권우선주를 취득하고, R은 의결권을 지닌 후배주를 취득할 경우, 인수기업은 단기간에 이월결손금을 상쇄할 수 있을 것이다. 해외의 투자대상기업이 도관일 경우 배당의 지급이라는 절차를 생략할 수도 있을 것이다.

제2항 조세절약적인 기업결합

1. 삼각합병

통상의 경우 외국기업과의 합병은 법적으로 불가능하다. 그러나 진출지국가의 상법상 삼각합병이 허용된다면[106] 사실상 국제적인 합병이 이루어질 수 있음은 외국기업이 국내로 진출하는 경우와 다를 바 없다.[107] 내국법인이 국내에 진출한 외국계법인과 합병하면서 내국법인의 주주가 그 외국계법인의 주식을 교부받든가 외국계법인의 주주가 내국법인의 주식을 교부받는 방법이다. 두 가지 경우 모두 새로운 주식을 교부받는 주주의 입장에서는 과세를 받게 된다.[108] 합병과정에서 피합병법인 또는 그 법인의 주주에 대한 일정한 요건[109]이 충족되면 과세상 특례가 인정된다. 그러한 특례가 조세피난처에 근거를 둔 법인과의 삼각합병에서도 인정된다면 국내자본의 조세피난처 이탈이 가속화될 수 있다.

2. 이중지배구조

이중지배구조(dual holding model)는 투자대상기업과 인수기업이 별개의

---

106) 17대 국회에 상정되있던 상법개정안은 삼각합병에 관해 다음과 같은 규정을 담고 있었다.
　제523조의2(합병대가가 모회사주식인 경우의 특칙) 제342조의2에노 불구하고 제523조 제4호에 따라 소멸하는 회사의 주주에게 제공하는 재산이 존속하는 회사의 모회사주식을 포함하는 경우에는 존속하는 회사는 그 지급을 위하여 모회사주식을 취득할 수 있다.
　이 규정이 도입되면 외국회사가 국내에 100% 자회사를 설립한 후 자회사와 국내회사 간에 합병을 하면서 대가로 모회사인 외국회사의 주식을 국내회사의 주주에게 교부하는 경우 결과적으로 외국회사가 국내대상기업을 흡수합병한 것과 동일한 효과가 있어서 외국자본 유치에 도움이 될 수 있다. 삼각합병을 이용하면 손쉽게 국내회사가 모회사인 외국회사에 합병될 수 있으므로 외국기업에 의한 국내자본·국내기업의 침탈이 문제될 수 있는데, 일본의 경우 신회사법에 삼각합병규정을 두었으나 외국자본의 기업사냥을 우려한 재계의 반발로 1년간 연기된 뒤 시행되었고 외국기업의 일본기업에 대한 M&A 공세에 맞서기 위하여 경영권방어책을 강화하는 규정을 도입한 바 있다(상법 일부 개정법률안 전문위원검토보고 참조).
107) 일본에서 새로운 회사법에 의해 외국기업과의 삼각합병을 한 사례로서 일본의 GCA Holdings와 미국의 세이비언(Savvian LLC) 합병을 들 수 있다. 세이비언은 2003년 모건스탠리 간부가 독립해 샌프란시스코에 설립한 투자은행이다. GCA Holdings는 2004년 일본에서 설립된 인수·합병(M&A) 컨설팅 전문업체이다. GCA Holdings는 GCA세이비언그룹회사(GCA Savvian Group Corp.)를 설립하고 그것이 세이비언의 일본 사업부문(Savvian K.K.)을 삼각합병의 방법으로 인수하게 되었다. 그 결과 GCA세이비언그룹회사(GCA Savvian Group Corp.)는 GCA Holdings와 Savvian K.K.를 완전소유한다. GCA Holdings는 미국과 일본에 자회사 6개를 Savvian K.K.은 미국에 자회사 4개를 소유하고 있다. GCA세이비언그룹회사는 GCA Holdings의 구주주가 지분 55%를 보유하고 세이비언의 구주주가 나머지 45%를 갖게 되었다.
108) 해당 국가의 법제에 따라 배당소득 또는 자본이득 둘 중의 하나의 소득이 될 것이다.
109) 주로 '계속성'의 요건이다.

법적 실체로 남아 있지만 투자대상기업의 주주와 인수기업 주주 간의 계약("equalization" contractual arrangements)을 통해 두 법인의 소득을 나누어 갖는 방법이다. 약정에 의한 이중지배구조를 설정하려 하는 것은 다음과 같은 이유에서인 것으로 분석된다.

- 공식적인 합병에 의할 경우 발생할 자본이득에 대한 과세를 회피할 수 있다.
- 국가 간 배당의 지급절차를 생략할 수 있다.
- 회계상 합병의 경우 영업권을 인식해야 하는데 그것을 상각할 수 없는 상황을 회피할 수 있다.
- 기존의 기업이 사라지는 데 대한 좋지 않은 감정을 회피할 수 있다.
- 기존의 사업에 의한 제3자와의 계약관계를 그대로 유지할 수 있다.
- 기존의 기업 이미지를 유지할 수 있으며, 따라서 재원조달에 유리할 수 있다.

그러나 이러한 구조는 운영상의 복잡성, 두 나라의 규제를 여전히 다 따라야 하는 문제, 이러한 사실을 아는 시장에서 개별 회사의 주식의 유동성이 떨어질 가능성 및 투명성 확보의 문제가 예상된다. 이중지배구조의 사례로서는 BHP – Billiton 구조를 들 수 있다.[110]

3. 공동지주회사

내국법인이 외국법인과 국내기업을 공동으로 지배하기 위해 국내에서 공동지주회사를 설립할 수도 있을 것이다. 우리나라 법인세법상 국내의 지주회사에 대해서는 당해 지주회사가 받은 배당액을 100%까지 손금산입하

---

110) 이 외에도 Royal Dutch/Shell Group RTZ/CRZ, Unilever, 그리고 Reed – Elsevier 등이 이중지배구조를 설정한 예에 해당한다.

는 규정이 있다. 따라서 국내의 지주회사를 설정하는 경우에는 지주회사 단계에서의 과세가 거의 없게 되는 셈이다. 그러나 국외에 소재하는 기업을 지배하기 위해 국외에 지주회사를 설립하는 경우에는 우리나라에서는 간접외국납부세액공제제도밖에 적용될 수 없을 것이다. 물론 소재지국가에 우리나라 세법과 같은 제도가 있다면 지주회사 단계에서의 과세문제는 줄어들 것이다.

4. 결합주식(stapled stock)

결합주식(stapled stock)이라 함은 두 가지 종류의 주식을 하나로 묶은 것으로서 그중 하나의 소유권을 이전하면 자동적으로 다른 하나의 소유권까지 같이 이전하는 조건이 붙어 있는 주식이다. 필요에 따라 배당을 지급하는 주식과 배당을 지급하지 않는 주식으로 구분하고 배당을 지급하는 주식을 발행한 법인을 배당에 대한 과세가 유리한 곳에 소재시킬 경우 조세절감효과를 기대할 수 있을 것이다. 많은 국가가 이러한 경우 두 가지의 주식을 별개의 것으로 보고, 납세자가 원하는 배당의 흐름을 인정한다.

결합주식은 예를 들면, 인수기업이 국외의 투자대상기업을 인수하는 데 실제 국외의 투자대상기업의 주된 소득이 인수기업의 소재지국가에서 발생하는 상황에서 투자대상기업은 인수기업 소재지국에 자회사 S를 설립하여 인수기업에 투자대상기업과 S를 결합한 증서를 교부하고, 인수기업은 S로부터 인수기업국 소재지에서 발생하는 소득을 직접 분배받을 경우 인수기업 소재지국에서의 원천징수, 투자대상기업 소재지국에서의 원천징수 등의 절차를 생략할 수 있다. 다른 예로서 배당을 지급하는 주식과 배당을 지급하지 않는 주식으로 구분하고 배당을 지급하는 주식을 발행한 법인을 배당에 대한 과세가 유리한 곳에 소재시킬 경우 조세절감효과를 기대할 수 있을 것이다. 특히 인수기업이 소재지국에서 연금기금과 같은 면세단체일 때에는 그러한 방식이 더욱 선호된다.

5. 외국법인을 지배하는 내국법인과의 합병

외국법인과의 사실상의 합병은 다음과 같은 방식으로도 가능할 것이다. (국내의 인수기업(A)은 외국법인 B의 모회사인 외국법인 C의 지배를 받는 기업이라고 할 경우) 내국법인 D가 외국법인 B를 지배하는 인수기업 A와 합병한다면, D의 국내모회사인 E는 사실상 외국법인 B를 지배할 수 있게 될 것이다. 이때 E와 C는 사실상 합병하는 효과가 있다.

아주 특수한 문제로 거주지국가에서 두 기업이 합병하는 경우 투자대상지역에서의 조세효과가 달라질 수 있다.[111] 예를 들면, 외국기업이 취득하는 배당소득이나 유가증권양도차익에 대한 과세상 지분율에 따라 다른 과세를 할 때가 그러한 경우일 것이다.

[탐구] 4 - 5

 사례 │ 유한회사의 조직변경

■ 사실관계

1992년 주식회사형태로 회사 A가 설립되었다. A사가 외국인투자에 의하여 외국인투자기업[112]이 된 후, 1997년 IMF 외환위기 당시 외국인투자가의 요청에 따라서 유한회사로 조직변경되었다. 2002년 외국인주주(50%)와 한국주주(50%) 간 합의에 따라 A사가 다시 주식회사로 조직변경되었다.

---

111) IFA, Cross - Border Effects of Restructuring including Change of Legal Form(Seminar F), 2000.
112) 외국인투자가가 출자한 기업을 말하며, 외국인투자촉진법상 국내주식을 취득하는 경우 등록의 대상이 됨.

■ 쟁점

두 번의 조직변경의 과정에서 A사의 주주가 취득한 지분이나 주식에 대해 의제배당과세가 될 수 있을 것인지

 **사례 │ BHP - Billiton 사건**

■ 사실관계

BHP - Billiton 사례에서 BHP는 호주법인이고 Billiton은 영국법인이었다. 각각의 회사는 개별적인 공개회사로 남았지만 두 회사의 주식 수를 같게 만들었다. 그리고 각 회사의 주식은 두 회사를 통합한 가상의 하나의 기업에 대한 지분을 의미하도록 구성하였다. Royal Dutch/Shell Group의 사례에 있어서는 영국과 네덜란드에 소재하는 두 개의 공개된 지주회사로 구성되어 있었다. 각각의 지주회사는 공통의 자회사인 지주회사를 설립하고 약정에 의해 그 자회사에 대한 각각의 지위를 같게 구성하여 놓있다. 2004년 10월 두 회사의 이사회는 두 개의 지주회사를 하나로 통합하기로 하였다. 그 하나의 지주회사는 영국에 설립되지만 조세법상 거주지는 네덜란드가 되도록 구성하였다. 동 지주회사가 네덜란드의 거주자가 되는 과정에서 영국의 주주들이 조세상 불이익을 받지 않도록 그들에게는 Class B 주식을 교부하였는데, 그 주식은 영국원천배당을 지급하는 것으로 구성하였다.

■ 쟁점

이중지배구조의 설정을 사실상의 합병으로 볼 수 있는지? 그리고 이중지배구조의 형성에 관한 계약을 partnership으로 보고 그것을 과세실체로 취급할 수 있는지?

■ 미국국세청의 입장

미국국세청은 이중지배구조가 partnership을 구성한 것으로 보든가 아니면 다른 과세실체의 등장으로 볼 수도 있다는 입장이다.[113] BHP – Billiton의 경우 이러한 약정을 활용하는 사례가 없는 점으로 보아 사실상의 합병으로 보아 당사자가 되는 주주의 자본이득의 실현기회로 보고자 할 가능성도 있다. 또한 소득의 이전(assignment of income)으로 보아 과세당할 가능성도 있다.[114]

 사례 | stapled stock – De Coppet v. Helvering(105 F.2d 787,2d Cir.1940)

■ 사실관계

이 사건 당시 미국에서는 은행에 투자은행업무가 허용되지 않았다. 이러한 제약을 회피하기 위하여 은행들이 개발한 것이 결합주식(stapled stock)이었다. 은행들은 은행주식과 투자회사주식을 보유하고 있는 신탁증서를 하나로 결합한 증서를 공모하였다. 당해 신탁의 관리인은 은행의 임직원으로 지정되었다. 응모한 주주들이 납입한 자금은 은행과 신탁으로 분배되었다. 그리고 당해 증서에 결합된 주식과 신탁증서는 동시에 거래되어야만 하였다. 1929년 주식시장이 붕괴되면서 투자회사의 가치가 0(worthless)이 되자 위 증서를 보유한 투자자들은 그로 인한 손실을 소득금액 계산에 반영하고자 하였다. 만약 위 증서를 하나의 자산으로 인식한다면 아직 은행주식의 가치는 0(worthless)이 아니었기 때문에 전체적으로는 그 가치가 0이 아니어서 그 손실을 소득금액 계산에 반영할 수 없었다.

---

113) 이러한 위험을 회피하기 위해서는 아예 공식적으로 partnership을 구성하는 것도 방법이다(Peter C. Canellos. "Dual Pillar" Structure After BHP – Billion, Wachtell, Lipton, Rosen &Katz, March 22, 2001).
114) 경제적 실질을 중시하는 미국의 증권거래소는 이중지배구조를 pooling의 구조로 보기보다는 상대적으로 큰 회사가 더 작은 회사를 매입한 것으로 보아야 한다는 의견을 내놓았다.

본건 투자회사의 주식을 보유하고 있는 투자자가 자신의 소득금액을 계산할 때 투자회사 주식투자에 따른 손실을 반영할 수 있는지?

■ 판결

위 판결에서 미국법원은 stapled stock이 경제적으로 하나의 증서로 기능하는 점을 중시하여 동 증서의 가치가 아직 0이 아니기 때문에 손실로 반영할 수 없다는 결정을 하였다. 미국은 이러한 유형의 주식에 대해 실질우위원칙(substance over form doctrine)*을 적용하여 왔다. 중요한 점은 그 원칙을 적용한 결과가 법원의 판단, 정부의 예규 및 법령에 따라 달라져 그 유형의 주식을 유통하는 방법을 활용할 때 실제 과세위험이 어떻게 될 것인가 계측하기 어렵다는 점이다. 실질우위원칙이 모든 사안에 일률적으로 적용하기 곤란하다는 점은 결합주식에 대한 미국 과세당국의 입장이 일관성을 잃은 역사에서도 확인할 수 있다.

제6절 국제적 부의 이전

국제적인 외환이동에 대한 정부의 규율이 거의 사라지고 있는 오늘날 국제거래를 이용한 부의 무상이전과세 회피의 가능성은 그 어느 때보다도 확대되어 가고 있다. 세계화가 낳은 정부규제의 공백 현상이라고 볼 수 있을 것이다. 회피억제의 가능성과 그에 따르는 비용을 비교하여 과감한 제도개혁을 시도할 필요가 있는 부분이다.

제1항 외환거래의 자유화[115]

1. 일반개인이 직접투자할 경우

현행 외국환거래규정상 1인당 연간 5만 달러까지는 신고절차도 없이 송금이 자유화되어 있다. 그러나 5만 달러 이상 송금할 때에는 다음과 같은 신고절차를 거쳐야 한다.

(1) 체재목적의 송금

일반개인은 거주자 본인 또는 거주자의 배우자가 해외에서 2년 이상 체재할 목적(신고당시 2년 이상 해외에서 체재하고 있는 배우자가 체재할 목적을 포함한다)으로 주거용 주택을 취득하는 경우 지정거래외국환은행에 신고로서 국외송금이 가능하도록 되어 있다.[116] 금액에는 제한이 없다. 부동산을 취득한 후에 3개월 이내에 해외부동산 취득보고서를 제출하여야 하며, 해당 부동산을 처분하는 경우에는 처분대금을 국내에 회수한 후 3개월 이내에 해외부동산처분보고서를 제출하여야 한다. 그리고 지정거래외국환은행은 사후관리에 필요하다고 인정하는 경우에는 수시로 보고서를 제출하도록 할 수 있다. 본인 또는 배우자의 귀국일로부터 3년 이내에 동 주택을 처분하고 처분대금을 국내로 회수하여야 한다. 다만 동 주택의 취득 후 2년 이상 해외에서 체재한 자의 경우에는 예외로 한다. 처분기한을 연장하기 위해서는 본인 또는 배우자의 귀국일부터 3년 기간 내에 지정거래외국환은행에 연장신고를 하여야 한다.

---

115) 오윤, 해외부동산투자와 조세문제, 조세학술논집, 2007. 2 참조.
116) 외국환거래규정 제7-44조 제3호 바목: 2007년부터는 투자목적용 주택의 구입도 자유화하는 방안이 추진될 전망이다.

(2) 투자목적의 송금

투자목적의 경우 처분의무는 없다. 2006년 8월 3일 이전에는 투자목적의 경우 1백만 달러까지 송금이 가능하도록 되어 있던 것이 이후에는 3백만 달러까지로 확대되었다.

※ 신고수리의 요건

거주자가 해외부동산을 취득하기 위해서 지정거래외국환은행에 신고하여야 할 경우 그 '신고'는 '수리'가 필요한 것으로서 사실상 '승인'에 해당한다. 신고의 수리에는 위의 요건 이외에 다음의 두 가지 요건의 충족 여부를 더 심사하도록 되어 있다.

- 해외부동산을 취득하고자 하는 자는 '신용정보의이용및보호에관한법률'에 의한 신용불량자가 아니고, 조세체납자가 아니며, 일반개인 또는 개인사업자의 경우에는 해외이주 수속 중인 자가 아닐 것.
- 취득금액이 현지 금융기관 및 감정기관 등에서 적당하다고 인정할 것.
- 부동산 취득이 해외사업활동 및 주거목적 등 실제 사용목적에 적합한지 여부.

2. 간접투자와 기업의 직접투자

기업(개인사업자 또는 법인)은 다음과 같은 경우 부동산을 취득하기 위해 해외에 송금할 수 있다.[117] 이 경우에는 지정거래외국환은행에 대한 신고의무가 없다. 이에 따라 은행에 의한 국세청 통보도 없게 된다.

---

117) 외국환거래규정 제7-44조.

- 국내기업이 해외사업활동이나 연구개발에 사용하기 위한 사무실, 공장, 창고, 전시장, 매장 등.
- 현지법인 해외지사 등에 근무하는 자 또는 해외연수를 위하여 파견된 자의 주거용 주택.
- 부동산을 목적으로 하거나 주요 자산으로 하는 해외사업에 직접 필요한 것으로서 국내기업의 해외시장 진출을 목적으로 하는 공업단지를 조성하기 위한 부동산, 해외건설업자 · 종합무역상사가 토지 · 건물 등 외국부동산을 임대 · 분양하거나 개발비용을 회수하기 위한 부동산 등.
- 해외자산운용 목적으로 부동산을 매매 또는 임대하기 위해 취득하는 부동산으로서
  - 은행, 증권회사, 증권투자신탁회사, 보험회사, 종합금융회사의 경우에는 당해 기관의 관련 법령이나 규정 등에서 정한 범위 내.
  - 법인세법시행령에 의해 설치된 기금(정부관리기금)을 관리 · 운용하는 법인의 경우에는 미화 5천만 달러 이내.
  - 종합무역상사의 경우에는 잔액기준으로 전년도 수출입실적의 10/100 이내에서 최고 미화 1억 불 이내.

제2항 조세회피의 문제

1. 상속세

상속의 경우에는 국내자산이 해외에 유출되더라도 유출된 자산이 관리만 잘된다면 상속세를 부과하는 데에는 문제가 없다. 다만 상속인 및 자산 모두 해외에 있을 경우에는 집행이 어려워지는 문제가 있을 것이다.

2. 증여세

증여의 경우에는 국내자산이 해외에 유출되어 비거주자에게 증여될 경우 해당 비거주자는 증여세납세의무가 있지만 국내에서 과세하기 곤란할 수 있다. 이런 경우에는 증여자가 거주자로 되어 있는 한 연대납세의무를 부과할 수 있다.

수증자가 거주자 신분을 유지하지만 외국으로 나가 여러 명으로부터 증여받는 것으로 하여 누진세율 적용을 회피하는 방법이 가능하다.

장래 증여를 하고자 하는 자가 자산을 국외에 이전한 다음 수증자로 하여금 거주자의 지위를 포기하도록 하고 증여를 한 이후 수증인이 다시 거주자 신분을 획득하게 할 수 있다. 이 경우 전술한 바와 같이 증여자가 거주자라면 수증자가 증여세를 납부하도록 하고 있다.[118]

비록 증여자나 수증자가 거주자라 하더라도 증여하는 재산이 국외에 있을 때에는 현실적으로 증여의 사실을 파악하기 곤란할 것이다. 파악되지 않은 증여의 사실은 차후 증여자의 국외반출재산에 대한 사후관리 또는 수증자의 국내반입재산에 대한 소명의 과정에서 납세의무 이행 여부로 문제가 될 수는 있겠다. 현행의 세법집행 여건으로 보아 그와 같은 사후관리 또는 소급소명은 철저하게 이루어지기 어렵다.

징세행정상 국외정보에 대해 접근하기 어렵다는 점과 함께 증여자와 수증자가 모두 비거주자가 되고 자산을 국외에 둔 경우라면 세법상 과세대상에서 제외된다는 점은 국외유출된 자본에 대한 과세가 사실상 불가능에 가깝다는 점을 일깨워 준다. 특히 거주자가 국외자산을 양도할 경우 양도소득에 대한 납세의무는 국내에 당해 자산 양도일까지 계속 5년 이상 주소 또는 거소를 둔 경우에 부과되도록 되어 있어 양도소득도 상당 부분 과세에서 제외된다는 점은 더욱 그러한 가능성을 높이는 요인이 된다.[119] 수증자가 자신이 거주자인 국가에서 증여세를 부담할 수도 있지만 많은

---

118) 국제조세조정에관한법률 제21조.
119) 소득세법 제118조의2.

국가들이 부의 무상이전에 대해 매우 관대한 조세제도를 가지고 있다. 결국 현행법상 국외에 자산을 이전하고 거주지도 이전하고자 하는 경우 어찌할 도리가 없게 된다.

자산을 이전하고 거주지까지 이전하는 경우에 대해서는 출국세(exit tax)를 부과하는 방법을 생각할 수 있다. 비록 미실현이득이지만 마치 실현된 것처럼 하는 것이다. 우리의 소득세법상 국외자산양도차익에 대해서는 국내에 당해 자산의 양도일까지 계속 5년 이상 주소 또는 거소를 둔 거주자에 대해서만 과세하도록 하고 있어 양도차익에 대한 과세에 허점이 발생할 가능성이 큰 구조로 되어 있기 때문에 더욱 그러하다. 무상이전하는 재산이 국외에 있을 때에는 이전의 사실을 파악하기 어렵게 된다. 이를 위해 타국과의 정보교환을 위한 장치를 보강할 필요가 있게 된다.

제5장

정부의 대응전략

제1절 대응방법론

조세전략 또는 조세설계는 납세자가 조세의 요소를 고려하여 자신의 행동을 합리적으로 영위하기 위한 계획을 수립하는 것을 의미한다. 정부가 어떤 법규정을 도입할 때에는 납세자들이 세법의 내용을 알고 그에 따라 자신의 경제활동의 내용과 수위를 조절할 것으로 예견한다. 굳이 조세설계에 대해 정부가 대응한다고 한다면 그러한 예견이 잘못되었거나 아주 새로운 경제상황이 나타나 그에 적응할 필요가 있는 경우가 될 것이다. 이러한 논의는 납세자의 조세설계가 합법적이고 정당한 정도에 머무를 때를 상정한 것이다.

만약 어떠한 조세설계가 불법적인 탈세(tax evasion) 또는 정당하지 않은 조세의 절약(tax saving), 즉 조세회피(tax avoidance)에 이르게 될 때에는 그에 대해 법규로써 제재하여야 할 것이다. 현행법상 탈세에 대해서는 조세범처벌법에 의해 형벌로 다스리도록 되어 있고 세금도 추징한다. 그러나 조세회피는 그 범주가 분명하게 획정되어 있지 않다.

현행 세법은 별도의 '조세회피'의 개념조차도 설정하고 있지도 않고 있다. 단지 몇몇의 조항에서 '부당하게 조세를 감소'시키는 거래에 대해 정부가 해당 거래를 재구성하여 그에 대해 세법을 적용하는 규정을 두고 있을 뿐이다. 이러한 입법태도는 납세자에게 조세회피행위를 하지 말아야 한다는 경각심을 주지 못한다. 이와 동시에 실제 과세당국이 그러한 조세회피행위에 해당한다고 볼 경우 법적인 분쟁으로 이어져 납세자의 법적인 지위를 불안정하게 만들기도 한다. 한편 입법론적 대응은 늘 시차를 갖기 마련이기 때문에 정부가 해석론적 방법에 의존하지 않을 수 없는 상황이 발생하게 마련이다.

조세설계에 대한 정부의 대응수단을 논하면서 필자는 그것을 법적 수단과 행정적 수단으로 구분하고자 한다. 법적 수단이라 함은 권리의무관계의 성립에 관한 규정을 마련한다는 것을 의미한다. 법적 수단에는 입법적인 방법이 있고 해석적인 방법이 있다. 권리의무관계의 확정을 위해서는 사실관계를 확정하여야 한다. 사실관계의 확정을 위한 구체적인 수단으로서 정보교환이나 세무조사와 같은 행정적 수단이 효과적으로 작동하여야 한다. 더불어 확정된 조세채무를 이행하지 않을 경우 이를 집행할 수 있는 장치가 아울러 구비되어야 할 것이다. 행정적인 대응을 위해서는 그 절차에 관한 법규가 구비되어야 한다는 점에서 행정적인 수단도 법적인 수단으로서의 성질을 가지고 있지만 위에서 언급한 바 권리의무관계 그 자체에 관한 것이라기보다는 그것의 확정절차에 관한 것이라는 차이점이 있다.

제1항 법적 수단

현행 법체계의 큰 틀을 유지하면서 조세회피에 대응하는 방법에는 입법론적인 방법과 해석론적인 방법이 있다. 입법론으로서는 조세회피방지규정을 도입하는 방법이 사용된다. 해석론으로서는 목적론적 해석방법이 사용되는데 권리남용금지의 법리*는 그러한 해석론의 한 형태라고 볼 수 있을 것이다. 특히 해석론과 관련해서는 각 나라별로 그 정도, 적용시기 그리고 법적용의 우선순위 등의 주제에 있어 다양한 분쟁거래를 만들어 내고 있다. 결과적으로 당장 활용될 수 있는 최후의 수단(last resort)이라고 할 수 있는 해석론은 그리 효과적이지도 않으면서 납세자의 불신과 불안감을 조장할 위험이 있다. 이는 해석론이 갖는 숙명적인 한계이다. 보다 큰 틀의 제도개혁을 통해 그 정도를 축소할 수 있다면 그것을 택하지 않을 이유는 없는 것이다.

아래에서는 조세설계의 여러 프리즘, 즉 탈세, 조세회피 및 절세 중 조세회피에 대한 대응방법에 대해서 주로 논한다. 납세의무는 일반민사거래 및 상거래의 결과 발생하는 법률효과와 그에 따른 경제적 실질의 변화에 따라 성립되는 것이다. 조세법규는 납세자가 형성한 조세회피적 거래에 대해 거래구조의 법률적 효과를 그대로 인정하고 그의 조세회피적인 성격을 고려하여 통상의 경우와 다른 조세효과를 부여하는 방법과 납세자가 형성한 거래구조를 부인하고 마치 다른 거래가 있었던 것처럼 간주하고 그에 대해 조세효과를 부인하는 방법을 사용하여 대응한다. 전자는 통상 개별적인 조세회피방지규정의 규정방식이며 후자는 일반적인 조세회피방지규정의 규정방식이다. 우리나라에서 논란의 소지가 있지만 후자의 예로서 '실질과 세원칙'을 들 수 있겠다.

1. 국내세법

조세회피행위는 납세자가 영위한 거래형태가 정당한 목적을 가지고 있었는지 그에 따라 절약하게 된 조세가 부당하게 취득한 것은 아닌지에 대한 판단을 필요로 하게 된다. 이 과정에서 과세당국은 납세자가 형성한 거래구조와 그가 취득한 경제적 결과의 사이에 필연적인 관계는 존재하지 않으며 충분히 다른 구조를 선택하든가 아무런 행위도 하지 않을 수 있었는데 (특히 조세재정의 경우) 그렇게 하지 않음으로써 정부의 재정에 손실을 입혔다는 주장을 하게 된다. 반면 납세자는 자신의 행위는 정당한 목적을 가진 것이며 그 목적을 달성하기 위해 거래형태를 선택할 자유가 있으므로 그것이 부인되는 것은 사적 자치의 원칙에 위배된다는 주장을 하게 된다. 여기에서 과연 그러한 자유가 보장되어야 하는 것인지 아니면 정부재정의 보전 및 실질적인 형평성을 달성하기 위해 그러한 자유가 제한되어야 하는 것인지의 판단을 하여야 한다. 이러한 판단을 둘러싼 분쟁은 법적인 안정성을 심하게 훼손하게 되므로 정부는 입법적인 방법에 의해 정부가 부당하게 보는 유형을 미리 납세자가 알 수 있게 하는 방법을 사용하게 된다.

(1) 입법론[120]

우리 과세당국이 조세회피라는 이유로 납세자의 거래를 부인하는 것은 국세기본법 제14조가 규정하는 '실질과세원칙'에 근거한다. 빈발하는 조세회피행태에 대해 그에 맞추어 거래를 부인하는 규정들이 있기는 하지만 이는 예외적인 것이다. 정부가 예견할 수 있는 모든 조세회피행태를 개별적으로 규정화하여 가장 적절한 조세효과를 부여하도록 입법할 수 있다면 세법의 고유의 목적에 가장 부합하는 것이 될 수 있지만 이는 현실적으로 달성하기 매우 어려운 일이다. 이에 따라 정부는 '조세회피'행위를 추상적인 용어를 빌려 정의하고 그를 규제하는 방법을 사용하게 되는데 우리 세법은 아직 그에 미치지 못하고 위의 실질과세원칙에 근거한 규제를 하고 있을 뿐이다. 실질과세원칙은 원래 세법의 적용대상이 되는 사실관계를 법적인 외형만 보지 말고 그의 실질을 보아 판단하여야 한다는 세법적용에 관한 원칙으로서 조세회피를 적용요건으로 하지는 않는다. 그에 따라 동 원칙이 선언적 규정에 불과하다는 주장과 조세회피를 방지하는 규정이라는 주장의 누 극난 그리고 그 사이의 절충적인 주장이 혼재하고 있다. 조세회피를 둘러싼 법적인 분쟁의 소지를 줄임으로써 법적 안정성을 제고하는 기능은 미약한 규정이다. 반면 적지 않은 국가들이 '조세회피'의 개념과 그에 해당하는 행위에 대해서는 거래를 부인하는 방법을 법으로 규정하고 있다.

1) 실체적인 방법

① '조세회피' 개념의 설정

'조세회피(tax avoidance)'라 함은 합법적인 수단에 의해 조세부담의 절감을 도모하지만 해당 조세법규가 예정하지 않은 비정상적인 행위를 통해 추구하는 것이다. 조세회피에 대해서는 원래 도모하고자 하였던 경제적인 실질에 부합하게 거래구조를 재편하고 그에 상응한 과세를 하게 된다. 문제는 그러한

---

120) Doron Herman, supra, pp.155 - 206.

경제적 실질에 부합하는 거래구조는 여럿 있을 수 있는데 그중 국가에 가장 유리한 구조대로 과세하는 것이 타당한가일 것이다. 이에 따르는 논란을 최소화하기 위해서는 조세회피의 개념뿐 아니라 그의 효과에 대해서도 실정법에 구체적인 규정을 둘 필요가 있게 된다.

② 일반적 조세회피방지규정

조세회피방지규정은 말 그대로 조세회피행위를 사후적으로 제재함으로써 사전적으로 그러한 행위가 발생하지 않도록 하는 규정이다. 이는 일반적 조세회피방지규정과 개별적 조세회피방지규정으로 나누어 볼 수 있다. 조세회피의 개념을 세법에서 정의하고 그에 해당하는 행위라면 모두 세법적으로 재규정하고 재규정한 것을 대상으로 세법을 적용하는 규정을 일반적 조세회피방지규정이라 한다. 개별적 조세회피방지규정은 개별적인 조세회피유형을 규정하고 그에 상응하는 조세효과를 규정한 것이다. 각국에 도입되어 있는 일반적 조세회피방지규정들을 보면 아래 표와 같다. 성문법에 조세회피방지규정을 도입하지 않은 국가들은 주로 사법상의 권리남용금지의 원칙을 통해 조세회피를 규제하는 판례법을 수립하고 있다.

〈각국의 일반적 조세회피방지규정[119]〉

구분	국가	도입형태
영미법계국가	영국	판례법(부분적)
	미국	판례법
	캐나다	성문법
	호주	성문법
	뉴질랜드	성문법
대륙법계국가	독일	성문법
	오스트리아	성문법
	프랑스	성문법, 판례법
	이태리	성문법
	네덜란드	판례법
	벨기에	성문법
	일본	없음[122]

---

121) Frederik Zimmer, op.cit., p.38; 本庄 資, op.cit., p.332; US Department of Treasury, The Problem of Corporate Tax Shelters, July 1999.

③ 개별적 조세회피방지규정

'조세회피'는 매우 추상적인 개념이기 때문에 그것을 실제 사례에 적용하는 것은 적지 많은 불확실성을 내포하게 된다. 결과적으로 해당 규정을 적용하는 과세관청의 재량에 좌우되는 결과 납세자 권익을 저해하는 부작용이 문제된다. 이에 따라 일반적인 조세회피방지규정을 도입하는 대신 빈발하는 조세회피행위로서 규제할 이유가 명백한 행위의 범주를 설정하고 그에 대해 구체적인 부인규정을 두는 방식이 자주 활용된다. 우리나라의 예를 들면 부당행위계산부인규정, 역합병규제규정, 포합주식에 대한 청산소득·의제배당과세규정 및 명의신탁증여의제규정 등 국내거래에 관한 것과 이전가격세제, 과소자본세제 및 조세피난처세제와 같은 국제거래에 관한 것이 있다.

2) 절차적인 방법

실체적인 조세회피방지규정은 세법의 적용대상이 되는 거래를 재규정하는 내용을 담고 있다. 이는 본질적으로 납세자가 구성한 거래구조가 진정하게 의도한 경제적 효과에 부합하는 것은 아니라는 판단을 요건으로 하여야 한다. 그러나 조세회피방지에 관한 규정은 이 부분에 있어서 '부당하게' 등의 표현을 사용하는 방법으로 그 요건을 불명확하게 규정하는 경우가 많아 법집행의 공정성을 떨어뜨리는 경우가 발생하게 된다. 이러한 법집행의 공정성을 확보하기 위한 방법으로 실체적인 조세회피방지규정과 더불어 고려할 수 있는 것으로는 과세관청과 납세자가 충분히 협의하고 논쟁을 할 수 있도록 절차적으로 제도를 합리화하는 방법이 있다. 예를 들어, 일정 요건을 충족할 경우에는 조세회피행위임을 추정하도록 하는 규정을 두고 납세자가 반증을 통해 조세회피행위가 아님을 설득하도록 할 수

---

122) 일본의 납세자의 일반적 성향은 다른 OECD국가에 비해 비교적 조세회피행동에 익숙하지 않다는 문화적 차이가 있다는 견해가 있다(Victor Thuronyi, Rules in OECD Countries to Prevent Avoidance of Corporate Income Tax, 2003, p.18). 일본정부는 1962년 일반적인 조세회피방지규정을 도입하려 하였지만 실패하였다.

있다. 그리고 과세관청이 조세회피행위라고 판단하는 유형의 거래에 대해서는 이를 미리 일반에 공지하고 앞으로 그러한 행위를 할 경우 조세회피행위로서 과세하겠다고 하는 방법도 고려할 수 있다. 예를 들면, 미국, 영국, 호주 및 캐나다에서는 과세당국이 미리 일정한 유형의 거래를 공격적 조세설계(aggressive tax planning)[123]로 지정하여 공표하고 과세당국이 제시한 대로 신고하게 하고 그렇게 하지 않고 과세당국의 조사에 의해 적출될 때에는 무거운 가산세를 부과하는 방법을 사용하고 있다.

(2) 해석론

입법론이 갖는 여러 장점에 불구하고 정부는 해석론에 의존하지 않을 수 없는 경우가 많다. 미래 모든 유형의 사건에 대해 규정한다는 것은 상상력에도 한계가 있으며 경제적으로도 타당하지 않다. 이 경우 정부는 기존의 법을 기계적으로 적용할 것인가 아니면 창의적으로 적용할 것인가의 선택을 하게 된다. 여기서 정부의 행위는 시작에 있어서는 행정부의 과세당국이 최종적으로는 사법부의 법원이 하게 된다. 나라마다 3부 간의 역할 분담의 내용과 법의 존재형태도 다르며 그에 따라 해석론의 역할도 경중이 있게 된다. 불문법국가의 경우 상대적으로 법원의 창의적인 실정법해석의 여지가 많은 것이 사실이다. 경우에 따라서는 불문법국가이기 때문에 성문법은 오히려 문구를 엄격하게 해석하도록 할 수도 있겠다. 성문법국가라고 하여 세법을 해석하는 데 문구를 엄격하게만 해석하는 것은 아니다. 성문법의 근저에 흐르는 법의 원칙이 법의 적용을 좌우하여야 하는 것이라는 논리가 앞설 수도 있는 것이다. 결과적으로 각 나라의 법전통에 따라 다소의 차이는 있지만 실정법을 적용하는 데 법원의 재량적 여지는 있게 마련이다. 법은 원래 정의, 법적 안정성 및 합목적성의 3대 이념 간의 적

---

123) OECD에서는 공격적 조세회피에 변호사와 회계사 같은 tax intermediary들의 역할이 결정적이라는 판단 아래 이들의 행위를 규율하기 위한 작업에 착수하였다. 이러한 작업의 일환으로 2007.1.17 OECD Tax Intermediaries Project-Terms of Reference가 출간되었다.

절한 조화를 이루도록 해석되어야 하는 것인데 무작정 법적 안정성만 찾을 수는 없기 때문이다. 이를 법의 해석론의 용어를 빌려 표현하자면 목적론적 해석방법이 될 것이다.

역사적으로 보면 자명한 것이지만 세법은 원래 국가재정조달을 목적으로 하여 제정되어 왔다. 한편 자유시장경제에서 정부운영재원을 조달하는 과정에서 국민의 부담이 공평하게 이루어지게 하고, 가급적 시장기능에 중립적으로 과세할 것을 요구받아 왔다. 근대 국가사회에 들어 특히 사회주의적 사조가 지배하게 되면서부터 조세제도에 대한 기대도 재분배기능을 포괄하는 쪽으로 확대되어 왔다. 최근에는 경제자율화로 인해 정부로서 다른 정책수단이 축소되어 가고 있는 것도 조세제도에 대한 사회의 기대를 확대하는 데 일조하고 있다. 조세제도가 다양한 목적을 갖게 될 경우 세법의 해석을 위해 고려할 사항도 그만큼 많아지게 된다. 세법이 문리적으로 해석하는 데 부족함이 있거나 문리적인 해석이 세법이 추구하는 목적에 비추어 합리성을 결여할 때에는 세법 제정의 당초 취지에 맞도록 목적론적으로 해석할 수 있다. 그러한 목적론적 해석은 법적 안정성의 관점에서 본질적으로 한계를 지니고 있기 때문에 구체적으로 세법을 해석하는 데 있어서는 그러한 법익과 균형을 갖도록 하는 것이 중요하다. 각국은 국내 세법상 조세회피를 방지하기 위한 장치를 성문법 또는 판례법에 의하여 개발해 오고 있다. 각국의 동향을 보면 우선 영미법계국가들 중 영국은 세법의 문리적인 해석을 존중하는 법전통을 가지고 있으며 그에 따라 조세조약의 남용에 대응한 주목할 만한 판례가 없다. 반면 미국은 이 부분에 있어서는 목적을 중시하는 경향을 보이고 있다. 캐나다는 영국과 유사한 법해석원칙을 유지하다가 최근에는 입법을 통해 조약 남용에 대응하고 있다.124) 독일, 프랑스 및 네덜란드 등 대륙법계국가에는 권리남용금지(abus de droit, fraus legis)의 법리가 도입되어 있다. 세법엄격해석원칙이 지배하는 일본에서도 조세법의 적용에 있어 그러한 권리남용금지의 법리를 적용

---

124) Klaus Vogel, op.cit., pp.117-119.

한 사례를 발견할 수 있다.

　세법을 목적론적으로 해석하는 데에 중간 매개원칙으로 활용되는 개념 중 하나가 '법남용의 금지' 또는 '권리남용의 금지'의 법리일 것이다. 세법은 원래 응능부담 또는 응익부담의 원칙에 따라 국민에게 조세를 부과하되 재정수요를 조달하는 것을 목적으로 한다. 그러한 목적을 달성하기 위해서는 실질적인 이익 또는 실질적인 능력에 따라 과세하여야 하며 그 과정에서 과세기반이 부당하게 위축되지 않도록 하여야 한다. 개별 세법마다 명시적인 문구로 규정되어 있지는 않지만 그러한 원칙은 헌법상 보장된 것이라고 보아야 한다. 이를 다른 말로 표현하자면 세법은 스스로가 남용되는 것을 거부할 수 있는 기제를 가지고 있다는 것이 된다. 즉 세법이 남용되지 않도록 적용되어야 한다는 묵시적인 원칙에 따라 운영되어야 한다는 것이다. 이러한 원칙은 일부 대륙법계국가들에서 조세법을 적용하는 데 기본적인 원칙으로 활용되고 있지만 우리나라에서는 이 원칙을 적용한 이렇다 할 판례를 아직 찾아볼 수 없다.

　이때 우리나라에서 고려할 수 있는 세법의 해석론으로서는 목적론적 해석방법이 있다. 이는 세법을 합목적적으로 해석하여야 한다는 것이므로 이 방법을 적용하기 위해서는 논리적으로 세법의 목적이 무엇인지에 대한 규정을 내릴 필요가 있다. 재론하지만 세법은 원래 응능부담 또는 응익부담의 원칙에 따라 국민에게 조세를 부과하되 재정수요를 조달하는 것을 목적으로 한다. 능력과 이익의 개념을 어떻게 이해할 것인가는 끊이지 않는 논쟁을 유발하게 되어 법적 안정성을 저해한다. 특히 법원에 의한 법의 해석은 선례적인 역할을 하는데 모든 국민이 영위하는 반복하는 거래유형에 대해 적용되는 세법에 대해 목적론적 해석을 일관하게 될 때에는 사안마다 그 결과가 달라져 법적 안정성이 심히 훼손될 수 있다. 이러한 점이 반영되어 우리나라에서는 법은 엄격하게 해석되어야 한다는 이론이 주를 이루고 있다. 법원의 입장도 이에서 크게 벗어나지 않는 것으로 보인다.

　우리 국세기본법 제18조 제1항은 "세법의 해석·적용에 있어서는 과세의 형평성과 당해 조항의 합목적성에 비추어 납세자의 재산권이 부당하게 침해되지 아니하도록 하여야 한다."고 규정하고 있다. 과세의 형평성은 세법 전체의 목적이기 때문에 '과세의 형평성과 당해 조항의 합목적성에 비추어'의 부분은 합목적성을 강조하는 부분이라고 볼 수 있다. 한편 '납세자의 재산권이 부당하게 침해되지 아니하도록'은 법적인 안정성을 강조하는 부분이다. 이 규정에 의하면 법원은 사안마다 두 법익 간의 비교형량에 의하여 목적론적 해석의 정도를 조절할 수 있는 것이다. 우리 법원은 국세기본법 제18조 제1항의 정신에 따라 목적론적 해석방법을 적용할 때에는 대개 국세기본법 제14조가 규정하는 실질과세원칙을 개입시키고 있다. 즉 실질과세원칙은 조세회피를 적용요건으로 하고 있지 않는데 마치 그러한 요건이 존재하는 것처럼 전제하면서 조세회피를 하는 납세자는 응당 보호받아야 할 필요는 없으며 또한 과세형평성을 저해하므로,[125] 실질에 따라 과세하여야 한다는 것이다. 이로써 법원은 실질과세원칙을 단순히 선언적인 규정으로만 보지는 않고 실제 납세자가 구성한 거래구조를 부인할 수 있다고 하면서도 그것의 적용은 납세자가 '부당하게 조세를 감소'하였거나 '조세회피'를 하는 경우에 ― 모든 판례가 그것을 요건으로 하지는 않지만 대부분의 경우 ― 적용할 수 있다고 보는 것이다. 결과적으로 법원은 국세기본법 제14조상의 실질과세원칙을 목적론적 해석에 관한 국세기본법 제18조 제1항과 같이 적용하면서 마치 조세회피방지규정과 같은 성격을 가진 것으로 보아 적용하고 있는 것이다.

이러한 접근방법은 그간 국세기본법 제14조 ― 제1항과 제2항을 말한다.[126] ― 가 조세회피방지규정으로서 역할을 하여 왔으므로 별도로 조세회피방지규정 ― 여기서는 일반적 조세회피방지규정을 의미한다 ― 을 도입할 필요가 없다는 주장을 가능하게 한다. 그간 우리나라 법원의 판례에 의하면 이러한 주장은 그리 힘을 얻지 못할 것으로 보인다. 우선 법원은 줄곧

---

125) 이상은 국세기본법 제18조 제1항에 근거한다.
126) ①과세의 대상이 되는 소득·수익·재산·행위 또는 거래의 귀속이 명의일 뿐이고 사실상 귀속되는 자가 따로 있는 때에는 사실상 귀속되는 자를 납세의무자로 하여 세법을 적용한다.
②세법 중 과세표준의 계산에 관한 규정은 소득·수익·재산·행위 또는 거래의 명칭이나 형식에 불구하고 그 실질내용에 따라 적용한다.

납세자의 이른바 법형성 가능성의 자유를 인정하는 입장을 원칙으로 하고 예외적으로 실질과세원칙을 적용하면서 거래구조를 부인하여 왔다. 그 적용의 범주가 제한적이었다. 이에 대해 과세당국은 그 범위를 넓히기 위해 무진 애를 써 왔다. 이는 결과적으로 실질과세원칙을 둘러싼 분쟁의 씨앗이 되어 온 것이다. 실질과세원칙을 둘러싼 분쟁은 비단 소송뿐 아니라 정부의 부과결정을 전후한 논쟁을 불러일으켜 납세자의 납세협력비용을 증가시키는 부작용이 있었다. 특히 이는 국세기본법 제14조에서 규정하는 '실질'이 '경제적 실질'인지 '법적 실질'인지에 관한 실익 없는 논쟁까지 불러일으키고 있는 것이다. 조세의 합목적성의 원칙에 의하면 의당 '경제적 실질'이 되어야 할 것이지만 개별 사건에서 '경제적 실질'이 지칭하는 대상을 과세목적으로 확정하는 일은 간단하지 않기 때문에 적지 않은 경우에 법적 안정성을 저해한다는 이유로 '법적 실질'을 보아 과세하여야 한다는 주장이 힘을 얻었다. 생각건대 법적 형식과 법적 실질이 어긋나는 경우는 극히 드물다. 그렇다면 법적 실질을 주장하는 논리는 법적 형식을 존중하여야 한다는 주장과 다를 바 없으며 그것은 국세기본법 제14조의 실질과세원칙이 단지 선언적인 것이기 때문에 무용하다는 결론에 이르게 된다.

이는 그간 국세기본법 제14조가 목적론적 해석론과 어우러져 조세회피방지규정으로서 작동할 가능성이 있음에도 불구하고 좀 더 나은 형태의 조세회피방지규정을 도입할 필요성이 있음을 암시하고 있다. 이에 따라 2007년 국세기본법 제14조 제3항에 다음과 같은 규정이 도입되었다.

③ 제3자를 통한 간접적인 방법이나 2 이상의 행위 또는 거래를 거치는 방법으로 이 법 또는 세법의 혜택을 부당하게 받기 위한 것으로 인정되는 경우에는 그 경제적 실질내용에 따라 당사자가 직접 거래를 한 것으로 보거나 연속된 하나의 행위 또는 거래를 한 것으로 보아 이 법 또는 세법을 적용한다.

국세기본법 제14조 제3항은 제14조 제1항과 제2항과 비교하여 요건을 보다 구체화하고 '실질'의 의미를 '경제적 실질'로 명확히 하였다. 요건을 설정함에 있어서는 제재대상이 되는 거래의 '방법'을 묘사하고 거래의 객관적 동기로서 '……혜택을 부당하게 받기 위한 것'을 들고 있다. 그리고 효과에 있어서는 '경제적 실질'에 따를 것과 '당사자가 직접 거래를 한 것으로 보거나 연속된 하나의 행위 또는 거래를 한 것으로' 볼 것을 규정하였다. 이에 따라 국세기본법 제14조 제3항은 조세회피방지규정으로서의 기본적인 요건은 갖추게 되었다. 이에 따라 국세기본법 제14조는 조세회피를 규제하기 위해 국세기본법 제18조 제1항의 규정의 도움을 받아 목적론적 해석에 의거하여야만 하였던 시절에서 탈피하여 스스로 해당 조항의 문구에 충실하게 해석하여도 조세회피를 규제할 수 있게 된 것이다. 그러나 국세기본법 제14조는 제3항에 해당하지 않는 것으로서 조세회피적 요소가 있는 거래구조를 규제하기 위해서는 국세기본법 제18조 제1항의 규정의 도움을 받아야 하기 때문에 조세회피방지장치로서의 효과성뿐 아니라 법적 안정성도 떨어지는 구조로 남아 있는 것이다.

2. 조세조약

조세회피와 관련하여 볼 때 조세조약이 일국의 국내세법이 남용되는 경우를 규제하기 위하여 활용되는 경우는 없다. 조세조약은 국내세법과의 관계에서 볼 때 조세특례제한법이 일반세법과의 관계에서 갖는 것처럼 일종의 특혜의 집합체이기 때문에 그 자체가 남용될 소지가 있게 되며 그것을 방지하는 것이 해당 조세조약의 본연의 목적 중의 하나가 된다.

(1) 입법론

조세조약의 남용을 방지하기 위해서는 수익적 소유자 및 조세조약혜택제한조항 등 다수의 입법적인 장치가 있다. 조세조약이 조세조약의 남용방지 이외의 목적으로 조세설계에 대응하여 가지고 있는 규정으로는 이전가격과세에 관한 조항이 있다. 일반적으로 이전가격행위는 조세설계로서 국내세법상으로는 자국의 과세권을 부당하게 잠식하지 않도록 하기 위한 목적으로 규제대상으로 설정하고 있지만 조세조약상으로는 쌍방국이 그러한 이전가격과세제도를 운영함에 따라 납세자에게 발생할지 모를 이중과세를 방지하기 위해 과세권을 조정하기 위한 장치가 주를 이루고 있다. 한편 조세조약에는 국제적인 탈세를 방지하기 위한 과세당국 간 행정적인 협조를 위한 조항이 규정되어 있다.

(2) 해석론127)

1) 조세조약의 목적론적 해석

① 목적론적 해석론의 수용

조약의 목적론적 해석이란 조약체결의 목적이나 조약에 내재하는 가치가 무엇인가를 찾아내어 개개의 조문을 그것에 합치하도록 해석하는 방법을 말한다.128) 비엔나협약의 규정에 의한다면 조세조약의 목적론적 해석은 비엔나협약 제31조의 규정에 의한 '조약의 목적'에 따른 해석을 말한다. OECD 모델조세조약 제1조에 대한 주석은 어떤 거래를 추구하는 주된 목적이 조세상 이익을 추구하는 것인데 그러한 상황에서 이익을 부여하는 것이 관련 조세조약 조항의 목적에 배치될 때에는 조세조약상의 혜택을 부여하지 말아야 한다는 것이 기본적인 원칙129)이라고 한다. OECD 모델조세조약 주석서는 조약의 남용을 국내세법 남용개념까지 포섭하는 것으로 보고 있다. 전술한 바와 같이 조세조약의 남용을 조세조약 전체 또는 일정 조항을 목적에 어긋나게 이용하는 것뿐 아니라 그것들을 통해 국내

---

127) 오윤, 조세조약상 소득귀속에 관한 연구, 국민대학교 박사학위논문, 2007 참조.
128) 제성호, 조약의 해석에 관한 연구, 서울대학교 법과대학 석사학위논문, 1983, p.163. 앞의 논문에 의하면 목적론적 해석은 확대해석과는 구분되어야 한다고 한다. 확대해석은 해석과정의 결과측면에서 고찰된 방법이며 목적론적 해석은 원용되는 요소에 따라 분류된 것이라 한다(앞의 논문 p.166).
129) OECD 모델조세조약 제1조에 대한 주석 제9.5항.

세법을 남용하는 것도 포괄하는 것으로 이해하고 있는 것이다.

나라마다 목적론적 해석론을 받아들이는 정도는 다르다. 목적론적 해석 방법을 수용하는 이론적인 기초로서는 조세조약 자체가 스스로 설정하고 있는 국제적인 조세회피의 방지의 목적을 중시하는 이론 및 권리남용금지 이론이 있다. 주목할 점은 조세조약의 목적론적 해석을 옹호하는 다음과 같은 일부 대륙법계 국가들의 논리이다. 독일에서는 조세조약상 타방국에 대한 의무는 국제법에 기초한 일반적인 실질우위원칙에 따라 결정된다고 한다.130) 네덜란드에서는 재무부가 전술한 OECD의 "국내조세회피방지규정의 의미"에서 조약법상 권리남용의 개념에 기초한다면 비엔나협약 제26조의 규정은 납세자 역시 성실하게 행동하도록 요청하는 것이기 때문에 조세조약의 목적론적 해석이 가능하다고 보고 있다. 그리고 조세조약의 제목과 서문은 조세회피를 방지하고자 하는 체약국들의 의도를 명시적으로 나타내고 있다고 보고 있다. 우리나라의 경우 조세조약 자체의 목적론적 해석보다는 국내세법상 실질과세원칙의 적극적인 적용으로 조세조약의 적용을 배제하여 왔다.131)

조세조약을 목적론적으로 해석하는 데 있어 조세조약상 복수의 목적 사이에 충돌이 발생할 수 있다. 이때 어느 한 목적에만 치중하는 것이 비엔나협약이 추구하는 정신에 부합하는지에 대해 의문이 제기될 수 있다. 조세조약의 부당한 이용방지와 국제적 이중과세방지 중 어느 것을 중시할 것인가에 있어 관점이 대립하여 왔는데 최근에는 부당한 이용방지를 보다 중시하는 쪽으로 기울어 가고 있다.132)

② OECD 모델조세조약 주석서

이와 관련하여 전술한 2003년 OECD 모델조세조약 제1조에 대한 주석 제9.1항 내지 제9.3항 이외에도 제9.4항이 시사하는 바가 크다. 2003년

---

130) Alexander Rust, op.cit., p.243.
131) 이의 예로서 국세청 발표 2003년 국제적 조세회피에 대한 과세사례들이 있다(조세피난처를 이용한 조세회피 실태와 규제대책, 2002.8.19, 국세청).
132) Arnold & Weeghel, op.cit, p.90.

OECD 모델조세조약 주석서는 다음과 같은 원칙을 피력한 바 있다.

조세조약의 남용에 해당하는 행위에 대해서는 조세조약상의 혜택을 부여할 필요가
없다.[133]

위 주석서에 의하면 조세조약의 남용에 해당하는 행위에 대해 조세조약
의 혜택을 부여하지 않는 것이 조세조약 체결목적에 부합한다. 당해 거래
의 주된 목적이 조세혜택을 받고자 하는 것이고 그러한 조세혜택을 부여
하는 것이 당해 규정의 취지와 목적에 위배되는 경우에는 거래의 법적 형
태에 불구하고 조세조약상 혜택을 부여하지 않을 수 있다. 이와 같이
OECD 모델조세조약 주석서는 조세조약의 목적론적 해석을 옹호하고 있
다. 이러한 입장이 기본적으로 비엔나협정과 조화를 이루는 것으로 이해할
수 있을 것인지에 대해서는 이론의 여지가 있지만 위 문구가 2003년 삽입
됨으로써 각국은 조세조약을 해석하는 데 있어 목적론적 접근방법에 더
의존할 수 있는 명분을 갖게 된 것은 분명하다.

이와 관련하여 앞으로 국내법원에서도 적지 않은 논쟁의 대상이 될 주
제는 과연 OECD 모델조세조약 주석서가 갖는 법적인 효력의 내용이다.
우선 OECD 모델조세조약은 개별 국가가 실제 체결한 조세조약에서 완전
히 동일한 문구를 사용한 경우라 하더라도 그것 자체가 개념상 해당 국가
간에 효력을 갖는 것은 아니다. 비엔나협약에 가입한 국가 간이라면 비엔
나협약상의 조약해석에 관한 조항에 따라 해석하여야 할 것이기 때문에
조세조약의 문구를 문맥에 맞게 문리적으로 해석하고 그런 방법에 의해서
도 합리적인 해석안을 찾을 수 없을 때에는 해당 조약을 적용하는 국가의
국내세법상의 정의 또는 해석례를 따라 해석하게 된다. 그런데 이 과정에
서 OECD 모델조세조약 주석서는 어떤 지위를 갖는가? 문맥을 맞는 문리
를 찾는 데 하나의 가이드라인이 될 수 있을 것이다. 따라서 도움이 되는

---

133) States do not have to grant the benefits of a double taxation convention where arrangements
that constitute an abuse of the provisions of the convention have been entered into.

것이지 강제할 수 있는 내용을 갖는 것은 아니다. 그러나 현실적으로 개별 조세조약을 체결할 때 OECD 모델조세조약과 동일한 문구를 활용하였으며 그러한 문구에 대한 주석이 어떻다는 것도 양 당사국이 모두 알고 있었으며 해당 주석문구에 대해 특별히 의견(observation)[134]을 달지 않은 경우 상대방국가가 OECD 모델조세조약 주석서의 내용을 주장할 수 있지 않을까? 그리고 그러한 상대방국가의 권리를 아는 개별납세자들이 그 내용대로 집행되어야 함을 주장할 수 있지 않을까? 이러한 논리가 성문화될 수는 없을지 몰라도 법원에서 받아들여질 가능성은 상당히 있다고 보아야 할 것이다. 이때 법원이 이를 인정하는 법논리로서 들 수 있는 것으로는 묵시적인 승인(principles of acquiescence) 또는 금반언(estoppel)의 원칙을 생각해 볼 수 있다.[135]

2) 국내세법상 원칙의 조세조약에의 적용

① 적용의 논거

일반적으로 조세조약은 상호주의 정신에 입각한 국가 간 주권의 일부 양허의 산물이기 때문에 국내세법에 우선하여 적용된다고 보아야 한다. 물론 특정 국가가 조세조약을 무효화하고 국내세법을 적용하는 경우도 적지 않지만 이는 상대방국가의 상응한 행동을 유발할 수 있으며 그것은 조세조약이 당초 목적한 바를 성취하는 데 도움이 되지 않는다. 따라서 동일한 사안이 국내세법상 요건을 충족함과 동시에 조세조약상 요건을 충족한다면 국내세법상 효과가 아니라 조세조약상 효과를 부여하여야 할 것이다.[136] 문제는 조세조약에는 확립되어 있지 않은 규정이나 원칙이 국내세

---

134) OECD 회원국은 OECD 모델조세조약 주석의 입장에 대해 유보적인 의견을 가지고 있는 경우에는 그 것을 OECD 모델조세조약상 각 조항에 대한 주석의 뒷부분에 소재하는 observation난에 기록할 수 있다.

135) Sjoerd Douma and Frank Engelen, The Legal Status of the OECD Commentaries, 2008.

136) V. Uckmar, op.cit., p.47. 특히 네덜란드의 경우에는 일반조세법(General Tax Act) 제31조에서 그러한 원칙을 분명히 하고 있다. A. Nooteboom, Tax Avoidance/Tax Evasion(National Report, Netherlands), 1983, pp.545 – 566.

법에는 있는 경우이다.

일반적으로 국내세법은 부과에 관한 규정을 두고 있지만 조세조약은 그 것을 제한하는 규정을 두고 있기 때문에 동일한 사안에 대해 조세조약상 규정이 없으면 국내세법의 규정을 따라가게 되어 있다. 그러나 구체적인 규정이 아닌 일반적인 법해석의 원칙에 있어서는 조세조약에 규정이 없다 하여 국내세법상의 해석원칙을 그대로 따라갈 경우 체약국 간 분쟁이 발생할 소지가 있다. 예를 들면, 거주지국은 법의 형식을 존중하는 해석원칙을 갖고 있는 반면 원천지국은 법의 실질을 주로 본다면, 거주지의 구분이나 소득의 귀속 또는 소득의 종류에 대한 판정에 있어 양국이 다른 결론을 내릴 수 있는 것이다. 원천지국의 입장에서는 자국의 세법해석상의 과세원칙을 비거주자의 국내원천소득에 대한 과세에 있어 적용할 수 있는 것이다. 형식상 상대방국가에서 전 세계 소득 납세의무가 있는 것으로 보이지만 실질적으로 그 나라에서의 조세부담은 없거나 거의 없는 경우 그 나라에 납세의무가 있는 거주자로 보지 않을 수도 있는 것이다. 경우에 따라서는 조세조약에 의하여 해소되지 않는 국제적 이중과세가 발생할 수 있는 것이다.

국내세법상 과세의 일반원칙이 조세조약의 해석에도 적용될 수 있으며 그러한 과정에서 조약과 국내법 간의 충돌의 소지는 없다고 보는 데 대해서는 대체로 합의가 이루어져 가는 것 같다.[137) 다만 현행 OECD 모델조세조약 주석서의 이러한 입장 표명에 대해 일부 회원국[138)은 유보 견해를 표명하였다. 해당 나라들은 국내세법상의 일반적인 조세회피방지규정이 조세조약의 해석에 있어 적용될 수 없다는 것이다. 그에 불구하고 차츰 국내세법상의 과세의 일반원칙이 조세조약의 해석에도 적용될 수 있다고 보는 추세이다.[139)

OECD 모델조세조약 제1조에 대한 주석 제9.1항, 제9.2항 및 제9.3항에

---

137) Stef van Weeghel, op.cit, p.166.
138) Ireland, Luxembourg, Portugal, the Netherlands 및 Switzerland.
139) 오윤, 조세조약의 적용에 관한 소고(역외투자회사의 경우), 조세학술논집, 2006.3.

의하면 각국이 채택하고 있는 논거는 대체로 다음 두 가지 중의 하나이다.

첫째, 원래 과세요건에 관한 사항을 국내세법에서 먼저 규율하고 조세조약은 국내세법이 정한 과세요건을 제약하는 성격을 가지고 있기 때문에, 조세회피방지규정이 과세요건을 규율하는 국내세법상 하나의 원칙으로 되어 있는 경우에는 그 원칙이 조세조약에 의하여 영향을 받지 않는다는 관점이다. 조세조약은 국내세법이 정한 과세요건을 제약하는 성격을 가지고 있으면서 두 법규가 하나의 납세의무를 만들어 내기 때문에 조세조약을 남용하는 것은 보다 기초가 되는 국내세법을 남용하는 것과 같은 의미가 있다는 것이다.

둘째, 비엔나협약 제31조의 규정에 따라 조세조약 체결의 목적에 따라 조세조약을 성실하게 해석하는 원칙에 입각한다면 체약국들이 의도하지 않은 혜택을 도모하는 남용행위에 대해서는 조세조약의 혜택을 부인하는 것이 타당하다는 관점이다.

위의 OECD 모델조세조약 주석서의 내용은 이전의 주석서의 내용과 많이 다른 것이다. 국내세법상 일반적인 조세회피방지규정이 조세조약에 적용될 수 있는지에 대해서는 1977년 OECD 모델조세조약 주석서에서 처음 언급되었다. 납세자는 국가 간 조세제도의 차이를 이용할 가능성이 있으며 그에 대응하기 위해 국가들은 국내세법이나 조세조약을 개정할 필요가 있음을 지적하고 있었다.[140] 그러면서 국내세법상의 규정들을 조세조약에 적용하고자 희망할 것이라고 하였다. 한편 1987년의 OECD의 재정위원회(Center for Fiscal Affairs, CFA)가 발간한 보고서 "국제적인 조세회피와 탈세에 관한 보고서(1987 OECD Report on International Tax Avoidance and Evasion)"는 조세회피를 방지하기 위한 장치가 조세조약 자체에 없을 때에는 해당 거래에 대해 조세조약상 혜택을 주는 것이 부적절하더라도 pacta sunt servanda의 원칙에 의하여 조세조약상의 혜택이 주어져야 한다고 하고 있다. 다시 1992년 OECD 모델조세조약 주석서는 "조세조약과 기

---

140) 1977년 OECD 모델조세조약 제1조에 대한 주석 제7항.

지회사의 이용(Double Tax Convention and the Use of Base Companies)" 및 "조세조약과 도관회사의 이용(Double Tax Convention and the Use of Conduit Companies)"의 두 보고서에 기초하여 국내세법상 실질과세원칙과 피지배외국법인세제가 조세조약의 정신에 부합한다고 하고 있다.[141] 그러나 조세조약 적용을 위해 조세조약상 분명한 규정이 있어야 하는가에 대해서는 대부분의 OECD 회원국은 조세조약이 조세조약에 국내세법상의 원칙을 적용할 근거를 규정하지 않고 있다고 보고 있으며, 국내세법상의 원칙은 그러한 의미에서 조세조약에 적용될 수 없다고 보고 있다고 언급하고 있다.[142] 그리고 1998년의 "유해조세경쟁에 관한 OECD 보고서(Report on Harmful Tax Competition)"는 국내세법상의 조세회피방지규정의 적용 가능성에 대해 주석서가 명확히 할 필요가 있다고 언급하고 있다. 그러던 것이 2003년 주석서에서는 OECD 모델조세조약 제1조에 대한 주석 제22항 및 제22.1항에서 실질과세원칙 또는 일반적 조세회피방지규정은 조세조약의 규정과 충돌하지 않는다고 하게 된 것이다.

위와 같은 혼란스런 입장을 정리하면서 국내세법상 원칙이 적용될 수 있다고 한 현행 OECD 모델조세조약 주석서에 대해서는 다음과 같은 비판이 있다. 실질과세원칙 등의 적용의 결과는 한편으로는 단순한 사실관계의 확정일 수도 있지만, 법률판단의 전제가 되는 사실의 확정에는 대개 상당한 정도 법률해석적 요소가 개입되기 마련인데, 2003년 주석서가 이러한 점에 관하여 전혀 언급하지 아니하고 실질과세원칙 등의 적용과 관련하여서는 단순히 사실관계 확정단계가 문제될 뿐이라고 한 것은 지나치게 한쪽에 치우친 입장이라는 것이다.[143] 그러한 반론에도 불구하고 현재 OECD 모델조세조약은 주석서에 반영된 각국의 입장은 분명한 것 같다.

---

141) 1992년 OECD 모델조세조약 제1조에 대한 주석 제25항.
142) 1977년 OECD 모델조세조약 제1조에 대한 주석 제23항 및 제26항.
143) Brian J. Arnold & Stef van Weeghel, op.cit., pp.91-92 및 윤지현, 전게논문.

② 권리남용금지법리의 조세조약에의 적용

대부분의 국가에서 세법은 납세자가 스스로 거래구조를 선택할 수 있는 자유를 존중한다. 이러한 자유에 대한 한계로서 주로 대륙법계 국가에서 권리남용금지이론을 적용하고 있다. 권리남용금지의 법리에 의하면 특정한 거래를 형성하는 유일하거나 지배적인 동기가 조세를 회피하고자 하는 것인 경우에 납세자는 자기에게 부여된 거래구조 설정의 자유를 남용한 것으로 보아 과세당국은 그 거래를 재구성할 수 있다. 사법에 있어 권리남용금지이론에 의하면 타인의 권리가 보호받아야 할 대상이 된다. 조세법관계에 있어서는 국가의 이익이 보호받아야 할 지위에 있게 된다.

권리남용금지 원칙은 대륙법계국가인 독일, 프랑스, 네덜란드, 아르헨티나 및 포르투갈의 세제에 반영되어 있다.[144] 독일에서는 권리남용금지의 법리가 법형성 가능성의 남용금지라는 이름으로[145] 조세기본법 제42조의 규정에 성문화되어 있다. 법형식이 인위적인지의 평가는 사업(business)상 통상적으로 행하는 행위과정으로부터 납세자가 일탈하였는지를 기준으로 한다. 조세회피의 의도가 소기의 경제적인 결과를 달성하는 목적으로 선택된 법형식을 이상하게 만드는 것을 요건으로 하는 것이다. 프랑스도 동일한 내용의 권리남용금지의 법리가 적용된다. 네덜란드에서는 독일 또는 프랑스에서와는 대조적으로 성문법상 명시되지 않은 'fraus legis(fraud on the law, 법에 관한 사기)'의 개념, 즉 조세회피 목적이 입법에 의하여 납세의무를 부과하려고 의도했던 경제적으로 상응하는 사실상태와 결합하였다고 법원이 판단하는 때에 비과세거래를 과세거래로 재구성하게 된다.[146] 비록 성문화되어 있지는 않지만 네덜란드의 이론은 그 내용에 있어 독일의 조세기본법 제42조와 거의 같다고 볼 수 있다.[147] 네덜란드에서 권리남용금지에 관한 fraus legis 개념[148]은 조세회피방지규정뿐 아니라 세법적용

144) V. Uckmar, op.cit., p.26.
145) 안경봉, 조세회피에 관한 연구, 서울대학교 법학박사학위논문, 1993, p.29.
146) 本庄 資, 『國際的 脫稅租稅回避防止策』, 大藏財務協會, 2004, pp.117-118.
147) Victor Thuronyi, Rules in OECD Countries to Prevent Avoidance of Corporate Income Tax, 2003, p.8.

의 원칙으로서도 역할을 하여 왔다. fraus legis의 적용요건은 다음과 같다. (a) 납세자가 과세될 수 없는 거래를 설정하였지만 그것은 과세할 수 있는 거래와 유사할 것, (b) 조세회피가 납세자의 주된 목적일 것 그리고 (c) 과세할 수 없는 사실관계가 과세사건으로 취급되지 않으면 세법의 목적과 의도가 훼손될 것의 세 가지 요건을 충족하여야 한다. 한편 네덜란드 재무부는 fraus legis가 조세조약에도 적용될 수 있다는 입장을 표명한 바 있다. 이러한 정부의 방침을 비판하는 목소리도 있다.[149] 동 견해에 의하더라도 조세조약상 '목적'을 강하게 주장하는 방법, 즉 목적론적 해석방법이 있다 한다. 재무부의 입장은 전술한 OECD의 "국내조세회피방지규정의 의미"에서 다시 확인된 바 있다. 여기서는 납세자를 고려하여 상대방국가와 상의하는 것이 바람직하다고 부기하고 있다.[150] 네덜란드에서 fraus legis는 판례법상 도입된 법리인데 그것이 조세조약의 해석에도 적용될 수 있다는 몇 개의 판례가 있다. 조세조약을 적용함에 있어서는 국내세법상의 fraus legis와는 다른 독자적인 방법으로 조세조약의 목적론적 해석 차원에서 동 법리를 적용하기도 한다.[151] 또한 네덜란드와 네덜란드 안틸레스 간에 적용되는 네덜란드왕국 내 조세합의(Tax Arrangements for the Kingdom)의 적용에 있어 그러한 원칙을 확인한 바 있다. 국내법상의 권리남용금지의 법리나 비엔나협약이 '남용'의 개념에 대해 분명한 정의를 내리지는 않고 있다. 따라서 일방국이 조세조약의 적용을 배제하려는 사안에 있어서는 상대방국가와 상의하는 것이 바람직하다. 조세조약의 적용배제는 당사자에게는 치유하기 곤란할 상처를 줄 수 있기 때문이다.

---

148) Stef van Weeghel, op.cit., p.102.
149) Hans Pijl, "Netherlands", Tax Treaties and Domestic Law, IBFD, 2006, pp.311-314.
150) 그 대강은 다음과 같다. 네덜란드는 체약국은 남용사안에 있어 조약의 규정에 얽매이지 않는다고 본다. 이는 조약법상 권리남용의 개념에 기초한다. 비엔나협약 제26조의 규정은 납세자 역시 성실하게 행동하도록 요청하고 있다. 조세조약의 제목과 서문은 조세회피를 방지하고자 하는 체약국들의 의도를 명시적으로 나타내고 있다. 어떠한 경우이든지 네덜란드는 조세조약이 명백한 조세회피 룰의 적용을 제한하는 것으로 보지 않는다.
151) Klaus Vogel and Rainer G. Prokisch,, Interpretation of Double Tax Conventions(General Report), Cahiers, International Fiscal Association, 1993. footnote 50.

③ 법인격부인의 법리의 조세조약에의 적용

국제법원칙의 하나로서 권리남용이론과 모순된 행동의 금지(prohibition of contradictory behavior)로 이해되는 'contra venire factum proprium'은 조세조약의 해석에 적용될 수도 있다.[152] 권리남용이론이 좀 더 세분화되어 국내세법상 법인격부인의 법리* 및 단계거래의 원칙으로 발전할 수도 있으며 그것이 조세조약에서도 적용될 수 있다. 이러한 국제법원칙은 OECD 모델조세조약 주석서와는 무관한 것이기 때문에 2003 OECD 모델조세조약 주석서의 국내세법상 조세회피방지규정의 적용에 관한 사항에 대해 반대하는 국가와의 관계에서도 주장할 수는 있다. 법인격부인의 법리의 연원을 보면 보통법(common law)국가인 영국에서 형평법(equity)의 하나로서 발달하여 다른 보통법국가에 확산되었다. 대륙법계 국가에서는 성문법적인 요건을 매우 중시하고 법관의 재량을 좁게 인정하기 때문에 법인격부인의 법리가 발달하기 어려운 구조로 되어 있기 때문이다. 그러나 이 법리가 대륙법계 국가인 독일, 프랑스, 네덜란드, 벨기에, 룩셈부르크 및 덴마크에서도 조세조약을 적용하는 데 활용되기도 한다.[153] 비교적 엄격해석을 중시하는 일본에서도 조세조약을 석용힘에 있어 실질귀속에 관한 소득세법 제12조의 규정을 적용하여 법인격부인의 법리를 적용한 것과 같은 효과를 거둔 사례가 있다. 우리나라에서는 조세피난처에 소재하는 가공회사(paper company)에 대해 통상 실질과세원칙이라는 이름으로 법인격이 부인되는 것과 같은 효과를 거둔 사례가 다수 있다.

---

152) Rene Matteotti, Interpretation of Tax Treaties and Domestic General Anti-Avoidance Rules-A Skeptical Look at the 2003 Update to the OECD Commentary, International Tax Review, INTERTAX, vol.33, Issue 8/9, Kluwer Law International 2005. pp.344-345.

153) Concordorcet Pereira de Rezende, "The Disregard of a legal entity for tax purposes(General Report)", Cahiers, International Fiscal Association, 1989, pp.39-40.

다음 5개의 판례에서 법원이 채택한 논리를 비교해 보자. 아래의 판례는 비록 하급심의 결정이기는 하지만 우리 세법에서 서로 상반되는 입장이 공존하고 있음을 단적으로 보여주고 있다. 실질과세원칙 중 법적 실질의 관념에 입각한 것은 서울행정법원 제2부 2007구합4988(2007.10.31.) 및 서울행정법원 2006구합30683(2007.4.6.)이며, 경제적 실질의 관념에 입각한 것은 서울행정법원 제4부 2007구합5332(2007.9.28.)이다. 한편, 목적론적 해석에 입각한 것('설립'의 개념)은 서울고등법원2007누12691(2007.12.4.)이며, 법인격부인의 법리에 의한 것은 서울행정법원 2007구합5349(2007.11.6.)이다.

■ 서울행정법원 제2부 2007구합4988(2007.10.31.) - 취득세

– 사실관계 및 과세내역

법원이 공개한 판결문안에 따르면 원고는 *** BV로서 네덜란드법인이다. 피고는 서울특별시 종로구청장이다. 기타 거래구조는 아래에서 소개하는 서울행정법원 제4부 2007구합5332(2007.9.28.)와 거의 동일하다.

– 쟁점 및 법원의 판단

본 사건에 대한 법원의 판단은 다음과 같다.

'실질'은 경제적인 관점에서 이해관계가 있는 당사자를 모두 납세의무자로 보겠다는 의미가 아니라 법률적인 틀 안에서 형식적인 명의자가 있더라도 그 귀속을 형식에 구애받지 않고 실질에 맞게 파악하겠다는 의미로 보는 것(이른바 '법적 실질')이 타당하다. 이 사건에서 A나 B가 주식을 취득함으로써 그로 인한 경제적인 효과는 원고에게 그대로 미치게 되는 것이지만, 원고와 A 및 B의 '내심의 의사'는 그 자체가 쟁점 주식들을 원고가 아닌 A와 B가 소유하는 것으로 하려는 것임을 알 수 있다. 만약 경제적인 관점에서 세법을 적용하는 것을 '실질과세원칙'이라고 한다면 특수관계자의 범위에 관하여 세부적이고 구체적인 규정을 두고 있는 지방세법시행령 제6조 제1항[154]과 같은 규정은 사실상 필요가 없게 되는 것과 다르지 않다.

　본 사건은 거의 동일한 거래구조와 과세내역을 갖고 있는 사건에서 동일한 법원이 완전히 다른 입장에서 판단을 내리고 있음을 알 수 있게 한다. 본 사건에서 법원은 실질의 의미를 이른바 '법적 실질'에 입각하여 판단하고 있다. 본 항과 앞의 항의 판결들은 국세기본법상 실질과세원칙을 적용할 때 '실질'의 의미에 관해 '경제적 실질설'과 '법적 실질설'의 대립을 극명하게 보여주고 있다. 이 모두 국세기본법 제14조상의 '실질' 내지 '사실'의 의미를 어떻게 해석하는가에 대해 의견이 갈릴 수 있음을 보여주고 있다. 사실관계에서 무엇을 경제적 실질 내지 법적 실질로 볼 것인가에 앞서 해결되어야 할 문제가 아직 풀리지 않고 있는 것이다. 우리 국세기본법은 실질과세원칙을 규정하면서 귀속에 있어서의 실질과 내용에 있어서의 실질을 규정하고 있다. 본서는 '실질'이 각각의 경우에 동일한 의미를 가지고 있는 것인지, '실질'의 문리적 의미만 규명하려 할 것이 아니라 그 개념 자체를 목적론적으로 해석할 수 없는 것인지 탐구한다. 이는 국내세법상 납세의무의 귀속을 결정하는 데 가장 중요한 핵심 쟁점이 된다. 그리고 조세조약을 적용하기 위한 논리적 선결조건이기 때문에 조세조약의 남용을 방지하는 데 국내세법해석론이 어느 정도 역할을 할 수 있는가를 결정한다.

---

154) 과점주주에 대한 간주취득세는 취득세의 회피를 방지하기 위한 규정인데 그것을 특수관계자를 이용하여 우회하는 것을 막기 위하여 지방세법 제22조 제2호에서 과점주주 여부를 판단하는데 특수관계자의 지분도 합산하도록 하고 있다는 관점에 입각한 것이다. 즉 조세회피의 방지를 위해서는 구체적인 조항이 있어야 하는데 ― 특수관계자의 구체적인 범주까지 ― 실질과세원칙을 경제적 실질과세원칙으로 이해한다면 그러한 구체적인 조세회피방지규정까지 두었겠는가 하는 논리이다. 그러나 이 논리는 개별적인 조세회피방지규정은 일반적인 조세회피방지규정 ― 우리의 경우 실질과세원칙을 경제적 실질과세원칙으로 규정하면 상당한 정도로 그러한 기능을 수행할 수 있다 ― 과 더불어 존재하는 것이다. 개별적인 조세회피방지규정이 있다고 하여 개별적인 조세회피방지규정이 커버하지 못하여 일반적인 조세회피방지규정이 적용되어야 할 대상에 대해 일반적인 조세회피방지규정이 적용될 수 없다는 논리로 이어질 수는 없는 것이다.

■ 서울행정법원 2006구합30683(2007.4.6.) - 등록세

- 사실관계

1996년 1월 9일 '주식회사 씨엔제이트레이딩'이라는 상호로, 자본금 5,000만 원, 본점 서울 서초구 방배동 1009-1, 목적사업 원단, 텐트부품 및 플라스틱류의 제조 및 판매업으로 하여 설립 등기를 마친 후, 1996년 1월 11일 관할세무서장에게 사업자등록을 마쳤다. 1996년 5월 29일 본점을 서울 서초구 양재동 103으로 이전하는 내용의 변경등기를 마치고, 1996년 7월 15일 폐업, 그 무렵부터 일반적인 사업실적이 없는 상태로 남아 있었다. 2001년 4월 10일 본점을 서울 중구 예관동 70-27로 이전, 2001년 6월 1일 본점을 서울 영등포구 여의도동 17-3으로 이전하는 내용의 각 변경등기를 마친 후, 2001년 6월 7일 목적사업에 부동산개발업을 추가하면서 자본금을 2억 원으로 증자하는 내용의 증자등기를 마쳤다.

2001년 6월 15일 벨지움법인 스타홀딩스는 '주식회사 씨엔제이트레이딩'의 기존 주주로부터 보유 지분 전부를 매입, 같은 날 상호를 '주식회사 스타타워'로 변경함. 또한 기존 이사와 감사가 전부 사임하고, 새로운 이사와 감사가 취임하였다. 2001년 6월 20일 본점을 서울 종로구 서린동 33으로 이전하는 내용의 변경등기를 마친 다음, 2001년 6월 21일 목적사업 중 부동산개발업을 삭제하고, 부동산 개발, 임대 및 관리업을 추가하는 내용의 등기를 하고, 같은 날 자본금을 5,368,750,000원으로 증자하였다. 현대산업개발로부터 서울 강남구 역삼동 737 소재 토지 및 그 지상에 신축 중인 건물을 매수한 다음, 위 토지에 관하여 서울중앙지방법원 강남등기소 2001년 6월 21일 접수 제56772호로 소유권이전등기를 마쳤다. 2001년 8월 16일 건물이 완공되자 그에 관한 소유권보존등기를 마쳤다. 증자등기 당시 일반세율을 적용한 등록세와 지방교육세 등을 신고·납부하였고, 이 사건 토지에 대한 이전등기(취득과표: 187,500,000,000) 당시 일반세율을 적용한 등록세와 지방교육세 등을 신고·납부, 건물에 대한 보존등기(취득

과표: 408,113,000,000) 당시에도 일반세율을 적용한 등록세와 지방교육세 등을 신고·납부하였다.

- 과세처분 및 관련 규정

서울시장은 회사의 설립일은 1996년 1월 9일이 아닌 2001년 6월 15일이 되므로 설립으로부터 5년 이내의 증자와 부동산등기에 대해 3배 중과세되어야 하므로 252억을 부과하였다. 이유로서는 2001년 6월 15일을 기준으로 인원구성, 자본, 법인명, 목적 등의 실체가 전면적으로 변경되었고, 그 변경의 실질은 해외투기자본인 벨지움법인 스타홀딩스가 조세를 회피할 목적으로 회사를 설립하는 대신 휴면법인인 상태로 남아 있는 회사의 주식을 양도받는 거래형식을 취한 것에 불과한 것이며, 기존 법인과 변경 후의 법인 사이에는 법인격의 실질이 달라진 것이어서 동일성이 인정될 수 없고, 실질과세의 원칙이나 지방세법의 입법 취지 및 다른 규정[155]에 비추어 그 변경 시에 새로운 법인이 설립되었거나 본점을 사실상 새로이 설치한 것으로 보아야 한다는 것이었다.

당시 지방세법상 대도시 인에서외 법인의 설립(설립 후 5년 이내에 자본 또는 출자액을 증가하는 경우를 포함)과 그에 따른 부동산등기와 그 설립·설치·전입 이후 5년 이내에 부동산등기를 하는 경우 당해 등록세율의 100분의 300으로 중과하도록 되어 있었다.[156]

○ 대도시 내에서 설립한 지 5년이 경과된 휴면법인을 제3자가 승계한 후 동 법인이 부동산을 취득등기하는 경우 등록세 중과대상이 되지 아니함(세정 - 3783, 2005.11.16).

○ 대도시 내에서 설립한 지 5년이 경과된 휴면법인을 제3자가 승계한 후 동 법인도시 내에 설립한 법인이 경영악화에 따라 해산한 후 청산법인

---

155) 구지방세법 제150조의2 제2항, 구지방세법 시행령 제104조의2 제2항 제1호 (가)목, 구지방세법 시행규칙 제55조의2.
156) 구지방세법(2001. 12. 29. 법률 제6549호로 개정되기 전의 것) 제138조 제1항 제1호, 제3호, 구지방세법 시행령(2001. 6. 30. 대통령령 제17267호로 개정되기 전의 것) 제102조 제2항.

이라 하더라도 소멸되지 아니하고 휴면법인인 상태에서 5년이 경과하여 취득하는 부동산의 경우 등록세의 중과세대상이 되지 아니함(세정 - 2485, 2005.09.05).

– 쟁점

- 구지방세법 제138조 제1항 제1호, 제3호에 정한 법인의 '설립'에 '설립등기'와 결합되지 않는 '실질적인 설립행위'가 포함되는가?
- 폐업하여 휴면회사의 상태에 있던 법인을 인수하여 인적·물적 조직을 완전히 변경한 후 대규모로 자본을 증가하고 부동산을 취득한 경우, 실질적으로는 법인의 설립이 이루어졌다고 볼 수 있는가?
- 실질적인 설립행위의 해석이 조세법률주의에 부합되는가?

– 법원의 판단

서울행정법원(1심)은 "설립등기를 마친 후 폐업을 하여 사업실적이 없는 상태에 있는 법인의 주식 전부를 제3자가 매수한 다음, 법인의 임원, 자본, 상호, 목적사업을 변경한 경우가 구지방세법 제138조 제1항 제1호, 제3호에서 규정하고 있는 법인의 설립 또는 본점의 설치에 해당한다고 볼 수 없다."고 판결하였다. 판결의 주요 취지를 발췌하면 아래와 같다.

○ 주식회사의 설립은 기본적으로 설립행위와 설립등기를 필요로 하고, 주식회사는 그 설립등기를 마침으로써 성립하며 회사로서의 법인격을 취득[157]함. 법인이 영업활동을 하지 아니하였다고 하더라도 이러한 경우에 관하여 법률에서 아무런 규정을 하고 있지 않으므로 당해 법인의 법인격 자체가 소멸하지 않는 한 당해 법인의 설립일은 당초 설립등기일이고
○ 폐업한 법인이 다시 영업을 재개하여 활동하는 경우에도 그 활동하는 시기에 새로이 법인이 설립되었다거나 본점을 사실상 새로이 설치하

---

157) 상법 제172조, 제171조 제1항.

였다고 볼 수는 없으며 세법이라 하여 이를 달리 볼 것은 아니므로, 법인이 설립등기를 마친 후 폐업상태에 있었다 하더라도 당초 설립등기일을 기준으로 등록세의 중과세 여부를 판단하여야 함이 지방세법 제138조 제1항의 올바른 해석임.

○ 주식회사는 주식의 양도·양수가 자유로이 허용되고, 주주총회 등을 통하여 회사의 정관, 목적사업, 자본금 등의 변경이 가능하며, 임원이나 본점은 임기만료나 필요에 따라 상시적으로 변경되는 것이므로, 이러한 인적, 물적 변경이 법률의 규정에 따라 이루어진 이상 이로 인하여 회사의 동일성이 상실된다고 볼 수는 없고

○ 세법상 법인의 동일성이 상실되는 정도로 법인의 실질이 변경되는 경우를 상정할 수 있다 하더라도, 어느 정도의 변경이 있어야 이 경우에 해당하는지에 관한 아무런 규정이 없고, 실제로 법인의 동일성이 상실되는 기준을 설정하기도 쉽지 않으며, 그 실질의 변경이 여러 차례에 걸쳐 이루어진 경우 어느 시기에 동일성이 상실되었다고 볼 것인지도 문제됨. 이는 조세법률주의 원칙의 내용인 과세요건법정주의와 과세요건명확주의에 어긋남.

○ 등록세 중과를 회피하기 위하여 대도시에서 법인을 새로이 설립하는 대신 폐업 중인 법인을 인수한 후 이를 이용하는 경우 이는 기업윤리에 어긋나고 조세정의에도 반하는 것으로서 이러한 행위에 대하여 규율할 필요성이 있다고 생각할 수도 있으나

○ 조세법률주의 원칙상 당사자의 거래행위를 그 형식에도 불구하고 행위의 실질에 따라 조세회피행위라고 하여 그 행위의 효력을 부인하기 위해서는 법률에 개별적이고 구체적인 부인규정이 마련되어 있어야 하는 것이므로(대법원 1999.11.9. 선고98두14082판결 등 참조), 위와 같은 행위에 대하여 과세를 하기 위해서는 이에 관한 개별적이고 구체적인 법률규정을 두어야 할 것

■ 서울고등법원2007누12691(2007.12.4.) - 등록세

- 사실관계 및 쟁점

위 서울행정법원 2006구합30683(2007.4.6.)과 동일함.

- 법원의 판단

서울고등법원(제2심)은 "휴면회사이던 법인이 인수되고, 인적·물적 조직이 완전 변경된 후 증자와 부동산 취득등기가 이루어진 것은 법인 설립 후 증자 및 부동산 취득등기에 따른 등록세 등의 중과를 피하기 위한 목적으로, 위와 같은 법인의 인수와 그 이후의 완전한 인적·물적 조직변경을 실질적인 설립행위로 파악하는 것은 법 제138조 제1항의 문리 해석상 가능한 것으로 보이고, 그와 같은 해석이 조세법률주의에 위반되지 않는다."고 하여 1심판결을 취소하였다. 판결의 주요 취지를 발췌하면 아래와 같다.

○ 사전적인 의미에서 '설립'은 단체나 조직을 만든다는 의미를 가지는데, 법 제138조 제1항 제1호는 '법인의 설립……에 따른 등기'에 대하여, 같은 항 제3호는 '설립……에 따른 부동산등기와 그 설립…… 이후의 부동산등기'에 대하여 등록세 등을 중과한다고 규정하고 있는바, 위 조문의 규정 형식에 비추어 보면 '설립'이 '설립등기에 의한 설립'만을 지칭한다기보다는 법인의 실질적인 설립행위 자체, 즉 사전적인 의미의 설립행위를 가리키는 것으로 해석

○ 법인이 대도시 내에서 하는 증자나 부동산등기에 대하여 상대적으로 높은 세율의 등록세를 부과함으로써 인구와 경제력의 대도시 집중을 억제함으로써 대도시 주민의 생활환경을 보존·개선하고 지역 간의 균형발전 내지는 지역경제를 활성화하려는 복지국가적 정책목표에 이바지하는 입법 취지를 고려해 볼 때, 폐업되고 휴면회사의 상태에 있던 법인을 인수하여 전혀 다른 내용의 법인으로 변경함으로써 실질적으로는 법인의 설립이 이루어진 것과 같이 볼 수 있고, 그 직후 대규

모 증자가 이루어지고 부동산도 취득하였다면, 비록 설립등기와 결합되지 아니하였지만, 위와 같은 경우도 실질적인 법인 설립으로 평가하여 법 소정의 '설립'에 포함된다고 보는 것이 위 입법 취지에 부합하는 것임은 명백함.

○ 세법의 규율대상인 경제현상이 다양하고 끊임없이 변화함에 비추어 입법기술상 어느 정도 다의적인 개념의 사용과 그에 대한 해석행위는 과세에 있어서 불가피한 것이고, 앞에서 본 바와 같이 법 제138조에서는 회사의 '설립'을 기준으로 등록세 등의 중과 여부를 정하도록 하고 있으나, 그 규정 형식이나 특히 '설립에 따른 부동산등기'와 관련한 해석, 법 제138조의 입법 취지 등을 고려하면 위 '설립'에는 설립등기 없이 '실질적인 설립행위'만이 있는 경우도 포함된다고 해석함이 상당하고, 위와 같은 해석이 조세법률주의에 위반되는 확장해석 내지 유추해석이라고는 보이지 아니함.

○ 일련의 법인 인수와 조직변경은 오로지 법인 설립 후 이 사건 부동산 취득에 따르는 중과세를 면할 목적에 기한 것으로 보이고(법인 설립등기 후 부동산 취득행위로 나아간다면 무거운 등록세가 부과됨을 잘 알고 있었음) 다른 의도를 찾아볼 수 없는 점, 비록 법인 설립등기는 없었지만 원고 법인은 법인격이 계속 유지된 것을 제외하면 동일성을 찾을 수 없을 정도로 변경되었고, 그에 따라 새로운 법인이 설립된 것과 실질적으로는 아무런 차이를 찾을 수 없는 점, 법 제138조의 입법 취지에 비추어 원고 법인의 위와 같은 인수행위 및 조직변경에 관하여도 등록세 등을 중과하는 것이 합당한 점 등을 고려하면, 2001년 6월 15일 원고 법인의 실질적인 설립행위가 있었다고 평가함이 상당함.

■ 서울행정법원 제4부 2007구합5332(2007.9.28.) - 취득세

- 사실관계

법원이 공개한 판결문에 따르면 원고는 ***Fund 1 GmbH&Co. KG이며

피고는 서울특별시 중구청장인 사건이다. 원고는 독일법인으로서 역시 각 독일법인인 A법인과 B법인의 설립일인 2003년 8월 13일부터 그 발행주식 각 100%를 보유하고 있다. A법인과 B법인은 사업실적이 없으며 종업원도 없는 paper company이다. A법인과 B법인은 2003년 9월 30일 미국법인인 C 및 D로부터 각 **시티타워(주)의 발행주식 50%를 매수하였다. **시티타워는 2002년경부터 이 사건 부동산을 보유하고 있었다.

－과세내역

서울시는 ***Fund 1 GmbH&Co.KG가 **시티타워(주)의 과점주주로서 2003년 9월 30일 부동산을 간주취득한 것으로 보고 취득세를 부과하였다. 지방세법에서는 법인의 주식을 취득함으로써 과점주주가 된 때에는 그 과점주주는 당해 법인의 부동산을 취득한 것으로 보는 규정이 있다(지방세법 제105조 제6항). 이때 과점주주라 함은 비상장법인의 주주 1인과 특수관계에 있는 자의 소유주식의 합계액이 당해 법인 발행주식의 100분의 51 이상인 자를 의미한다(지방세법 제22조 제2호).

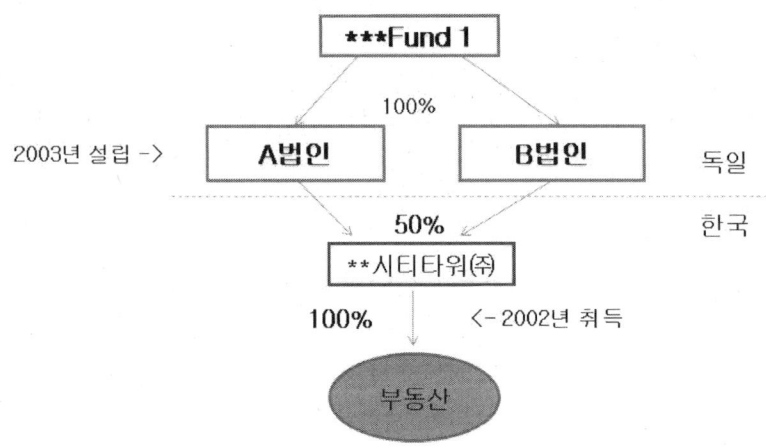

－쟁점 및 법원의 판단

원고는 법원에서 **시티타워(주)의 주주는 A법인과 B법인이며 ***

Fund 1 GmbH&Co.KG가 아니기 때문에 **시티타워(주)에는 과점주주가 없으므로 취득세의 부과는 부당하다는 주장을 하였다. 특히 자신의 주장을 뒷받침하기 위한 논거로서 1999년 6월 8일 행정자치부가 발한 질의회신(세정13407-686)을 들고 있다. 납세자는 해당 질의회신이 없었다면 본 사건에서와 같은 거래구조를 설계하고 주식을 취득하지 않았을 것이라고 하였다. 동 질의회신의 내용은 다음과 같다.

> 내국법인 A의 주식을 미국법인 B와 내국법인 C가 각각 50%씩 보유하다가 미국법인 D가 C로부터 A의 주식 50%를 취득하였는데 B와 D는 미국법인 E가 100% 출자한 법인인 경우, B, E, D는 지방세법상 특수관계에 해당하지 않아 D는 C로부터 주식을 취득하더라도 과점주주로서 취득세 납세의무가 없다.

이에 대한 법원의 판단은 다음과 같다. 실질귀속원칙에 따를 경우 원고가 납세의무자인 점은 부인할 수 없다. 조세회피수단으로 하거나 조세부과를 면할 목적으로 설립된 명목상의 회사에 대해 납세의무의 귀속을 인정할 수 없다는 것이다. 실질을 판단하는 데에는 경제적 효과를 고려하여야 한다는 점도 강조하였다. 한편 납세자가 신의성실원칙에 위배된 점도 지적되었다. 법원은 국세기본법상 실질과세원칙이 지방세법에 대해서도 적용되는데 이때 실질귀속을 판단하는 데 이른바 '경제적 실질'에 입각하여 판단하여야 한다고 본 것이다. 그리고 조세회피를 목적으로 할 경우에는 그러한 경제적 실질에 따라 과세할 당위성이 더욱 크다고 보고 있는 것이다.

참고로 2007년 행정부가 국회에 제출한 지방세법개정안에서는 과점주주에 관한 규정이 조세회피에 이용되고 있다는 문제를 시정하기 위해 과점주주를 50%를 기준으로 판단하도록 하는 안을 담고 있다.[158]

---

158) 출자자의 제2차 납세의무자에 해당되는 과점주주의 범위가 국세의 규정과 불일치하는 문제와 최근 외국법인들이 과점주주 비율을 악용하여 취득세를 회피하는 문제가 발생하고 있기 때문에 과점주주를 법인의 발행주식총수 또는 출자총액의 100분의 51 이상인 자에서 100분의 50을 초과하는 자로 확대 조정하였다(지방세법개정안 제22조 제2호).

■ 서울행정법원 2007구합5349(2007.11.6.) - 취득세

- 사실관계

싱가포르투자청(GSIC)이 설립한 '리코시아Ltd.'는 2004년 12월 10일 싱가포르 회사법에 따라 100% 출자한 '리코강남 Ltd.'와 '리코KBD Ltd.' 자회사를 설립하였다. 2004년 12월 28일 '리코강남 Ltd.'와 '리코KBD Ltd.'는 벨지움법인 스타홀딩스로부터 주식회사 스타타워의 주식을 각각 50.01%와 49.99%를 취득. 주식양수대금 중 62.7%는 '리코시아Ltd.'로부터, 나머지 자금은 '리코시아Ltd.'의 지급보증으로 싱가포르개발은행(DBS)으로부터 차입하였다. 주식 취득 당시 주식양수도계약서에는 자회사들을 대표하여 자회사들의 임원이 아닌 '리코시아Ltd.' 소속의 임원이 서명하였다.

구 분	리코강남 Ltd.[159]	리코KBD Ltd.
국적/주소지	싱가포르	좌동
설립일자	2004.12.10.	좌동
주식양도총액	1693.50억	1,693.49억
임 원	A, B, C, D, E	좌동
직원, 매출액, 재무제표, 외부적 영업실적, 연락처, 홈페이지	없음	없음

※ A, B는 '리코시아Ltd.'의 감사, C는 이사 등 임원임.

- 과세처분 및 관련 규정

서울시장은 실질과세원칙[160]에 따라 주식회사 스타타워의 과점주주가 된 '리코시아Ltd.'는 주식회사 스타타워가 보유한 부동산 등을 취득한 것으로 보아 2004년 12월 28일자의 장부가액을 과세표준으로 하여 취득세(농특세포함) 169억 원을 부과하였다. 자회사로서 페이퍼컴퍼니에 불과한 두 자회사는 과점주주 취득세회피를 위하여 법인의 형태를 빌리고 있는

---

159) 회사명은 판결문에 기호로 처리되었으나, 동아일보 2007년 2월 7일자에서 참조하였음.

160) 지방세법 제82조에서는 지방세의 부과와 징수에 관하여 이 법 및 다른 법령에서 규정한 것을 제외하고는 국세기본법과 국세징수법을 준용하도록 함. 이에 국세기본법 제14조의 실질과세규정이 준용됨.

것에 지나지 아니하고, 실제로 그 배후에 있는 '리코시아Ltd.'가 주식회사 스타타워의 주식을 취득한 것과 같다고 보아야 한다고 하였다.

당시 지방세법상 법인의 주식 또는 지분을 취득함으로써 과점주주[161]가 된 때에는 그 과점주주는 당해 법인의 부동산, 차량, 기계장비 · 입목 · 항공기 · 선박 · 광업권 · 어업권 · 골프회원권 · 콘도미니엄회원권 또는 종합체육시설이용회원권을 취득한 것으로 의제하고 있었다.[162] 그리고 과점주주 취득세 과세표준은 부동산 · 차량 · 기계장비 · 입목 · 항공기 · 선박 · 광업권 · 어업권 · 골프회원권 · 콘도미니엄회원권 또는 종합체육시설이용회원권의 총가액을 그 법인의 주식 또는 출자의 총수로써 나눈 가액에 과점주주가 취득한 주식 또는 출자의 수를 곱한 금액으로 하였다.[163] 비상장법인 병의 주주들인 갑법인과 을법인 사이에 100분의 50 이상의 출자관계가 없다면, 갑법인과 을법인 사이에는 특수관계[164]가 있지 아니한 것으로 되어 있었다.[165]

– 쟁점

- 법인격부인을 통하여 '리코시아Ltd.'를 주식회사 스타타워의 주주로 볼 수 있는지?

- '리코시아Ltd.'를 과점주주로 볼 수 있는지?

---

161) 과점주주(주주 또는 유한책임사원 1인과 그와 대통령령이 정하는 친족 기타 특수관계에 있는 자들의 소유주식의 합계 또는 출자액의 합계가 당해 법인의 발행주식총수 또는 출자총액의 100분의 51 이상인 자들을 말한다. 이하 같다) 중 다음 각 목의 1에 해당하는 자(지방세법 제22조)
　　가. 당해 법인의 발행주식총수 또는 출자총액의 100분의 51 이상의 주식 또는 출자지분에 관한 권리를 실질적으로 행사하는 자
　　나. 명예회장 · 회장 · 사장 · 부사장 · 전무 · 상무 · 이사 기타 그 명칭에 불구하고 법인의 경영을 사실상 지배하는 자
　　다. 가목 및 나목에서 규정하는 자의 배우자(사실상 혼인관계에 있는 자를 포함한다) 및 그와 생계를 같이 하는 직계존비속
162) 지방세법 제105조 제6항.
163) 지방세법 제111조 제4항.
164) ① 법 제22조 제2호에서 "대통령령이 정하는 친족 기타 특수관계에 있는 자"라 함은 다음 각 호의 1에 해당하는 자를 말한다. 다만 주주 또는 유한책임사원이 출가녀인 경우에는 제9호 내지 제13호의 경우를 제외하고 그 남편과의 관계에 의한다(개정 1981.12.31, 1986.12.31, 1999.12.31).
　　12. 주주 또는 유한책임사원이 법인인 경우에는 그 법인의 소유주식수등이 발행주식총수등의 100분의 50 이상인 법인(정부가 주주인 경우에는 정부를 제외한다)과 소유주식수등이 해당 법인의 발행주식총수등의 100분의 50 이상인 법인(정부가 주주인 경우에는 정부를 제외한다) 또는 개인.
165) 세정 – 4270호 2004.11.24.

– 법원의 판단

서울행정법원은 자회사의 법인격부인을 통해서 '리코시아Ltd.'가 실질적인 주식회사 스타타워의 주주이며, 출자지분에 대한 권리를 실질적으로 행사하는 자로 보아 과점주주의 취득세 부과대상임을 판결하였다. 판결의 주요 취지를 발췌하면 아래와 같다.

○ 회사의 법인격이 남용되어 심히 정의와 형평에 반하여 허용될 수 없는 예외적인 경우[166]에 해당되면 사법 영역에서와 마찬가지로 조세법의 영역에서도 법인격부인론이 적용될 수 있음.

○ 자회사가 독자적인 의사 또는 존재를 상실하고 모회사가 자신의 일부로서 자회사를 운용한다 할 수 있을 정도로 완전한 지배력을 행사하고 있을 것, 구체적으로 모회사와 자회사 간의 재산과 업무 및 대외적인 기업 거래활동이 명확히 구분되어 있지 않고 양자가 서로 혼용되어 있다는 객관적인 징표가 있을 것, 자회사의 법인격이 모회사에 대한 법률 적용을 회피하기 위한 수단으로 사용되거나 채무면탈이라는 위법한 목적달성을 위하여 회사제도를 남용하는 등의 주관적 의사 또는 목적이 인정되어야 할 것.[167]

○ 자회사들은 연락처, 홈페이지, 직원, 매출액, 재무제표, 외부적인 영업실적 등이 전혀 없어 인적·물적 요소가 없고 소재지가 모회사인 '리코시아Ltd.'와 동일.

○ 자회사의 임원들이 서로 동일하고 그중 모회사의 임원인 점, 주식 취득에 관하여 이사회나 주주총회 등의 개최되었음을 인정할 자료가 없는 점, 이 사건 주식 취득 당시 양도양수계약서에서 자회사의 임원이 서명한 것이 아니라 모회사의 임원이 서명을 하는 등 기업거래활동이 명확히 구분되어 있지 않은 점.

---

166) 대법원 2001.1.19 선고97다21604판결 참조.
167) 대법원 2006.8.25. 선고2004다26119판결 참조.

○ 주식 취득자금 3,387억 원 모두 모회사로부터 직접 차용한 것이거나 지급보증하에 은행으로부터 차용한 것이어서 자회사들의 규모 및 운용형태에 비추어 실질적으로 모회사가 재정상의 책임을 부담하고 있다는 점.

○ 이러한 경우 자회사들은 외형상 회사의 형식을 빌려 주식 취득 역시 명목에 불과하므로 실질에 있어 모회사인 원고가 자신에 대한 취득세를 회피할 수단으로 법인격을 남용한 것으로 볼 수 있어 실질과세원칙에 비추어 주식 취득의 법률적 효과는 '리코시아Ltd.'에 미침.

○ 자회사들은 주식회사 스타타워의 발행주식총수의 51% 이상 취득한 것도 아니고 지방세법상 특수관계자도 아니어서 과점주주가 되지 않지만, 법인격부인과 실질과세원칙에 의해 '리코시아Ltd.'가 100% 주식을 취득한 것으로 볼 수 있으므로 과점주주가 되었다고 볼 수 있음.

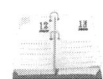 사례 │ Aiken Industries 사건

(Aiken Industries, Inc. v. Commissioner, 56 TC 925(1971))

■ 사실관계

1964년 미국과 조세조약이 체결되어 있지 않은 바하마에 소재하는 법인(ECL)이 미국법인(MPI)으로부터 받을 채권과 그에 대한 이자를 미국과 조세조약168)에서 이자소득에 대한 원천지국과세를 면제하고 있는 온두라스에 자회사(Industrias)를 설립하여 이전하였다. 만약 미국법인으로부터 직접 이자를 지급받으면 미국의 내국세입법에 따라 이자소득에 대해 30%의 세율

---

168) 당시 미국의 재무부규칙에 의하면 미국에서의 원천징수를 면하기 위해서는 미국의 비거주자인 온두라스 공화국 거주자는 조세조약 제9조에 따라 이자소득이 면제됨을 원천징수의무자에게 문서로 알려야 하였다. 해당 문서에는 이자소득의 수취인이 온두라스 거주자이며 미국의 거주자가 아니라는 사실과 함께 미국 내 고정사업장이 없음을 기록하고 서명하여야 한다. 본 사건에서 관련인은 이러한 절차를 모두 밟았다.

로 원천징수되어야 했다.

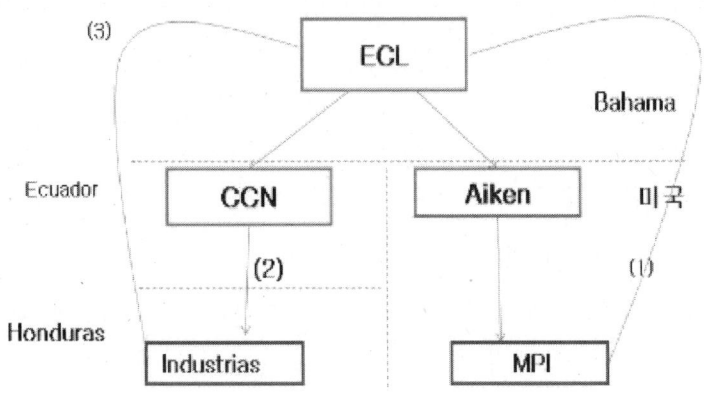

(1) 1963년 MPI가 ECL에 약속어음(MPI약속어음) 발행.
(2) 1964년 CCN이 Industrias 설립.
(3) 1964년 Industrias가 ECL에 MPI약속어음을 받는 대신 자신의 약속어음을 발행.

■ 쟁점

　미국국세청은 이 사안에 대해 조세조약이 아닌 미국 내국세입법에 따라 원천징수되었어야 한다고 보고 과세하였다.[169] 이에 대해 미국의 조세법원은 온두라스법인은 미국법인으로부터 이자소득을 받아 바하마법인에 전달해 주는 역할을 하는 도관(conduit)에 불과하므로 미국법인이 지급하는 소득에 대해서는 미국과 온두라스와의 조세조약을 적용할 수 없다고 판단하였다.[170] 사건이 발생한 1964년 당시 미국·온두라스의 조세조약은 다음과 같은 표현을 두고 있었다.

　　거주자에 의하여 수령된 …… 이자는 …… 과세에서 면제된다(Interest, …… received by a resident……shall be exempt from tax……).

─────────────

169) Aiken Industries, Inc. v. Commissioner, 56 TC 925(1971).
170) Anthony C. Infanti, "United States", Tax Treaties and Domestic Law, IBFD, 2006, pp.380－384.

미국국세청은 온두라스에 소재하는 법인은 조세목적상 무시(disregarded) 되어야 한다고 하면서, 미국과 조세조약을 체결하고 있지 않은 바하마에 있는 다른 실체가 '이자의 진정한 소유자이면서 수령자(true owner and recipient of the interest)'라고 주장하였다. 조세법원은 현행 OECD 모델조 세조약 제3조 제2항이 규정하는 바와 거의 같은 논리171)를 근거로 '수령' 의 의미에 대해 조세조약이 정의를 내리지 않고 있기 때문에 국내세법상 의미로 해석하여야 한다고 하면서 수령한 돈을 완전히 지배하고 통제 (complete dominion and control)하지 않는 한 수령한 것으로 볼 수 없다 는 판단을 하였다. 여기에서 온두라스 소재 법인은 수령한 돈을 전액 다시 제3자에게 지급하여야만 했다는 정황을 강조하였다. 즉 '자기 것으로 수령 하고 다른 제3자에게 전달할 의무가 없는 경우(received as its own and not with the obligation to transmit it to another)'172)에만 진정으로 수령 한 것으로 볼 수 있다는 것이었다.

본 사건에서 법원의 논리를 분석하는 데 있어서는 국내세법상 의미로 해석한 것으로 보거나, 국내세법상 실질우위원칙이 적용되었던 것으로 보 기도 하고 다른 한편으로는 조세조약상 문구의 목적론적 해석으로 보기도 한다. 이 중 첫 번째의 논리에 의하면 '수령'은 국내세법상의 의미대로 해 석할 수 있다고 하면서 '자기 것으로 수령하고 다른 제3자에게 전달할 의 무가 없는 경우의 수령'으로 한정하여 보아야 한다는 것이었다. 이 논리는 비록 OECD 모델조세조약 제3조 제2항의 규정을 논거로 제시하기는 하였 지만 국내세법상 개념정의가 어떠한 것이 있었는지를 제시하지는 못하고 있다. 두 번째의 논리는 국내세법상 소득의 귀속에 관한 실질우위원칙을 적용한다면 당해 지급금, 즉 소득의 귀속자는 바하마법인(ECL)이라는 것 이다. 이는 현행 OECD 모델조세조약 주석서상 인정되는 방식이지만 1971

---

171) "·········those terms 'not otherwise defined' by the convention the meaning which would normally attach to such terms under our laws 'unless the context otherwise requires.'"
172) 거의 같은 사안에 있어 영국 법원의 판단과 비교하면 서로 다른 원리에 입각한 논리지만 동일하게 조세조약의 적용을 배제하는 결론을 내리고 있음을 알 수 있다.

년 당시에는 거론되지 못하였다. 세 번째의 논리는 조세조약의 목적론적 해석으로서 용인되는 것인지 아니면 '수령'의 개념을 과도하게 축소해석한 것으로서 용인되기 곤란한 것인지 하는 의문이 들게 하는 것이다.

제2항 행정적 수단

정부가 가지고 있는 실체법적인 권한을 제대로 행사함으로써 조세법의 실효성을 높이기 위한 행정적인 수단으로서는 국가 간 정보교환, 원천징수, 자금출처조사 및 자금세탁방지제도 등이 있다. 국제적인 협력 및 정보기술의 발달은 이러한 행정적인 수단의 실효성을 보강하고 있다.

앞에서 다룬 법적인 수단들은 조세회피에 대응하기 위하여 강구되는 것들이다. 이러한 수단들은 실체적인 권리의무관계의 성립에 관한 사항을 규율하는 것들이 주를 이루고 있다. 즉 객관적인 사실들이 존재할 때 그것을 어떻게 인식하여야 할 것인가에 관해 규정하고 있다. 이와 같은 규정이 적용되기 위해서는 현실적으로 객관적인 사실이 충분하게 입수할 수 있게 하는 장치들이 마련되어 있어야 한다. 그와 같이 수집한 정보에 입각하여 납세의무를 확정시킬 수 있게 된다. 과세당국으로서는 납세자의 신고에만 의존할 수는 없는 것이며 스스로 정보를 수집할 수 있어야 하는 것이다. 이를 위해서 국내적으로는 과세자료의제출및관리에관한법률과 같은 장치들이 도입되어 있지만 국제적으로도 유사한 제도가 구비되어야 할 필요성이 있다. 이는 국제적인 협력을 통해서 가능한 것이다. 이러한 방식의 국제협력은 비단 조세회피에 대응하기 위함만은 아니다. 탈세를 규제하기 위해서도 필요한 것이다. 그리고 국제적인 협력의 필요성은 확정된 납세의무의 집행을 위해서도 필요하다. 조세징수상 국가 간 협력할 수 있는 것이다. 조세징수를 위해서는 국가 간 협력 이외에 국내법적으로는 소득의 지급자의 협력을 통해 원천징수하는 방법을 많이 사용하고 있다. 국제자본에 대한 과세상 행정적으로 특히 주목을 받는 것은 정보교환, 원천징수 및 자금출처조사이다.

1. 정보교환173)

거주지주의를 채택하고 있는 국기는 자국 거주자의 국외원천소득을 파악하기 위해 외국정부의 도움을 받아 국외정보를 수집할 필요가 있다. 거주지주의를 채택하고 있는 국가들이 공통적으로 골치를 앓고 있는 점은 자국의 거주자가 국외의 조세피난처로 나가 경제활동을 하고 있는데 그것을 통한 소득에 대해서는 정보가 단절되어 제대로 과세할 수 없게 된다는 점이다. 자국민의 소득을 국내 송금받을 때에나 과세하는 제도를 가지고 있지 않은 바에는 늘 자국민이 어디서 무슨 소득을 얻고 있는지 외국정부의 도움을 받아 확인하여야 하는 지위에 처하게 된다. 물론 납세자가 성실하게 자진신고납부하면 좋을 일이지만 그렇다 하더라도 과세당국으로서는 독자적인 심사체계를 갖추어야 할 것이다. 조세피난처는 비단 세금부담이 없거나 낮을 뿐 아니라 금융정보보호제도를 철저히 준수하면서 상대방국가의 과세목적의 정보요청에도 금융정보보호라는 이유로 거절하기도 하므로 자본주들이 국외로 많이 진출하는 선진국으로서는 조세피난처로 하여금 정보협조에 적극 나서도록 할 필요가 있게 되는 것이다. 이에 OECD는 정보교환에 비협조적인 국가들의 명단을 만들어 국제적인 압력을 행사하여 온 지 7년여 흐르고 있다. 현재도 비협조적인 5개 국가들이 있다. 이러한 나라들이 국제적인 탈세자금의 온상지가 되는 것은 불을 보듯 명확하다.

원천지주의를 채택하고 있는 국가라 하더라도 조세조약을 제대로 적용하기 위해서는 비거주자가 어느 나라의 거주자인지 확인하여야 하며 그에 필요한 정보는 상대방국가의 협조를 받아 수집하여야 한다. 이를 위해 납세자가 상대방국가로부터 거주자증명을 받아 오도록 하든가 직접 상대방

---

173) OECD, Improving Access to Bank Information for Tax Purposes(2007 Progress Report).

정부에 정보를 요청하기도 한다.

정보교환에 관해서는 조세조약에 관련 조항을 두게 된다. 조세조약을 체결하지 않은 국가 간에도 정보교환만을 목적으로 조약을 체결하기도 한다. 위 5개 국가들은 그러한 정보교환협정도 체결하지 않는 국가들이다. 정보교환의 범주에 관해서는 조세조약의 개별적인 조항 또는 그 조항을 구체화하는 당국 간의 합의에 의하여 설정하게 된다. 일방국의 과세목적으로 상대방국가의 행정력을 활용하는 것이므로 실질적으로 일방국이 과중한 행정부담을 지지 않도록 하는 것이 필요하며 경우에 따라서는 비용을 청구하기도 한다. 정보교환은 개별적인 사건에 필요하여 그때그때 요청하는 경우도 있고 아예 일정한 유형의 정보는 정기적으로 자동교환하는 경우도 있다. 이자나 배당과 같이 계속 반복하여 원천징수되는 소득은 소득의 수령자의 국적에 따라 원천징수의 내역을 해당국에 보내는 정기적 정보교환이 일반화되어 가고 있다.

2. 원천징수

원천징수는 정부가 조세채권을 확보하기 위한 한 방안으로서 소득을 지급하는 자에게 소득의 일정 부분을 징수하여 과세관청에 납부할 의무를 부담시키는 제도이다. 이때 원천징수의무자는 스스로 사실관계를 확정하고 세법을 적용하여야 하며 그의 잘못에 대해서는 해당 세금을 부담하여야 할 뿐 아니라 가산세까지 부담하게 된다. 자기의 세금도 아닌데 부담하여야 할 위험을 피하기 위해서 원천징수의무자는 세법을 신중하게 적용하여 되도록 원천징수하는 방향으로 판단하게 된다.

원천징수의무자가 과소하게 원천징수한 경우 과세당국은 원천징수의무자에게 고지할 수도 있고 원래의 납세의무자에게 고지할 수도 있다.[174] 원래의 납세의무자가 비거주자인 경우에는 그에게 고지하여 징수하는 것은 현

---

174) 완납적인 분리과세규정이 적용되는 경우에는 납세의무자에게 고지할 수 없도록 되어 있기는 하다.

실적으로 어려우므로 원천징수의무자에게 고지하게 되며 원천징수의무자는 원래의 납세의무자에게 구상권을 행사하게 된다. 그런데 실무에 있어서 많은 금융거래의 계약에는 원래의 납세의무자의 납세의무에 불구하고 원천징수의무자가 고지받은 세액을 구상하지 못하도록 되어 있다. 원천징수의무자는 그러한 위험을 감안하여 계약을 체결하여야 하지만 20%를 전후한 원천징수세율을 고려하여 제대로 된 판단을 하고 계약을 체결하기는 어려운 일이 아닐 수 없다. 이에 적지 않은 국가에서 다음과 같은 방식으로 원천징수의무자의 위험부담을 줄여 주고 있다. 가장 쉬운 방법으로 원천징수의무자는 무조건 가장 높은 세율로 원천징수하도록 하고 원래의 납세의무자가 자신이 낮은 세율을 적용받을 수 있음을 추후에 입증하여 세금을 환급받도록 하는 방법을 사용할 수 있다. 또는 원천징수의무자가 미리 과세당국에 원천징수를 어떻게 할지 묻고 그것에 대해 과세당국이 확정적인 답을 주게 하는 방법이 있다. 이는 원천징수의무자의 위험부담을 획기적으로 줄일 수 있는 방법에 해당한다. 이러한 방식의 제도로서 우리나라에 도입되어 있는 것은 라부안과 같은 조세피난처의 투자자에게 조세조약을 적용할지에 대해 과세당국에 묻는 제도가 있다. 유사한 것으로서 조세조약상 비과세 면제조항을 적용할 때 과세당국에 신고하는 제도가 있는데 이것은 단순한 신고에 불과하며 아무런 법적 효력이 없게 되어 있다.

원천징수의무자가 과다하게 원천징수하여 납부한 경우 원천징수의무자는 과세당국으로부터 세금을 환급받을 수 있다. 원천징수의무자는 자신의 과실이 명백한 경우 아니면 원래의 납세의무자에게 과다하게 원천징수하여 발생한 손실에 대한 책임을 지지 않는다. 결국 환급의 청구 — 경정청구 — 는 원래의 납세의무자가 관심을 가지고 받고자 하게 되는데 우리나라에서 원천징수의무자의 경정청구는 모든 원천징수에 대해 허용되어 있지는 않다. 이자나 배당에 대해서는 소득의 수령자가 거주자이든 비거주자이든 경정청구가 허용되어 있지 않다. 대신 비거주자의 양도소득에 대해서는 허용되어 있는데 이는 양도소득에 대한 원천징수는 양수자가 하게 되어 있는데 양도자와 양수자 간의 관계는 일과성의 것으로서 양수자가 양도자의 신분에 대해 잘 알 수 없는 상황인 경우가 많아 제대로 된 원천징수를 하기 곤란하다는 점을 인정한 것이기 때문인 것으로 보인다.

3. 자금출처조사

자국 거주자의 국외원천소득이 발생하는 대로 과세하는 제도를 수립하고 있는 국가에서도 현실적으로 과세하는 시점은 대개의 경우 국내로 송금하는 때가 되기 쉽다. 국외에서 발생하고 있는지에 대한 판단도 어렵거니와 많은 국가 — 여기서는 원천지국가 — 가 국외에 송금할 때 원천징수의 방법으로 과세하게 되므로 소득을 수령하는 거주자의 국가 — 즉 거주지국가 — 는 원천징수되는 시점, 즉 송금받는 시점에 과세하게 된다. 이때 송금을 받는 자의 거주지국가는 그 자금의 원천이 무엇인지를 조사하게 된다. 당해 송금된 자금이 소득인지뿐 아니라 그 소득을 창출하는 자산의 자금출처까지 조사하게 되는 것이다. 이러한 과정을 통해 국제거래를 통한 탈세 여부가 걸러질 수 있게 된다. 이는 자금세탁방지제도과 함께 과세기반의 일실을 방지하는 역할을 하고 있지만 조세피난처에 자본이 머물면서 펀드화하고 그 자금이 다시 국내의 투자자금이 되며 당해 투자자금이 투입된 회사가 껍데기에 불과하고 실은 그에 들어온 자금이 원래 전주의 주머니로 흘러 들어갈 때에는 달리 규제할 방법을 찾기 곤란하다. 그러한 자금이 특정한 재산의 취득자금으로 활용될 경우에나 자금출처조사에 나서게 되는데 그 역시 법인의 명의를 빌려 사게 되면 더욱 꼬리를 잡기 어렵게 된다.

4. 자금세탁방지제도[175]

국제적인 탈세 및 조세회피에 대한 대응수단의 하나로 자금세탁방지제도를 들 수 있다. 자금세탁방지제도란 국내·국제적으로 이루어지는 불법자금의 세탁을 적발·예방하기 위한 법적·제도적 장치로서 사법제도, 금융제도, 국제협력을 연계하는 종합 관리시스템이다. 자금세탁(Money Laundering)의 개념은 일반적으로 '자금의 위법한 출처를 숨겨 적법한 것처럼 위장하는 과정'을 의미한다. 우리나라의 경우 '불법재산의 취득·처분사실을 가장하거나 그 재산을 은닉하는 행위 및 외국환거래 등을 이용한 탈세목적으로 재산의 취득·처분 사실을 가장하거나 그 재산을 은닉하는 행위'로 규정하고 있다.[176]

오늘날과 같이 자금의 국제적인 이동에 대한 제약이 없는 시대에서는 일국의 일방적인 노력만으로는 효과적으로 자금세탁을 방지할 수 없다. 이러한 이유로 자금세탁방지를 위한 국제적인 협력의 필요성이 대두되면서 1989년 파리에서 열린 G7 정상회의 이후 자금세탁방지 금융대책기구(FATF[177])가 설립되었다. 이 기구는 자금세탁방지를 위한 국제협력 및 각국의 관련 제도 이행상황 평가 등을 목적으로 한다. 현재 미국, 호주, 일본 등 OECD 회원국(30개국) 중 25개국과 홍콩, 싱가포르, 아르헨티나, 브라질 등 총 31개 국가가 가입해 있다. 기관회원으로는 EC 및 걸프협력위원회(Gulf Cooperation Council)의 2개의 국제기구가 있다. OECD 회원국 중 미가입국은 한국, 폴란드, 체코, 헝가리, 슬로바키아이다. FATF는 자금세탁방지에 필요한 법적·금융적 조치사항 및 국제협력방안 등을 담은 40개 권고사항과 테러자금 방지에 관한 9개 특별 권고사항을 제정하고 그 이행을 촉구하고 있다. 동 권고사항의 이행을 위하여 각 회원국의 자금세탁방지제도에 대한 회원국 간 상호평가를 실시하고, 자금세탁방지에 비협조적인 국

---

175) 재정경제부 금융정보분석원 자료 참조.
176) 특정금융거래보고법 제2조 제4호 및 범죄수익규제법 제3조.
177) Financial Action Task Force on Money Laundering.

가의 명단을 발표하고 있다. 한편 자금세탁범죄의 특성상 국제협력의 중요성이 더욱 부각되어 각국은 FIU 간 협력기구인 에그몽그룹(Egmont Group)을 결성하여 정보교류 MOU 체결 등 국가 간 협력체제를 구축하고 있다.

자금세탁방지를 위한 외국의 제도 도입사례를 보면 각 금융기관은 자금세탁의 의심이 있는 거래를 인지하여 금융정보분석기구(Financial Intelligence Unit, FIU) 등에 거래정보를 제공하는 역할을 하고 있으며 이를 위해 고객신분 확인, 금융거래의 기록 보존 등 자금세탁방지를 위한 내부통제제도를 구축토록 하고 있다. 금융기관으로부터 보고되는 혐의거래정보를 심사·분석하는 금융정보분석기구를 설치하고 있다. 대부분의 국가에서 혐의거래보고(Suspicious Transaction Report)를 받고 있으며, 미국, 호주에서는 이것과 일정 금액 이상의 금융거래를 보고하는 고액현금거래보고(Currency Transaction Report)제도를 병행하여 운영하고 있다.

우리나라의 자금세탁방지기구인 금융정보분석원은 특정금융거래정보의보고및이용에관한법률에 따라 2001년 11월에 설립되었다. 동법은 특정 범죄의 자금세탁과 관련된 혐의거래 또는 외환거래를 이용한 탈세목적의 혐의거래로서 원화 2천만 원, 외화 1만 달러 이상인 경우 금융기관 등이 금융정보분석원장에게 의무적으로 보고토록 하는 혐의거래보고제도를 채택하고 있으며, 금융정보분석원으로 하여금 상호주의의 원칙 아래 혐의거래정보에 대한 해외교류도 허용하고 있다. 범죄수익은닉의규제및처벌등에관한법률은 조직범죄, 거액경제범죄, 부패범죄 등 36종의 특정 범죄로부터 얻은 범죄수익의 은닉·가장행위(자금세탁행위)를 5년 이하 징역 또는 3천만 원 이하 벌금으로 처벌할 수 있도록 하고, 범죄수익 또는 범죄수익에서 유래한 재산 등은 몰수·추징이 가능하도록 규정하고 있다. 금융기관은 특정금융거래정보의보고및이용등에관한법률에 의해 원화 2천만 원 또는 외환 1만 달러 상당 이상의 거래로서 금융재산이 불법재산이거나 금융거래 상대방이 자금세탁행위를 하고 있거나 분할거래를 하고 있다고 의심되는 합당한 근거가 있는 경우는 그 사실을 금융정보분석원에 의무적으로 보고해야 하며, 거래액이 의무보고대상금액 미만인 경우에도 보고할 수 있도록 되어 있다. 금융기관 등 보고기관이 금융정보분석원에 혐의거래를 보고하면 금융정보분석원은 보고된 혐의거래 내용과 외환전산망, 신용정보, 외국 FIU의 정보 등 자체적으로 수집한 관련 자료를 종합·분석한 후 불법거래 또는 자금세탁 행위와 관련된 거래라고 인정되는 때에는 금융거래자료를 검찰청·경찰청·국세청·관세청·금융감독위원회·선거관리위원회 등 법집행기관에 제공한다. 우리나라는 2001년에 OECD 30개 국가 중 29번째로 FIU를 설치하였으며, 2002년도에는 에그몽그룹에 가입하고, 영국·일본·호주 등 총 22개국 FIU와 자금세탁방지에 대한 MOU를 체결하였다. 우리나라는 아직 FATF에는 가입하지 않고 있다.

[탐구] 5-1

제2절 사안별 대응방법

사안별 대응방법이란 개별 사안마다 미리 만들어 놓은 입법론적인 고안을 말한다. 해석론도 자주 거론되지만 그것은 예측가능성과 일관성을 고루 가진 것으로 볼 수는 없을 것이다. 입법론적인 대응은 국내세법뿐 아니라 조세조약에도 가능한 것인데 개별 사안의 유형에 따라 고안된 것이기 때문에 항상 사후적으로 만들어지고 그것이 만들어진 후에는 다 피해 가기 때문에 적용할 일이 없어지게 되는 속성을 지니고 있다.

제1항 국내세법 간 차이 이용에 대한 대책

1. 일반론

국가 간 국내세법의 차이를 이용하여 조세를 절약하는 것은 어찌 보면 국제거래를 하는 자의 특권일 수도 있겠다. 납세자가 거래와 관련된 국가의 세법을 모두 준수하면서 조세를 절약할 수 있는 방법이 있다면 자연스럽게 그러한 거래구조를 선택하게 될 것이다. 각국은 자국의 세법을 관할권 내에서만 집행할 수 있을 뿐이며 관할권을 벗어나면 다른 나라의 법의 영역으로 들어가든 전혀 규율을 받지 않든 관여할 바가 아니다. 국내세법 간 차이를 이용하는 것 — 예를 들면, 두 나라에서 이자비용을 공제받은 경우 — 에 대해 일국의 세법이 타국에서 공제받은 이자비용은 공제해 주지 않는다는 식의 규정을 도입할 수 없는 것은 아니다. 그러나 실제 그러한 제도를 도입한 사례를 발견하기 곤란하다.

2. 출국세(exit tax)

어떤 나라에서 거주자로 과세되는 것을 회피하기 위해 거주지를 이전할 수도 있겠다. 법인의 거주지를 이전하는 경우는 회사법 또는 세법상 불가능한 것은 아니지만 과세상 자주 문제되지 않는다. 새로운 법인을 만들면 되기 때문이다. 거주지의 이전은 주로 개인에 관해 문제된다. 현재 거주하고 있는 국가의 높은 세부담을 견디지 못하여 거주지를 이전하는 것은 명백하게 자유이다. 그러나 이러한 현상이 일국의 재정을 위협하는 정도에 이른다면 해당국으로서는 팔짱만 끼고 있을 수 없는 형편이 된다. 비교적 세율이 높고 자국민의 대외진출이 많은 구미 각국은 이러한 문제에 대응하여 다음과 같은 제도를 두고 있다. 대부분 거주지주의를 택한 나라들이다.

<각국의 출국세제도>

유형	내용
• 거주지의 국외이전 시 exit tax 를 부과하는 나라	거주지를 국외이전할 때 보유하는 모든 자산의 가치증분에 대해 과세하는 제도(general exit tax)를 가진 나라로서는 캐나다 (1972년 이후), 호주(1985년 이후)가 있다. 일부의 자산에 대해서만 가치증분에 과세하는 제도(limited exit tax)를 가진 나라들도 있다. 주로 일정 비율 이상의 지분이 대상이 된다. 독일과 미국[178]은 1972년부터 시행 중이다. 이 외에 호주, 네덜란드, 덴마크, 뉴질랜드[179] 및 프랑스도 비슷한 제도를 가지고 있다.
• 거주자지위를 유지하다가 상실할 때 일정 기간 과세권을 유지하는 국가	이는 사실상 거주자개념을 연장하는 것과 동일한 효과를 가져온다(국적인으로서 거주자였던 자에 대해서만 적용하는 나라도 있다). 스웨덴, 핀란드, 노르웨이, 아일랜드, 스페인, 이태리
• 거주자지위를 유지하다가 상실할 때 일정 소득에 대해서만 일정 기간 과세권을 유지하는 국가	주로 원래 거주지국가 원천소득에 대해서만 과세권을 유지한다. 미국[180], 독일, 호주, 캐나다, 스웨덴, 노르웨이, 영국 및 뉴질랜드
• 거주자일 당시 부여한 조세특례를 환수하는 국가	핀란드, 독일, 프랑스, 스웨덴, 덴마크, 호주, 네덜란드, 벨기에 및 영국
• 거주지개념을 엄격하게 적용하는 국가	일시적 비거주자와 같이 국외 이주하였다가 다시 돌아오는 경우에는 부재기간에도 거주자로 보는 방법이다. 스칸디나비아 3국(핀란드 3년, 노르웨이 4년, 스웨덴 5년)

위에서 자국의 과세권을 보호하기 위한 조치를 취하고 있는 사례들을 보았지만 우리를 포함한 적지 않은 국가들이 거주지 이전을 과세사실로 보지 않고 있다. 예로서 브라질, 헝가리, 이스라엘, 인디아, 인도네시아, 일본, 멕시코, 스위스 등의 국가가 그러하다. 또한 영국, 스페인, 일본, 싱가포르와 같이 일정 요건하에 거주자의 개념을 완화하는 경우도 적지 않다. 우리의 경우 국외자산양도소득에 대해 과세할 때 1년이 아닌 5년의 기준이 사용되는 것과 비교된다. 재미있는 점은 영국은 거주자 신분을 이탈하는 자에 대해서는 과세권을 연장하면서도 비거주자가 거주자가 되는 경우에는 통상의 거주자와 달리 과세권을 완화하는 일견 이율배반적인 제도를 시행하고 있다.

---

178) passive foreign investment company 주식: 미국국적을 포기할 때 또는 그 이후 10년 동안 미국 내 자산을 해외로 반출하는 경우.
179) foreign investment fund의 경우에 한정되어 과세된다.
180) 조세회피 목적으로 미국국적 또는 거주자신분을 포기할 때 과세권을 유지한다.

거주지 이전에 관한 대응하는 나라들은 대부분 거주지주의에 입각하여 과세권을 설정하고 있다. 엄밀하게 얘기하면 어느 원칙에 입각하여 과세제도를 정립하는가와 이 문제는 직접적인 관련이 없다고 보아야 한다. 네덜란드, 독일 및 프랑스는 원천지주의를 가미하고 있다. 또한 출국세의 경우 미실현이득에 대해 과세하는 방법으로 타국으로의 이주를 규제하고 있는 것이다.

국제화 시대에 과세권을 지키고자 하는 과세당국과 이를 회피하고자 하는 납세자 간 끊임없는 숨바꼭질이 계속되고 있다. 제도적으로 본다면 어느 하나의 원칙에 입각하여 그것을 일관되게 적용하는 경우보다는 자국의 이익에 부합하게 제도를 설계하는 현실을 발견할 수 있게 된다. 특히 영국, 프랑스, 네덜란드 및 벨기에 등이 그러한 사례라 할 것이다. 이는 우리와 같이 대외지향적인 경제구조를 가지고 있는 국가에 좋은 교훈을 주는 부분이다.

 **사례 | 재일교포 사례(대법원96누2927, 1997.11.14.)**

■ 사실관계

소외인들은 모두 본적이 제주 북제주군 한경면 ○○리이고, 1986년 7월 국내에서 관광호텔경영업 등을 목적으로 한 외국인투자법인인 원고 회사를 설립하기 위하여 재무부에 외국인투자인가신청을 함에 있어 자신들을 위 본적지에 주소를 둔 내국인투자가로, 재일교포인 소외 이성○와 이장○를 외국인투자가로 신청하여 외국인투자인가를 받았고, 원고 회사를 설립한 후에 이○옥은 그 대표이사로, 양○선은 감사로 각 취임하여 활동하고 있다. 소외인들은 부부로서 국내에서 거주하기 위하여 1990년 2월 8일 제주시 ○○3동 소재 ○○아파트 103동 701호를 분양받았고, 어림잡아 1992년도에는 이○옥이 165일, 양○선이 147일을, 1993년도에는 이○옥이

248일, 양○선이 214일을, 1994년도에는 이○옥이 307일, 양○선이 180일을 각 국내에 거주하였다. 소외인들은 모두 일본국의 외국인등록법에 따라 등록된 한국국적의 일본국 특별영주자들이고, 일본국 내에 본점을 둔 ○○흥업주식회사의 대표이사 및 이사에 취임하여 활동하고 있으며, 일본국 내에서 자녀와 함께 국민건강보험피보험자증을 발급받아 소지하고 있고, 일본국 내에 토지와 건물 등의 재산을 소유하고 있으며, 1992년부터 1994년까지 일본국 내에서 소득세를 납부하였다.

■ 쟁점

국내 소득세법상 거주자를 판단함에 있어 1992년은 1993년과 합산하여 1년을 초과하므로 1992년도 거주자로 볼 수 있는 것인지?

제2항 조세조약 남용에 대한 대책

조세조약의 남용에 대해서는 조세조약을 체결한 각국이 그가 가진 해석 및 적용권한을 이용하거나 아니면 추후 개정하는 방법을 이용하여 대응해 오고 있다. 그와 함께 국내세법의 개정과 해석 및 적용을 통해서도 대응하고 있다.

1. 해석론

OECD 모델조세조약 제1조에 대한 주석은 조약의 남용에 대해 언급하면서 어떤 거래를 추구하는 주된 목적이 조세상 이익을 추구하는 것인데 그러한 상황에서 이익을 부여하는 것이 관련 조세조약 조항의 목적에 배치될 때에는 조세조약상의 혜택을 부여하지 말아야 한다는 것이 기본적인 원칙이라고 한다.[181]

조세조약 남용의 개념은 본질적으로 조세조약의 적용에 대한 논쟁의 소지를 내포하고 있다. 과세당국은 먼저 기존의 조약의 해석론에 의하여 대응하고 이를 보완하기 위하여 추후 조세조약이나 국내세법을 개정하는 순서를 따라가게 된다. 이미 조세조약이나 국내세법에 반영된 조약 남용 방지규정의 적용대상이 되면 조약이 적용되지 않아 역설적으로 조약 남용행위가 되지 않는다. 국내세법에서도 발견되듯이 세법규정의 남용과 그에 대한 대응은 변증법적으로 발전해 간다. 조세조약의 해석론은 항상 새로운 형태의 거래에 대해 답을 하여야 하는 위치에 놓이게 되는 것이다.

납세자는 스스로 취득하는 이득이 경제적 성격과 다른 법률적인 형태를 갖도록 거래를 형성할 수 있다. 원천지국이 비거주자가 국내에서 취득하는 이득의 경제적 성격을 규정할 수 있다면 그러한 경제적 이득에 부합하는 과세를 할 수 있을 것이다. 원천지국이 법률적인 형식을 존중하는 법 해석 관행을 갖고 있는 경우에는 굳이 그러한 수고를 하지 않으려 할 것이다. 문제는 경제적 성격에 따라 과세하려 하는 국가의 과세당국이 누구나 동의할 수 있는 방법으로 해당 소득의 경제적 성격을 규정할 수 있는가 하는 것이다. 그리고 경제적 성격에 따라 과세하려 할 경우 문리적인 해석과는 상이한 결과를 초래할 가능성이 큰데 개별적인 사안에 있어 이러한 해석이 조세조약의 체결 시 의도되거나 기대된 것과 부합하는지 의문을 제기하게 한다.

조세조약의 남용은 조세규범의 남용이라는 점에서 국내세법의 남용과 공통점을 가지고 있다. 국내세법의 남용에 대해서는 각 나라가 해석론에 의하여 조세회피방지원칙을 개발하든가 아니면 성문법적으로 조세회피방지규정을 도입하여 오고 있다. 국내세법과 조세조약이 갖는 특수한 관계는 국내법상 조세회피방지를 위한 성문법이나 판례법상의 원칙을 조세조약의 해석에도 적용할 수 있게 한다. 물론 그러한 원칙의 적용 여부와 정도에

---

181) OECD 모델조세조약 제1조에 대한 주석 제9.5항.
A guiding principle is that the benefits of a double taxation convention should not be available where a main purpose for entering into certain transactions or arrangements was to secure a more favourable tax position and obtaining that more favourable treatment in these circumstances would be contrary to the object and purpose of the relevant provisions.

있어서는 각국의 세법전통에 따라 상이한 모습이 나타난다.

조세법규의 남용은 일반적인 법해석론에 있어 권리남용금지법리의 적용 대상이 되기도 한다. 실제 조세조약의 남용이나 국내세법의 남용을 방지하기 위한 장치 중 많은 것이 그러한 권리남용금지의 법리에 존립의 근거를 찾을 수 있다.

조세조약의 남용에 대한 해석론은 두 가지 방향에서 접근이 가능하다. 첫 번째는 국내세법상 해석론을 조세조약의 해석에 원용하는 것이며, 두 번째는 조세조약 자체의 목적론적 해석론이다. 국내세법상 해석론을 조세조약의 해석에 원용하는 것에 대해 먼저 논하는 것은 개별 사안에 대해 조세조약과 국내세법을 적용할 때 국내세법을 먼저 적용하게 되는 순서를 감안한 것이다.

앞의 사례들에서 원천지국으로서 우리나라의 과세권을 결정짓는 데 조세조약이 핵심적인 역할을 하게 된다는 점을 확인할 수 있었다. 그리고 개별 사안에 있어서는 소득의 실질적인 귀속자가 누구인지의 판단이 조세조약의 적용 여부를 결정하게 되는데, 우리나라에서는 그에 관한 법적용관행이 아직 확립되어 있시 못함을 지적한 바 있다.

(1) 거주자요건의 엄격적용

거주지의 선택권은 당연히 존중되어야 할 인간의 권리이다. 각국의 헌법과 국가 간 협약이 보장한다. 특히 EU조약은 사람과 자본의 자유로운 역내 이동을 보장하기 위해 여러 가지 제도적 장치를 마련하고 있다. 과세당국으로서는 납세자가 주장하는 거주지를 그대로 수용하여야 할 것이지만 항상 그렇게 하여야 할지 고민스러울 때가 있다. 그러한 고민의 정도는 해당 국가의 조세규범이 어느 정도 실질을 감안하는지 그리고 조세회피적인 요소에 대해 어떠한 제도적 장치를 가지고 있는지에 달려 있다.

과세당국이 외국법인이 어느 나라의 법인인지의 판단을 하는 것은 그

국가와의 조세조약을 적용할 필요가 있는 경우에 국한된다. 이는 비거주자인 개인의 경우에도 동시에 해당된다. 이때 조세조약을 적용하여야 하는 원천지국가는 특정인이 상대방국가의 거주자인지의 판단을 스스로 하여야 한다. 스스로 상대방국가의 국내세법 및 조세조약을 고려하여 특정인이 그 나라에서 전 세계 소득에 대해 납세의무가 있는지를 판단하는 것이다. 상대방국가의 국내세법이나 조세조약을 적용하면서 문리해석방법을 따라야 할지 아니면 목적론적인 해석방법을 적용하여야 할지를 고민하게 된다. 목적론적인 방법을 사용할 때 우리나라 국내세법상 세법적용원칙 — 예, 실질과세원칙 — 을 활용할 수 있는지도 고려대상이다. 정도는 우리가 조세조약을 통해 약속한 바를 지키는 것이다. 약속하기를 상대방국가에서 전 세계 소득에 대해 납세의무가 있는 자에 대해서는 조세조약을 적용하기로 한 것이므로 실제 그와 같은 납세의무를 지는가에 초점을 맞추어야 한다.

이때 그 나라에서 특례법에 의해 과세가 면제되는 경우라 하더라도 거주자로 보아야 할 것이다. 예를 들어 네덜란드(또는 벨기에)에서 경영참여소득면제(participation exemption)의 적용을 받는 법인이 우리나라 원천소득밖에 없으며 우리나라와의 조세조약에 의해 우리나라에 과세권이 없는 경우라면 네덜란드에서 실제 과세되는 부분은 없게 된다. 이러한 법인도 네덜란드에서 납세의무가 있는 것으로 보아야 할 것이다. 룩셈부르크법인이 룩셈부르크본점에서의 활동은 거의 없으며 스위스의 지점이 미국에 투자활동을 하고 있는 경우를 상정해 보자. 룩셈부르크 국내세법은 설립준거법주의와 실질적인 관리장소주의를 병용하고 있기 때문에 그 나라 국내세법상 위 법인은 내국법인이 될 것이다. 그러나 위 법인에 투자소득을 지급하는 미국인의 입장에서 미국과 룩셈부르크 간의 조세조약을 적용할 수 있을지가 의문이다. 투자소득이 룩셈부르크법인에 귀속한다고 보면 바로 해당 조약이 적용되어 낮은 세율로 원천징수될 것이다. 그런데 그 소득은 스위스지점에 귀속하여 그곳에서 낮은 세율의 캔톤세만 납부하면 된다. 한편 룩셈부르크는 내국법인의 국외지점에 귀속하는 소득으로서 사업수준에 이른 투자활동에 따른 것에 대해서는 경영참여소득면제를 적용받아 룩셈부르크에서는 한 푼도 세금을 내지 않게 된다. 이러한 현상에 대해 OECD 재정위원회에서 논의가 있었으며 이때 미국은 조세회피에 해당하는 행위이므로 조세조약을 적용하지 말아야 한다는 주장을 하였지만 그것이 재정위원회의 의견으로 채택되지는 못하였다. 다만 OECD 모델조세조약 제24조 제3항에 대한 주석에 다음과 같은 표현이 삽입되는 데 그쳤다. 즉 조세조약의 해석론으로는 이러한 방식의 조세회피를 규제할 수는 없으며 조세조약을 개정하여야 한다는 것이다.

> 이러한 회피행위를 방지하기 위해 법인의 거주지국가와 원천지국가 간에 제3국에 소재하는 고정사업장이 가득하는 소득이 그 소재지국가에서 정상적으로 과세되는 경우에만 해당 조세조약을 적용할 수 있다는 규정이 삽입될 수 있다.

납세의무가 없는 것과 실제 납부할 세금이 없도록 특례를 적용받고 있다는 것은 구분하여야 하기 때문이다.[182] 그러한 입법적인 조치가 없는데도 사실상 조세부담을 하지 않는 자에 대해서는 그 나라의 거주자로 보기 어려울 것이다.

(2) 수익적 소유자규정의 목적론적 해석

조세조약의 남용을 방지하기 위한 조항으로 전통적으로 사용되어 오고 있는 것은 수익적 소유자규정이다. 조세조약상 이자, 배당 및 사용료에 관한 조항의 혜택을 받기 위해서는 수익적 소유자 요건을 충족하여야 한다는 것으로서 그것의 의미에 대해서 마땅한 국제적인 기준이 없어 해석상 많은 혼란을 초래하고 있다. 수익적 소유자는 조세조약의 남용을 방지하기 위하여 도입된 규정인 만큼 그 도입목적에 충실하기 위해 목적론적으로 해석하는 것이 타당할 것이다. 이에 따라 조세조약의 남용의 소지가 있는 자에 대해서는 수익적 소유자로 인정하지 말아야 하는 것인데 그 과정에

---

182) 특정인을 거주자로 보는 것과 그에게 소득이 귀속되는 것으로 본다는 것을 의미하는 것은 아니다.

서 과연 남용의 소지가 있는지의 판단은 개별 법원의 판단에 맡겨지게 된다. 이에 따라 개별 납세자는 수익적 소유자로 인정받을 수 있는지 사법적인 심사까지 받아야 하는 부담을 안는 경우가 많은데 그러한 부담을 덜기 위해 행정부로 하여금 사전인증을 할 수 있도록 제도화하는 것도 모색되고 있다. OECD는 OECD 모델조세조약 주석서를 통해 수익적 소유자의 개념이 그 목적에 맞게 해석되어야 한다는 점은 수긍하면서도 다른 한편으로 그것은 조세조약을 남용했다는 명백한 증거(clear evidence)를 토대로 하여야 한다는 점을 강조하고 있다.183)

(3) 고정사업장논리의 적용

어느 나라에 투자한 투자펀드가 거둔 소득이 유가증권양도소득일 때 OECD 모델조세조약을 따른 통상의 조세조약은 그러한 유가증권양도소득은 거주지국가에서 과세한다는 조항을 두고 있다. 이때 원천지국이 고려할 수 있는 방법으로 당해 투자펀드가 원천지국에 고정사업장을 두고 있으며 해당 유가증권양도소득은 고정사업장에 실질적으로 관련되어 있기 때문에 원천지국에서 과세할 수 있다고 주장할 수 있다. 이 주장이 관철되기 위해서는 해당 조합이 과연 논리적으로 고정사업장을 가질 수 있는가와 실제 고정사업장을 가지고 있는지를 입증하여야 한다. 일본의 경우 다수설은 무한책임조합원이 일본에 있고 해당 조합의 일을 하고 있다면 해당 무한책임조합원은 유한책임조합원의 고정사업장으로서 역할을 한 것으로 보아야 한다는 것이다.

우리나라의 론스타 사건에 있어서도 동일한 문제가 나타났다. OECD는 과세실체가 아닌 도관으로서 partnership도 고정사업장을 가질 수 있다고 보고 있다. 그리고 비록 일과성의 매도차익이지만 이는 당해 펀드가 영위하는 다양한 투자행위의 일환으로 이루어진 것이기 때문에 사업소득으로

---

183) OECD 모델조세조약 제1조에 대한 주석 제22.2항.

보아 한국 내 고정사업장에 귀속되는 것으로 볼 수 있을 것이지만 사업소 득이 아니라 하더라도 그 매도차익이 한국 내 고정사업장의 활동과 실질 적으로 관련되어 있을 때에는 한국 내 고정사업장의 소득으로 과세할 수 있다고 보아야 할 것이다. 실제 금융업자가 한국 내 일과성의 매도차익을 사업소득[184])으로 주장하면서 역시 한국 내 고정사업장이 없다는 주장을 병행함으로써 한국 내 과세되지 않은 사례가 적지 않다.

(4) 소득종류의 재구분

조세조약을 이용하여 조세회피를 하고자 소득의 종류를 조세조약상 유 리한 것으로 변경하는 경우에 대해서는 조세회피방지규정을 적용할 수 있 을 것이다.

2. 입법론

조세조약의 남용에 대한 입법론적 대응은 조세조약과 국내세법에 나타 난다. 조세조약과 관련한 것에 대해서는 OECD 모델조세조약 제1조에 대 한 주석에 여러 가지 접근방법이 제시되고 있다.

국내세법상 입법론적 대응으로서는 조세회피방지규정을 두는 방법이 많 이 사용되고 있다. 이에는 일반적인 조세회피방지규정 또는 개별적인 조세 회피방지규정이 있다. 어떠한 종류이든지 그것은 조세조약과의 적용의 우 선순위 및 적용시기에 대해 논란이 있을 수 있다. 특히 이와 관련해서는 조세조약의 무효화가 국제법상 용인되는가와 함께 실제 어떠한 양태로 진 행되고 있는가 그리고 일방국의 조약무효화에 대응하는 상대방국가에는 어떠한 방법이 있는가가 문제된다.

---

184) 조세조약상 사업소득은 고정사업장이 없으면 원천지국에서 과세 못 한다.

(1) 조세조약의 개정

조세조약은 소득의 분류에 있어서는 대개 국내세법상 구분의 원칙에 따르고 있다. 이에 반하여 귀속에 대해서는 아래와 같이 비교적 다양한 접근방법이 사용되고 있다.

1) 수익적 소유자 · 조세조약혜택제한

조세조약의 남용을 방지하기 위한 조항으로 전통적으로 사용되어 오고 있는 것은 수익적 소유자(beneficial owner)규정이다. 이는 1977년 OECD 모델조세조약에 규정된 이래 거의 모든 조세조약의 이자, 배당 및 사용료에 관한 조항이 해당 조항상의 원천지국과세권을 제한에 관한 규정을 적용하기 위해서는 해당 소득의 수익적 소유자가 상대방국가의 거주자이어야 한다는 요건을 충족하여야 하게 되어 있다. 이의 구체적인 의미에 대한 해석과 적용은 오늘날에도 끊임없는 논쟁거리가 되어 있지만 이는 조세조약의 해석에 관한 사항에 불과하다.

도관회사의 사용이 문제되자 1992년 OECD 재정위원회는 "조세조약과 도관회사의 이용"이라는 보고서를 통하여 도관회사의 사용을 통한 조세조약 남용행위를 규제하는 정책을 수립하고 나아가 주석서가 이에 대해 구체적으로 기술할 것을 제안한 바 있다. 이에 따라 1992년 주석서는 도관회사를 조세조약의 적용대상에서 배제하기 위한 접근방법들을 제시하게 되었다. 이러한 접근방법들로서 '투시방법(Look - Through Approach)',[185] '거주지국과세조건접근방법(Subject - to - Tax Approach)',[186] '수로접근방법(Channel Approach)'[187] 등이 열거되어 있다.

조세조약혜택제한(Limitation of benefit, LOB) 조항의 효시가 될 만한

---

185) 소득의 피지급자가 다른 국가의 거주자에 의하여 소유되거나 지배되는 경우 이를 도관으로 본다.
186) 문제된 소득이 피지급자의 거주지에서 정상적으로 과세되는 경우에는 도관으로 보지 않는다.
187) 문제된 소득 중 일정 비율 이상이 피지급자를 소유하거나 지배하는 자에 대한 채무를 이행하는 데에 사용되면 도관으로 본다.

것은 1962년 스위스에서 나온 Decree of the Swiss Federal Council(of December 14, 1962)이다. 이 규정은 조세조약의 혜택을 받을 자격이 없는 자에게 조세조약상의 혜택을 부여하지 않는다고 하면서 과세기반잠식요건심사(base erosion test)나 주주요건심사(shareholder test) 등을 제시하고 있다. 이는 스위스의 국내세법규정인데 이후 스위스가 체결한 많은 조세조약에 반영되었으며, 현재의 LOB 개념으로 이어지고 있다. 특히 미국은 1977년 모델조세조약 이후 거의 모든 조세조약에 상세한 내용의 LOB 규정을 포함시키고 있다. OECD 역시 2003 주석서에서 상세한 내용의 LOB 규정안을 제시하고 있다. OECD 주석서에 포함된 LOB 규정안은 투시방법, 거주지국과세조건접근방법, 수로접근방법 등을 모두 사용하고 있고, 다른 한편으로는 이러한 경우에도 선의의 거주자가 LOB 규정의 적용을 받지 않도록 '실질적 활동조항(activity provision)', '거래소거래조항(stock exchange provision)'을 두고 있으며, 끝으로 해당국 정부가 조세회피가 해당 거래에서 주된 목적의 하나가 아니라고 인정하는 경우에는 LOB 규정의 적용을 배제할 수 있도록 하는 규정도 제안하고 있다.

우리나라는 새로운 조세피난처도시 국제자본이 많이 이용하는 두바이가 소재하는 아랍에미리트와 조세조약에서 다음과 같은 조세조약혜택제한조항을 두고 있다.

제23조 혜택제한
1. 이 협약의 다른 조의 적용에도 불구하고 대한민국 조세와 관련하여 다음에 해당하는 아랍에미리트연합국의 거주자만이 제7조, 제8조, 제10조 내지 제15조, 제21조 및 제22조의 혜택을 받을 자격이 주어진다.
   가. 아랍에미리트연합국의 중앙정부 및 지방정부
   나. 제4조 제2항에 규정된 아랍에미리트연합국의 정부기관
   다. 자본의 최소한 75퍼센트의 수익적 소유자가 아랍에미리트연합국 및/또는 아랍에미리트연합국의 정부기관임을 증명할 수 있고 그 외의 자본의 수익적 소유자가 아랍에미리트연합국의 거주자인 개인이며 동 거주자가 지배권을 가지고 있다는 실질적 증거를 제시할 수 있는 법인
2. 제1항의 규정에도 불구하고 다음에 해당하는 아랍에미리트연합국의 거주자만이

제8조, 제10조 및 제11조 혜택을 받을 자격이 주어진다.

가. 개인

나. 자본의 수익적 소유자가 아랍에미리트연합국 및/또는 아랍에미리트연합국의 정부기관·지방정부 및/또는 아랍에미리트연합국의 거주자인 개인에 국한되며 동 거주자가 지배권을 가지고 있다는 실질적인 증거를 제시할 수 있는 법인

3. 제1항 및 제2항에서 대한민국의 조세로부터 감면을 받기 위한 추가적인 요건으로 아랍에미리트연합국의 거주자인 동 법인은 그 법인의 주요 목적 또는 그 사업 수행의 주요 목적 또는 해당 소득이 발생하는 원천이 되는 주식이나 그 밖의 재산을 취득 또는 유지하는 주요 목적이 아랍에미리트연합국의 거주자가 아닌 인에게 세제상 혜택을 주는 것이 아님을 증명하여야 한다.

4. 제1항 내지 제3항까지의 규정에 따른 대한민국 조세로부터의 감면은 아랍에미리트연합국의 권한 있는 당국이 제1항 및 제2항에 규정된 요건이 충족되었다는 것을 확인하였을 때에만 한한다. 대한민국의 당국이 해당 소득이나 자본이 배분될 수 있는 인에 의하여 작성되고 아랍에미리트연합국의 권한 있는 당국에 의하여 확인된 세금명세서를 신뢰할 수 없다는 증거를 보유한 경우 대한민국의 권한 있는 당국은 아랍에미리트연합국의 권한 있는 당국에 동 증거를 제시한다. 아랍에미리트연합국의 권한 있는 당국은 이에 대하여 가능한 범위에서 새로운 조사를 실시하고 대한민국의 권한 있는 당국에 그 결과를 통보한다. 양 체약국의 권한 있는 당국 간에 이견이 발생할 경우 제26조에 규정된 절차가 적용된다.

2) 연예인·체육인회사

연예인·체육인회사의 설립을 통한 조세회피에 대응하기 위하여, OECD는 1977년 모델조세조약 제17조 제2항에서 연예인이나 체육인의 개인적 활동에 의하여 발생한 소득이 그들 개인이 아닌 다른 제3자에게 귀속되는 경우, 제7조, 제14조 및 제15조의 규정에 불구하고 원천지국에서 과세된다는 규정을 두게 되었다.

3) 고정사업장

고정사업장을 활용한 조세조약 남용방안에 대하여 OECD는 모델조세조약에 특별한 규정을 넣지는 않았지만, 주석서에서는 이에 대처하기 위하여 제3국에 소재한 고정사업장에 귀속되는 소득에 대하여 원천지국과 본점소재지국 간 조세조약을 적용하기 위해서는 그러한 고정사업장 귀속소득이 제3국

에서 정상적으로 과세되어야만 한다는 규정을 삽입할 것을 제안하고 있다.

(2) 국내세법의 개정

1) 거주지의 개념

법인소재지국에 거주하던 주주가 거주지를 옮김으로써 그때까지 실현되지 않은 자본이득의 과세를 피하는 방안에 대하여 OECD 모델조세조약 주석서가 이를 부적절한 조세조약의 이용으로 규정하고 있지만, 이에 대처하기 위한 명확한 규정을 모델조세조약에 두고 있지는 않다. 드물게 조세조약 중에는 이러한 경우 법인 소재지국(즉 원천지국)에서 그때까지 발생한 미실현이익에 대하여 과세할 수 있다는 규정을 두는 경우가 있다.[188] 그러나 자본이득과세에 대한 각국의 다양한 입장에 비추어 볼 때, 이러한 유형이 조약 남용행위로서 부인되어야 하는지에 관하여는 이견이 제시되기도 한다.

① 국내세법상 '실질적인 관리장소'

'실질적 관리장소' 개념의 해석상 가이드라인이 되는 판례는 1906년의 De Beers Consolidated Mines v. Howe[189]이다.[190] De Beers 사건 이전에는 설립준거법주의만을 적용하였지만 그것은 영국의 과세권을 회피하는 사례를 막을 수 없다는 인식에 따라 법원이 실질적 관리장소도 고려하여 거주성을 판단하게 된 것이다. 실제 사례에서 De Beers는 남아프리카공화국에서 설립되었지만 영국에 과반수의 주주가 체류하며 이사회가 열리는 점이 문제되었다. 이에 대해 법원은 다음과 같은 논리로 De Beers가 영국의 법인이라고 판단하였다.

---

188) 독일－스웨덴 조세조약 제13조 제5항.
189) H.L. 1906, 5 T.C. 198.
190) Stef van Weeghel, The Improper Use of Tax Treaties, Kluwer Law International, 1998, p.43,
    Robert Couzin, supra, pp.38－46.

회사는 먹거나 잘 수는 없지만 가사를 관리하고 사업을 할 수 있다. 따라서 우리는 어디에서 가사를 관리하고 사업을 하는지에 주목하여야 한다. 개인이 국적이 다른 나라에 있으면서 영국에 거주할 수 있듯이 회사도 그리할 수 있다. 그렇게 보지 않는다면 영국법의 보호를 받으면서 영국에 주된 관리장소를 두고 영국에서 상업의 주된 장소를 두면서도 다른 나라에 등록하고 있으며 그 나라에서 배당을 지급한다는 단순한 이유로 적절한 과세를 회피하는 결과를 초래할 수 있다.

1908년의 Stanley v. The Grammophone and Typewriter, Ltd.[191]에서는 단순히 이사회만 열려서는 안 되며 그러한 이사회가 실질적 사업방침을 결정하여야 한다는 점을 분명히 하고 있다. 실질적인 사업방침이 법인의 설립지에서 활동하는 관리인에 의하여 결정될 때에는 비록 주주가 영국에 소재하고 그 주주가 법인의 이사회와 감사위원회를 구성한다 하더라도 영국법인으로 볼 수 없다고 하였다. 이 사건에서 영국기업의 독일자회사의 이사회의 구성원은 영국모회사의 이사회의 구성원이었으며, 독일자회사의 감사위원회의 구성원은 모회사가 지명하였다. 그리고 독일자회사의 사업은 독일에 체재하는 관리인에 의하여 운영되었으며, 주주의 통제 정도는 관리인의 사업관리의 강도에 비해 약하였다. 현재 영국에서는 이사들이 일상적인 관리활동수준을 넘어 정책을 결정하는 장소를 실질적 관리장소로 보고 있다.[192]

네덜란드는 일반조세법에서 '상황(circumstances)'을 종합적으로 고려하여 판단하도록 하고 있다. 이와 더불어 법인세법은 설립준거법주의 기준을 활용할 수 있도록 규정하고 있다. 네덜란드 판례에 의하면 '상황'으로서 가장 중요하게 생각해야 할 것은 '실질적인 관리(effective management)'이다. 여기서 실질적인 관리의 의미는 해당 기업의 활동에 달려 있다고 보고 있다. '상황'으로서는 이외에도 기업활동의 장소, 설립준거법, 주총이 열리는 곳 등이 있기는 하다.[193]

네덜란드법원(Hoge Raad)에 의하면 '실질적인 관리장소'는 이사회가 열

191) H.L. 1908, 5 T.C. 358.
192) PricewaterHouse, Corporate Taxes 2004 – 2005 Worldwide Summaries, p.880.
193) Stef van Weeghel, supra, pp.46 – 53.

리는 곳을 의미하는데, 이사회 이외의 다른 자(지배주주)에 의하려 회사가 실질적으로 관리되는 것이 입증되면 그가 소재하는 곳이 거주지가 된다. 즉 실질적인 관리행위가 이사회가 아닌 제3자에 의하여 행하여지는 경우에는 그 다른 사람이 관리활동을 수행하는 곳을 당해 법인의 거주지로 볼 만한 이유가 있다고 한다. 이때 특정한 장소에서 이루어지는 사업활동량, 사업활동이 이루어지는 장소 및 사업활동에 대한 당사자들의 지식 등의 기준이 활용된다. 스위스나 네덜란드 안틸레스처럼 네덜란드보다도 낮은 세율을 가진 국가에 법인을 설립하고 실질적인 관리행위는 네덜란드에 하면서 네덜란드의 거주자가 아닌 것으로 취급받고자 하는 경우가 대표적인 사례들이다. 대개는 은행, 신탁회사(Treuhandgesellschaft)가 그러하다. 다음의 유사한 두 사건에서 네덜란드법원은 상반된 결론을 내리고 있다.[194]

다음의 사건에서 네덜란드 국세청이 네덜란드 안틸레스 NV[195]의 거주지를 네덜란드라고 주장하였으며 법원은 네덜란드에 '실질적인 관리'장소가 있다고 판단하였다.

> 네덜란드의 거주자 B, C 및 D는 네넬란드지주회사를 통해 기업그룹 A를 소유하고 있는데, A그룹은 내국법인과 외국법인으로 구성되어 있다. 그것의 주요 사업은 생선의 가공과 거래이다. A는 캐나다에서 A가 가공한 소량의 훈제청어를 수입하여 오다가 1976년부터는 외부사정으로 수입량을 확대하게 되었다. 1977년에 네덜란드 안틸레스 NV를 설립하였는데 그 NV의 두 명의 이사 E, F는 모두 그곳의 신탁회사의 공동경영자이었다. 당해 신탁회사는 A가 고객인 은행이 소유하고 있었다. 제3국의 거주자인 G는 네덜란드 안틸레스 NV를 위해 훈제청어사업을 경영하고 있었다. 1977년 이후 네덜란드 안틸레스 NV는 캐나다로부터 훈제청어를 사서 대부분을 A에 판매하게 되었다. G는 네덜란드의 지주회사의 임원으로부터 지시를 받아 캐나다법인을 상대로 사업을 영위하였다. A그룹 안에 기업 간 훈제청어사업과 관련 수많은 교신이 있었다.

다음의 사건에서 네덜란드 국세청은 X AG[196]의 '실질적인 관리장소'는

---

194) Stef van Weeghel, supra 참조.
195) Nammloze Vennootschap, 미국의 Check the box regulation상 per se corporation이다.
196) Aktien Gesellschaft(Stock corporation)로서 미국의 Check the box regulation상 per se corporation이다.

네덜란드에 있다고 주장하였는데, 법원은 X AG는 스위스에 등록한 스위스법인이며, 그 사업활동의 주요 부분이 독일과 벨지움에서 이루어지고 있는 것이 확실하므로, 국세청이 '실질적인 관리장소'가 네덜란드에 있음을 입증할 책임이 있다고 결정하였다.

　　X AG는 A와 그의 부친이 100% 소유하고 있었다. A와 그의 부친은 모두 네덜란드 거주자였다. X AG의 등록지는 스위스이고, X AG의 이사회는 B, C, D 및 F로 구성되어 있었다. 그들은 모두 F Treuhand(trust) AG의 동업자였다. 사업은 컨테이너 구입 및 리스업이었다. 독일에서 돈을 빌려 그곳에서 컨테이너를 사고 빌려 주는 영업을 하였는데, B는 X AG 사업 및 투자결정권 갖고 있었고, B는 다시 그 권한을 스위스 거주자인 G에게 위임하였다. X AG의 기술적 자문은 이태리 거주자가 하였다. 독일 거주자인 H는 독일사업과 관련해 상업적 법적 자문을 해 주었다. X AG는 X BV[197]를 네덜란드법에 따라 설립하였다. 그리고 X BV에 대한 지분을 A에게 매각하였다. X BV는 X AG로부터 컨테이너를 매입하여 리스해 주었다. X BV는 독일고객에게 리스해 주되 X AG의 명의로 하였다. J NV는 벨지움 거주자인데, X AG와 X BV를 위해 대금청구 및 컨테이너 관리업무를 수행하였다. A는 J NV의 단일주주로서 이사회의 구성원이었다. 최근 X AG는 영업순손실을 시현하였는데 전체로서는 이익(환이익에 기인)이었다.

② 조세조약 적용을 위한 거주자 판정

조세조약을 적용하여야 하는 원천지국가는 특정인이 상대방국가의 거주자인지의 판단을 스스로 하여야 한다. 스스로 상대방국가의 국내세법 및 조세조약을 고려하여 특정인이 그 나라에서 전 세계 소득에 대해 납세의무가 있는지를 판단하는 것이다. 조세조약은 이중과세의 방지를 위하여 통상 각 체약국의 국내세법이 '거주자'가 되고 그에 따라 그 나라에서 전 세계 소득에 대한 과세의무를 지게 될 조건을 규정하는 데에 대해 간여하지는 않는다. 조세조약은 양 체약국 간 전 세계 소득에 대한 과세권을 주장하기 위해 각국의 국내세법이 '거주지'에 대한 규정을 어찌 규정하여야 하는지에 대해 기준을 제시하지 않는 것이다. 이러한 점에서 각국은 특정인이 자국의 거주자인지 여부를 전적으로 자신의 국내법에 의하여 판단한다.[198]

---

197) Besloten Vennootschap로서 우리 상법상 합자회사에 유사한 것이다.

③ 국가 간 기준이 다를 때

국가 간 실질적 관리장소주의와 본점소재지주의가 혼용되고 있을 때에는 적용하는 조세조약의 체결국과 관계없는 국가에서 과세될 수 있다. 예를 들어, 어떤 법인이 실질적인 관리장소 소재지는 A국이지만 본점은 B국에 있고 C국에 투자하여 그곳의 원천소득이 있는 경우 B국과 C국 간의 조세조약상 거주지는 본점소재지로 하고 B국과 A국 간 조세조약상 거주지는 실질적인 관리장소로 할 경우 C국으로부터의 소득에 대해서는 B국과 C국 간의 조세조약을 적용받지만 B국에서 해당 법인은 비거주자가 되어 B국내 원천소득만 과세되므로 C국내 원천소득은 A국에서 과세된다.[199]

한편 조세조약상 타국의 거주자로 취급된다 하더라도 국내세법상으로는 여전히 자국의 거주자로 취급되어야 하는 경우가 있다. 예를 들면, 어떤 회사의 본점이 자국에 있지만 실질적인 관리장소는 타국에 있으며 타국과의 조세조약상 그 나라의 거주자로 취급된다 하더라도 자국의 국내세법상으로는 거주자이므로 연결납세제도의 적용을 받을 수 있다.[200]

---

198) OECD 모델조세조약 제4조에 대한 주석 제4항.
199) 아래의 네덜란드 사례를 참조할 수 있다.
  - 영국기업은 네덜란드 자회사(A BV)를 설립.
  - A BV는 미국회사의 주식을 소유.
  - A BV의 과반의 이사는 네덜란드의 거주자이고, 이사회는 암스테르담에서 개최.
  - 네덜란드에서 열리는 이사회에서 하는 일은 미미하였으며 실질적인 관리는 영국에서 이루어지고 있음.
  - 네덜란드 법인세법은 '설립준거법'주의도 채택하고 있음.
  - 따라서 네덜란드에서 전 세계 소득에 대한 납세의무를 부담함.
  - 한편 미국네덜란드조세조약은 설립준거법 주의를 채택.
  - 따라서 A BV는 미국네덜란드조세조약의 적용을 받기 위한 목적으로는 네덜란드법인으로 취급됨.
  - 그런데 영국네덜란드조세조약은 실질적 관리장소(place of management)기준을 채택.
  - 따라서 영국네덜란드조세조약에 의하면 A의 거주지는 영국.
  - 네덜란드 정부는 영국네덜란드조세조약을 적용하기 위한 목적으로는 A BV를 영국의 거주자로 분류함.
  - 결과적으로 A BV는 각국과의 조세조약이 적용된 결과 네덜란드에서 네덜란드 내 원천소득, 미국 내 원천소득에 대해 과세되지만 영국 내 원천소득은 과세되지 않음.
  - 만약 영국이 A BV가 자국의 거주자임을 주장하면서 미국 내 원천소득에 대한 과세권은 영국에 있다는 주장을 한다면 네덜란드는 그에 대해 과세권을 행사하지 말아야 함. 동 소득에 대한 미국의 원천징수세율은 미국네덜란드조세조약에 의해 결정되지만 그 세액을 세액공제해 주는 나라는 네덜란드가 아닌 영국이 됨.
200) Hoge Raad, 29 June 1988, BNB 1988/331.
  - 영국-네덜란드 간 법인의 거주지 판정에 관한 실질적 관리장소(place of management)는 조세조약의 적용에 있어서만 효력이 있음.

조세조약이 남용되는 것을 방지하기 위하여 어느 정도 실질에 따라 판단할지에 대해서는 나라마다 입장이 다르다. 각국의 국내세법이 거주지국에 관해 규정하면서 실질보다는 형식을 기준으로 할 경우에는 조세조약의 남용을 유도하는 결과가 될 수 있게 된다. 예를 들어, 법인의 거주지를 판정함에 있어 설립준거법(place of incorporation)의 기준만을 사용할 때에는 그 나라가 체결한 조세조약이 남용될 수 있다. 이때 상대방국가가 자신이 그 나라와 체결한 조세조약이 남용되는 것을 방지하기 위하여 어느 정도 실질에 따라 판단할지에 대해서는 나라마다 입장이 다르다.

2008년 개정된 OECD 모델조세조약는 다음과 같은 방안을 제시하고 있다. 즉 현행 모델조세조약 제4조 제3항은 "개인 이외의 인이 양 체약국의 거주자인 경우에는 동인은 실질적 관리장소가 소재한 국가의 거주자인 것으로 본다."라는 규정을 두고 있는데 모델조세조약 주석서는 그 조항에 대한 대안적 규정으로서 "제1항의 규정에 의하여 개인 이외의 인이 양 체약국의 거주자인 경우에는 양 체약국의 권한 있는 당국은 실질적 관리장소, 법인등기장소나 기타 설립장소 및 기타 관련 요소들을 고려하여 조세조약상 거주지국을 상호합의에 의하여 결정하도록 노력하여야 한다. 그러한 합의가 없으면 동인은 이 조약에 규정된 조세경감이나 면제를 받을 자격이 없으며, 다만 양 체약국의 권한 있는 당국이 합의하는 부분에 있어서는 예외로 한다."고 하는 규정을 활용할 수 있다고 기술하고 있다. 동시에 이러한 대안적 규정에 따라 상호합의를 할 때 고려하여야 할 요소로서 아래와 같은 것을 들고 있다.

- 네덜란드법인 A는 네덜란드법인 B의 주식을 모두 소유.
- A의 실질적인 관리는 네덜란드에서 이루어짐.
- B의 실질적인 관리는 영국에서 이루어짐.
- 따라서 조세조약의 적용에 있어 B는 영국 거주자.
- 그러나 네덜란드 국내세법상 연결납세제도를 적용함에 있어서는 동 법인들은 여전히 네덜란드법인들로서 연결납세제도의 적용대상이 됨.
- 네덜란드의 제3국과의 조세조약은 다른 규정을 두고 있을 수 있음을 염두에 두어야 함.

① 이사회 회의 같은 것이 통상 어디에서 개최되는지

② 최고경영자 기타 고위 경영자들이 주로 어디에서 업무를 수행하는지

③ 관리자의 일일 경영(senior day－to－day management)이 어디에서 수행되는지

④ 단체의 본점이 어디에 소재하는지

⑤ 단체의 법률적 지위가 어느 나라의 법에 의하여 규율되는지

⑥ 회계장부 기타 증빙이 어디에서 보관되는지

⑦ 조약목적상 법인이 일방 체약국의 거주자이고 타방 체약국의 거주자가 아니라고 결정함으로써 조약규정을 남용할 위험이 있는지 여부

위와 같은 규정은 국내세법상 '실질적 관리장소'의 문구를 적용하는 데에도 도움이 되는 기준이 될 수 있다.

2) 귀속의 재규정

미국 내국세입법은 다수의 당사자를 이용한 '금융약정(financing arrangement)'이 있는 경우 과세관청이 이를 둘 또는 그 이상의 당사자 간의 직접 거래로 재구성하여 과세하는 내용의 재무부규칙을 국세청이 제정하여 시행할 수 있도록 규정하고 있다. 이에 따라 1995년에 재무부규칙이 제정되어 시행되고 있는데 이에 따르면 중간회사(intermediary)의 존재로 인하어 조세가 감소되고, 조세회피 계획이 존재하며, 중간회사가 특수관계자인 경우나 금융회사(financing company)가 거래에 참여하지 않았다면 그러한 거래에 참여하지 않았을 것이라고 인정되는 경우에는, 그러한 중간회사를 도관으로 본다는 것이다. 재무부규칙은 스스로가 각국이 국내세법의 규정을 통하여 조세조약 회피행위에 대처할 수 있다는 일반적인 인식에 기반을 두고 제정되었다고 한다.[201]

3) 소득종류 재규정 – 부동산주식

부동산 또는 부동산에 관한 권리를 직접 소유하지 않고 법인을 통하여

---

[201] 이는 과거 OECD 주석서에서의 다수 국가들의 입장이나 현행 OECD 주석서의 입장을 지칭하는 것으로 보인다.

소유할 경우, 그러한 법인에 대한 지분을 양도하는 방법으로 부동산을 양도하는 것과 동일한 경제적 효과를 거둘 수 있다. 그런데 OECD 모델조세조약상 부동산으로부터 발생하는 양도차익은 부동산 소재지국에서 과세권을 가지는 반면, 법인의 지분으로부터 발생하는 양도차익은 거주지국에서 과세권을 가지므로, 위와 같은 구조를 통해서 당장의 원천지국과세를 피할 수 있는 가능성이 있다. 이러한 구조는 각 조세조약 간 차이를 이용하는 조약 남용과는 차이가 있고, 하나의 조세조약 내에서 각 소득에 대한 규율에 차이가 있음을 이용하여 과세대상이 되는 소득의 구분을 변경하는 경우에 해당한다.

미국은 1980년 외국인부동산과세법(Foreign Investment in Real Property Tax Act, FIRPTA)을 제정하여 이러한 구조를 사용할 경우, 미국 소재 부동산이 자산의 50% 이상을 차지하는 법인의 지분을 양도한 경우 미국 소재 부동산을 양도한 경우와 마찬가지로 미국 내 사업소득(effectively connected income)으로 보아[202] 미국에서 과세가 가능하도록 하였지만, 조세조약상으로는 여전히 이러한 소득에 대한 과세권을 가질 수 없었다. 이에 미국은 1984년 세법을 개정하여 조세조약에 불구하고 이러한 소득에 대하여 미국이 과세권을 가질 수 있다고 명문화하였다. OECD는 종래 이러한 국내세법규정은 OECD 모델조세조약의 정신에 어긋난다는 입장이었지만,[203] 2003년에는 모델조세조약 제13조 제4항에 부동산주식은 부동산 소재지국에서 과세할 수 있다는 규정을 도입하였다.[204]

202) Boris I. Bittker, et.al., Fundamentals of International Taxation, Warren Gorham and Lamont, 2001, pp.65-11.
203) 1992년 OECD 모델조세조약 주석서 제13조 제23항.
204) 여기서 부동산주식은 각 나라 국내세법상 규정하기 나름이지만 자산이 주로 부동산으로 구성된 회사의 주식을 말한다.

(3) 조세조약의 무효화[205]

과세당국은 조세조약의 남용에 대해 사후적으로는 해석론적 대응을 하게 되지만 그것을 반추하고 미래에 대비하기 위해 입법적 조치도 추구하게 된다. 입법적 조치로서는 조세조약의 개정과 국내세법의 개정을 고려할 수 있는데 후자는 전자에 비해 일방적인 것으로서 상대적으로 적은 시간에 조치할 수 있는 특성을 갖는다. 일방적이라는 점에서 조세조약의 해석론에 의한 접근방법과 공통점을 갖는다.

일방적인 대응은 상대방국가가 당초 약속한 바 조세조약의 내용을 제대로 준수하는가를 주목하게 되기 때문에 한계가 있을 수밖에 없다. 조세조약을 체결한 당사국은 일반적인 조약에서와 마찬가지로 비엔나협약 제26조[206]와 제27조의 규정에 의해 성실하게 이행할 의무가 부과되는 것이다. 이러한 맥락에서 일방국의 입법부, 사법부 및 행정부의 조약위반을 조약무효화라 한다. 일방국 정부의 어떤 행위가 조약무효화에 해당하는가는 논자마다 선을 다르게 그을 수 있을 것이다. 개별적인 행위가 그에 해당하는지에 대해서도 논란이 있을 것이다.

조세조약의 무효화는 주로 입법론적인 대응에 있어 나타난다. 국내세법상 조세회피방지규정만으로는 조세조약의 남용에 대응하기 어려운 경우 조세조약을 무효화하는 규정을 도입하게 되는 것이다. 행정적인 조치는 행정적인 효율성의 이름으로 합리화되기 용이한 특징이 있다. 그리고 사법적인 무효화는 개별적인 사안의 사실관계에 대한 판단이 개입되게 되므로 무효화로 규정되기 곤란한 특징이 있다.

한편 나라마다 조약이 국내법체계에서 차지하는 위치를 다르게 설정하

---

205) Francisco Alfredo Garcia Prats에 의하면 '국가에 의한 조세조약의 남용'이라고 볼 수 있다 (Francisco Alfredo Garcia Prats, Abuse of tax treaties and treaty shopping, As Hoc Group of Experts on International Cooperation in Tax Matters(United Nations), ST/SG/Ac.8/2003/L.3, 1 5~19 December 2003, p.5 참조). 이재호는 이를 '국내법에 의한 조세조약의 배제'로 표현하고 있다(이재호, 국내법에 의한 조세조약의 배제에 관한 연구, 서울대학교 법과대학박사학위논문, 2007. 2 참조).
206) pacta sunt servanda를 그 내용으로 한다.

고 있는데, 상대방국가는 조약을 체결할 당시 체결하는 조약이 상대방국가의 국내법체계에서 어떠한 위치를 차지할 것인가에 대해 알 수 있을 것이다. 따라서 이러한 이유로 상대방국가는 조세조약의 무효화를 합리화하려 할 수 있을지 모른다. 그러나 어떠한 조약이라도 아주 예외적인 경우를 제외하고는 그것의 무효화는 국제법 위반이 된다. 비엔나협약 제26조와 제27조의 규정에 위반하는 것이기 때문이다.

비엔나협약 제26조와 제27조 위반에 대해 상대방국가가 통상적으로 고려할 수 있는 분쟁해결방법으로서 국제적 분쟁해결기관에 제소하는 방법, 양자 간 협상에 의하여 처리하는 방법 또는 자신도 동일하거나 유사한 무효화행동을 하는 방법이 있을 수 있다.207) 상대방국가의 일방적인 무효화에 의한 과세에 대해서는 거주지국가로서 국제적 이중과세방지를 위한 조치를 적용하지 않는 방법도 사용될 수 있다.208) 그러나 조세조약의 경우 이러한 국제법 위반 조치에 대해 피해를 입은 국가가 취할 수 있는 수단이 그리 실효성이 없는 것으로 보인다.

국내세법상 조세회피방지규정의 적용측면에서 해석론과 그러한 해석론적인 한계를 극복하기 위한 입법적 방법이 조약무효화에 해당하는지에 대해 모두 설명할 수 있는 사례로서 부동산주식에 대한 미국209)과 호주의 대응

---

207) Jan Woulters and Maarten Vidal, The International Law Perspective, Tax Treaties and Domestic Law, IBFD, 2006, p.35.

208) Nicolas Message, France, Tax Treaties and Domestic Law, IBFD, 2006, p.222.

209) 미국 내국세입법 제7852조(other applicable rules) (d) 항은 다음과 같이 규정하고 있다. 미국의 조약무효화(Treaty Override)에 대한 공식적인 입장은 1988년 Senate Report 100－445, 100th Congress에 잘 수록되어 있다.
  (d) 조약상 의무들
   (1) 일반조항
   조약상의 조항과 미국의 재정에 영향을 미치는 국내법과의 관계에 대해서는 조약이나 국내법 중 어떤 것도 조약이나 국내법이라는 이유로 우위에 있지 않는다.
   (2) 1954년 당시 조약들에 대한 특칙
   어떠한 경우에도 (1954년 8월 16일 이후 개정된 것들을 포함하여) 이 법의 어떤 조항도 1954년 8월 16일 유효한 미국의 조약상의 의무에 반하는 방식으로 적용될 수 없다.
   1988년 개정된 내국세입법 제894조의 규정은 위에 비하면 매우 완화된 표현을 사용하고 있다.
   § 894. 조약에 의하여 영향을 받는 소득
  (a) 조약 조항들
   (1) 일반사항

들을 볼 수 있다. 결론부터 말하자면 조세조약의 무효화가 미국과 우리나라 간 사례에서처럼 양 당사국의 합의에 의한 것이라면 사실상 조세조약의 개정에 해당하는 경우도 있지만 호주의 경우에서처럼 일방적으로 이루어진다면 비엔나협약의 정신에 위배된다는 점은 분명하다.

1) 미국의 외국인부동산과세법[210]

부동산주식을 이용한 조세조약의 남용에 대해서는 미국에 있어서도 국내세법상 일반적인 조세회피방지규정으로는 곤란하여 일방적으로 조세조약을 무효화하는 국내세법을 도입하는 방법이 사용되었다. 외국인부동산과세법에 따라 1985년부터 미국이 조세조약에 불구하고 부동산주식에 대해 과세하도록 내국세입법 제897조가 개정되었다. 조세조약과의 충돌이 문제되자 미국의회는 4년의 유예기간을 두었다. 이후 1984년 FIRPTA의 규정은 기존의 조세조약에 불구하고 적용된다고 개정하였다.[211] 이로써 미국의 조세조약이 일방적으로 개정된 결과가 초래되었다.[212] FIRTPA는 미국에서 내국인과 외국인 간의 무차별한 과세라는 논거와 함께 법인격부인 또는 투시이론(look through rule)으로 이해될 수 있다고 한다.[213] 그리고 이는 국내세법상의 조세회피방지규정으로는 과세하기 곤란하지만 명백하게 조세조약의 취지에 반하는 행위에 대해 규제하기 위한 것이었다고 이해될 수도 있다.[214]

우리나라는 미국과 상호협의를 통해 한국에서도 미국 거주자의 한국 내

이 법의 조항들은 어떤 납세자에게 적용되는 미국이 체결한 조약상의 의무와 관련하여 해당 납세자에게 적용된다.
(2) 상호참조
조약과 이 법 간의 관계에 대해서는 제7852조 제(d)항 참조.
210) 오윤, 조세조약상 소득귀속에 관한 연구, 국민대학교 박사학위논문, 2007 참조.
211) Stef van Weeghel, op.cit., p.205.
212) Klaus Vogel, Klaus Vogel on Double Taxation Conventions, 3rd edition, Kluwer Law International, 1997, p.822.
213) Richard L. Kaplan, Creeping Xenophobia and the Taxation of Foreign-Owned real Estate, 71 Geo. L.J. 1091, 1092-1128(1983), Foundations of International Income Taxation, p.345.
214) Reuven S. Avi-Yonah, "Tax Treaty Overrides : A Qualified Defence of US Practice", Tax Treaties and Domestc Tax Law, IBFD, 2006, pp.78-79.

부동산주식에 대해 과세하기로 결정한 바 있다. 이로써 우리나라도 조세조 약을 무효화하게 된 것인데 재미있는 점은 우리나라는 2001년 5월 국내 예규215)를 통해 조세조약을 무효화하고 있는 것이다. 한편 미국은 FIRPTA를 제정하면서 관련 외국과 협의하였다고 한다.216) 같은 위치에 처하게 되었던 일본은 2003년 미국과의 조세조약의 개정을 통해 부동산주 식에 대해 원천지국으로서 과세권을 배분받게 되었지만(동 조약 제13조), 조약개정 당시 국내세법상 부동산주식에 대한 과세조항이 없어 과세할 수 없었는데 2005년 세법을 개정하여 과세할 수 있게 되었다.217)

2) 호주의 국제조세조약법

조세회피방지규정을 조세조약의 해석에 적용할 수 있다는 국가들도 그 정도에 있어서는 각기 다르다. 미국의 경우에는 그 범위가 매우 넓은 반면 호주에 있어서는 그렇지 못하다.218) 이를 알 수 있는 사건이 Lamesa 사 건219)이다. 1998년에 1953년 국제조세조약법(international tax agreements act 1953)을 개정하여 그 제3A조를 도입한 것으로 귀결이 된 사건이다. 1998년 호주정부는 1953년 국제조세조약법을 개정하여 그 제3A조에서 다 음과 같은 규정을 두게 되었다.

---

215) 재경부국조46017-89(2001.5.23.)의 예규의 적용시기에 대해서는 미국과의 조세조약이 사실상 무효 화된 1984년인지 아니면 2001년인지 불분명하다. 예규의 내용은 아래와 같다.
　　미국의 거주자가 취득하는 소득세법 제119조 제9호 및 동법시행령 제179조 제8항 …… 규정에 의 한 기타 자산의 양도소득에 대하여는 한·미조세조약 제15조 부동산소득 규정이 적용되는지, 제16조 양도소득 규정이 적용되는지 여부에 대해서는 '대한민국과 미합중국간……협약' 제15조 제1항의 규 정에 의하여 국내에서 과세할 수 있을 것임. 한미조세조약 제15조 제1항은 '(1) 사용료 및 자연자원 의 채취에 관련된 기타의 지급금을 포함한 부동산소득과, 동 사용료 또는 기타의 지급금을 발생시키 는 재산 또는 권리의 매각·교환 또는 기타의 처분으로부터 발생하는 이득은, 그러한 부동산 또는 자연자원이 소재하는 체약국에 의하여 과세될 수 있다. (중략)'
216) 本庄 資, 『國際租稅法』, 大藏財務協會, 2005, p.47. 그러나 실제 어느 정도 협의하였는지는 확인곤 란하다.
217) 本庄 資, 상게서, pp.170-171.
218) Frederik Zimmer, General Report, "Substance over Form", Cahiers, IFA, 2002 참조.
219) Commissioner of Taxation v. Lamesa Holdings BV(1997) 36 ATR 589.

중간에 개입한 실체를 통한 부동산의 처분[220]

(1) 이 조는 다음의 경우에 대해 적용한다.

  (a) 자산이 전적으로 또는 주로 부동산(아래 합의서에서 규정하는 의미에 의한 부동산) 또는 토지와 관련된 다른 권리로 구성된 회사의 주식 또는 그와 유사한 권리나 다른 실체에 대한 그러한 권리의 처분으로부터의 소득, 이윤 또는 이득과 관련된 조항이 해당 합의서에 있는 경우,

  (b) 이 법은 1998년 4월 27일 이전에 체결된 그러한 합의서에 대해서도 적용한다.

(2) 이 법을 적용하는 데 있어 위 조항은 자산의 가치가 직접적이거나 간접적으로 하나 또는 그 이상의 회사나 다른 실체를 통하여 전적으로 또는 주로 그러한 부동산이나 권리에 귀속시킬 수 있는 회사의 주식 또는 그와 유사한 권리나 다른 실체에 대한 그러한 권리의 처분으로까지 확대된다.

이에 따라 호주·네덜란드 조세조약 제13조의 규정을 적용함에 있어 1998년 이전으로 소급하여 '간접적인 이해'도 부동산과 같이 보아 과세할 수 있게 되었다. 이러한 규정은 조약의 무효화에 해당한다고 볼 수 있다. 특히 OECD가 부동산주식에 대해서는 1989년의 '조세조약무효화에 관한 연구(Report on Tax Treaty Override)'에서 부동산주식에 대해 조세조약체결 이후 도입한 국내법에 의해 부동산과 같이 보아 과세하는 것은 조약무효화에 해당한다는 보고를 하고 있는 섬을 삼안한다면 너욱 그러하다. 호주에서는 조약무효화는 위법이기 때문에 법원이 1953년 국제조세조약법의 제3A조를 받아들이지 않을 것이라는 분석이 있다.[221]

---

220) 원문은 아래와 같다.

Alienation of real property through interposed entities

(1) This section applies if:

(a) an agreement makes provision in relation to income, profits or gains from the alienation or disposition of shares or comparable interests in companies, or of interests in other entities, whose assets consist wholly or principally of real property (within the meaning of the agreement) or other interests in relation to land; and

(b) this Act gave that provision the force of law before 27 April 1998.

(2) For the purposes of this Act, that provision is taken to extend to the alienation or disposition of shares or any other interests in companies, and in any other entities, the value of whose assets is wholly or principally attributable, whether directly, or indirectly through one or more interposed companies or other entities, to such real property or interests.

221) Michael Kobetsky, "The aftermath of the Lamesa case: Australia's double tax treaty override", Bills Digest No.107 1999 – 2000, Parliament of Australia.

3) 캐나다의 조세조약해석법[222]

1983년 캐나다는 조세조약해석법을 제정하여 유동적 해석(ambulatory interpretation)의 범주를 다음과 같이 법제화한 바 있다.[223]

> 3. 조약상의 조항이나 그 조약을 캐나다에서 발효시키는 법률에 불구하고, 캐나다법
>   상, 해당 조약에서 사용된 용어가
>   (a) 그 조약에서 정의되지 않았거나
>   (b) 그 조약에서 완전하게 정의되지 않았거나
>   (c) 캐나다의 법률을 원용하여 정의하고 있는 한
>   그 용어는 조약의 문맥상 달리 해석되지 않는 한 소득세법의 목적을 위한 의미를
> 갖는다.

그리고 소득세법은 수시로 개정되는데 그렇게 개정되어 조약발효일 이후 그 의미가 바뀌게 된다 하더라도 조약체결 또는 발효일 유효한 의미대로 해석되지 않고 개정된 의미대로 해석된다.[224] 제정 당시 이 법은 발효일(1983년 6월 23일) 이후의 사안에 대해서만 적용되도록 되어 있었다. 동법이 입법적으로 조세조약을 무효화하는 규정을 담고 있으며 그간 캐나다의 조약해석에 관한 제도를 수정하는 것이기 때문에 소급효를 배제하고자 하였던 것이다. 2004년에는 조세조약을 적용함에 있어 국내세법상의 일반적인 조세회피방지규정이 적용될 수 있도록 하는 조항(동법 제4.1조)이 도입되었는데 이 조항은 1983년까지 소급적용할 수 있도록 하고 있다. 한편

---

222) 오윤, 외국펀드와 조세회피, 학술진흥정보(주), 2008 참조.

223) 조문에 대해서는 다음의 링크가 유용하다. http://laws.justice.gc.ca/en/I-4/247883.html

224) 3. Notwithstanding the provisions of a convention or the Act giving the convention the force of law in Canada, it is hereby declared that the law of Canada is that, to the extent that a term in the convention is
(a) not defined in the convention,
(b) not fully defined in the convention, or
(c) to be defined by reference to the laws of Canada,
that term has, except to the extent that the context otherwise requires, the meaning it has for the purposes of the Income Tax Act, as amended from time to time, and not the meaning it had for the purposes of the Income Tax Act on the date the convention was entered into or given the force of law in Canada if, after that date, its meaning for the purposes of the Income Tax Act has changed.

전술한 OECD의 "국내조세회피방지규정의 의미"에서 캐나다정부는 각 나라에서의 적용양태가 다르지만 국내세법상의 일반적인 조세회피방지 룰이 조세조약에 적용하는 것을 옹호한 바 있다.[225]

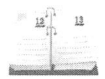 사례 | Lamesa 사건(Commissioner of Taxation v. Lamesa Holdings BV(1997) 36 ATR 589)

사실관계

미국의 투자자들이 Lamesa의 지분을 취득하였다. Lamesa는 네덜란드에서 설립된 비공개 유한회사(private limited company)이다. Lamesa는 호주의 회사(Australian Resources Limited, ARL)를 매입하였다. ARL은 다시 호주의 다른 회사(ARM, Australian Resources Mining Limited Pty)를 매입하였다. 1992년 ARM은 호주의 금광회사인 Arimco를 사들였다. 1993년 ARL은 상장되었으며 그때 Lamesa이 ARL에 대한 지분은 67.35%였다. 1996년 Lamesa는 ARL에 대한 지분을 매각하였다.

호주 과세당국은 Lamesa에 대해서는 호주와 네덜란드 간 조세조약 제13조의 규정이 적용된다고 보아 경정하였다. 제13조 제1항은 부동산양도차익은 부동산소재지국에서 과세된다고 규정하고 있으며 제2항 (a)(ⅲ)은 부동산에 대한 '직접적인 이해(direct interests)'로 구성된 주식은 부동산으로 본다고 규정하고 있다.

쟁점

국내세법상 일반적 조세회피방지규정에 따라 부동산주식의 실질을 부동산으로 보아 조세조약을 적용할 수 있는가?

---

225) 본서 제4장 제2절 Equilease사건 참조.

■ 법원의 판단

호주에서는 조약이 국내법에 우선하여 적용되는 원칙에도 불구하고 1953년 국제조세조약법상 몇 가지 예외가 규정되어 있다. 그중 하나가 동법 제4조 제2항[226])의 규정에 의해 세법상 일반적인 조세회피방지규정은 조세조약에 우선하여 적용된다는 것이다.[227) 호주의 과세당국은 Lamesa의 투자구조에 있어 Lamesa가 비록 부동산에 대해 간접적인 이해만 가진 주식을 보유하고 있지만 1953년 국제조세조약법 제4조 제2항의 규정에 의하여 실질을 보는 일반적인 조세회피방지규정에 따라 직접적인 이해를 가진 주식과 같이 볼 수 있다는 주장을 하였다. 호주법원은 과세당국의 입장을 수용하지 않았다. 조세조약의 문리해석을 강조한 것이다.

사례 | MIL(Investments) 사건

■ 사실관계

1993년 Boulle는 Diamond Field Resources Ltd.('DFR')의 주식을 매수하기 시작하였다. DFR은 캐나다의 상장법인이었다. 1993년 3월 10일 Boulle는 DFR에 대한 자기의 지분 29.4%를 케이만아일랜드에서 신설된 법인인 MIL(Investments) S.A.('MIL')에 이전하였다. 그런데 MIL은 Boulle가 완전소유하는 법인이었다. DFR은 다이아몬드 광산을 매입하고 개발하는 업을 하는 법인이었는데 1994년 라브라도르의 보이지 만 근처에

---

226) (2) The provisions of this Act have effect notwithstanding anything inconsistent with those provisions contained in the Assessment Act (other than section 160AO or Part IV of that Act) or in an Act imposing Australian tax(이 법의 조항들은 소득세법이나 호주의 조세의 부과에 관한 법에 규정된 어떠한 조항들보다도 우선 적용된다(동법의 제160AO 및 제4편상의 규정을 제외한다). '160AO'는 외국납부세액공제에 대해 'Part IV of that Act'는 일반적인 조세회피방지에 대해 규정하고 있다.

227) Brian J. Arnold and Stef van Weeghel, op.cit., p.103.

서 대형 니켈 구리 및 코발트광산을 발견하였다. 1995년 3월 Teck Corp.('Teck')는 DFR 지분의 10%를 1억 8백만 달러에 매입하고 DFR과 주식추가매수금지계약(standstill agreement)을 체결하였다. 그에 따라 Teck는 DFR의 허락 없이는 DFR 주식을 더 이상 매입하지 않도록 되어 있었다.1995년 6월 Inco Limited('Inco')는 DFR의 완전자회사 보이지 만 니켈유한회사의 지분 25%를 매수하고 역시 DFR과 주식추가매수금지계약을 체결하였다. 동시에 Inco와 MIL 간에는 주식교환계약이 체결되었다. 그에 따라 캐나다 세금부과가 이연되는 방법으로 MIL의 DFR에 대한 지분이 9.817%로 축소되게 되었다. 1995년 7월 MIL은 룩셈부르크로 이전하였으며 이후 Inco에 대한 지분을 처분하고 6,500만 달러의 자본이득을 실현하였다. MIL은 캐나다 룩셈부르크조세조약 제13조에 따라 자신의 자본이득에 대해 캐나다에 과세권이 없음을 주장하였다. 한편 룩셈부르크에서도 한 푼의 세금을 내지 않았는데 그 이유는 룩셈부르크 세법상 해당 주식의 원가는 회사의 이전 당시의 가치로 되어 있기 때문이다. 실제 그 가치는 실제 매도한 가액을 상회하는 것이었다. 캐나다 국가세입부장관은 일반적 조세회피방지규정을 적용하여 조세혜택의 부여를 배제하는 견정을 하였다. 대안적인 논거로서 조세조약에 내재하는 조세회피방지원칙도 제시하였다. 장관은 일련의 거래행위(DFR과 Inco의 주식교환, 마지막 배당지급, MIL의 룩셈부르크로의 이전)가 '조세회피행위(avoidance transaction)'라고 주장하였다.

■ 조세법원(MIL(Investments) S.A. v. The Queen, 2006 TCC 460)

조세조약해석법 제4.1조가 1988년 소득세법 제245조 제2항[228])이 도입된 이후 발생한 사건까지 소급하여 적용할 수 있다는 것에 대해 동 조항은 이미 존재하는 조세조약 적용에 관한 원칙을 명확히 한 것이기 때문에 소

---

228) 거래가 조세회피(avoidance transaction)에 해당하는 경우 어떤 사람에 대한 조세부과는 이 조항이 없었다면 그러한 거래나 또는 그러한 거래를 포함하는 일련의 거래들로부터 직·간접적으로 나타나는 조세혜택을 상황에 비추어 보아 적절히 부인해야 한다.

급적용하는 것이 비록 위법한 것은 아니지만 적절하지 않다고 보았다. 조세조약 남용 방지를 위한 목적론적 해석은 가급적 삼가야 한다고 하면서 정상적인 사업목적을 달성하기 위한 법형식의 선택은 자유이며 그러한 자유에는 적용받을 조세조약의 선택도 포함된다고 하고 있다.229) 여기서 선택된 조세조약 중 어떤 조항의 적용(rule shopping)에 있어 남용을 방지하는 것과 하나의 조세조약의 선택(treaty shopping)과는 구분하여야 한다고 한다. rule shopping의 방지는 해당 조세조약에 내재되어 있을지 몰라도 treaty shopping의 방지는 그렇지 않다는 취지이다. 조세조약해석법 제4.1조는 소급적용되지 말아야 한다는 것이다.

■ 항소법원(MIL(Investments) S.A. v. Her Majesty the Queen, 23 June 2007)
2007년 상급심인 항소법원도 소급효를 배제한 원심을 유지하였다.

제3항 조세피난처세제

오늘날 기업들이 그룹관계사를 이용하여 주로 소득을 모아 두는 곳(parking)으로 조세피난처를 이용하는 경향이 있다. 각국의 세법이나 조세조약상 소득에 대한 과세권의 배분에 관한 규정, 원천지에 관한 규정 및 거주지에 관한 규정 또는 이전가격에 관한 규정들을 활용하여 세율이 낮은 지역에 소득을 모으고 소득의 분배를 미루는 방법으로 조세를 회피하고 있는 것이다. 실제 조세부담을 미루면 미룰수록 그곳에서 소득은 늘어날 것이지만 조세부담이 거의 없으며, 투자자들이 거주지국에 세금을 늦게 낸다 하여 이자를 부담하는 것도 아니니 조세피난처는 절세에 매우 유익한 은신처를 제공하는 셈이다. 조세피난처에 소득을 모으기 위해서는 소득을 모아 놓을 법적인 실체 또는 장치가 필요하다. 소득의 귀속주체로서의

---

229) Jack Bernstein, Canadian GAAR and Treaty Shopping: A Taxpayer Victory, 2007, 35, pp.873 –874.

역할을 담당할 인(person)이 필요한 것이다. 이는 개인이 될 수도 있고, 법인 또는 기타 단체가 될 수도 있지만 대체로 현지의 법인형태를 빌린다. 이러한 법인은 외양에 불구하고 실제에 있어서는 소득을 모아두기 위한 특수목적회사(special purpose company)[230]라고 보아야 한다.

1. 입법론

조세피난처세제에는 피지배회사제도와 해외투자펀드제도가 있다. 우리나라는 국제조세조정에관한법률에서 피지배회사제도만을 도입하고 있다. 피지배외국법인(Controlled Foreign Corporation)제도에 따르면 역외금융센터와 같은 조세피난처에 설립된 피지배회사의 유보소득은 주주인 투자가들에게 실제로 배분되지 않은 경우라 하더라도, 일정 요건을 충족하는 경우 동 유보소득이 주주들에게 귀속된 것으로 보고 이들에게 소득세(법인세)를 부과하게 된다. 대부분의 국가의 피지배회사제도는 그 적용요건의 하나로서 거주자인 주주가 피지배회사 총 지분의 상당비율(통상 10% 이상 등)을 보유하도록 하고 있다. 이에 따라 국내의 거주자가 다수 소액 투자하여 조세피난처에 투자펀드를 설립한 포트폴리오투자에 대해서는 이 제도가 적용되지 않는다.

이러한 취약점을 보완하기 위해 미국, 캐나다, 독일 및 영국 등 일부 OECD국가에서는 '해외투자펀드(Foreign Investment Fund: FIF)제도'를 도입하고 있다. 이 제도에 따르면 거주자가 해외펀드(특히 역외금융센터에 설립된 역외펀드)에 투자를 하는 경우 일정 요건을 충족한다면 펀드의 소득을 주주들에게 귀속된 것으로 보고 이들에 대해 소득세 또는 법인세를 부과하게 된다. 미국에서 FIF제도라고 할 수 있는 것으로서는 해외수동소

---

230) 일반적으로 특수목적회사는 법적 형태에 불구하고 특정한 목적만을 위하여 존재하다 사라지는 회사를 말한다. 목적하는 바 사업만 정관에 기재하고 그러한 목적이 달성되면 소멸한다. 그러나 여기서 필자가 특수목적회사라고 한 것은 한시적인 성격보다는 주된 목적이 소득의 parking 하나로 되어 있는 점에 착안하여 그리 표현한 것이다.

득투자회사(Passive Foreign Investment Company, PFIC)에 대한 과세제도가 있다. PFIC가 미분배이윤에 대해 당년도 과세되는 것을 선택하지 않을 경우에는 특정 연도의 초과분배금을 전 3년에 배분하여 세액계산하고 늘어난 세액에 이자계산을 한다. 여기서 초과분배금이라 함은 전 3년의 평균 분배금의 125%를 초과하는 분배금을 말한다.[231]

(1) 우리나라

조세피난처의 이용이 늘어날수록 원투자자의 거주지국가는 세원이 일실되게 되므로 그에 대응하는 마땅한 대응책을 마련하게 된다. 우리나라 세법상 이에 대한 대응책으로서 도입된 것이 조세피난처세제이다. 국제조세조정에관한법률에서는 일정한 요건을 충족하는 경과세국 또는 조세피난처에 일정 업종을 영위하는 자회사를 설립한 내국법인은 당해 자회사가 얻은 소득을 배당으로 지급하지 않은 경우에도 이를 마치 배당한 것처럼 소득으로 인식하여야 한다.

국제조세조정에관한법률은 비록 조세피난처에 소재하는 자회사라 하더라도 조세피난처에 사업을 위하여 필요한 사무소, 점포, 공장 등의 고정된 시설을 가지고 있고 그 시설을 통하여 사업을 실질적으로 영위하고 있는 경우에는 조세피난처세제를 적용하지 않도록 하고 있다. 다만 다음과 같은 법인의 경우에는 고정된 시설을 가지고 실질적인 사업활동을 하는 경우에도 동 세제의 적용을 받는다.

1. 도매업, 금융 및 보험업, 부동산업, 임대업, 정보처리·컴퓨터운영관련업 및 건축기술 및 엔지니어링서비스업을 영위하는 外國法人으로서 수입금액의 합계액 또는 매입원가의 합계액이 총 수입금액 또는 총 매입원가의 100분의 50을 초과하고 수입금액의 합계액 또는 매입원가의 합계액 중 특수관계자와 거래한 금액이 이들 업종에서 발생한 수입금액의 합계액 또는 매입원가의 합계액의 100분의 50

---

231) 내국세입법 제1291조 내지 제1297조.

을 초과하는 法人

2. 주된 사업이 주식, 출자지분 또는 채권의 보유, 지적재산권의 제공, 선박·항공기
   ·장비의 임대, 투자신탁 또는 기금에 대한 투자인 법인. 다만 조세피난처에 소재
   하는 해외지주회사라도 다음의 기준을 모두 충족하는 지주회사는 조세피난처세제
   의 적용을 배제한다.
   - 지주회사가 자회사의 주식 등을 배당기준일 현재 6월 이상 보유할 것
   - 지주회사가 자회사로부터 수취하는 배당소득의 합계액이 이자·배당·사용료·
     주식양도차익 합계의 90% 이상일 것
   - 해외지주회사의 자회사가 다음의 요건을 충족하여야 함
     • 모든 자회사가 지주회사와 동일한 지역 또는 국가에 소재할 것
     • 모든 자회사의 발행주식 또는 출자금액의 50% 이상을 해외지주회사가 소유하
       고 있을 것
     • 모든 자회사가 조세피난 방지세제의 적용을 받지 아니할 것

그리고 조세피난처세제가 적용되는 도매업 판정 시 당해 연도(1년 기준)
의 수입금액만으로 판정할 경우에는 일시적으로 주업이 도매업이 되는 경
우에도 조세피난 방지세제가 적용될 수 있으므로 당해 연도 포함 3년간
평균 수입금액(매입원가) 기준으로 판정기간을 연장한다. 이는 국내기업들
이 해외시장 개척 시 판매기지(도매법인)와 동일 지역에 생산원가가 저렴
한 생산기지(제조법인)를 설립하여 그 제조법인으로부터 제품을 구매하여
판매하고 있는데 이러한 경우 도매업이라 하더라도 조세피난 방지세제 적
용을 배제하여 우리나라 기업의 국제경쟁력을 지원하기 위함이다.

조세피난처세제는 특수관계기업인 해외자회사와의 구조에 대해 적용되는
것이므로 기업들은 다음과 같은 회피구조를 설정할 수도 있었지만 2003년
국제조세조정에관한법률이 개정되어 이러한 경우 부분자회사도 특수관계기
업에 포함하도록 함으로써 이것이 원천적으로 곤란하게 되었다. 즉 조세피
난처 지역에 2개의 자회사를 설립하는데 하나는 100% 자회사로 다른 하
나는 특수관계기업의 범주를 벗어나는 지분을 보유하는 자회사로 한다. 부
분자회사가 국내모회사와 완전자회사 간의 거래에 중계역할을 하면서 완
전자회사의 소득을 부분자회사가 모두 이전받아 간다면 완전자회사의 배

당가능이익이 없어져 조세피난처세제의 도입취지가 무색해지게 된다.

(2) 외국의 사례

2002년 현재 조세피난처세제를 도입한 국가는 22개국에 이른다. 1962년 미국이 최초로 도입하였으며, 이후 일본(1978) 및 영국(1984년) 등지에서 도입되었으며 우리나라에서는 1997년에 도입되었다.[232]

1) 미국의 조세피난처세제

미국의 조세피난처세제는 익히 알려진 바와 같이 특정한 지역을 조세피난처로 지정하고 그곳에 설립된 자회사의 유보소득에 대해 일률적으로 배당으로 간주하는 대신 해외자회사에 귀속하는 일정한 종류의 소득 — 주로 수동소득(passive income) — 에 연원하는 유보소득에 대해서는 모두 배당으로 간주하는 제도를 채택하고 있다. 따라서 명칭도 '조세피난처'를 활용하지 않고 소득을 지정하고 있는 세법 부분을 따서 'subpart F 소득'제도라고 하고 있다. 또는 일정한 요건을 충족하는 해외자회사에 한정하여 적용되는 것이므로 피지배외국법인(Controlled Foreign Corporation) 제도라고 하기도 한다. 미국 세법상 'subpart F 소득'에 해당하는 소득들은 다양하게 설정되어 있는데 그 대종은 해당 소득의 경제적 실질을 볼 때 수동소득, 즉 이동성이 높은 소득(mobile income)으로 되어 있다.

미국 내국세입법은 이 유형에 해당하는 소득에 대해서는 갖가지 방법으로 규제장치를 설정함으로써 미국의 과세기반이 잠식되지 않도록 하고 있다. 예를 들면, 미국은 국제적 이중과세방지를 위해 외국납부세액공제제도를 운영하면서 외국납부세액공제한도를 설정할 때 다소 독특하게 소득들을 일정 그룹으로 분류하고 한도액 계산은 해당 그룹별로 하도록 하고 있

---

232) Brian J. Arnold & Michael J. McIntyre, International Tax Primer, Kluwer LawInternational, 2002, pp.87 - 102.

다. 이때 이동성이 낮은 소득들은 그 소득들이 가져온 한도 이상으로 세액공제를 받지 못하도록 하고 있다. 즉 이동성이 높은 소득이 조세피난처에 가서 저세율을 적용받으면서 확보한 한도를 활용하지 못하도록 하고 있는 것이다. 이는 조세피난처로 이동성이 높은 소득이 몰리는 것을 방지하는 효과가 있다. 또한 세율이 높은 국가에 이동성이 낮은 소득이 몰리는 것도 방지하는 효과가 있다. 이동성이 낮은 소득은 견실한 사업소득 및 근로소득으로서 실질적인 경제활동을 수반하는 것인데 그것이 다른 경쟁국가— 예를 들면, 독일이나 일본 등 — 에 가지 않고 미국 내에 남도록 하는 효과를 가져오는 것이다.

2) 일본의 조세피난처세제

일본에도 우리와 유사한 조세피난처세제가 도입되어 있는데 그중 아래에 대해서는 특별히 언급할 필요가 있다.

① 조세피난처를 이용한 삼각합병

일본의 국내세법상 일정 요건을 충족하는 합병에 대해서는 합병으로 인계되는 자산의 양도차익을 인식하지 않도록 하고 있다. 이러한 규정은 상법에 삼각합병의 규정이 도입되면서 피합병법인의 주주가 신설법인의 주식이 아닌 신설법인의 모회사의 주식을 취득하는 경우에도 양도차익을 인식하지 않을 수 있게 확대되었다. 그러나 이러한 규정이 외국법인이 모회사가 되는 삼각합병에까지 적용되지는 않는다. 조세피난처에 소재하는 모법인이 국내에 자회사를 설립하고 국내의 대상기업과 합병하도록 할 경우에 대해서까지 과세상 조세이연의 특례를 부인하게 될 경우 조세피난처에 자국자본이 진출할 유인이 더 늘어날 것이므로 그러한 경우에 대해서는 과세이연 혜택을 배제하는 것이다.

② 법인도치방지규정(anti-inversion provision)[233]

국내회사에 대한 지분보유를 위해 조세피난처에 회사를 설립한다면 국내자본의 공동화가 초래될 가능성도 있다. 물론 일반적인 조세피난처에 지급하는 배당에 대해서는 국내세법에 따라 과세할 것이지만, 저세율 국가로서 조세조약을 체결한 국가로 지주회사를 옮기게 되면 그러한 가능성이 매우 높아진다.[234] 일본에서는 이러한 법인도치[235]에 의한 조세회피 방지를 위해 다음의 경우에는 적격합병에 대한 비과세 혜택을 주지 않는다.[236]

ⅰ) 기업그룹 내의 법인 간에 합병 등(경과세국에 소재하는 실체가 없는 외국모회사의 주식을 대가로 하는 것에 한한다)이 진행되는 경우에 있어서, 합병법인 등에도 사업의 실체가 인정되지 않을 때는 적격합병 등에 해당하지 않는 것으로 한다.[237]

ⅱ) 합병 등(경과세국에 소재하는 실체가 없는 외국모회사의 주식을 대가로 하는 것에 한한다)이 진행된 경우에 있어서, 그 합병 등이 적격합병 등에 해당하지 않을 경우는, 그 합병 시점에 주주의 구주의 양도차익에 대하여 과세한다.[238]

ⅲ) 내국법인이 보유하는 외국자회사(외국자회사합산세제의 적용대상이 되는 것에 한한다)의 주식을 경과세국에 소재하는 실체가 없는 외국모회사(그 내국법인의 80% 이상의 지분 보유) 또는 그 외국모회사와 관련되는 외국자회사에 현물출자하는 경우에는, 그 현물출자는 적격현물출자에 해당하지 않는 것으로 한다.[239]

ⅳ) 내국법인(소수의 주주그룹에 의하여 지배(80% 이상의 지분 보유)되는 것에 한한다)의 주주가 조직개편 등에 의하여 경과세국에 소재하는 실체가 없는 외국법인

---

233) 이는 미국 내국세입법 제367조 및 7874조의 규정을 참조하여 도입한 것이다.
234) 緒方 健太郎, Cross-border 조직재편성에 관한 세제 개정(Inversion 대책 등)에 대해, Finance, 2007.8.
235) 굳이 번역하자면 '법인 도치(倒置)'로 표현할 수 있겠다. 절세 등의 목적으로 조세피난처로 회사의 등록지를 옮기는 등 원래의 거주지국을 이탈하는 현상을 말한다. 미국에서는 미국의 모회사가 있는데 국외에 그 모회사를 지배하는 회사를 만듦으로써 그룹의 미국 외 활동으로부터의 소득에 대한 미국 내 과세를 회피하는 것을 의미하는 것으로 이해한다. 이러한 inversion을 위한 국외법인의 설립 등의 활동에 미국 내에서 출국세 등의 제재가 없어 미국 내 세원이 일실된다는 지적이 일자 일정한 경우에는 해외에 설립된 새로운 모회사가 미국 내국세입법 목적상 미국 내 법인으로 취급한다는 내국세입법 제7874조가 도입되었다. inversion은 특히 미국 내국세입법상 법인의 거주지에 대해 '실질적 관리장소' 기준을 채택하지 않고 설립준거법주의를 채택하고 있는 데서 주로 발생하는 문제이다.
236) 마영민, 상법의 개정과 합병세제, 한국세법학회 제93차 정기학술대회, 2008.3.
237) 일본 조세특별조치법 제68조의2의3.
238) 일본 조세특별조치법 제37조의14의3, 제68조의3, 제68조의109의2.
239) 일본 조세특별조치법 제68조의2의3.

을 통하여 그 내국법인(그 내국법인의 자산, 부채의 거의 모두를 취득한 다른 내국법인을 포함)을 지배(80% 이상의 지분 보유)하게 된 경우에는, 그 외국법인 또는 그 외국법인에 관련되는 외국자회사(경과세국에 소재하는 실체가 없는 외국자회사에 한한다)에 유보한 소득을 그 지분비율에 따라 그 외국법인의 주주인 거주자 및 내국법인의 소득에 합산하여 과세한다.[240]

3) 영국의 역외신탁을 통한 조세회피방지제도

영국에는 역외신탁을 통한 영국과세의 회피를 방지하기 위한 특별한 규정을 두고 있다. 즉 영국 거주자가 역외의 누군가의 소득을 향유할 권리를 가진 경우에는 영국에서 납세의무가 있는 것으로 하고 있다. 미국도 유사한 제도를 도입하고 있다. 그러나 역외신탁은 조세를 회피하는 데 매우 효과적이어서 전 세계 자산의 20%가 역외신탁의 형태로 운용되고 있다는 보고도 있을 정도이다.[241]

4) 네덜란드 및 프랑스

조세피난처에 소재하는 자회사 또는 고정사업장으로부터의 소득에 대해 경영참여소득면제제도(participation exemption)의 적용을 배제한다.

2. 해석론

조세피난처에의 소득 거류(parking)에 대응하는 수단이 조세피난처제도만 있는 것은 아니다. 조세피난처에 소재하는 법인의 세법상 법인격을 부인하는 방법은 법인의 형식을 취하였지만 실체가 존재하지 않는다는 논리이다. 그 법인과의 거래를 부인하는 방법은 해당 거래가 경제적 목적이 없는 가장거래라는 논리이다. 실질적으로 개인과 법인 사이의 거래이면서 형식적으로 중간에 자연인을 개재시킨 경우에 그 중간의 거래가 가장행위라

---

240) 일본 조세특별조치법 제40조의10내지40조의12, 제66조의9의6내지 제66조의9의9, 제68의93의6내지 제68의93의9.
241) Barry Spitz, supra, p.4.

고 인정되는 때에는 과세상 의미를 가지지 아니하는 그 가장행위를 사상하고, 그 뒤에 숨어 있는 실질에 따라 개인과 법인과의 거래를 보아야 한다.242) 여기서 '가장행위'라 함은 밖으로 표시된 행위 자체가 당해 납세자의 진의에 기하지 않은 경우이다.243) 민법 제108조의 통정허위표시가 그 대표적인 예이다. 실질과세의 원칙을 적용하기보다는 가장행위에 의하여 은닉된 실제 거래행위가 있을 때에는 그 가장행위에 불구하고 그 은닉된 행위를 바로 인정한다. 그 거래의 실질적인 귀속자를 원투자자로 인정하는 방법244) 등이 그것들이다.

제4항 이전가격과세제도

국내의 갑과 을이 특수관계자로서 갑은 해당 사업연도에 큰 이익을 보았고 을은 손해를 보았는데 갑이 을로부터 을 소유 물건을 시장가격보다 매우 비싼 값에 사서 제3자에게 손실을 보면서 매각한다면 을은 많은 시세차익을 보아 자신의 결손금과 상계할 수 있는 반면, 갑은 본건 매각손실액을 다른 이익과 상계할 수 있게 된다. 그룹 전체적으로는 제3자에게 시장가격으로 매각하였지만 내부거래과정에서 절세를 하게 된다. 이러한 특수관계자 간의 거래는 국내거래뿐 아니라 국제거래에서도 나타날 수 있다. 특히 국제거래에 있어서는 소재지별로 실효세율이 서로 달라 일방이 결손금이 없는 경우라 하더라도 얼마든지 조세재정의 기회를 살릴 수 있게 된다. 국제거래에서 나타나는 이러한 조세회피에 대응하기 위한 제도가 이전가격세제이다. 우리나라에서는 국내거래에서 나타나는 것은 이전가격세제와 일단 구분이 되는 부당행위계산부인제도에 의하여 다루고 있다.

우리나라에서 자본거래와 관련된 이전가격과세쟁송사례는 찾아보기 어렵

---

242) 대법원 91누 12103, 1992.5.22.
243) 임승순, 조세법, 박영사, 2005, p.55.
244) 실질과세의 원칙에 따라 거래에 따른 소득의 경제적 또는 실질적인 귀속자를 기준으로 세법을 적용한다는 논리이다.

다. 이는 이전가격과세와 관련된 조세분쟁을 법원에서 다투기보다는 과세당국 간 상호합의의 방법에 의해 해결하여 오고 있기 때문이다. 최근에는 사전가격승인이 활성화되면서 더욱 판례를 찾기 힘들게 되어 가고 있다. 거의 유일한 사례로서 서울고법의 판례 93구13744(1995.09.28.)를 들 수 있다. 동 판결의 판결요지는 사안의 내용까지 잘 요약하고 있어 아래 인용한다.

> 외국은행의 국내지점이 수행하는 스왑거래는 제반 여건상 거래에 따른 위험을 전부 부담하여 독자적으로 스왑거래가격을 제시할 수 있는 수준에 미치지 못하여 해외은행으로부터 가격을 제시받아 이에 일정한 이익률을 가산하는 형식으로 이루어지고 있어 환율이나 이자율의 변동에 영향을 받지 아니하는 국내 스왑거래의 특성상 국내지점으로서는 스왑거래의 종류가 무엇이 되었든 항상 일정액의 수수료를 수취할 수 있는 것이므로 위 스왑 간의 이익률에 차이가 있다고 볼 수 없는 점에 비추어 표본으로 삼은 거래가 통화스왑만을 대상으로 삼은 것이라고 하여 그것이 합리적이 아니라고 보기도 어렵고, 별지기재에서 보는 바와 같이 원고가 신고한 바에 의하더라도 이자율 스왑의 이익률은 0.046%임에 반하여 통화스왑의 이익률은 0.038%로서 통화스왑의 이익률이 더 높은 점에 비추어도 원고의 주장은 받아들일 수 없음.

제5항 과소자본세제

기업은 사업자금을 조달하는 과정에서 조달비용을 고려하게 된다. 이는 자본으로 조달한 경우에는 배당, 부채로 조달한 경우에는 이자가 될 것이다. 물론 자본 중 보통주로 조달한 경우에는 의결권을 나누어 가져야 한다는 부담이 있기는 할 것이다. 논의의 편의를 위해 무의결권우선주로 조달한 경우를 상정하자. 무의결권우선주에 보장된 배당률이 이자율과 같은 경우 해당 기업의 자본조달비용은 같은가? 다른 조건이 같다면 부채로 조달하는 것이 조달비용을 적게 할 것이다. 왜냐하면, 이자는 기업이 비용으로 처리할 수 있어 세금을 줄이는 효과가 있는 반면, 배당은 세금을 낸 나머지 소득에서 지급하여야 하기 때문에 세금을 줄이는 효과가 없기 때문이다. 물론 경제적 이중과세를 완전히 배제하는 세제하에서는 주주가 회사로부터 좀 더 적은 금액의 배당을 받고 배당세액공제를 받는다면 기업입장에서는 부채로 조달하는 것과 같은 비용을 부담할 수도 있을 것이다. 따라서 기업은 일반적으로 부채에 의한 자금조달을 선호한다고 볼 수 있다. 물론 기업의 재무구조가 매우 불안정한 상황까지 부채규모를 늘릴 경우 대외신용도가 악화되어 자금조달비용이 증가하는 등 부작용이 적지 않아 자본증가 없이 무작정 부채규모를 늘릴 수는 없을 것이다. 한편 정부 입장에서는 이와 같은 기업의 부채 위주의 자금조달은 세원을 잠식하는 효과를 감수하게 만든다. 따라서 정부로서는 이러한 목적에서라도 정부로서는 이외에도 기업의 건전재무구조 확보, 차입자본에 의한 기업 확장 방지 등 다른 정책목표를 가질 수 있을 것이다. 기업의 부채규모를 제한할 필요가 있게 된다.

우리나라 세법에서 기업의 부채규모 제한은 두 가지의 경로를 통하여 이루어져 왔다. 첫째는 차입금규모과다법인에 대한 차입이자손금 불산입이다. 둘째는 업무무관비용에 대한 손비부인이다. 전자는 비록 업무와 관련된 데에 자금이 사용된다 하더라도 과다한 차입금에 대해서는 제한하고자 하는 취지이다. 이는 기준초과차입금 지급이자손금불산입제도로 불렸던 것으로서 2005년에 폐지되었다. 다만 기준초과차입금을 보유한 법인이 다른 법인에 출자한 경우 그에 해당하는 금액에 대한 이자는 손금부인하는 규정은 2005년 현재 유지되고 있다.[245] 이는 대여의 주체가 누구인가는 고려하지 않는 제도였다. 기업경영상 불가피하게 차입금 비율이 높은 기업에 대하여 법인세 부담을 가중시키는 문제가 있고, 90년대 말 외환위기 이후 기업의 재무구조 개선노력에 따라 부채비율이 크게 축소된 것을 감안한 것이다. 결과적으로 보면, 현행 세법은 내국법인이 국내의 관계회사로부터 차입한 자금에 대한 지급이자를 손금부인하는 규정은 두고 있지 않다. 후자는 업무와 관련이 없는 자산을 취득하거나 보유하는 데 소요되는 것으로 간주되는 차입금에 대응하는 이자비용을 손금으로 인정하지 않는다. 여

---

245) 조세특례제한법 제135조.

기서 업무와 관련 없는 자산에는 특수관계자에게 당해 법인의 업무와 관련 없이 대여한 금액을 포함한다.

우리나라 국제조세조정에관한법률은 내국법인에 일정 비율 이상 출자한 국외의 특수관계자가 당해 내국법인에 일정 규모 이상 대여하고 시장이자율을 상회하는 이자를 받아 갈 경우에는 그 일정 규모를 초과하는 차입금에 대한 이자상당액 중 시장이자율을 상회하는 부분에 대해서는 손금부인하고 소득처분하는 제도를 가지고 있다. 내국법인 간의 대차거래에 대해서는 대응하는 제도를 찾기 어렵다. 일종의 조세법상 규제인데 국외의 출자자와의 거래에 대해서만 규제하는 것이므로 조세조약상 무차별의 원칙에 저촉 여부가 문제될 수도 있을 것이다. 다만 이 제도는 본질적으로 이전가격과세제도와 유사한 측면이 있다. 비록 국외지배주주로부터 법정배수(일반업종의 경우 자기자본의 3배, 금융업의 경우 자기자본의 6배)를 초과하여 차입한 경우라도 납세자가 특수관계가 없는 자 간의 통상적인 차입규모 및 조건과 동일 또는 유사한 것임을 입증하는 경우에는 그 차입금에 대한 이자에 대해서는 손금부인하지 않기 때문이다. 다만 그러한 것을 입증하지 못하는 경우에는 전액 손금부인되기 때문에 시장가격을 벗어나는 부분에 대해서만 손금부인하는 이전가격세제와는 다른 점이 있다. 또한 국내의 특수관계자 간의 거래에 있어서는 부당행위계산부인제도가 적용될 수 있으므로 완전히 차별한다고도 볼 수 없을 것이다. 과소자본세제의 적용에 관한 법원의 판례는 아직 없는 것으로 알려져 있다.

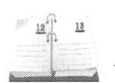 **사례 │ 과소자본세제 적용사건 - 국심2001서3057(2002.02.08.)**

▨ 사실관계

과소자본세제에 관한 규정이 적용된 국세심판결정사례가 소수 있는데 그중 국심2001서3057(2002.02.08.)을 인용하면 아래와 같다. 해당 사건에서는 청구인은 쟁점초과차입금은 차입금의 내용과 차입자인 청구법인, 대여자인 국외지배주주의 상황을 종합하여 그 차입의 목적이 과세소득의 부당한 감소에 있다고 인정될 때 지급이자를 부인하여야 하나 처분청은 쟁점차입금의 차입목적이 과세소득의 부당한 감소에 있지 아니함에도 수학적 공식에 의해 초과차입금에 대한 지급이자를 손금부인하였으므로 이는 취소되어야 하며, 국제조세조정에관한법률 제14조 제3항의 규정에 의한 통상적인 차입금의 자료제출의무는 국세행정의 협조사항 또는 훈시적 규정이므로 이를 제출하지 아니하였다는 이유로 과세하는 것은 부당하다고 주장하였다. 이에 대해 국세심판원은 다음과 같이 결정하였다.

■ 결정

국제조세조정에관한법률 제14조 제1항의 규정은 국외지배주주가 국내기업에 자본참여를 통한 정상적인 투자를 하지 않고 대여금형식으로 왜곡된 투자를 하여 배당금을 지급이자로 회계처리함으로써 법인세를 회피하고, 내국법인의 재무구조를 부실하게 하는 것을 규제하는 제도인 점에 비추어 볼 때 쟁점차입금은 상환기간이 장기간이므로 사실상 자본금의 성격이 있고, 국외지배주주인 청구외법인이 주식 등으로 출자한 금액의 27.4배이므로 위 국제조세조정에관한법률 제14조 제1항의 규정에 의해 지급이자의 손금부인요건을 충족한 것으로 보인다.

또한 청구법인은 1999년 7월 27일~2000년 3월 31일 사업연도 중 쟁점차입금을 실제 운용자금으로 사용하지 아니하였으므로 쟁점차입금은 그 운용내용상 통상적인 차입금으로 볼 수 없으며, 통상적인 차입금으로 인정받기 위해서는 위 국제조세조정에관한법률 제14조 제3항의 규정에 의해 법인세 신고 시 객관적인 입증자료를 제출하여야 함에도 청구법인은 입증자료의 제출이 없었던 점을 고려할 때 쟁점초과차입금은 위 국제조세조정에관한법률 제14조 제1항의 규정에 의해 지급이자가 손금부인되는 과다차입금이라고 판단된다.

따라서 쟁점차입금이 국외지배주주의 출자비율에 의한 차입금이 아니고, 1999년 7월 27일~2000년 3월 31일 사업연도 중 쟁점차입금에 대한 지급이자보다 쟁점차입금의 예금으로 인한 수입이자가 커서 과세소득의 감소를 초래하지 아니하였으므로 쟁점차입금이 지급이자가 손금인정되는 통상적인 차입금이라고 하는 청구법인의 주장은 받아들이기 어렵다고 판단된다.

[탐구] 5 - 2

제6장

공존의 모색

제6장 공존의 모색

각국은 국내세법을 개정하고 조세조약을 체결하는 과정에서 자주성, 중립성, 무차별성 및 조세회피의 방지를 추구하게 되지만 현실 세계에서의 각국의 규범들에는 그러한 가치 기준들이 혼재하여 어느 정도 완전한 형태로 추구되고 있는지 판단하기 어렵게 되어 있다. 각국의 개별적 자본소득과세현황뿐 아니라 전 세계적인 자본흐름에 대한 과세를 일목요연하게 파악하기는 쉬운 일이 아닌 것이다.

국제통화기금이 2007년 12월 발간한 자료246)에 의하면 국제자본거래에 나서는 납세자들은 거주지국 과세를 회피하기 위해 조세피난처로 지속적으로 자금을 유출하고 있으며 이러한 현상은 국제금융질서에 도전하고 있는 것으로 평가되고 있다. 전반적으로 거주지국과세권을 유지하기 위해 국제적인 협력을 통한 정보교환의 범위를 넓히고 빈도도 늘려 가고 있지만 거주자에 대한 과세상 핵심 요건인 소득의 인적 귀속을 밝히는 일은 갈수록 어려워지고 있다. 이는 다음과 같은 이유에서이다.

첫째, 국제적으로 자본의 이동에 대한 벽이 허물어지고 형태와 규모에 대한 제약이 거의 사라지게 되어 특정 자금이 누구의 것인지에 대한 판단이 어려워지고 있다. 둘째, 투자의 증권화와 펀드화는 최종적인 투자자금의 귀속을 밝히는 것을 원천적으로 어렵게 하고 있다. 증권 중 무기명증권이 사용되는 빈도가 증가하고 있고, 펀드화된 투자자금은 자금이 혼재되어

---

246) John Norregaard and Tehmina S. Khan, Tax Policy: Recent Trends and Coming Challenges(IMF Working Paper, WP/07/274), International Monetary Fund, December 2007, pp.15-31.

누구의 귀속인지 판명하기 어렵게 하고 있으며 다양한 형태의 펀드는 설립지와 투자지 등 관련 지역마다 법적 성격을 달리 판정하고 있는 경우가 빈발하기 때문이다. 셋째, 국가 간 자금의 흐름에 관해 자금세탁을 방지하기 위한 금융정보분석원 간 정보의 교환이 확대되고 있지만 각국은 개인 금융정보의 보호를 자국에로의 자금유입을 위한 유인으로 활용하고 있기 때문에 정보의 교환에는 한계가 있다. 금융정보비밀을 거의 예외 없이 보호하는 조세피난처가 여전히 다수 존재하고 있다. 넷째, 소득의 실현형태로 보아 일회성의 자본이득의 비중이 늘어나고 있다. 그리고 자본이득을 실현할 수 있는 자본자산의 범주가 급격히 확대되고 있다. 모든 자본자산에 대해 그것의 실질적 소유권의 이전을 추적한다는 것은 매우 어려운 일이 되고 있다.

이와 같은 여건의 변화에 대응하여 주요국들은 다음과 같은 조세제도개혁을 모색하고 있다. 첫째, 유해조세경쟁을 규제하기 위한 공동의 노력을 경주하고 있다. 이는 EU 및 OECD에서 두드러진다. 둘째, EU 각국에서는 개인의 이자소득에 대한 세부담을 낮추는 방향의 제도개혁이 이루어지고 있나. EU 내에서는 국가 간 거주지국과세원칙이 적용되고 있다.

실제 국제자본은 다음과 같은 이유 때문에 국내자본에 비해 적은 세부담을 하고 있다. 첫째, 원래 거주지국이 국외원천소득을 과세하는 데에는 집행상 한계가 있다. 일부 국가는 국외원천소득에 대해 과세하지 않는 거주자 유형을 두고 있는 경우가 있으며 이러한 지위는 국제자본이 즐겨 사용하게 된다. 둘째, 외국자본에 대해서는 세금을 탕감해 주는 제도가 여러 나라에 존재한다. 우리나라의 외국인직접투자에 대한 조세특례 및 외국자본의 채권이자소득에 대한 면세가 그러한 예이다. 셋째, 세금을 내지 않고 국외투자에 나설 수 있게 하는 제도를 유지하고 있는 나라가 적지 않게 있다. 예를 들면, 조세피난처가 다수 존재하고 있으며, 일부 또는 전부의 국외원천소득을 면제하는 제도를 두고 있는 나라들이 있다. 세금부담에 있어 국제자본이 갖는 유리한 지위는 자본이 더욱 국제화되도록 하는 순환적인 현상이 나타나고 있다. 국제적으로 이동할 수 있는 정도의 자금이 되려면 자금이 대형화되어야 하며 국제적인 이동을 도울 수 있는 전문가가 필요하므로 그러한 요건을 충족할 수 있는 펀드투자방식이 활성화되게 된다.

우리나라 국내세법상 국제자본에 대한 과세제도는 이러한 국제적인 동향이나 제도의 변화에 대응하는 데 있어 매우 소극적인 관점에서 형성되고 있다. 첫째, 현행 과세제도가 전통적인 거주지국과세원칙에 충실하게 구성되어 있어 거주자의 국외원천소득에 대한 과세가 실제 제대로 이루어지도록 하기 위한 절차상의 집행가능성이 높다고 볼 수 없다. 결과적으로 외형상 거주지국과세원칙을 매우 엄격하게 설정해 놓은 반면 허점은 많아 성실한 납세의식을 갖는 자에게만 높은 세부담을 예고함으로써 우리나라에 대한 투자매력을 줄이는 부작용을 낳고 있다. 둘째, 원천지국가로서 외국인 직접투자에 대한 조세특례의 실효성이 의문시되고 있다. 외국자본의 채권이자소득에 대해 유로시장을 두고 있는 나라들에서처럼 면세를 하여야 하는지에 대해서 근본적인 검토를 할 필요가 있는 것으로 판단된다. 셋째, 거주지국가로서 조세피난처제도에 대해서는 상충하는 계기가 병존하고 있다.

아래에서는 위와 같은 상황 인식에 따라 우리나라 전체적으로 국내거래에 대해서는 세율수준을 낮추고 과세기반을 넓히되 국제거래에 대해서는 국외원천소득에 대한 과세를 단순하게 하는 방향으로 세제를 정비할 필요성이 있다는 결론을 도출한다. 그러한 제도개혁의 과정은 국제적 자본유치 경쟁에서 유리한 지위를 차지하기 위해 과세기반을 잠식하는 위험을 감수하는 측면이 있으므로 제도의 개혁은 단계적으로 추진하는 것이 바람직할 것이다.

제1절 국제적 준칙

본서에서 필자는 국제자본의 상상력에 근거한 조세설계의 가능성을 사례 위주로 연구하였다. 그리고 그와 같은 조세설계행위에 따르는 조세회피에 대응하기 위해 전 세계 소득을 과세대상으로 하고 그에 누진세율을 적용하는 현행 과세제도의 기초 위에서 정부가 취할 수 있는 대응방법론으로서 행정적인 방법 및 법적인 방법에 대해 살펴보았다. 이 장에서는 과연 현행 접근방법이 타당한 것인지를 돌아보고 보다 근본적으로 문제를 해결하기 위해 원천지주의와 이원적 소득세제를 대안으로 설정해 가는 과정을 소개하고자 한다. 즉 조세체계의 큰 틀을 수정하는 방안에 대해 논하고자 한다. 대안의 모색에는 기본적으로 현행 법체계상 기본적으로 주어진 한계가 있으며 그것은 과세상 기본적인 원칙으로서 반드시 따라야 하는 것인데 여기서 그러한 성격을 가진 원칙들에 관해 논의한다. 그리고 각국의 자본소득에 대한 과세제도 동향을 점검하면서 향후 근본적인 제도개혁을 위한 방향으로서 원천지주의 과세제도와 이원적 소득세제를 제안한다.

외국에서 들어온 자본 그리고 외국에 나간 자본에 대한 과세에도 효율성과 형평성의 조화를 모토로 하는 국내과세원칙을 그대로 적용할 수 있는가? 국제조세의 현장에는 국내조세에 있어서와는 달리 국가 간 약속이 지배하고 있으며 세법의 집행가능성도 많이 제약을 받게 된다. 그런 점에서 국내과세원칙은 적잖이 수정될 수밖에 없다. 조세제도는 역사적으로 늘 그래 왔듯이 환경의 변화에 적응하기 위한 국가정부의 노력의 산물로 볼 수 있다. 국제자본에 대한 과세에 임하는 국가정부는 일정한 목표 내지 원칙하에 조세제도의 구축을 모색하게 될 것인데 필자는 그중 중요한 사항을 다음과 같이 요약하고자 한다.

첫째, 국가정부는 과세고권을 자주적으로 행사할 수 있으며 그에 따라 적정한 수준의 조세경쟁은 국제적으로 용인된다는 것이며,

둘째, 과세제도를 정립할 때에는 일정한 경제적 원칙에 입각하여 일관성을 유지하여야 하는데 주요한 원칙 중의 하나는 효율성이라는 것이며,

셋째, 국적을 이유로 자본에 대한 과세상 차별을 두지 말아야 한다는 것이다.

넷째, 국가과세주권을 지키기 위해 국제적인 조세회피를 규제하여야 한다는 것도 잊지 말아야 할 것이다. 이하 각 원칙에 대해 상술하고자 한다.

제1항 국가자주권의 존중

1. 과세권 행사 자율의 원칙

> 주권국가는 과세고권에 입각하여 집행 가능한 범위 안에서라면 어떤 것이든지 과세할 수 있는 자주권을 갖는다. 그에 따라 통상적 과세관할권의 범주와 달리 과세권을 확장하는 경우와 축소하는 경우에 관한 사례들이 발견되고 있다. 현실 세계에서는 과세권을 축소함으로써 국제자본을 유인하는 나라들이 많다.

주권을 가진 정치체는 직접적인 대가 없이 세금을 부과할 권한을 가진다. 세금을 부과할 때에는 대의기관이 정한 법률에 따르면 될 뿐 다른 어느 정치체로부터 그 합리성을 인정받아야 하는 것은 아니다.[247] 실제 국가는 일정한 넥서스에 근거하여 과세한다. 여기서 '넥서스(nexus)'*라 함은 과세고권을 가진 정치체가 조세를 부과할 수 있는 이론적 근거가 되는 고리를 말한다. 이러한 고리는 현실적 집행가능성을 또 다른 중요한 요소로 한다. 현실적 집행가능성은 과세관할권 내에 자산이나 인신이 있어서 우선 신고납부하도록 하고 이행하지 않으면 압류하거나 구속하든가 그렇지 않으면 대가를 지급할 때 원천징수하도록 할 수 있는 정도면 된다. 정치체는 그 구성원의 합의에 의해 과세의 고리를 자율적으로 결정한다. 합의 과정에 참여하지 못한 자에 대해서는 자기가 행하는 행위가 해당 과세권과 관련을 갖게 됨을 미리 알도록 공시하면 족하다.

(1) 과세권의 확장

넥서스를 최대한 확장하는 방법으로 자국에 원천을 둔 소득에 기한 배

---

[247] 물론 지방자치단체는 연방정치체로부터 스스로 부과하는 지방세가 연방의 목적에 부합하는 것인지 심사받을 수 있겠다.

당에 대해서는 그것이 다른 나라에서 지급되더라도 과세한다는 규정을 둘 수도 있다. 예를 들면, 외국법인의 국내사업장에서 벌어들인 소득에 대해 법인세를 부과하고 남는 재원을 외국법인의 주주에게 배당할 때 또 과세하는 것이다. 해당 배당시점에서는 고정사업장 소재지국가가 원천징수를 강제할 수 없지만 국내사업장이 국외로 송금할 때 원천징수하는 방식으로 미리 과세할 수도 있다. 이러한 과세를 OECD 모델조세조약과 많은 양자 간 조약은 추적과세라고 명명하고 금지하고 있다. 우리나라 세법은 조세조약이 규정한다면 지점세를 과세하도록 규정하고 있다. 지점세가 추적과세 금지조항에 저촉되는가가 문제될 수도 있을 것이다. 그러나 그것은 외국법인 국내지점을 자회사와 같이 보고 외국법인 본점은 모회사와 같이 본다면 지점의 본점에 대한 송금을 자회사가 모회사에 배당을 지급하는 것으로 간주하여 과세하는 것이 되므로 추적과세금지의 정신에 어긋나는 것은 아니라고 보인다.

(2) 과세권의 축소

현실 세계에서는 위와 같이 과세권을 확대하는 나라보다는 오히려 자국의 과세권을 축소하여 외국인과 외국자본을 유인하려는 나라들이 더 많이 있다. 자본과 인력의 국경 간 이동에 대한 제약이 거의 사라진 현대사회는 가히 세계국가에 근접하고 있다고 할 만하다. 비록 주권을 행사하는 국경이 설정되어 있다 하더라도 특별히 정치적으로 대표되고 싶은 욕구가 없는 경제주체라면 자신에게 가장 유리한 곳을 삶과 경제활동의 근거지로 선택하게 될 것이다. 이때 국가정부는 해당국의 사회경제적인 환경이 개선되지 않는 한 자본과 인력의 이동을 자국에 더 유리하게 변경할 만한 마땅한 수단을 갖지 못하는 것이 현실이다. 아마도 이러한 관점에서 조세는 현대국가가 가진 거의 유일한 수단일 것이다.

2. 과세권 축소경쟁 자제의 요청[248]

> 과세권 축소를 통한 국제자본의 유인은 법인세인하경쟁으로 나타나고 있다. 추세를 주도하고 있는 국가들은 세율인하에도 불구하고 과세기반의 확대로 재정의 비중을 유지하거나 확대하고 있다. 조세경쟁은 국가 상호간 피해만 주는 유해조세경쟁을 방지하기 위한 국가 간 자율규약에 의해 통제되고 있다. '유해'의 의미를 둘러싸고 논쟁이 많지만 경영참여소득면제제도와 외국인직접투자에 대한 조세특례는 국제적으로 인정된 방법이다.

(1) 세율인하 및 면세 경쟁

조세는 경제이론만으로 볼 때에는 그 자체가 시장에 개입하는 결과 단기적으로는 후생을 감소시키게 되지만 재정지출을 통해 경제성장, 경제안정 및 소득재분배를 가능하게 함으로써 사회후생증대에 기여한다. 특히 개방경제체제하에서 잘 설계된 조세제도는 외국자본을 유치함으로써 해당 국가와 국민의 후생을 증대시키는 효과를 가져올 수도 있다.

1) 세율인하의 추세

지난 2000년 OECD의 평균 GDP 대비 법인세 비중(3.7%)은 우리나라(3.3%)에 비해 높았었다. 그런데 2004년 주요국들의 GDP 대비 법인세 비중을 살펴보면 호주(5.7%), 뉴질랜드(5.5%), 일본(3.8%), 핀란드(3.6%) 등은 우리나라에 비해 높았지만 캐나다(3.4%), 스페인(3.4%), 스웨덴(3.2%), 네덜란드(3.1%), 이탈리아(2.8%), 프랑스(2.8%), 미국(2.2), 독일(1.6%) 등 많은 국가가 우리보다 낮은 것으로 집계됐다. 이러한 추세는 각국의 법인세율인하경쟁에 기인하는 바가 크다. OECD국가 간 법인세율인하경쟁은 1980년대 아일랜드와 영국에 의하여 촉발된 법인세율인하경쟁에 미국 및

---

248) OECD, Harmful Tax Competition(An Global Emerging Global Issue), 1998, OECD, Tax Co-operation: Towards a Level Playing Field-2007 Assessment by the Global Forum on Taxation, 2007.

기타 EU국가들이 가세하면서 확산되었다. 결과적으로 OECD국가들의 법인세율은 1986년 평균 41%에서 2002년에는 32% 수준으로 낮아졌다. 재미있는 것은 영국은 법인세율을 지속적으로 인하해 오고 있음에도 불구하고 법인세의 세수 중 비중은 늘고 있다는 점이다. 이는 법인세의 인하로 세원기반이 오히려 확대되는 결과를 가져오고 있음을 반증하는 것이라 할 것이다. 또한 매우 특기할 만한 점은 EU회원국들은 법인세율인하대열에 동참하고 있는 이외에 거의 대부분의 국가가 경영참여소득면제(participation exemption)제도를 도입함으로써 과세 넥서스의 설정에 있어서 원천지주의적 요소를 확대해 가고 있다는 것이다.[249]

법인세와 달리 GDP 대비 개인소득세의 비중은 우리나라가 2004년 기준 3.4%로 OECD 평균인 9.1%에 크게 못 미치면서 회원국 중 최저수준인 것으로 나타났다. 스웨덴(15.8%), 뉴질랜드(14.6%), 핀란드(13.5%), 호주(12.6%), 캐나다(11.7%), 이탈리아(10.5%) 등은 개인소득세 비중이 두 자릿수를 기록했고, 미국(8.9%), 독일(7.9%), 프랑스(7.4%), 스페인(6.2%), 네덜란드(6.1%), 일본(4.7%) 등도 우리나라보다 비중이 높았다. 부가가치세, 특별소비세, 판매세, 수입분 부가가치세 및 관련 조세 등 재화와 용역의 생산·판매·이전·대여 및 운반 등에 부과되는 모든 유형의 조세를 포괄하는 소비세가 GDP에서 차지하는 비중은 2004년 기준 우리나라가 8.7%로 OECD 평균인 10.8%에 비해 소폭 하회하는 것으로 나타났다. 미국(4.0%), 일본(4.7%), 호주(8.2%) 등은 소비세 비중이 우리나라보다 낮은 반면 핀란드(13.6%), 스웨덴(12.6%), 뉴질랜드(11.2%), 네덜란드(10.9%), 프랑스(10.8%), 독일(9.8%), 스페인(9.1%), 캐나다(8.2%) 등은 우리나라보다 높았다.

2) 외국자본의 유치경쟁

세율을 낮춘다면 경제성장과 재정안정을 저해하지 않으면서 외국자본을

---

249) 김득갑, EU회원국들의 법인세율 인하 경쟁과 정책적 시사점(Issue Paper), 삼성경제연구소,2004.5.25.

더 많이 유치할 수 있을까? 경제학자들이 우리나라의 경제여건을 분석하여 개별적으로 답을 내릴 일이기는 하지만 세율을 낮추게 되면 더 많은 자본이 우리나라로 유입되어 전체적인 경제규모를 늘리게 되고 그것은 다시 낮춘 세율에 따라 잃게 되는 세수를 보충하는 효과를 줄 수도 있다. 적지 않은 국가가 이를 염두에 두고 세율을 낮추어 오고 있는 것이 최근의 추세라 할 것이다. 그러나 간과해서는 안 될 점은 이러한 추세를 주도해 가고 있는 국가들이 세율을 낮추는 한편 과세기반을 확대하는 개혁을 지속 추진함으로써 경제에서 차지하는 재정의 비율은 유지 내지 증가시키고 있다는 점이다.

① 외국인직접투자자금 – 우량자금조달을 통한 국내산업 발전

외국자본의 유치가 갖는 의미는 나라마다 다를 것이다. 이미 자본이 풍족한 나라에서는 추가적인 외국자본이 갖는 한계생산성*은 상대적으로 낮을 것이다. 자본도 일반상품처럼 비교우위가 있으며 이에 따라 시장을 흘러 다니게 된다. 상대적으로 장기 우량의 자본은 한계생산성이 높아 보다 많은 국가들이 그것을 유치하기 위해 노력하게 될 것이다. 그러한 자본이 산업의 견실한 발전을 이끌게 된다는 것은 역사의 경험이 가르쳐 주고 있기 때문이다. 국가들이 우량한 외국자본을 유치하기 위해 완전경쟁을 하게 된다면 시장에서 소비자가 가장 낮은 가격에 서비스를 제공하는 공급자를 선택하듯이 국제적인 자본도 동일한 서비스를 제공하는 국가들 중 가장 낮은 세금을 부과하는 국가를 선택하고자 할 것이다. 이러한 과정이 오래 진행되다 보면 가장 효율적인 국가만 살아남아 시장을 지배하게 될까? 국가 간의 관계를 단순한 시장의 원리로만 설명하고 예측하기는 어렵지만 경쟁에서 뒤처진 국가의 경제는 점차 낙오하게 될 것이 분명하다. 이러한 현실은 국가들로 하여금 우량의 국제자본유치경쟁에 더 열을 올리게 만드는 요인이 되고 있다. 낮은 자금조달비용이 적용되는 이러한 성격의 자금은 외국인직접투자자금에 관한 것이다. 단기 시세차익을 목적으로 하는 포트폴리오자금으로부터는 장기 안정적 자금조달을 기대할 수 없을 것이기

때문이다.

② 포트폴리오투자자금 – 금융산업의 발달

세율을 인하함으로써 외국자본을 유치하려는 이유는 자본조달비용을 낮추려는 데 있는 것만은 아니다. 자금의 유입과 유출과 관련된 금융산업의 발전을 기대하기 때문이기도 한 것이다. 예를 들어 국내의 자산관리회사가 외국의 포트폴리오 자금을 들여와 다시 국외의 투자처에 투자하는 경우 자금의 모집과 투자에 관련된 산업은 국내에서 발달하게 되어 있는 것이다. 미국과 영국은 세계 최대의 자본순수입국인데 그 나라들에 들어온 자금은 주로 포트폴리오 자금으로서 그 나라들의 자본시장에 투자하기 위한 것이기도 하지만 그렇게 들어온 자금의 상당 부분은 다시 해외로 나가게 된다. 이때 많은 부분이 외국인직접투자의 형태로 나가게 되는데 그러한 자금의 이동이 미국과 영국 내에서 이루어지게 되면서 금융산업이 발전하게 되는 것이다.

포트폴리오투자자금은 주로 시세차익을 목적으로 하는 것이 많으며 또한 투자소득의 최종적인 원천이 위의 예에서 미국과 영국과 같은 지역이 아닌 다른 나라가 되는 경우도 많다. 이는 미국과 영국 같은 나라가 자금을 끌어들일 수 있는 일반적 여건(금융산업여건 및 생활여건 등)을 갖추었기 때문에 가능한 것이기 때문에 굳이 자기 나라의 세율을 낮추려 하는 유인을 줄이는 역할을 하게 한다. 자기 나라가 자금의 경유지로서의 기능을 하는 데 지장이 없도록 하는 기제를 갖추고자 노력을 하게 된다. 그러한 제도의 예가 바로 영국의 거주자 내지 본적제도 또는 미국의 LLC제도라 할 것이다.

③ 단기자금의 유치

외국투자가들이 취득한 국채에 면세하는 조치는 1980년대 중반 미국, 영국 이외에 프랑스, 독일, 일본 및 오스트리아로 급속히 확산되었다. 미국의 예를 보다 구체적으로 살펴보면 과거 비거주외국인의 모든 이자소득에

대해서 30%의 원천징수세를 부과하였으나, 1984년 세법 개정으로 미국
은행예금이자250) 또는 투자자산이자에 대한 원천징수가 폐지되었다.251) 미
국은행이 비거주외국인이나 외국법인에 지급하는 이자에 대한 원천징수를
면제하는 것은 미국 내 자본의 유입을 촉진하기 위함이었다. 미국은행이
지급하는 이자에 대한 원천징수의 면제와 함께 비거주자나 외국법인이 가
득하는 투자자산이자(portfolio interest)252)에 대한 원천징수도 면제하였다.
여기서 투자자산이자라 함은 미국 내 사업과 실질적으로 관련(effectively
connected)이 없는 차입금253)에 지급된 이자로서 일정 등록 요건을 충족하
는 이자를 말한다. 미국 내 적극적 사업과 실질적으로 관련이 있는 이자에
대해서는 원천징수한다. 1990년대 미국 내에서 혼성증권(hybrid securities)*
을 취득함으로써 배당과 같은 효과를 얻되 이자소득으로 포장하여 원천징
수를 면하는 거래가 늘어남에 따라 1993년 혼성증권에 대한 이자를 전술
한 투자자산이자(portfolio interest)에서 제외하였다. 여기서 혼성증권은 증
권 발행기업의 판매, 이윤 등에 따라 이자지급금액을 조정하는 불확정채무증
서(contingent debt instrument)를 말한다. 이러한 면세경쟁의 과정에서 금융
자본은 조세피난처에 근거하면서 그 규모를 불려 올 수 있었다.

이자소득과세상 비거주자의 이자소득에 대해 우대하는 제도가 오래 유
지되자 자금의 해외유출이 심화되는 부작용을 초래하게 되었다. 즉 거주자
가 자기자본을 국외로 유출하여 비거주자의 자본으로 둔갑시켜 투자하는
탈세사례가 늘기 시작한 것이다. 이러한 현상의 확산이 결코 바람직하지
않다는 공감대가 정부 간에 형성되면서 최소한 어느 나라에서는 과세되도
록 하기 위한 공동의 노력을 기울이게 되었다. 이를 배경으로 국제자본의

---

250) 은행, 상호저축은행(mutual savings bank), 조합은행(cooperative banks), 신용조합(credit union), 내
　　국건축대부조합(domestic building and loan associations), 기타 저축기관, 이자를 지급하기로 약정
　　한 보험계약의 경우 당해 보험회사에 대한 보험.
251) 내국세입법 제871조(i), 제881조(d).
252) 내국세입법 제871조(h).
253) 외국시장을 대상으로 하는 증서가 이에 해당한다. 외국시장을 대상으로 하지 않는 증서일 경우 투자
　　자가 스스로 외국인임을 입증하여야 한다. 투자자인 외국인이 10% 이상 지분을 보유한 법인 또는
　　조합으로부터의 이자와 불확정이자(contingent interest)는 제외한다. 발행할인채권(original issue
　　discount obligation)도 제외한다. 따라서 발행할인상각액은 이자소득으로 미국에서 과세된다.

이자소득에 대해서는 원천지국이 과세권을 포기하는 대신 거주지국에서 과세하도록 하고 그것을 위해 원천지국이 거주지국에 정보를 제공하자는 제안이 설득력을 얻게 되었다. EU국가들 사이에서 활발하였는데 그 논의 결과가 EU의 EC Interest and Royalty Directive 2003과 EC Savings Directive 2003에 반영되었다. 미국은 동 제안에 반대하고 원천지국과세권 포기에 동의하지 않으면서 거주지국 과세권 확보를 위한 정보교환은 전통적인 양자 간 조세조약의 방법에 의존하면 된다는 입장을 취하였다.

(2) 조세경쟁의 한계설정 문제

시장에서 후생을 증대시키기 위해서는 공정한 경쟁의 룰이 지켜져야 하듯이 국가 간에도 최소한의 경쟁의 룰이 필요하다. 국가 간 자본유치를 위한 경쟁의 장에도 마치 시장에서처럼 완전경쟁이 존재한다면 그것은 각국 정부가 가장 저렴한 비용으로 서비스를 제공하도록 유도하는 긍정적인 효과가 있게 된다. 이때 조세경쟁은 세계후생을 증진시키는 유익한 조세경쟁(beneficial tax competition)이 될 것이나. 자국의 재정에는 부담을 주지 않으면서 타국의 경제에 손실만 입히는 방식의 조세경쟁으로는 위와 같은 긍정적인 효과를 기대하기 어려우며 결과적으로 각국의 정부재정을 위축시키는 악순환이 초래될 가능성이 높다. 이러한 조세경쟁은 유해한 것(harmful tax competition)이라고 부를 수 있을 것이다. 국가 간 조세경쟁을 하면서도 과세기반의 축소를 막을 수 있는 방법은 없을까? 1990년대에 이러한 공통의 관심사에 입각하여 각국이 자율적으로 경쟁을 규제하는 제도를 도입하게 되었다. 이하에서는 OECD가 국가공동으로 설정한 자율규제대상의 성격을 짐작게 하는 몇 개의 사례를 소개한다.

1) 미국의 수출지원세제

어떤 조세제도가 과연 규제대상이 되어야 하는가는 매우 어려운 과제이

다. 수출보조금과 동일한 효과를 주는 조세지원은 '유해'한 것인가? WTO
는 수출보조금이 세계시장 전체의 후생은 증가시키지 않으면서 공정한 무
역질서를 저해하는 것으로서 규제하기로 합의한 바 있다. 이때 어떤 조세
지원이 공정한 무역질서를 저해하는 것이라면 그것이 OECD가 정의한
'유해조세경쟁'의 범주에 드는가에 대해 OECD는 명확한 답을 주지 않고
있다. 수출보조금과 같은 효과를 주는 조세에 대한 논의가 엉뚱하게 부
가가치세에 대한 시각의 차이와 연계되어 국제적으로 허용될 수 있는가
에 대해 WTO 안에서 논쟁을 불러일으킨 사례가 미국과 EU 간의
Extraterritorial Income('ETI') 규정에 관한 분쟁이다. OECD가 '유해조세
경쟁'의 개념을 정의하면서 동 규정에 대해 구체적으로 언급한 바는 없지
만, 과세권 행사의 한계를 가늠해 볼 수 있는 좋은 사례가 될 것이다.

　미국 내국세입법상 소득과세에 관한 규정인 ETI 규정이 WTO의 보조금
규범에 위반된 것이라는 EU의 주장과 그에 항변하는 미국의 주장이 맞서
다가 2004년 WTO에서 EU의 주장이 받아들여졌다. WTO의 ETI 규정에
대한 판단은 동 규정의 모태라 할 수 있는 Domestic International Sales
Corporation 규정 및 Foreign Sales Corporation 규정에 대한 그간의 WTO
의 입장과 일관된 것이었다. 그 구체적인 내용에 있어 다소 차이가 있지만
세 가지 제도를 통해 미국 정부가 추구한 목표는 국내 수출기업의 대외경
쟁력을 강화하기 위해 조세지원을 부여한다는 데 있어서 공통적인 것이었
다. 문제된 세 가지 제도는 미국 정부가 EU국가에는 있는 부가가치세가
미국에는 없어서 미국 수출기업이 상대적으로 불리한 위치에 있다는 인식
에 기초하여 도입된 것이었다고 해도 과언은 아니다. 부가가치세제도의 소
비지과세원칙에 의하면 수출자의 나라가 소비지국가에서 과세될 것을 예
상하여 영세율을 적용하여 수출하게 되고 수입자의 나라에서는 다시 부가
가치세를 부과하게 되는데 수입자의 나라에 부가가치세제도가 없게 되면
영세율인 채로 — 즉 부가가치세를 부담하지 않은 낮은 가격으로 — 유통되
어 결국 국내산업이 타격을 받게 된다는 논리이다. 그리고 수출산업을 지
원하는 효과가 있는 부가가치세제도가 WTO의 보조금규범에 위배되지 않

는 것이라면 ETI 규정도 위배되지 않는다는 논리를 제기하였다.

① 내국세입법 제863조(b)

미국 내국세입법 제863조(b)는 미국 내에서 생산되어 국외에 판매되는 상품의 판매에 따른 소득금액은 재무부가 마련한 규칙에 따라 국내원천소득과 국외원천소득으로 구분되도록 규정하고 있다. 재무부규칙에 따라 국외원천소득으로 구분된 소득은 대개의 경우 판매되는 외국에서 그 나라의 소득으로 과세되지는 않는다. 외국에서는 고정사업장이 있는 경우에만 과세되기 때문이다. 한편 그와 같이 구분된 국외원천소득은 미국 내에서 과세된다. 미국기업은 미국에서 미국 내 원천소득[254]만 과세되는 것이 아니라 국외원천소득에 대해서도 과세되기 때문이다.

한편 미국기업이 국외원천소득에 대해 외국에서 납부한 세액은 외국납부세액으로 세액공제받도록 되어 있으며 이는 외국에서 가득한 소득, 즉 국외원천소득을 미국에서 벌었더라면 납부했을 세액을 한도 안에서 공제된다. 따라서 미국보다도 세율이 높은 나라에서 소득을 얻은 기업은 한도를 초과하는 외국납부세액이 발생하게 되어 미처 공제받지 못하는 세액이 발생하게 된다. 만약 외국에서 세금을 납부하지 않는 국외원천소득금액을 인정한다면 외국납부세액공제한도를 상향시키는 효과가 발생하게 된다. 내국세입법 제863조(b)와 그에 따른 재무부규칙에 의하면 그러한 성격의 국외원천소득이 아래 언급하는 제도들과 달리 수출보조금으로 문제되지 않았다. 이유는 동 조항이 수출기업에 인정되게 된다.

제863조(b)는 국내에서 생산된 재화가 국외에 판매될 때뿐 아니라 국외에서 생산된 재화가 국내에 수입될 경우에도 적용되는 조항이기 때문이다. 즉 수출입되는 물품의 판매소득을 국내원천소득과 국외원천소득으로 나누는 것에 관한 일반적 기준인 것이다. 그 조항과 외국납부세액공제한도에

---

254) 사업활동과 관련한 소득에 대해서는 '미국 상업 또는 사업과 실질적으로 관련된 활동으로부터의 소득 (income effectively connected with the conduct of a US trade or business)'은 미국 내 원천소득이 된다.

관한 조항이 결합하여 수출기업에 대한 지원효과가 부수적으로 나타날 수 있는 것이고 수출실적과의 연계도 분명하지 않은 것이다. 반면, 후술하는 DISC, FSC 및 ETI는 수출보조금이라는 논란을 불러일으키게 되었으며 현재는 폐지되었다.

② DISC(Domestic International Sales Corporation)

DISC제도는 1971년 닉슨 대통령이 미국의 대외수지 적자문제를 해소하기 위하여 도입한 여러 제도 중의 하나로서 세입법(the Revenue Act)에 의하여 도입되었다. 이 제도를 이해하기 위해서는 Kennedy 대통령 당시 도입된 Subpart F소득[255]제도를 알아야 한다. 1960년대 미국자본이 국외로 진출하여 회사를 설립하는 붐이 일면서 국외진출한 회사와의 이전가격행위를 통해 그곳에 소득을 이전하고 배당 없이 유보하는 방법으로 미국 과세를 회피하는 행위가 증가하였다. 특히 저세율 국가에 가공회사(paper company)를 설립하는 방법을 사용할 때에는 문제가 더 심각해질 것은 자명하였다. 이에 1962년 일정한 요건을 충족하는 국외의 피지배외국법인(Controlled Foreign Corporation)의 유보소득은 배당한 것으로 간주하여 과세하는 제도를 도입하게 되었는데 그 소득에는 외국기지회사판매소득(Foreign Base Company Sales Income)도 포함되었다. 결과적으로 일정 가공회사가 저세율 국가에서 국내기업의 수출품의 수입자로 행세하면서 다시 수출하는 방법으로 소득을 그곳에 유보(parking)할 경우에는 그것도 역시 피지배외국법인세제상 Subpart F소득으로 보아 유보소득을 배당으로 간주하게 되었다.

DISC제도는 해외에 설립된 법인으로서 국내모회사로부터 물건을 사서 국외로 수출하는 기업이었다. 실제는 경제활동을 거의 하지 않는 가공회사가 대부분이었다. DISC에 대해서는 재무부가 규정한 소득배분방식을 활용하도록 함으로써 미국에서 과세되지 않는 소득금액을 늘리는 효과가 나타

---

255) 피지배외국법인세제가 적용되는 해당 피지배외국법인의 소득유형을 말한다.

날 수 있었다. 또한 외국기지판매회사에 대해서도 적용되는 배당소득과세 제도도 적용되지 않았다. 이로써 통계적으로 보아 미국법인의 수출소득의 약 16% 내지 33%가 과세되지 않는 결과가 초래되었다. EU는 이 제도가 GATT 규약에 비추어 볼 때 '금지보조금'에 해당한다는 주장을 하였으며 이에 대해 GATT가 EU의 주장을 수용하였다. 1984년 미국은 이 제도를 폐지하게 되었다.

③ FSC(Foreign Sales Corporation)[256]

미국은 1984년 DISC제도를 폐지하면서 이를 대체하는 FSC제도를 도입하였다. 사실상 GATT의 결정을 따르지 않은 것이다. FSC제도의 기본적인 틀은 DISC제도와 다를 바 없었으며 적용 요건을 좀더 까다롭게 한 것에 불과한 것이었으므로 논쟁의 불씨는 여전히 남아 있었다. FSC제도는 다음과 같은 요건을 충족하는 법인이어야 했다.

> a. 국외의 해당 법인, 즉 FSC는 미국과 정보교환을 약정한 국가에 설립된 것이어야 한다.
> b. 주주는 25인 이내 이어야 한다.
> c. 미국 거주자가 아닌 자 1인 이상이 이사회의 구성원이어야 한다.
> d. 미국 외에서 기장활동을 하여야 한다.
> e. FSC의 '해외무역소득(foreign trade income)'만 과세에서 제외된다. 즉 미국법인으로부터 구매하여 판매한 소득이거나 미국법인의 대외수출활동을 지원하고 받은 수수료만 과세에서 제외된다.
> g. FSC의 경영관리는 국외에서 이루어져야 한다.
> h. 판매를 위한 실질적인 활동 중 적어도 한 가지는 수행해야 한다.

동 제도에 의하면 위와 같은 요건을 충족하는 FSC의 해외무역소득 (foreign trade income)에 대해서는 그 유보이윤에 대해 미국 내에서 과세하지 않을 뿐 아니라 설사 배당이 된다 하더라도 과세하지 않는다. 미국 내에서 과세되지 않게 되는 과정은 다음과 같다. 우선 재무부규칙에 따라

---

256) 미국 내국세입법 제921조 내지 제927조.

설정된 해외무역소득은 FSC에 귀속되는 것으로 본다. 비록 미국 내 상업 또는 사업활동과 관련된 것이기는 하지만 국외원천소득으로 보게 되며 그 규모의 설정에 있어서도 이전가격과세제도의 적용을 배제한다. subpart F 소득조항의 적용을 배제하여 유보이윤을 배당으로 간주하지도 않는다. 실제 배당할 때에는 100% 수령배당공제제도*를 적용하여 미국 내에서는 사실상 전혀 과세되지 않도록 한다. 결과적으로 미국법인이 FSC를 통해 판매하는 상품으로부터의 소득금액의 15% 내지 30%를 과세대상에서 배제하는 효과가 나타나는 것이었다. FSC제도는 해당 법인의 설립지를 미국 외로 하였고 기타 요건도 DISC제도에 비교해 볼 때 다소 까다롭게 변형하였지만 실제 배당하는 경우에 대해서도 과세하지 않으면서, 정상가격으로 소득금액을 계산하지 않는다는 문제를 남긴 것이었다. EU는 1997년 다시 WTO에 제소하였으며, WTO는 EU의 주장을 수용하였다. 미국은 2000년 FSC제도를 폐지하였지만 끈질기게도 이를 대체하는 ETI제도를 도입하게 되었다.

④ ETI(Extra − Territorial Income)[257]

이 제도는 WTO는 '수출실적'에 따르는 보조금을 금지하고 있으므로 '수출실적'에 직접 연계되지 않는 방법으로 수출활동을 지원하는 세제를 모색하는 차원에서 개발된 것이다. 이에 따르면 '역외소득(extra − territorial income)'은, 즉 국외원천소득은 미국 과세에서 배제된다. 미국법인이 가득하는 역외소득에 대해서는 납세자가 선택하면 과세하지 않는다는 내용이다. 일반적인 경우 전 세계 소득 중 국외원천소득에 대해서는 과세하면서 외국납부세액공제를 받게 되는데 일정한 요건을 충족하는 역외소득에 대해서는 국외소득면제방식을 선택할 수 있게 한 것이다. 이는 외견상 국외원천소득에 대해 과세하면서 외국납부세액공제방식을 적용하는 것과 다를 바 없는 결과를 가져오는 것처럼 보이지만 국외소득이 저세율 국가의 자

---

257) 미국 내국세입법 제114조, 제941조 내지 제943조.

회사에 귀속하는 경우에 외국납부세액공제 한도가 다 차지 않아 미국 내에서 추가적인 세부담이 발생하는 것을 막아 주는 혜택이 있다. 이 점에 있어서 동 제도는 적지 않은 EU국가가 국외 고정사업장에 귀속하는 소득에 대해서는 국외소득면제방식을 채택하고 있는 것과 다를 바 없는 것이다. 다만 근본적으로 차이가 있는 점은 역외소득금액을 산정함에 있어 정상가격방식을 적용하지 않으면서 판매차익의 50% 이상을 국외원천소득으로 할 수 없다는 규정만 두고 있다는 점뿐이다. 내국세입법 제863조(b)와 그에 따른 재무부규칙이 국외원천소득을 산정하는 방법과도 다른 것이다.

2000년 12월 EU는 다시 ETI제도를 WTO에 제소하였으며 미국은 패소하였다. EU는 중재의 결과 ETI제도로 인한 피해보상으로 40억 달러에 달하는 보복관세를 부과할 수 있게 되었다. 이후 2002년 EU는 미국이 제도개선을 한다면 관세를 인상하지 않겠다는 의향을 밝혔다. 이에 미국이 제도개선을 약속하였지만 그 이행이 지지부진하자 EU는 2004년 일부 품목에 대한 관세율을 12%까지 인상하는 보복조치를 취하게 되었다.

2004년에 이르러 미국이 ETI제도를 폐지하는 내용을 담은 고용촉진법(Jobs Creation Act)을 통과시켰다. 동 법안은 2008년까지 ETI제도를 점차 축소하도록 하고, 2003년 9월 17일 이전 체결된 기존 판매계약에 대해서는 소급적용되지 않도록 하는 경과규정을 두었다. 경과조치조항은 주로 자본재를 공급하는 보잉, 마이크로소프트, 인텔, 모토롤라 그리고 카터필라와 같은 회사에 큰 도움이 되는 것이다. 2005년 1월 31일 EU는 위의 적용례와 경과규정에 대해 WTO panel 회의를 다시 소집하였는데 2005년 9월 30일 위 두 조항이 WTO의 기존결정에 부합하지 않는다는 결정이 내려졌다. 과연 미국의 주장대로 ETI제도는 부가가치세 수출영세율제도와 다를 바 없는 공정한 제도인가 아니면 '유해'한 조세제도인가? 후술하는 바와 같이 ETI제도가 OECD가 '유해조세제도'에 대해 언급할 때 '유해'의 의미에 부합하도록 '유해'하지는 않더라도 공정한 무역질서를 저해하는 의미에서도 '유해'한 것으로 볼 수 있지 않을까? 대부분 EU국가가 도입하고 있는 경영참여소득면제제도와 큰 차이가 없는데 왜 ETI제도는 용납되지 않았을까?

2) 원천지주의의 도입 - 경영참여소득면제(Participation Exemption)

후술하지만 1998년 OECD의 "유해조세경쟁보고서"는 원천지주의에 입각한 조세제도 — 거주자든 비거주자든 국내원천소득에 대해서만 과세하고 국외원천소득에 대해서는 과세하지 않는 제도 — 에 대해 언급하면서 그것이 바로 유해조세제도라고 하지는 않고 있다. 후술하는 바대로 일국의 조세제도는 자본수입중립성원칙에 따라 원천지주의에 입각하여 설계될 수 있는 논리적 당위성을 갖고 있다. 어느 국가가 스스로의 조세제도를 설계할 수 있는 주권국가로서 국외원천소득을 면제하는 제도를 도입한 결과 다른 나라들의 경제활동에 부담이 되는 결과가 초래된다 하더라도 그 자체만으로 유해하다고 보기는 어려울 것이다. 국제적인 이중과세를 방지하기 위해 자본수출중립성에 입각한 외국납부세액공제방식으로 할지 자본수입중립성에 입각한 국외소득면제방식으로 할지는 자율적으로 결정할 사항이다. 논리적으로만 보면 세계 모든 국가가 동일한 세율로 과세한다면 두 가지 중 어느 제도를 채택하든 납세자와 정부는 동일한 조세를 기대할 수 있도록 되어 있지 않은가? 국외원천소득면제방식을 옹호하는 이와 같은 논리적인 항변에 불구하고 현실적으로 그것은 여러 문제를 일으킬 수 있다. OECD는 국외원천소득에 대한 면세제도가 해당 국가에서 실질적인 세부담을 줄이면서 사업목적보다는 조세 때문에 해당 지역을 선호하도록 하는 경향이 있음을 밝히고 있다. 또한 해당 지역은 도관의 소재지 또는 조세조약 남용의 중간지대로서 이용될 수 있으므로 다른 나라에 유해한 영향을 줄 수 있다고 하고 있다. 이러한 방식의 조세제도를 시행하고 있는 홍콩과 싱가포르에 대해 다른 나라들이 질시와 감시의 눈초리로 쳐다보지 않을 수 없게 만드는 부분이다.

논의를 확대하여 어떤 나라가 일부 유형의 소득에 대해서는 외국납부세액공제방식을 채택하고 다른 소득에 대해서는 국외소득면제방식을 채택하는 것은 비난을 받을 일인가? 일부 OECD국가가 도입하고 있는 경영참여소득면제제도가 바로 그러한 것이다. 국제적인 이중과세를 조정하는 방식을 일정 소득에 대해서는 외국납부세액방식으로 하고 다른 소득에 대해서는 국외소득면제방식으로 하고 있는 것이다. 이러한 제도가 논리적으로 전혀 흠결을 내포하고 있지 않다 하더라도 현실적으로 제도를 도입한 국가에 금융회사나 지주회사가 몰림으로써 다른 나라 경제가 상대적으로 위축된다면 그것은 비난받을 만한 것인가? 1998년 "OECD 유해경쟁보고서"는 경영참여소득면제에 대해서는 언급조차 하지 않고 있다.

그렇다면 경영참여소득면제제도는 어떻게 이해하여야 하는가? 동 제도는 법인과세의 경제적 이중과세를 방지하기 위한 방안의 하나이다. 동일한 취지의 연결납세제도*와 비교해 보자. 국제적인 이중무과세(double non-taxation)를 얻기 위해 악용될 수 있음에도 불구하고 연결납세제도는 거의 모든 OECD국가에 도입되어 있다. 조직형태에 따라 조세가 차등하여 과세하는 문제를 시정할 수 있고 특히 법인세가 갖는 경제적 이중과세를 완화하는 효과가 기대되기 때문이다. EU의 모자회사지침(parent subsidiary directive, 1990)은 역내 한 국가에 소재하는 모회사(지분 20% 이상 소유)가 역내 다른 국가에 소재하는 자회사로부터 지급받는 배당금에 대해서는 과세하지 않도록 하는 내용을 담고 있다.[258] 국제적인 연결납세에는 이르지 않는 것이지만 국가 간 경제적 이중과세를 배제하는 효과가 기대되는 내용이다. 지침상 과세하지 않기로 한 범위가 20%의 지분으로 예시되어 있는데 나라에 따라서는 그것을 5% 내지 10%로 하기도 한 것인데 그것이 바로 경영참여소득면제이다. 경영참여적 성격을 갖는 지분으로부터의 소득은 경제적으로 보아 지점을 통해 해당 국가에서 사업을 하고 얻는 소득과 다를 바 없다. 진출지국가에서 자회사로 활동을 하는가, 지점을 통해 사업을 하는가 하는 차이가 있을 뿐이다. 이에 따라 국외 지점을 통해 얻는 소득에 대해서도 경영참여소득면제를 주는 나라도 있는 것이다. 결과적

---

258) EC Parent-Subsidiary Directive 1990 제4조에서 역내 서로 다른 나라에 위치한 모자회사 간 배당에 대해서는 면세하는 규정을 두고 있다.

으로 지침에 의하면 국외에서 적극적인 사업활동(active business or trade) — 포트폴리오투자가 아닌 외국인직접투자에 이를 정도 — 에 연원하는 소득에 대해서는 원천지국가에서만 과세하고 거주지국가에서는 과세대상으로 하지 말자는 결론에 이르게 된다. 이는 현실적으로 사업소득에 대해서는 사업을 영위하는 국가에서 그 나라의 세법에 의해 소득금액을 계산하고 신고납부하도록 하여야 하므로 그 나라에서의 납세의무의 이행으로 종결하도록 하는 것이 바람직하다는 점도 반영된 것으로 보아야 한다.

3) 외국인직접투자에 대한 조세특례

어느 정도 이상의 규모에 이른 경제를 가지고 있는 국가가 외국인투자를 유치하기 위해 세율을 전면적으로 인하하는 데에는 재정상 한계가 있다. 세율을 부분적으로만 인하하는 방법은 어떨까? 예를 들어, 자국의 고유자본에 대해서는 원래의 높은 세율로 과세하지만 국내로 새로 유입한 자금에 대해서는 낮은 세율을 적용하는 방법이 그것이다. 이러한 목적에 활용되는 대표적인 방법이 외국인직접투자에 대한 조세특례제도이다.

외국인직접투자에 대해서만 조세특례를 부여하는 것이 국제적으로 비난받을 일인가? 외국자본에 대해서만 조세특례를 부여하는 것은 자본수입중립성의 이상에 어긋난다. 어느 나라의 조세제도도 꼭 자본수출중립성이나 자본수입중립성 중 하나의 원칙에 부합하도록 설계되어야 한다는 법적인 규제를 받는 것은 아니지만 각국이 모두 외국인직접투자에 대해 경쟁적으로 조세특례를 부여한다면 세계경제가 효율성을 잃게 될 것이며 그것은 그런 의미에서 '유해'한 것이 아닐까? 이에 대해서는 다음과 같은 반론이 가능하다. 조세특례의 대상이 되는 외국인직접투자자본은 이미 국내자본화한 것이다. 그에 대해 부여하는 조세특례는 해당 국가의 국민들 사이에서 외국자본에 대해 특혜를 주고자 하는 합의에 의한 것이다. 이는 각국이 여타의 조세특례를 부여할 수 있는 자율권을 갖는 것과 동일하게 취급될 수 있다. 실제에 있어 외국인투자에 대한 조세특례는 좀 다른 이유에서 그 유해성이 심각하게 논의되지는 않고 있다. 외국인직접투자자본에 대해서는 그 자본의 수출지국가에서 자본수출중립성 차원에서 과세할 수 있기 때문이다. 자본의 진출지국가에서 아무리 조세특례를 부여한다 하더라도 자본수출지국가로 자금이 회귀할 때 수출지국가의 세법에 의해 모두 과세된다면 그러한 특례의 효과가 사라지기 때문이다. 이 경우 결과적으로 외국인투자에 대한 조세특례는 자본의 수출지국가에서 과세되기까지 시간적 여유를 주는 정도의 효과밖에 부여하지 못하는 것이다.[259] 외국인투자에 대한 조세특례가 갖는 이러한 한계 때문인지 OECD국가 중에서 외국인직접투자에 대해 조세특례를 주는 나라는 우리나라밖에 없다. 그리고 자본수출지국가가 수입지국가가 부여한 조세특례를 흡수하는 것을 방지하기 위한 간주세액공제제도*는 조세특례의 경제적 비효율성 때문에 소수 국가들 사이에서만 유지되고 있다.

외국인직접투자에 대한 조세특례제도는 이미 내국자본화한 자본에 대해 특례를 부여하는 것이다. 그런데 어떤 국가가 여기서 한 걸음 더 나아가 자국의 영토 안에 지리적으로 한정된 지역을 설정하든가 개념상의 시장을 설정하고 외국자본에 대해서만 해당 지역 또는 시장에 들어갈 수 있도록 하면서 그 지역 또는 시장에서는 면세하는 제도를 만들 수도 있다. 이러한 특례 영역을 설정하면 외국자본은 그 영역 안에서만 활동하게 된다. 그리고 그 영역에 해당 국가의 자본은 진입할 수 없게 된다. 해당 국가의 경제 영역과는 격리되어 있더라도 그 자본이 고용 등 경제에 대한 파급효과는 기대할 수 있게 된다. 반면 이 경우 자본의 수출국 입장에서는 세수는 말할 것도 없고 경제적인 동력을 빼앗기는 불이익을 보게 된다. 이러한 조세특례 영역을 설정한 국가가 일종의 재정행위(arbitrage)를 하는 셈이다. 마치 환율을 인위적으로 인상하는 방법, 관세·비관세장벽을 높이는 방법 및 수출보조금을 주는 방법으로 근린을 궁핍하게 하는 것과 같은 것이라고 볼 수 있다. 이러한 근린궁핍화 정책에 대해서는 WTO가 GATT를 통해

---

259) 물론 이러한 상쇄효과를 방지하기 위해 국가 간 간주외국납부세액공제제도를 두기로 합의할 수는 있겠다. 우리나라는 총 7개 국가와의 조세조약에서 간주외국납부세액공제제도를 두고 있다.

제재하는 제도를 유지하고 있는데 내국세에 대해서는 국제사회가 어떻게 대응하고 있는가? 아래에서 논하지만 OECD는 이와 같은 제도를 ring fencing*이라고 규정하면서 '유해'하다고 보고 있는 것이다. 한편, 우리의 외국인직접투자자에 대한 조세지원제도 중 외국인투자지역(개별형, 단지형) 내 외국인직접투자자본에 대해서 조세특례를 부여하는 제도가 있다. 해당 지역에 국내자본이 외국인자본과 합작해서 법인을 설립할 수 있지만 그 자본 해당분은 조세특례를 못 받는다. 배타적으로 설정된 지역인 점은 분명하지만 ring fencing으로 보지는 않는다.

(3) '유해조세경쟁'의 개념 설정

삼가야 할 '경쟁'에 대해 명쾌하게 해답을 준 것은 아니지만 어느 정도 개념적 정의를 내려준 것은 1998년 OECD "유해조세경쟁(Harmful Tax Competition)보고서"이다. 이 보고서는 1998년 OECD 각료회의가 채택한 것인데 그 후 전 세계적으로 조세피난처(tax haven)와 조세특혜제도(preferential tax regime)를 폐지하기 위한 노력을 경주하게 된 계기가 되었다. 특기할 점은 이 보고서가 유해조세경쟁으로 규제할 범주를 스스로 금융·서비스산업 등에 투입되는 국제적으로 이동성이 높은 자본으로 한정하고 있다는 것이다. 이는 이 보고서가 주로 역외금융센터를 규제하려 하고 있음을 알려준다. 세계 국제금융거래의 50%를 전후한 거래가 역외금융센터를 중심으로 이루어지는데 그러한 역외금융센터의 대부분은 조세피난처이거나 그러한 성격이 짙은 것이다.

1) OECD가 보는 '유해(harmful)'의 의미

OECD도 '유해'의 의미에 대해 명확하게 정의하고 있지 않다. 다만 OECD가 조세피난처와 유해조세제도에 대해 설정한 요건들을 분석하면 OECD가 '유해'의 의미를 자국은 아무런 손실도 감수하지 않으면서 상대방국가의 희생을 대가로 자기 국가의 이익을 도모하는 것 정도로 상정하고 있는 것으로 이해할 수 있다. 어떤 나라에 다른 목적으로 들어와 있는 자본에 대해 무세 또는 조세특례를 적용한다면 당연히 그 나라의 세수를 감소시키는 효과가 나타날 것이다. 그런데 다른 목적은 거의 없이 다른 나라에서라면 부과될 세금을 감소시킬 목적만으로 그 나라에 들어온다면 그것을 가능하게 하는 제도는 해당 국가의 추가적인 손실은 전혀 없이 다른 나라에만 손실을 입히는 결과가 된다. 현실적으로 그러한 목적으로 들어온 자본이 원래의 목적을 달성하도록 하기 위해서는 단순히 해당 국가에서 조세혜택을 부여하는 것만으로는 안 되며 해당 자본의 원래 출신지국가에 관련 소득에 관한 정보를 제공하지 말아야 한다. 이에 따라 OECD는 그와 같은 요소들을 고루 갖춘 조세경쟁을 '유해'한 것으로 보고 있다.

2) 비협조적 조세피난처(uncooperative tax haven)

① 개념

경쟁적으로 이루어지고 있는 세율인하가 법규범적으로 문제될 일은 없다. 극단적으로 모든 주권국가가 세금을 철폐하고 국엉기업의 수입으로 정부를 유지할 수도 있는 것이다. 비교하기 적절하지 않은 점도 있기는 하지만 한때 사회주의국가는 세금을 철폐하였다고 자부한 시절도 있지 않았는가? 주변 국가는 그대로 있는데 자기 나라만 세율을 낮추어 자본이 물밀듯이 들어온다면 이웃 국가들이 잠시 가난해지는 기간이 있을 수 있지만 그것을 탓할 수는 없다. 논리적으로 하자가 없기는 하지만 세율인하경쟁이 도를 지나치게 된다면 길게 보아 재정이 축소할 것은 자명한 일이며 이는 현실적으로 적지 않은 문제를 가져오게 된다. 예를 들면, 사회보장예산지출의 삭감은 사회적 형평을 저해하게 된다. 이는 재정의 축소에 저항하는 힘을 만들어 낸다. 이렇듯 일정 규모 이상의 경제를 가지고 있는 국가라면 세율의 인하에 한계가 있다. 이러한 이유 때문에 상대적으로 소규모 경제를 가지고 있는 국가가 남들보다 세금을 더 인하하는 정책을 사용하게 되며 이는 거주지이동 또는 재정(arbitrage)을 통해 주변 국가를 힘들게 한다.

OECD "유해조세경쟁보고서"는 다음의 4요소를 갖춘 지역을 '비협조적 조세피난처'로 정의하고 그러한 지역의 세제를 유해한 것으로 보고 있다. 이 보고서가 조세피난처가 되기 위해 4가지 요소 모두를 고루 갖추어야 하는지에 대해서 분명한 언급은 없다. 다만 첫 번째의 무세 또는 경과세의 요건은 필수적인 것으로 보고 있다. 다른 요소들을 어느 정도 감안하여야 하는지는 개별적인 상황에 따라 판단하여야 한다고 한다.

- 무세 또는 경과세
- 실효성 있는 정보교환의 부재
- 법집행의 투명성 결여
- 실질적인 활동요건의 부재

② 역외금융센터(offshore financial center)

역외금융센터는 이제 국제금융거래의 중심적 위치를 차지하고 있다. 90년대 국경 간 금융거래의 추이를 보면 약 50% 정도의 거래가 역외금융센터를 통해 이루어졌다고 할 정도로 역외금융센터는 이제 국제자본활동에서 **빼놓을** 수 없는 요소가 되었다.[260]

역외금융센터는 말 그대로 역외에 소재하는 금융센터를 말한다. '역외금융센터'에서 '역외(offshore)'는 일정국의 영토 바깥을 의미한다. 역사적으로는 미국이나 영국이 '역외'라는 말을 주로 사용하면서 역외금융센터를 조세피난처(tax haven)와 거의 같은 의미로 사용하여 왔다.[261] 굳이 역외금융센터라고 하여 금융을 삽입한 것은 주로 금융행위를 통해 조세피난처의 혜택을 볼 수 있도록 설계되어 있기 때문이다. 역외시장과 유사한 개념으로서 역외금융센터[262]는 개념상 역외시장과 직접적인 관련성은 없다.

---

260) IMF에 의하면 1992년 전체 국제금융거래의 약 56%가 역외금융센터를 통해 이루어졌다. 이 비율은 1999에는 약 50% 수준으로 축소되었다(Errico, L. and Alberto Musalem, Offshore Banking: An analysis of Micro-and Macro-Prudential Issues, IMF Working Paper WP/99/5; 성용모, 전게서, p.169).

261) Barry Spitz, Offshore Strategies, Tottel, 2001, p.12.

'역외시장'에서의 '역외(offshore)'는 해당 자산의 통화표시국과 시장개설국이 다른 경우 시장개설국에 개설된 그 시장의 위치를 의미한다.

역외금융센터에는 크게 두 부류가 있다. 우선 전통적으로 소규모 섬나라들을 위시한 조세피난처로 알려진 국가들이 있으며, 그 밖에 그러한 조세피난처로서 분류하기 곤란한 경제규모를 가지고 있는 국가이지만 사실상 조세피난처와 같은 기능을 일부 수행하는 국가들이 있다.[263] 후자로 분류될 수 있는 국가로는 벨기에, 네덜란드, 싱가포르 및 스위스가 있다. 그리고 조세제도 전반에 걸쳐 해당되는 얘기는 아니지만 절세를 할 수 있는 기회를 제공하고 있기 때문에 그 측면에서는 역외금융센터와 같은 역할을 하는 국가들이 있는데 그들로는 아일랜드, 영국, 프랑스, 독일, 덴마크 및 스페인 등을 들 수 있다.[264]

납세자들은 새로운 과세실체로서 하나의 기구(vehicle)를 역외금융센터에 설립하는 방법으로 역외금융센터를 이용한다. 구체적으로는 펀드, 주식회사 및 신탁 중 하나를 설립한다.[265] 이러한 기구들은 자금의 거류지가 되며 그곳에 있는 한 그곳의 세법에 따라 무세 또는 낮은 세율로 머무를 수 있는 것이다.

역외금융센터는 국제금융 발달에 도움을 주는 면이 없지 않지만 적지 않은 부작용을 초래하고 있다. 그중 가장 골칫거리는 정보교환에 협력하지 않는 역외금융센터들이다. 조세조약이나 조세정보교환협정상 요청에 의한 정

---

262) offshore financial center 또는 international offshore financial center라고 한다.
263) 성용모는 역외금융센터를 내외분리형, 내외일체형 및 조세피난처형으로 분류한다. 내외분리형은 센터 내 개설된 시장에서 규제 및 세제가 국내와 분리된 경우이며, 내외일체형은 규제 및 세제상 국내의 거주자와 국외의 비거주자 간에 차등을 두지 않는 경우를 말한다. 조세피난처형은 아예 세금이 없는 곳을 의미한다. 내외분리형으로 미국, 동경 및 싱가포르 등을 들고 있는데 사실 이들 시장 모두 세금상 거주자, 비거주자의 차별이 없다. 다만 싱가포르의 경우 세금상 국외원천소득은 과세하지 않고 있는데 그것은 거주자, 비거주자 구분 없이 적용되는 원칙이다. 그렇다면 성용모의 분류에 의한 내외분리형은 시장규율의 측면에서만 거주자와 비거주자가 차별이 있는 곳이라 할 것이다. 내외일체형으로서는 런던 및 홍콩을 들고 있다. 조세피난처형으로서는 케이만아일랜드 및 바하마를 들고 있는데 그 것은 빙산의 일각에 불과한 것이다(성용모, 국제금융시장, 탐진, 2004 참조).
264) David Spencer and J.C. Sharman, International Tax Cooperation, International Taxation, February 2008, pp.42 – 43.
265) 성용모, 전게서, p.168.

보교환이나 자동적 정보교환제도를 도입하지 않은 나라들은 전 세계적으로 11개국이 있다. 그리고 국내세법상 조세범칙사건에 해당할 경우에만 상대방 국가의 은행거래정보제공요청에 응하는 나라는 전 세계적으로 17개국이 있다. 이 중 두 가지 모두에 해당하는 나라는 안도라, 쿠크아일랜드, 리히텐슈타인, 사모아, 턱스카이코스아일랜드, 바나투의 6개국이 있다.266) 유럽인들에게는 지리적인 이점 등으로 리히텐슈타인이 조세피난처로서 많이 이용되고 있다. 이 나라에 계좌를 개설한 자금에 대해서는 간혹 있는 그곳 금융기관의 내부자제보가 없는 한 사실상 조사가 불가능하다.267)

③ 조세피난처(tax haven)

앞에서 역외금융센터 중에는 조세피난처의 특성을 지닌 것들이 있다고 하였다. 인기 있는 역외금융센터가 되기 위해서는 세금부담이 낮으면 좋겠지만 꼭 그래야만 하는 것은 아니며 다른 요인도 많이 좌우한다. 한편 조세피난처가 역외금융센터로서의 역할을 하지 않는 경우도 적지 않다. 역외금융센터가 되기 위한 여러 인프라 또는 지정학적인 여건이 우수하지 않으면 금융회사들이 이용하기 어려울 것이기 때문이다.

1990년대 OECD는 국가 간 유해한 조세경쟁을 규제하기 위한 목적으로 조세피난처의 개념을 정의하고자 하였다. OECD는 낮은 세금부담 이외에 정보공개에 협조하지 않는 곳이라는 요소를 추가하여 그러한 곳을 비협조적인 조세피난처로서 공개하고 정보교환협정을 체결하도록 국제적인 압력을 행사하는 방법을 사용하였다. 이 외에 국제적으로 통일된 개념 및 규정의 노력을 찾아볼 수 없다. 결국 '조세피난처'의 개념은 각국의 국내세법상 조세피난처와 관련되어 자국의 과세권을 확보하고자 하는 정책적 필요에 따라 개념이 결정되어 왔다. 예를 들면, 우리나라의 경우 우리나라 자본이 진출하여 소득을 얻고 그에 대해 소득세부담을 할 때 매년 실효세율

---

266) OECD, Tax Co-operation(Towards a Level Playing Field), 2007, pp.6-18, OECD, Improving Access to Bank Information for tax Purposes, The 2007 Progress Report, 2007.
267) 2008년 현재 일본 그리고 불란서 등 유럽국가와 미국이 자국민 중 리히텐슈타인에 불법소득이나 탈세자금을 은닉하고 있는지에 대해 특별한 조사를 벌이고 있다고 한다.

을 계측하도록 하고 그것이 15%에 이르지 못하면 조세피난처로 보는 기준을 주로 활용한다. 즉 특정 지역이 어느 기업에는 조세피난처가 되는 해에 다른 기업에는 그렇지 않은 사례가 나타날 수 있는 구조로 되어 있다. 우리나라에서 보듯이 조세피난처의 범주가 한 나라 안에서도 수시로 바뀔 수 있으며, 국제적으로 공인된 조세피난처가 존재하는 것도 아니다. 다만 국제관행상 세율이 낮은 국가들로 분류되는 섬국가들과 유럽의 소국가들이 통상 조세피난처로 불린다. 미국과 영국의 자본이 조세설계를 위해 이들 지역을 애용하면서 실무계에 그렇게 알려지게 되었고, 다른 한편으로 그러한 조세설계에 미국과 영국의 과세당국이 제도적으로 대응해 오면서 실무계의 인식을 수용하는 과정에서 굳어져 온 것이다.

조세피난처로는 비단 섬나라나 유럽의 소국들만 있는 것은 아니다. 싱가포르나 홍콩은 비록 15% 이상의 세율을 가지고 있지만 면제하는 소득이 많기 때문에 사실상 조세피난처로 인식되고 있다. 또한 두바이는 아랍에미리트연합국의 한 지역으로서 2003년 자유무역지대를 창설하면서 그곳을 명실상부하게 케이만아일랜드나 리히텐슈타인과 같은 조세피난처로 만들었다.

3) 유해조세제도(harmful tax regime)

① 개념

OECD "유해조세경쟁보고서"는 '비협조적 조세피난처' 외에 '유해조세제도'를 유해조세경쟁의 하나로 보고 다음의 요소를 갖춘 제도를 유해조세제도로 정의하고 있다.

- 관련 소득에 대한 무세 또는 경과세
- 실효성 있는 정보교환의 부재
- 해당 제도 운영의 투명성 결여
- 해당 제도가 관할지역의 국내시장으로부터 격리(ring fencing)

위 보고서는 유해조세제도에 대해서도 위 4가지 요소를 모두 갖추어야 하는지에 대해 분명한 언급을 하지 않고 있다. 다만 무세 또는 경과세의 요건은 필수적인 것으로 보고 나머지 3개의 요소 중 하나 내지 두 개 이상의 요소가 곁들여지면 유해조세제도가 될 수 있다고 한다. 해당 제도가 국내시장으로부터 격리되어 있다면 국내의 과세기반에는 손상을 입히지 않은 채 다른 나라의 과세기반만 약화시킨다고 하여 이를 ring fencing으로 명명하고 불공정성을 강조하고 있다. 그리고 그러한 ring fencing에는 거주자는 해당 제도를 이용하지 못하도록 하는 방법 또는 해당 제도의 혜택을 보는 기업에 대해서는 국내시장에서의 활동을 직간접적으로 금지하는 방법이 있다고 한다.

우리나라 조세특례제한법상 외국인직접투자에 대한 조세특례제도는 거주자가 이용할 수 없도록 하고 있다는 점에서 ring fencing적인 성격이 있는 특례제도라는 비판을 받을 소지가 있기는 하지만 해당 제도의 혜택을 보는 기업이 국내시장에서 활동을 할 수 있으며 무엇보다도 투명성 및 정보교환의 요소를 갖추고 ― 결과적으로 자본의 수출지의 형태를 유지한 채로 과세되어 ― 있기 때문에 유해한 것으로 볼 수는 없을 것이다.

② 조세피난제도(tax shelter scheme)

특정 지역의 세제가 전반적으로 낮은 세율체계를 가지고 있는 일반적인 조세피난처와 다른 양태로 조세의 회피가 가능하도록 하는 제도 ― 즉 조세피난제도(tax shelter scheme) ― 를 운영함으로써 그러한 제도를 이용하는 자들에게는 사실상 조세피난처(tax haven)와 같은 역할을 하도록 하는 경우가 있다. 상당수 국가들의 세법에 그러한 제도가 잠복하고 있다. 2007년 5월 미국의 상원재무위원회(Senate Finance Committee)에서는 통상 조세피난처라고 불리는 케이만아일랜드에 조세회피 목적으로 설립된 가공회사(shell company)가 1만 2천 개가 존재한다는 보고서가 제출되었다. 실제 그러한 조세피난처가 유해한 조세경쟁을 불러일으키는 것은 분명하지만 스위스, 룩셈부르크, 싱가포르, 미국 및 영국 등의 국가에 비거주 투자자에게 유리한 세제가 유지되는 한 OECD가 추진한 유해조세경쟁을 방지하기 위한 작업이 소기의 성과를 거두었는가 하는 데에는 의문이 제기될 수밖에 없다. 특히 OECD가 아무리 유해조세경쟁을 규제하려고 하여도 주요국의 세제가 자본수출중립성의 관점을 견지하고 있는 한 납세자들은 낮은 세금을 부담할 수 있는 곳에 대한 유혹을 떨칠 수 없을 것이다. 아래에서는 미국과 영국의 두드러진 사례를 소개한다.

③ 미국의 LLC제도와 Check the box regulation[268)]

미국에서 법인의 설립은 각 주별 회사법에 의해 규율받는다. 주마다 설립가능한 법인의 형태가 상이하지만 보편적으로 설립이 허용되고 있는 형태 중 하나가 LLC(Limited Liability Company)이다. LLC는 구성원의 상사법적 책임을 완화하는 특성이 있으며 자본의 충실 및 보고의무가 우리 상법상 회사들에 대해서와는 달리 매우 약한 편이다. 그리고 주마다 다소 차이가 있지만 LLC의 구성원 중 외국법인 또는 외국인은 그 실체나 신상에 대해 심사를 하는 절차가 제대로 마련되어 있지 않다. 따라서 미국에 설립된 LLC에는 어떤 나라의 누구의 자본인지 모를 돈이 모여 있을 수 있게 된다. 돈이 모여 있더라도 그것에 대해 세금을 제대로 부과한다면 그 부담 때문에 활용되기 어려울 것이다. 그런데 미국의 LLC는 스스로가 선택하면 check the box regulation에 의해 도관체로 과세되지 않을 수 있다. 이때 LLC의 구성원에 과세되게 되는데 그 구성원이 비거주자나 외국법인인 경우에는 미국의 원천소득으로 보아 과세되지 않는다. 미국 내 원천소득의 경우에도 상당 부분의 이자는 비거주자나 외국법인이 가득할 경우 과세하지 않는다. 해당 비거주자나 외국법인이 조세피난처에 소재하는 것으로 되어 있고 제3의 소득원천지에서 낮은 세율로 과세된 소득이라면 미국에서도 과세되지 않으니 조세를 절약할 수 있는 좋은 계기를 마련해 주는 것이다. 실제 미국을 포함한 어느 나라의 개인 또는 법인도 LLC의 구성원이 될 수 있으므로 LLC제도와 check the box regulation은 미국을 매

---

268) GAO, Company Formations(Minimal Ownership Information Is Collected and Available), April 2006.

우 좋은 조세피난처로 만드는 역할을 하는 것이다. 이와 유사한 신분위장의 수단으로 활용되는 것이 무기명채권 또는 무기명주식과 같은 무기명증권(bearer securities)이다.

④ 영국의 거주자·본적제도

영국 내 본적이 없는 것으로 선택한 자들은 영국 외 원천소득에 대해서는 영국으로 송금받을 때에야 납세의무가 있다. 2007년 International Herald Tribune의 보도에 의하면 2004년 귀속분 소득세 신고에 대한 분석 결과 약 11만 2천 명이 그러한 선택을 하였으며 그들이 신고한 소득은 199억 미국달러이다. 영국에서는 '영국에 살지만 그곳에서 태어나지 않은 자는 그곳에 본적이 없는 신분(non-domiciled status)'을 선택할 수 있다. 16세 이상의 자는 본적(domicile)을 선택할 수 있지만 그 이전에는 부모의 본적을 따른다. 영국세법상 본적의 개념은 비세법상의 용어를 원용한 것으로서 우리로 얘기하면 과거 호적법상 '본적'과 유사한 것이다.

영국은 영국 내에 통상적으로 거주(ordinarily resident)하거나 본적을 가지고 있는(domiciled) 자가 아니면 국외원천소득에 대한 과세상 송금주의를 적용한다. '통상적으로 거주'의 의미는 여러 해에 걸쳐(year after year) 거주자인 경우를 의미한다. 근로목적으로 입국한 자의 경우 3년 이상 체류하여야 한다. 상속세목적으로는 지난 20년 중 17년 이상을 영국에 거주하여야 본적이 있는 것으로 보며, 그 경우에야 국외소재자산에 대해 상속세를 부과한다.[269]

(4) '유해조세경쟁'에 대한 대응

OECD의 기준에 의해 유해한 것으로 판명된다면 해당 제도를 가지고 있는 나라는 그것을 폐지하여야 하는가? 타국의 조세제도 변경을 강제하

---

[269] HM Treasury, Reviewing the residence and domicile rules as they affect the taxation of individuals: a background paper, April 2003, pp.3-6.

는 것은 마치 지방정부에 영향력을 행사하는 중앙정부 — 예를 들면, 미국의 주제상업조항(inter‐state commerce clause)에 의해 주 간 상거래를 제약하는 주정부의 행위를 규제하는 권한을 연방정부가 행사하는 경우처럼 — 와 같은 기능을 하는 세계국가정부가 있어야만 가능한 일이다. 그러나 좀 더 자세히 들여다보면 각 나라 정부가 채택할 수 있는 방법이 없는 것은 아니다. 우선 한 국가 스스로 할 수 있는 것으로는 자기 나라 국민이 타국의 유해한 조세제도를 이용하는 경우 이를 제재하는 방법, 조세피난처를 거쳐 오는 자본에 대해서는 조세조약을 적용하지 않도록 하는 방법과 같은 것들이 있다. 양자 간 조세조약에서도 조세피난처를 이용하는 경우를 제재하는 규정을 두거나 국가 간 정보교환을 의무화할 수 있다. 현재 OECD에서 추진하고 있는 바와 같이 다자간 협력을 통해 비협력적인 조세피난처를 공개하는 방법 또는 국가 간 협의를 통해 각국이 스스로 유해조세제도를 폐지하도록 유도하는 방법이 있을 수 있다.

1) 국내세법적 조치

① 조세피난처세제

일국의 국내세법으로 자국 거주자의 자본이 조세피난처에 피신하는 것을 방지하는 규정을 둘 수 있다. 조세피난처에 자본을 반출한 자국 거주자에게 특별히 더 과세하는 방법이다. 이는 거주지주의를 채택하는 국가는 거주자의 국외원천소득에 대해 과세할 수 있으며 어떤 방식으로 과세할지는 입법재량에 속하기 때문에 가능한 것이다. 설사 해당 소득에 대해 원천지주의를 채택한 경우라 하더라도 특별히 조세피난처에 원천을 둔 소득에 대해서는 그것이 자국 거주자에게 귀속할 경우 원천지주의를 포기하는 방법도 사용할 수도 있다.[270]

---

270) 프랑스와 네덜란드의 participation exemption제도에서 그 사례를 찾아볼 수 있다.

② 조세조약 적용제한

조세조약은 원래 조세조약상 요건을 충족하는 자에 대해서는 그것을 적용한다는 국가 간 약속이기 때문에 그것의 실체적인 적용요건을 국내세법으로 수정할 수는 없다. 그것의 구체적인 적용에 있어서는 그 세부기준이나 절차에 관해 양자 간 협의하여 정하지 않는다면 개별 사건에서 그것의 적용을 요청받는 국가가 재량껏 운영하면 된다. 유해조세경쟁과 관련하여 국내세법상 조세조약 적용문제가 거론되는 경우는 유해조세제도에 관한 것들이다. 조세피난처와 조세조약을 체결한 사례는 찾아보기 어렵기 때문이다. 조세피난처를 거쳐 온 외국자본 또는 상대방국가의 유해조세제도(또는 그에 준하는 조세특례제도)의 적용을 받는 외국자본에 대해 국내세법상 조세회피방지규정의 적극적인 적용을 통해 조세조약을 적용하지 않는 관행은 각국에서 확산일로에 있다.

2) 양자 간 협력[271]

유해조세제도의 혜택을 본 외국자본에 대해 조세조약 적용을 배제하는 것에 관해 일국의 국내세법만으로 규율하는 데에는 한계가 있다. 예를 들면, 지주회사제도 또는 Coordination Center제도* 등을 통해 외국자본이 자국에 들어온 다음 다시 제3국으로 진출하도록 하는 제도를 두고 있는 유럽 국가(네덜란드 등)와의 관계에서 우리나라가 그 나라와의 조세조약이나 행정합의를 통해 그러한 제도를 이용하여 우리나라에 진출한 자본에 대해서는 그 나라와의 조세조약을 적용하지 않도록 할 수 있을까? 현실적으로 매우 어려운 일이다. 이는 해당 국가가 국내세법과 조세조약을 통해 구축해 놓는 제도를 통째로 포기하게 하는 결과를 초래할 것이기 때문이다. 예외적으로 조세조약의 남용과 연루될 소지가 있는 자국의 세제를 이용하는 외국자본에 대해 자국과 상대방국가의 조세조약을 이용하지 못하도록 하는 방법이 사용되는 경우는 있다. 예를 들면, 한국과 미국 간의 조세조약에서

---

271) Doron Herman, supra, pp.207 – 237.

는 상대방국의 지주회사나 투자회사로서 그 구성원의 일정 비율 이상이 제3국의 자본일 경우에는 자국과 상대방국과의 조세조약을 적용하지 않는다는 조항을 두고 있는 것이다. 더 나아가 조세조약상 혜택제한조항을 두어 사실상 자국의 거주자에 해당하지 않는 자에 대해서까지 상대방국가와의 조세조약을 적용받도록 하지는 말자는 규정을 두기도 한다.

3) 다자간 협력[272]

일방적인 조치나 양자 간 협력만으로는 조세피난처와 유해조세제도를 효과적으로 규제하는 데 한계가 있다. 자국의 자본이 조세피난처 진출에 좀 더 관대한 다른 비조세피난처에 진출한 후 종국에는 조세피난처에 도달할 수도 있는 것이다. 자국에 진출한 타국의 자본에 대해 조세조약의 적용을 배제할 경우 국제법에 어긋난다는 비난을 받을 소지가 있다. 이에 따라 조세피난처와 유해조세제도를 규제하기 위해서는 좀 더 광범위한 협력의 틀을 구축할 필요성이 제기되었으며 그러한 필요에 부응한 국제기구가 EU와 OECD이다.

① EU[273]

국가 간 통합의 정도가 날로 증대하고 있는 EU에서는 회원국 정부가 투자유치와 관련하여 준수해야 할 '행동규범(Code of Conduct)'을 제정해 놓고 있다. 그 안에 조세혜택을 통해 외국자본의 유인을 도모하는 유해조세경쟁을 금지하기 위한 조항을 두고 있다. 1999년 EU 경제재무장관들은 15개 EU국가 및 그 부속령에서 시행되고 있는 조세제도 중 66가지가 EU 내 사업장의 위치선택(location)에 영향을 미치는 유해한(harmful) 특혜제도임을 확인하는 보고서를 채택하고 향후 EU국가 간 이러한 특혜제도를 축소시켜 나가기 위한 협상을 지속하기로 한 바 있다. 보고서는 규제하는 자

---

272) Doron Herman, supra, pp.238 – 273.
273) Raffaelo Russo,Fundamentals of International Tax Planning, International Bureau of Fiscal Documentation, pp.21 – 32.

본의 범위를 '지리적 이동성이 높은(mobile)' 금융자본이나 서비스자본에 한정하고 있지는 않다. 그러나 실제 주요 표적이 된 것은 역시 국제금융센터와 그에 집중하고 있는 금융업 또는 서비스업과 관련된 자본이라 하겠다.[274]

② OECD

OECD는 1998년 "유해조세경쟁보고서"를 발표하고 재정위원회에 '유해조세관행에 관한 포럼(Forum on Harmful Tax Practice)'을 조직하였다. 2000년 6월 동 포럼은 OECD 회원국 조세제도 중에서 '잠재적으로 유해한 조세특혜제도(potentially harmful preferential tax regimes)' 47개와 비회원국들로서 조세피난처의 개념에 부합하는 35개 지역(jurisdictions)을 발표하였다.[275] 그 후 OECD는 이들 35개 지역과 개별적인 협상을 펼쳐 대다수의 지역이 OECD에 협조적인 입장이 되도록 유도하였다. 이들 지역이 '협조적'이 되었다 함은 OECD가 제시하는 '투명성(transparency)'과 '효과적인 정보교환기준(effective exchange information)'에 부합하도록 제도를 개선한 것을 말한다. OECD는 비협조적인 입장을 견지한 지역에 대해서는 향후 적절한 공동대응방안(Coordinated Defensive Measures)[276]을 마련하여 제재를 가하되 이들 지역과 협상을 계속함으로써 비협조적인 지역을 가급적 줄여 나가겠다는 입장을 표명한 바 있다. 이후 OECD 진행상황보고서(Progress Report)에 의하면 마샬 군도 등이 동 명단에서 제외되어 5개 지역이 비협조적인 것으로 남아 있다.[277]

---

274) John Norregaard and Tehmina S. Khan, supra, pp.32 - 36.

275) David Spencer and J.C. Sharman, OECD Proposals on Harmful Tax Practices, Journal ofInternational Taxation, 2006.10.

276) 현재까지 논의되고 있는 공동 대응방안으로서는, 조세특혜제도를 보유하는 국가나 조세피난처 중 OECD의 project에 비협조적인 국가와 거래한 기업에 대하여 이들 국가와 관련되어 발생한 금액의 손금부인 또는 외국납부세액공제 배제조치를 취하는 방안, 더 나아가 이들 국가와 기존에 체결한 조세조약을 폐기하는 방안 등이 검토되고 있다.

277) OECD, Towards Global Tax Co - operation: Towards a Level Playing Field - 2007 Assessment by the Global Forum on Taxation, 2007; OECD, Improving Access to Bank Information for tax Purposes, The 2007 Progress Report, 2007.

네덜란드, 룩셈부르크, 스페인 및 벨기에 등 일부 국가에는 조세우대를 제공하는 지주회사제도 또는 Coordination Center제도가 있었다. 이러한 조세우대제도는 네덜란드(물류, 금융), 벨기에(다국적기업본부), 룩셈부르크(투자신탁 등 금융), 아일랜드(생산, 재무, 리스사업) 등에서 특정 산업을 중점적으로 발전시키는 데 크게 기여하였다. 룩셈부르크의 지주회사제도는 지주회사활동과 금융활동(상업활동 금지)만이 허용되며 법인세와 해외송금 배당에 대해 원천세가 면제되는 제도였다. 한편 스위스는 50/50 관행이 존재하였는데 이는 국제무역에 종사하는 외국계기업을 위해 도입된 제도로 과세소득을 계산할 때 전체 이익의 50%를 비용으로 간주함으로써 법인세를 줄여 주는 효과가 있었다. 이들 모두 폐지되거나 수정되었다.

3. 조세회피에 의한 과세권 잠식 방지

국제적 조세회피는 국가의 과세기반을 잠식하는 것이기 때문에 국가정부는 그것의 확산을 방지하기 위해 노력하게 된다. 국제적 조세회피의 방지는 각국 단독 또는 공동의 관심사를 넘어서 국제조세의 일반적 원칙으로 자리를 잡아 가고 있다. 조세조약은 국내세법 또는 조세조약 스스로의 남용을 막는 것을 국제적 이중과세의 방지에 버금가는 목적으로 하고 있다. 조세조약의 남용을 방지하기 위해서는 조세조약에 개별적인 조세회피방지규정을 두어 입법론적으로 해결하기도 하지만 조약 전문(前文)의 정신에 따라 목적론적 해석*을 하기도 한다. 해석론상 국내세법을 목적론적으로 적용할 수도 있겠다.

조세회피의 개념을 간명하게 설명하기는 용이하지 않다. 실정법상 조세회피의 개념을 정의하고 있는 나라가 없는 것은 아니지만 실제 그것의 적용을 둘러싸고 적지 않은 분쟁이 발생하고 있다. 우리나라와 같이 그것의 개념조차 마련되어 있지 않은 국가에서는 조세회피거래를 특정하는 것이 더욱 어려운 일이다. 조세회피거래의 개념도 정의되어 있지 않은 국가에서 특정한 거래를 조세회피행위라고 규정하여 조세효과를 재단하고자 하는 경우 그것에 대해 납세자 더 나아가 법원을 설득하는 일은 매우 어려운 일이라 할 것이다. 그럼에도 불구하고 조세회피의 개념은 대부분의 국가에서 각국의 국내세법에 규정화되어 있거나 판례법의 형태로 발전해 오고 있다. 그리고 특히 국제적인 조세회피의 방지에 관해서는 조세조약에서 그것이 조세조약체결의 가장 중요한 목적 중의 하나라고 규정하고 있다.

조세회피행위는 특히 국제거래를 통하여 자주 나타난다. 국제거래에서는 정보의 비대칭성 및 개념과 제도의 다양성 등으로 국내거래에 비해 보다 더 다양한 형태의 조세회피행위가 이루어지고 있다. 조세회피행위는 과세권을 규정하고 있는 조세법을 남용하는 것을 의미한다고 볼 수 있는데 국제거래에서 조세회피가 이루어진다 함은 원천지국이나 거주지국의 과세권을 회피하는 것을 의미한다. 각국의 과세권은 각국의 국내세법뿐 아니라 조세조약에 의해서 설정되기 때문에 국제적 조세회피는 국내세법과 조세조약을 남용하는 형태로 나타나게 된다. 이러한 법의 남용에 대해서는 법 자체의 목적론적 해석을 통해 대응할 수도 있지만 성문법 규정을 통해 보다 구체적이고 확실하게 대응할 수 있게 된다.

이러한 맥락에서 국제조세규범으로서 조세조약은 국내세법 또는 조세조약 스스로의 남용을 막는 것을 국제적 이중과세의 방지에 버금가는 목적으로 하고 있다. 국제적인 조세회피의 방지는 대부분의 조세조약의 전문에 명기된다. 그리고 반론이 없는 것은 아니지만 그에 근거하여 목적론적인 해석방법을 통해 조세회피행위를 규율할 수 있다. 조세조약은 개별적인 조세회피방지장치를 두기도 하는데 국내세법의 남용을 방지하기 위한 것 — 단순한 국가 간 과세권의 조정이라는 견해도 있기는 하지만 — 으로서 이전가격세제에 관한 조항을 두고 있다. 조세조약 자체의 남용을 방지하기 위해 조세조약혜택제한조항, 수익적 소유자*에 관한 조항 및 연예인회사에 관한 조항 등을 두고 있다. 따라서 과세당국이 상대방국의 거주자에 대해 국내세법을 목적론적으로 해석하고 적용하는 경우에도 그것은 조세조약을 위반한 것이 되지는 않는 것이 된다.

제2항 국제적 형평성

1. 외국인에 대한 차별 금지

오늘날 국제적으로 존중되는 과세원칙 중의 하나는 국적을 이유로 하는 차별을 금지하는 것이다. 이를 무차별원칙이라고 하는데 그에 의한다면 어느 나라의 자본이 국외로 진출하면 그 나라와 같은 조건하에서가 아니라 진출한 국가의 국내자본과 동일한 조건에서 활동하게 된다. 과세상 무차별성은 결국 자국에 소득의 원천을 둔 자본에 대해서는 그것이 어디에서 온 것이든지 동일하게 과세한다는 측면에서 자본수입중립성의 개념과 일맥상통한다.

국가들은 자국의 인적·물적 자본이 타국 영역 내에서 그 나라의 인적·물적 자본과 동등한 조건에서 경제활동을 할 수 있도록 되기를 희망한다. 이러한 희망은 해당 타국의 법제에 의하여 좌우되는 것이며 자국 또한 동일한 입장에 있으므로 각국은 서로 상대방국가가 차별적이지 않은 제도를 유지할 것을 조건으로 상호주의적인 입장에서 상대방으로부터의 자본에 대해 자국자본과 동일한 대우를 하게 된다. 상호주의적 입장에서 동일한 처우를 부여하는 것은 역사적으로 보아 그렇게 오래된 것이 아니다. 다른 국가와 외교관계를 열면서 체결하는 투자(보장)협정, 상품·서비스의 교역에 관한 무역협정 그리고 이중과세방지협정 등은 양국 간 약속에 의해 국내자본이 자국뿐 아니라 상대방국가에서 국내에서와 거의 동일하거나 유사한 조건에서 활동을 할 수 있도록 하기 위함이다. 국내자본은 국내에서와 같은 조건하에서가 아니라 상대방국가의 국내자본과 동일한 조건에서 활동하게 되는 것이다. 과세상 무차별성은 결국 자국에 소득의 원천을 둔 자본에 대해서는 그것이 어디에서 온 것이든지 동일하게 과세한다는 측면에서 자본수입중립성의 개념과 일맥상통한다.

조세조약이 과세에 관해 규정하고 있지만 일부 투자(보장)협정 및 무역협정도 상대방국가에서 자국자본이 어떻게 과세되어야 하는지에 대해 규정하고 있다. 무역협정은 다자간 협정에 의해 일부 대체되기도 하고 경우에 따라서는 자유무역협정으로 확대되기도 하는데 두 가지 경우 모두 조세에 관한 규정을 두고 있는 것이다. 우리나라에서 조약은 헌법상 국내법과 동일한 효력을 부여받고 있지만 우리가 체결한 조약에 관한 비엔나협약에 의해 국내법에 우선하는 효력을 인정받는 경우가 대부분이다. 이에 따라 위 각 조약상 조세에 관한 조항은 실질적인 국제조세규범으로서 국내세법에 우선하여 적용된다.

(1) 조세조약

> 조세조약상 무차별원칙은 상대체약국의 국적인이나 거주자인 무국적인에 대해서 국적을 이유로 한 차별적인 과세를 하지 말아야 한다는 것이다.

양자 간 조세조약의 모델이 되는 OECD 모델조세조약 제24조의 무차별원칙에 관한 규정 중 일부를 발췌하면 아래와 같다.

제24조 【무차별】
① 일방체약국의 국민은 타방체약국에서, 동일한 상황에 있는 동 타방국 국민이 부담하거나 부담할 수 있는 조세 또는 이와 관련된 요건과 다르거나 또는 그보다 더 과중한 조세 또는 이와 관련된 요건을 부담하지 아니한다. 본 규정은 제1조의 규정에도 불구하고, 일방 또는 양 체약국의 거주자가 아닌 자에게도 적용된다. (중략)
③ 일방체약국의 거주자인 무국적자는 양 체약국에서 동일한 상황에 있는 당해 국민이 부담하거나 부담할 수 있는 조세 또는 이와 관련된 요건과 다르거나 또는 그보다 더 과중한 조세 또는 이와 관련된 요건을 부담하지 아니한다. (중략)
⑦ 본 조의 규정은 제7조의 규정에 불구하고 모든 종류 및 명칭의 조세에 대하여 적용된다.

상대체약국의 국적인이나 거주자인 무국적인에 대해서 국적을 이유로 한 차별적인 과세를 하지 말아야 한다는 것이며, 이는 모든 종류의 조세에 적용된다는 것이다. 내용에 있어 조세조약상 무차별의 원칙은 WTO협정상

국적에 의한 차별적 대우의 금지를 의미하는 내국민대우의 원칙을 포괄하고 있다고 볼 수 있다. WTO협정에서는 타국 거주자에 대해서는 직접적으로 규정하지 않고 타국의 국적인에 대해 규정하고 있다. 조세조약도 국적을 이유로한 차별을 금지하고 있으며 타국 거주자에 대해 규정하는 부분은 다음과 같은 예외적인 경우에 한정된다. 즉 상대체약국의 국적인은 아니지만 거주자인 무국적인에 대해 국적을 이유로 한 차별을 하지 않도록 명시적인 규정을 두고 있는 것이다.

통상 조세조약은 소득과세에 관한 것이지만 그중 무차별에 관한 사항은 모든 세목에 적용된다. 이는 통상협약에서의 무차별 조항과 균형을 고려한 것이다.

(2) 투자(보장)협정

> 투자(보장)협정상 최혜국대우(Most Favoured Nation)와 내국민대우(National Treatment)에 관한 규정은 원칙적으로 조세조치에는 적용되지 않지만 일부 조항은 예외적으로 적용된다. 그 중 하나가 재판 등의 청구권이다.

조세조약 외에도 국가 간 상호투자의 안전보장을 위하여 투자(보장)협정을 맺고 있다. 투자(보장)협정은 또한 과실송금 등에 대한 제한조치를 외국인 투자자에게 적용하지 않는 것을 내용으로 한다. 투자(보장)협정은 GATT처럼 최혜국대우(Most Favoured Nation)와 내국민대우(National Treatment)에 관한 규정을 두고 있다. 투자(보장)협정하에서 '대우'는 대부분 사회적·국민경제적 필요와 이해에 따른 정부정책들을 의미한다. 이는 원칙적으로 조세를 포함하지는 않는다. 예를 들어, 한일투자협정에서는 조세조치를 원칙적으로 협정적용대상에서 제외하되 투자자보호를 위해 일부 조항은 조세조치에도 적용하는 예외를 두고 있다. 해당 조항으로는 제1조 정의, 제3조 재판등의 청구권, 제7조 투명성조항, 제10조 수용 및 보상, 제

22조 지방정부등의 예외 등, 제23조 효력발생이 그것들이다. 투자자나 그의 투자자산에 대해 손실을 입히거나 입힐 것으로 예상되는 어떠한 정부 조치에 대해서도 해외투자자는 정부를 직접 제소할 수 있다는 점이 여느 국제협정과 뚜렷이 구분되는 점이다.

(3) 통상조약

통상규범들은 최혜국대우나 내국민대우에 관해 규정하고 있는데 여기서 '대우'에는 조세조치를 포함한다. 한편 조세조약은 무차별원칙에 대해 규정하고 있는데 이들 간의 개념적인 차이와 적용상 우선순위에 대해 파악할 필요가 있다. WTO협정 중 GATS는 최혜국대우조항과 조세조약상 무차별원칙에 관한 조항의 우선순위에 대해 명시적인 규정을 두고 있다. (자유)무역협정은 NAFTA를 예로 들면, 조약상 최혜국대우나 내국민대우의 원칙은 조세를 포함한 모든 법제나 정부조치에 일관되게 적용된다. 대체로 조세조약에 우선적인 효력을 부여하고 있지만 예외도 있다.

1) WTO협정

① 무차별원칙

1947년의 GATT를 승계하고 있는 WTO협정은 16개 조문으로 구성된 마라케쉬협정과 그의 부속문서로 구성되어 있다. 그 부속문서는 GATT, GATS, TRIPS, SPS, SCM 및 DSU이다. 2006년 현재 WTO협정에 149개 국가가 가입하였으며 그 국가들이 영위하는 교역량은 전 세계 교역량의 95%를 차지한다. WTO는 WTO협정을 이행하기 위한 국제기구로서 통상규범을 집행하며, 통상분쟁을 해결하고, 통상협상의 장을 열게 된다. 자유무역의 이상을 실현하기 위하여 WTO협정이 취하고 있는 가장 기본적인 원칙은 무차별주의라고 할 수 있으며 이는 WTO협정 전반에 반영되어 있다. 국외로부터 유입되는 경제적 활동을 받아들이는 국가가 그에 대해 자의적인 기준에 의하여 불이익하게 되도록 취하는 조치는 차별적 대우에 해당하며 금지된다는 내용이다.

WTO협정은 직접적으로 차별적 대우를 하는 것은 아니지만 결과적으로 차별적인 효과가 나타나게 하는 것에 대해서는 사실상의 차별대우(de facto discrimination)라 하여 그 역시 규제대상으로 한다. 내국민대우에 있어 국적을 이유로 하는 것은 아니지만 이와 유사한 기준, 예를 들면, 거주지(residence)를 이유로 한 차별은 사실상 국적인을 우대하는 것으로 볼 수 있으며 그러한 의미에서 사실상 차별대우에 해당한다. 차별(discrimination)의 개념은 두 나라 간 제도가 달라 결과적으로 차이가 나게 되는 불균등(disparity)과는 구별된다. 무차별은 다음의 두 가지 원칙으로 구체화된다.

● 최혜국대우원칙

최혜국대우원칙(Most Favored Nation Treatment)이란 국외로부터 유입되는 경제적 활동에 대해서 제3국으로부터 유입되는 경제적 활동으로서 유사한 활동 중 가장 좋은 대우를 받는 것과 비교하여 차별하지 않는 것을 말한다. GATT의 경우 제1조가 최혜국대우원칙에 대해 규정하고 있다. 한 국가가 동종 상품에 대해 관세, 과징금, 수출입에 관한 규칙 및 절차 등 통상관계에 있어서 제3국에 부여하고 있는 제 조건보다 불리하지 않은 조건을 다른 국가들에도 부여해 주어야 한다는 원칙이다.

최혜국대우원칙이 WTO협정의 가장 기본이 되는 원칙이기는 하지만 예외는 인정된다.

이 중 가장 중요한 것들이 개도국우대와 자유무역지대의 허용인데 그중 자유무역지대 설치를 위한 관세동맹이나 자유무역협정을 살펴보면 역내국 상호간에는 상품이나 서비스, 기타 투자에 대한 관세 및 비관세장벽을 전면적으로 철폐하는 협정이기 때문에 자연히 역내국과 역외국을 차별하게 되며 이러한 차별에도 불구하고 그로 인한 피해보다는 역내국 간의 무역장벽철폐로 인하여 초래될 교역촉진효과가 전체적으로 볼 때에는 더 크다고 보기 때문에 최혜국대우원칙에 대한 예외를 허용한다.[278]

• 내국민대우원칙

내국민대우원칙(National Treatment)이란 국외로부터 유입되는 경제적 활동을 국내에서 영위되는 유사한 활동과 비교하여 차별적으로 대우하지 않는 것을 말한다. GATT의 경우 제3조가 내국민대우에 관한 일반원칙을 정하고 있다. 동 조 제1항은 "회원국은 내국세 기타 내국과징금과 물품의 국내판매, 판매를 위한 제의, 구매, 수송, 분배 또는 사용에 영향을 주는 법률규칙, 기타 요건 및 일정한 수량 또는 비율에 의한 물품의 혼합·가공 또는 사용을 요구하는 내국의 수량규제가 국내생산을 보호하기 위한 목적으로 수입물품 또는 국내물품에 적용하여서는 안 된다는 것을 인정한다."고 규정하고 있다. 제2항은 "제1항의 목적을 달성하기 위하여 한 회원국의 물품이 다른 회원국의 영역 내로 수입되는 경우 그 회원국은 동종의 내국물품에 직접 또는 간접으로 부과하는 내국세 또는 기타 모든 과징금의 한도를 초과하는 내국세 및 기타의 과징금을 직접 또는 간접적으로 부과하여서는 안 된다. 또 어떠한 회원국도 본 조 제1항에 규정된 원칙에 위배되는 여타 방법으로 내국세 기타 국내과징금을 수입물품 또는 국내물품에 부과하여서는 안 된다."라고 규정하고 있다. 제4항은 수입물품의 국내판매와 관련된 각종 규제가 국내물품과 본질적으로 동일하여야 할 것을 규정하고 있으며 제5항과 제7항은 국내물품을 우대하기 위하여 수입물품에 반드시 국내원자재와 혼합할 것을 요구하지 못하도록 하고 있다. 또 내국민대우원칙에 대한 예외에 대하여도 규정하고 있다.

② 과세조치에 대한 효력

아래에서는 WTO의 여러 협정 중 과세조치와 관련성이 큰 GATT 및 GATS에 대해 논한다.

---

278) 서헌제, 국제경제법 – 국제통상·통화규범 –, 율곡출판사, 1996, 70면.

• GATT

GATT 제1조 제1항의 규정에 의한 최혜국대우는 모든 종류의 관세와 국내규제의 하나로서 부담금에 적용된다. 제3조 제2항의 규정에 의한 내국민대우는 관세 이외의 국내규제, 즉 내국세와 다른 유형의 부담금에 적용된다. GATT는 조세조약에 대해서는 언급이 없다.

최혜국대우

GATT 제1조에 의하면 최혜국대우는 물품에 대한 모든 종류의 관세와 부담금에 적용된다. 내국세는 상기 부담금의 하나로도 인식될 수 있다. GATT는 '소득세'제도를 '국내규제'의 범주에서 제외하고 있지는 않아 소득세에도 적용될 수 있다고 본다. 그러나 최혜국대우에 관한 조항이 소득세제도에 영향을 미칠 만한 분야는 TRIMS[279]상 투자지원세제,[280] 문화산업에 대한 조세지원, 피지배외국법인세제 정도가 될 수 있다.

내국민대우

GATT에 있어서 내국민대우원칙은 상품에 대해서만 적용되며 상품의 제공자에게는 적용되지 않는다. 상품이 국경을 넘어 국내에 들어오면 내국산물품과 동일하게 취급되어야 한다. 이에 따라 GATT는 부가가치세와 같은 간접세에 있어 차별을 하지 말아야 한다. 기타 내국산물품을 보호하는 조세나 부과금을 운용하지 말아야 한다. 이는 GATT를 통해 관세장벽을 낮춘 것의 효과가 상기와 같은 조세에 의하여 사라지는 효과를 방지하기 위함이다. 간접세와 관련된 사례로는 우리나라에서는 수입주류에 대한 과세상의 차별을 들 수 있다. 주세가 수입주류에 대해 차별적임을 이유로 문제되어 주세법이 개정된 바 있다. GATT에 있어서 내국민대우원칙은 직접세에 대해서는 명시적인 규정을 두지 않고 있지만 실제 적용될 수 있다. 직접세에 대한 주요 적용사례로는 '국산원자재함유요건(local contents)'이다.

---

279) agreement on trade related investment measures
280) 예를 들면, 최혜국대우를 위반한 직접세제도로서는 특정 국가로부터의 수입물품에 대해서는 낮은 감가상각률을 적용하는 것과 같은 것을 예로 들 수 있다.

국내에서 판매되는 외국상품은 반드시 일정 비율의 국산원자재를 포함할 것을 요구하는 것을 내용으로 하는 것이다. 그러한 내용을 담고 있는 캐나다의 외국인투자심사법을 미국이 GATT에 제소하였으며 이에 대해 GATT 패널은 미국의 이의를 수용한 바 있다. 사실상의 차별대우(de facto discrimination)에 있어서는 미국이 제기한 한국의 자동차세 배기량에 따른 누진 부과구조가 하나의 사례가 될 수 있다. 한편, 일본은 과거 일정 가액을 초과하는 주류에 대해서는 초과분에 대해 부가가치세를 부과하였다. 대부분의 유럽산 주류가 이에 해당되었는데, 이에 대해 GATT 패널은 이러한 제도가 GATT 제3조 제2항에 위배된다고 결정한 바 있다.

● GATS

GATS는 제2조에서 최혜국대우 원칙에 대해 규정하고 제17조에서 내국민대우원칙에 대해 규정하고 있다. 내국민대우원칙은 특별히 양허한 산업분야(specific commitments)에 대해서만 적용된다.

최혜국대우

GATS상 최혜국대우는 GATT에서의 최혜국대우와 내용상 다를 바 없지만, '제2조의면제에관한부속서'에 따라 적용이 면제되게 되거나(GATS 제2조 제2항), 인접국 간 접경지대에 국한된 서비스교환을 촉진하기 위한 특혜를 부여하기 위한 예외가 허용된다.[281] GATS는 서비스교역의 특성을 고려하여 부가가치가 높은 일정한 서비스 업종에 대해서만 최혜국대우원칙을 적용하고 있다. 이러한 선별적인 최혜국대우원칙은 UR 협상 과정에서 미국이 주장하여 반영된 것이다. 구체적으로는 금융, 기본통신, 해운 분야가 그 예이다. 한국은 한국의 금융기관에 대해 최혜국대우를 부여하지 않는 국가에 대해 한국도 동 혜택을 부여하지 않고 있다. GATS 제2조는 최혜국대우원칙에 대해 규정하면서 그것의 적용대상 조치를 다음과 같이 매우 넓게 설정하고 있다.

---

281) GATS 제2조 제3항.

all measures affecting all services trade in four modes(4가지 유형에 해당하는 모든 용역거래에 영향을 미치는 모든 조치들)

GATS 제14조(e)는 제2조의 적용에 있어 조세조약에 대해 우선순위를 주고 있다.

내국민대우

GATS에 있어서는 용역 및 용역제공자 그리고 몇몇 투자(상업적 주재를 통해 투자가 이루어지는 경우)에 대해서 내국민대우원칙이 적용된다. 그러나 특별히 양허를 한 산업 부문에 대해서만 적용되게 된다. 내국세법상 국외로부터의 용역 및 용역제공자에 대한 직접세의 부과 및 징수에 관한 조치가 비록 내국민대우원칙에 위배된다 하더라도 그러한 차별282)이 공평하고 효과적인 조세의 부과와 징수를 위한 것이라면 허용된다.283)

조세조약과의 관계에 있어서는 우선순위에 관한 규정을 특별히 두고 있지는 않다. 최혜국대우에 관한 조항에서는 우선순위에 대해 특별히 규정하고 있는데 내국민대우에 관한 조항에서는 별 규정이 없기 때문에 내국민대우에 있어서는 조세소약보다 우선하는 효력을 부여하는 것으로 볼 수

---

282) 미국의 끈질긴 주장에 의하여 도입된 것이다. 동 조 각주에서는 한 회원국에 취해진 조치가 직접세의 공정하고 효율적인 부과 및 징수를 목적으로 하였는지는 각국의 과세체계하에서 다음의 사항을 포함하고 있는지에 따라 판단된다고 한다.
  (i) apply to non-resident service suppliers in recognition of the fact that the tax obligation of non-residents is determined with respect to taxable items sourced or located in the Member's territory; or
  (ii) apply to non-residents in order to ensure the imposition or collection of taxes in the Member's territory; or
  (iii) apply to non-residents or residents in order to prevent the avoidance or evasion of taxes, including compliance measures; or
  (iv) apply to consumer of services supplied in or from the territory of another Member in order to ensure the imposition or collection of taxes on such consumers derived from sources in the Member's territory; or
  (v) distinguish service suppliers subject to tax on worldwide taxable items from other service suppliers, in recognition of the difference in the nature of the tax base between them; or
  (vi) determine, allocate or apportion income, profit, gain, loss, deduction or credit of resident persons or branches, or between related persons or branches of the same person, in order to safeguard the Member's tax base.
283) GATS 제14조(d).

있다는 주장이 가능하다.

③ 조세조약과의 관계

조세조약에 있어 무차별의 원칙은 통상규범에 있어 내국민대우와 유사한 개념이지만 다음과 같은 점에서 다른 성격을 가지고 있다.

⟨내국민대우원칙과 조세조약상 무차별원칙의 비교⟩

	내국민대우(통상규범)	무차별원칙(조세조약)
적용대상	상대방국가로부터의 물건, 용역, 용역의 제공자	상대방국가의 국민
대상 내국세의 범위	직접세, 간접세	직접세, 간접세
비교 대상 상황	같거나 유사한 상황	같은 상황
사실상의 차별	개념 적용됨	(N/A)
분쟁해결	WTO, 강제 중재	국내법원, 국가 간 상호합의

● 통상규범이 설정한 조세조약과의 우선순위

통상규범 중 GATS에서 조세조약과의 관계상 우선순위를 설정하고 있다.

최혜국대우

GATS는 최혜국대우원칙을 적용하는 데 있어 조세조약에 대해 우선순위를 주고 있다. 이 경우 조세조약상 무차별원칙은 내국민대우원칙이나 최혜국대우원칙에 우선하여 적용된다. 이 원칙들은 조세조약상 무차별원칙이 적용되지 않는 경우에 적용되게 된다. 비록 통상규범상 내국민대우원칙과 조세조약상 무차별원칙을 비교할 때 다소 차이점이 있다 하더라도 상호보완적인 관계에 있는 규정이라고 보인다.

최혜국대우에 대해 조세조약에 주어진 우선순위에 불구하고 다음과 같은 문제가 잠재되어 있다. 조세조약상 다른 규정 또는 조세조약과 직접적 관련이 없는 국내세법상의 규정이 최혜국대우원칙에 위배될 수 있다. 통상규범에서 조세조약에 우선순위를 부여하는 경우에도 그것이 '이중과세를 방지하기 위한 협약'으로 표현되어 있어 실제 그러한 효과가 부여되지 않는 조항에 대해서까지 통상규범이 우선순위를 포기한 것인가에 대해 이론의 여지가 있다. 우선 조세조약 또는 국내세법상 규정으로서 이중과세방지와는 직접적인 관련이 없는 간주외국납부세액공제제도284)에 있어서 일부 국가에만 간주외국납부세액공제제도를 부여하는 것은 최혜국대우원칙에 비추어 보아 문제가 있을 수 있다. 다음 원천징수방식285)에 있어 비거주자에 대해 거주지에 따라 원천징수를 달리할 경우 그것이 이중과세방지를 위한 것이라기보다는 자의적인 차별에 해당하는 것이 아닌지도 문제이다. 또한 내국세법에 의한 조세회피방지규정(예, 조세피난처세제 또는 피지배외국법인세제)에 대해서 최혜국대우원칙에 위배되는 것은 아닌지 의문이 제기되고 있다. 이러한 문제는 GATT가 침묵하고 있는 상품과 관련한 최혜국대우 부분에 있어서는 더욱 크게 나타날 가능성이 있다.

내국민대우

GATS의 서비스 부문에 있어 내국민대우원칙은 별도의 규정을 두고 있지 않지만 문맥으로 보아 통상규범에 우선순위를 두고 있는 것으로 보아야 한다. 그리고 NAFTA의 상품부문에 있어 내국민대우원칙과 같이 통상규범에 우선순위를 부여하고 있다.

● 통상규범이 적용될 경우

조세조약은 실제 각국의 세법에 의해 조세를 부과받는 자에 한정하여 적용된다. 그러나 통상규범은 실제 조세를 부과받지 않는 물품이나 용역에 대해서도 적용될 여지가 있다. 물론 용역의 제공자가 조세를 부과받는 경우에 차별적으로 적용받지 않도록 해야 한다. 통상규범상으로는 같거나 유사한 상황에 대해서도 적용되며 '사실상의 차별'의 개념도 발달되어 있다. 한편 조세조약에서는 '사실상의 차별'의 개념은 발달되어 있지 않다. 각국

---

284) 이 논리에 대해서는 개도국에 대한 특례조항(enabling clause for developing countries)을 이유로 반대할 수 있을 것이다.
285) 개념상 disparity와 discrimination을 구별하고 있다. 외국인에 대해서는 다른 방식의 원천징수를 하는 것은 disparity에 해당한다. 그러나 외국인 간 차별하는 것은 discrimination에 해당할 수 있다.

의 과세당국으로서는 통상규범의 적용범위를 축소하는 방향으로 통상규범과 조세조약의 관계를 설정하기를 바라게 될 것이다. 이는 특히 통상규범에 대한 위반은 WTO나 강제 중재적인 방법이 사용되지만 조세분쟁의 경우에는 국내법원이나 양국 간 상호합의의 방법에 의하도록 되어 있기 때문이기도 하다.

2) (자유)무역협정

우리나라는 미국 등 몇 개 국가와 자유무역협정(Free Trade Agreement, FTA)을 체결하였으며 현재 진행 중인 협상도 다수이다. FTA는 통상협정으로서 과세조치와 관련된 규정들을 두고 있다. 동 규정들의 성격을 이해하기 위한 목적으로 북미자유무역협정의 사례를 소개한다. 북미자유무역협정(North American Free Trade Agreement, NAFTA)은 미국, 캐나다 및 멕시코 간 통상규범으로서 1994년 1월 1일 발효하였다. 동 협정은 역내 재화와 용역의 자유로운 이동, 공정경쟁, 투자보호 및 지적재산권 보호를 목적으로 하고 있다.

① 내국민대우·최혜국대우

NAFTA에 있어 상품에 대한 내국민대우에 대해서는 제301조에서 규정하고 있다. 서비스에 대해서는 다수의 조항에서 규정하고 있다. 일반적인 서비스의 내국민대우에 대해서는 제1202조에서, 금융서비스의 내국민대우에 대해서는 제1405조에서 규율하고 있다. 일반적인 서비스의 내국민대우 및 최혜국대우에 대해서는 제1203조에서, 금융서비스의 내국민대우 및 최혜국대우에 대해서는 제1406조에서 규율하고 있다. 위 조항들에서 사용하는 '내국민대우' 및 '최혜국대우'의 개념은 WTO협정문에서 사용하는 것과 같은 의미를 가지고 있다. 그러나 구체적인 제도의 설계에 있어서는 다소 다르게 되어 있다.

② 과세조치에 대한 효력

내국민대우 또는 최혜국대우의 원칙은 NAFTA에 있어 일반적으로 채택된 원칙들이다. 즉 조세를 포함한 모든 법제나 정부조치에 일관되게 적용되는 것이다. 다만 조세에 있어서는 GATS 제14조(d)처럼 다음과 같은 규정을 두고 있다. 즉 과세절차상의 차이가 역내 타국의 공급자에 대한 직접세를 공정하고 효율적으로 부과하고 징수하기 위한 것인 경우에는 내국민대우에 대해 예외를 둘 수 있다.[286] 이는 실체적으로 동등한 결과를 가져오기 위해서는 외국에 소재하는 납세자에 국내 거주자와 다른 과세방식(예, 원천징수상 특례)을 적용하여야 하는 집행상의 차별이 인정되어야 하는 점을 확인하는 규정이다.

NAFTA 제2103조는 내국세에 대해 광범위하게 다루고 있다. 또한 직접적으로 내국세에 대해 규정하고 있지는 않지만 그것과 관련성이 있는 조항으로는 일반적인 무차별규정인 제301조, 수출에 대하여 차별적 과세를 금하는 제314조, 에너지에 대한 규정한 제604조가 있으며 무역에서 과세장벽과 유사한 관세, 반덤핑, 상계관세, 보조금에 대해 규정한 제2107조가 있다.[287]

제2103조는 다음과 같은 6개의 항으로 구성되어 있다.
(1) 항에서는 이 항에서 규정한 내용 이외에는 NAFTA의 어떠한 규정도 가입국의 과세조치[288]에 적용되지 않는다는 일반적인 원칙을 설정하고 있으며
(2) 항에서는 NAFTA규정과 조세조약의 관계에 있어 조세조약의 우위에 대해 규정하고 있으며,

---

286) 한 회원국에 취해진 조치가 직접세의 공정하고 효율적인 부과 및 징수를 목적으로 하였는지는 각국의 과세체계하에서 GATS 제14조(d) 각주에서와 같은 내용은 허용한다고 NAFTA ANNEX1B PART Ⅱ Article ⅩⅣ General Exceptions에서 언급하고 있다.
287) The Impact of NAFTA and Options for Tax Reform in Mexico, Jorge Martines-Vazquez and Duanjie Chen, 2001.
288) 법제뿐 아니라 개별적인 행정행위로서 과세처분을 포함하는 개념이다.

(3) 항에서는 상품거래에 대한 과세에 있어서의 내국민대우를 규정하고

(4) 항에서는 서비스거래에 대한 과세에 있어서의 내국민대우 및 최혜국 대우를 규정하고 있으며

(5) 항에서는 조건부 과세이익에 대하여 규정하고 있다.

(6) 항에서는 수용 및 보상에 대한 조항이 과세조치에도 적용된다고 하고 있다.

제2103조 제3항 이하에서 규정하고 있는 바와 같이 NAFTA의 조세 관련 규정은 WTO의 최혜국대우와 내국민대우에 관한 규정을 토대로 하고 있다. 다만 적용의 우선순위에 있어서 제3항은 제2항보다 우선하며, 제4항은 제2항보다 후위에 처진다. 따라서 상품거래와 관련하여 조세조약과 해당 내국민대우규정이 대립할 경우에는 내국민대우에 관한 규정이 앞선다. GATT에서는 조세조약과의 관계에 대해 규정하고 있지 않다. 한편, 서비스거래와 관련하여 조세조약과 해당 내국민대우 및 최혜국대우규정이 대립할 경우에는 조세조약이 우선하게 된다. GATS의 최혜국대우규정보다 조세조약이 앞서도록 하는 것과 같은 입장이다. 그러나 GATS의 내국민대우규정은 조세조약과의 관계에 대해 별 규정이 없어 반대해석의 길을 열어 놓고 있는 것과는 대조를 이룬다. 이하에서는 제2103조 제2항부터 제4항까지에 대해 좀 더 자세히 살펴보고자 한다.

• 조세조약과의 일반적 관계 - 제2103조 제2항

제2103조 제2항은 NAFTA가 NAFTA가입국이 체결한 조세조약에 따른 권리와 의무에 영향을 주지 않는다는 점을 분명히 하고 있다. 조세조약에 우선적인 효력을 인정하고 있는 것이다. 모든 조세조약은 상호주의적인 원칙에 입각하여 상대방국가의 거주자에 대한 규정이 서로 다르지 않도록 되어 있다. 그러나 미국이 멕시코와 체결한 조세조약의 예를 들면 제한세율이 미국이 캐나다와 체결한 조세조약의 제한세율과 같도록 되어 있지는 않다. 두 개의 조세조약을 병합하여 보면 미국은 멕시코와 캐나다에 있어

최혜국대우의 원칙을 적용하지 않고 있는 것이다. 이러한 차이의 일부는 캐나다 - 멕시코 조세조약의 최혜국대우규정에 의하여 완화되고 있기는 하다.[289] NAFTA가 과세상 내국민대우 및 최혜국대우의 원칙을 규정하고 있음에도 위와 같은 조세조약에 의해 초래되는 차별에 대해서는 동 원칙들이 적용되지 않는다는 것이다. 앞서 언급한 바와 같이 제3항의 내국민대우와 관련해서는 조세조약에 우선하여 내국민대우를 인정한다.

- • 상품에 대한 과세조치 - 제2103조 제3항

제2103조 제3항에서는 내국민대우에 관한 제301조 및 동 조에 효력을 부여하기 위하여 필요한 이 협정의 그 밖의 규정이 과세조치가 적용된다고 규정하고 있다. 이에 따라 제314조(Market Access - Export Taxes), 제604조(Market Access - Energy Export Taxes)규정도 과세조치에 적용된다. NAFTA의 제2103조 제3항(a)에서는 상품에 대한 내국민대우약정을 규정한 제301조가 GATT의 제3조가 적용되는 것과 같은 범위 내에서 과세조치에 적용되어야 한다고 규정되어 있다.

GATT의 제3조가 적용되는 것과 같은 범위라고 하는 것은 내국민대우 규정을 적용함에 있어서 GATT의 제3조에서 규정한 바와 같이 직접적인 조세규제뿐 아니라 간접적인 조세규제를 포함한다는 것으로 이해된다. 즉 수입품이 동일한 내국상품에 적용되는 내국세를 초과하는 직 · 간접적인 조세에 직면해서는 안 된다는 규정이다. GATT는 회원국들이 자국산업을 보호하기 위한 수단으로 수입물품에 대하여 조세를 적용하는 것을 금지하고 있다. GATT 제3조는 일반적으로 판매세와 같은 간접세와 관련된 것이고 법인소득세와 같은 직접세에 적용되는 것은 아니라고 해석한다. 반면 NAFTA의 규정은 상품에 대한 세금인 판매세, 소비세, 부가가치세에 전부 영향을 준다.[290] 한편, NAFTA국가들은 다른 NAFTA국가로 상품을 수출

---

289) ARTHUR J.COCKFIELD, NAFTA Tax Law and Policy - Resolving the Clash between Economic and Sovereignty Interests, University of Toronto Press, 2005, p.61.
290) ARTHUR J.COCKFIELD, supra 참조.

하는 것에 대해 수출세를 부과하는 것을 금지하고 있다.

● 서비스에 대한 과세조치: 제2103조 제4항[291]

NAFTA는 특정 서비스 부분에 대해 내국민대우와 최혜국대우원칙을 규정하고 있다. 여기서 내국민대우와 최혜국대우원칙은 소득, 자본이득, 회사의 자본에 대한 세금을 포함하며 서비스의 소비나 국제적인 구매와 관련된 과세조치까지 확장된다. 예를 들어 NAFTA국가들은 자국에서 제공받은 의료서비스와 같은 용역에 대해 소득금액 계산상 공제를 인정하고 있다면, 그러한 공제의 혜택이 역내 타국에서 제공받은 동일한 용역에 대해서도 역시 공제를 인정하여야 한다. NAFTA는 투자에 대해서도 최혜국대우와 내국민대우에 대해 규정하고 있다. 제1102조와 제1103조들이 그것들이다. 제2103조 제4항은 이들에 있어 내국민대우와 최혜국대우원칙은 소득, 자본이득, 회사의 자본에 대한 세금에 대해 적용된다고 규정하고 있다.

NAFTA에 있어 투자에 대한 내국민대우의 원칙과 관련하여 다음과 같은 사례가 있다. 캐나다의 스포츠팀을 하나의 '투자'로 보고 시군세의 감면이나 금융지원에 있어 미국팀과 차별한 것이 '내국민대우'원칙에 어긋난다는 주장이 있었다. 이에 따라 캐나다정부는 미국정부와 분쟁을 개시할 수 있다는 것이다. 그리고 캐나다 스포츠팀 자신은 미국정부에 보상(compensation)을 받을 수 있을 것이라 한 바 있다.

③ 수용(appropriation)

'수용'에 있어서는 강압적 조세조치가 수용에 해당하는지 논란의 소지가 있다. 일면적으로 보아 적어도 '간접수용'에는 '징발적 조세(confiscatory taxation)*'가 포함된다고 볼 수도 있을 것 같다.[292] NAFTA상 '수용'에 관

---

291) NAFTA&Sports, 1998.5.12.
292) 같은 취지의 의견이 캐나다 외교통상부로부터 있었다(ABA Section of Environment, Energy and Resources Compensation for Regulatory Expropriation Under NAFTA, Newsletter Archive, Vol.2, No.3, International Environmental Law Committee, April, 2000, page 4).

한 규정의 적용과 관련해서는 다음과 같은 사례가 있다.[293] 해당 사례에서는 미국인이 투자한 멕시코회사 A가 멕시코에서 담배수출판매업을 영위하였는데, 멕시코 국내세법상 제조수출사는 간접세의 영세율환급을 받을 수 있는 반면 도매수출사는 환급이 배제되었다. 이에 대해 A는 멕시코 대법원에 제소하여 영세율환급을 하라는 판결을 받았음에도 불구하고 멕시코정부는 환급을 거부하였다. 그리고 멕시코정부는 판결을 받은 후의 판매분에 대해서도 환급을 거부하였다. 이에 A는 직접 중재를 신청하였는데, 미국정부와 멕시코정부는 NAFTA 제2103조에 따라 A의 일부 주장을 '수용'으로 보지 않기로 결정하면서 나머지 부분에 대해서는 중재로 가기로 결정하였다. 세계은행 산하 ICSID(International Centre for Settlement of Investment Disputes)[294]가 지정한 중재단은 멕시코의 환급거부처분을 '수용'이라는 주장은 기각하였다. 다만 NAFTA상 '내국민대우'의 원칙은 위반한 것이라고 결정하였다.

사례 | Lankhorst 사건(Lankhorst – Hohorst GmbH v.

Finanzamt Steinfurt(case C – 324/00), released 12 Dec. 2002)

■ 사실관계

네덜란드의 조모회사 LH BV 밑에 네덜란드의 모회사 LT BV가 있으며 그 밑에 독일에 자회사 Lankhorst가 있었다. 1996년부터 1998년까지 적자가 발생하자 Lankhorst의 자본이 잠식되었다. Lankhorst는 1996년 12월 LT BV로부터 3백만 마르크를 차입하였다. 1998년부터 10년간 연 30만

---

293) 2002.12.16, Marvin Roy Feldman Karpa(CEMSA) v. United Mexican State(http://www.state.gov/s/l/c3751.htm)

294) 1966년 IBRD의 후원하에 설립된 국제투자분쟁해결기구이다. 체약국 국민들 간 투자와 관련된 분쟁을 조정 또는 중재의 방법으로 해결하도록 절차를 관장한다. 직접 조정이나 중재에 나서지는 않고 제3자를 지정하며 사무국과 같은 역할을 한다.

마르크씩 상환하는 조건이었다(변동금리 4.55). 이 차입금으로 Lankhorst는 은행차입금을 2.8백만 마르크 축소하였다. 네덜란드와 독일 간 조세조약상 이자소득은 거주지국에서 과세되도록 되어 있다.

■ 쟁점

LT BV에 대한 지급이자가 은닉된 배당(KStG §8a)이라는 독일 국세청의 주장에 대해 납세자가 독일 법인세법(KStG) §8a (1)은 외국법인에 대해 근거 없이 설립의 자유(EC Treaty §43)[295]를 침해한 조항이라고 한 주장이 타당한지? 독일법인의 경우 모회사와 자회사 간 이자비용에 대해 과소자본세제를 적용하지 않는데 본 사안에서는 적용되었기 때문이라는 근거를 제시하고 있다.

■ 독일의 사후 입법조치

차별적인 조항이라는 ECJ의 결정에 대해 독일은 과소자본세제를 폐지 내지 축소하기보다는 독일에서 설립된 모회사에 대해서도 자회사로부터 받는 이자의 손금산입을 제한하는 방향으로 입법함으로써 대응하였다. 그리고 과소자본세제의 적용을 위한 차입금 비율을 3 : 1에서 1.5 : 1로 축소하였다.

---

295) Within the framework of the provisions set out below, restrictions on the freedom of establishment of nationals of a Member State in the territory of another Member State shall be abolished by progressive stages in the course of the transitional period. Such progressive abolition shall also apply to restrictions on the setting up of agencies, branches, or subsidiaries by nationals of any Member State established in the territory of any Member State.

2. 국제거래에 대한 차등 배제

각국은 넥서스(nexus)를 찾아 과세하게 된다. 넥서스는 실체적으로 자국과 경제적 관련성이 있으며 절차상 부과된 조세를 징수할 수 있는 대상이 되어야 한다. 또한 각국은 나름대로 국제경제활동에 대한 과세가 국내경제활동에 대한 과세와 비교하여 불리하거나 유리하지 않도록 함으로써 차등을 배제하는 조세제도를 설계하고자 노력하게 되는데 그 과정에서 활용되는 개념이 중립성이다. 중립성의 개념은 자본수출중립성과 자본수입중립성의 개념으로 구분할 수 있다.

주권을 가진 정치체는 헌법에 기초한 공권력의 발동으로써 조세를 부과하고 징수한다. 직접세의 경우 납세의무자가 얻은 특정한 경제적 이득에 대해 조세를 부과받게 되면 이를 전가하기 곤란하다. 이에 따라 그 경제적 이득에 대해 다른 나라의 정부가 다시 조세를 부과할 경우 중복과세의 문제가 발생한다. 반면 간접세에 있어서는 하나의 거래에 대해 두 나라의 정부가 과세하게 된다 하더라도 각기 다른 논리에 입각하여 과세하게 되므로 이중과세로 규정하기 어려운 경우가 대부분이다. 이는 특정 국가 내에서 하나의 거래에 대해 특별소비세, 관세 및 부가가치세의 세 가지의 간접세가 부과되더라노 이를 이중과세로 보지 않는 것과 같은 논리에 입각한 것이다. 다른 나라가 각기 다른 논리로 부과하는 간접세들이 이중과세의 효과가 발생한다고 볼 수 없을 것이다. 최근 전자상거래가 발전하면서 부가가치세를 부과하는 나라 간에 소비지과세원칙을 따를 것인가 공급지과세원칙을 따를 것인가의 문제가 통일되지 않아 하나의 거래에 대해 — 나라마다 다소 차이가 있지만 사실상 같은 세목이라 할 수 있는 — 부가가치세가 이중으로 부과되는 사례가 나타나고 있기는 하다.

직접세 중에서도 상속과 증여와 같이 대가를 지불하지 않고 얻게 되는 경제적 이득에 대한 조세는 적지 않은 경우에 있어 이중과세가 발생할 수 있음에도 국제적 이중과세에 관한 주된 논의의 대상에서 벗어나 있다. 대신, 대가를 지불하고 얻게 되는 경제적 이득, 즉 소득에 대한 과세에 있어 국제적 이중과세가 주로 논의된다. 이는 상속과 증여의 경우 대부분의 국가가 거주지국 과세원칙을 수용하고 부동산과 같은 일정 자산의 경우에만 자산소재지국 과세원칙을 적용하고 있기 때문에 국제적으로 조정할 수요가 적고, 이중과세의 여지가 있는 경우에도 각국의 세법에서 조정하는 것으로 해결되는 경우가 많은 반면, 소득에 대한 과세는 각국이 대체로 거주자에 대해서는 거주지주의 과세원칙을 비거주자에 대해서는 원천지국과세원칙을 적용하고 있어 각국의 세법만으로는 조정하기 곤란한 사정이 발생하기 때문이다.

국제적 이중과세란 각국 정부가 각기 다양한 이유로 자국에 넥서스를 갖는 경제활동에 대해 과세하게 됨에 따라 한 납세자의 입장에서는 어느 한 나라에 넥서스가 집중되어 있을 때에 비해 한 가지 과세사실에 대해 두 번 이상 과세되는 결과를 초래하는 현상을 말한다. 넥서스는 두 가지 관점에서 살펴볼 수 있다. 우선 경제활동의 실질이 당해 지역과 어떠한 방식으로 관련성을 갖는가 하는 점이다. 경제활동의 주체가 당해 지역에 거주하고 있다면 그 주체가 당해 지역에서 과세될 수 있다거나 당해 경제활동이 그 지역에서 이루어졌다면 그 행위가 당해 지역에서 과세될 수 있다는 식이다. 전자를 거주지에서 과세할 수 있다는 거주지주의(residence approach) 또는 속인주의(personal approach)라 하고 후자를 경제활동지역에서 과세할 수 있다는 원천지주의(source approach) 또는 속지주의(territorial approach)라고 한다. 전자는 특정 지역에 거주하는 자는 그 지역을 관할하는 국가나 지역으로부터 편익을 받고 있으며 그 편익이 자기 자신에게 체화되어 경제활동을 영위하게 되는 것이기 때문에 그에 상응하는 비용을 부담하되 비록 자기에게 귀속되는 경제적 활동이 그 지역에서 영위되지 않는다 하더라도 그 경제적 이득의 규모에 따라 부담하는 것이 적절하다는 인식에 근거하고 있다. 후자는 당해 경제활동의 주체가 그 지역의 거주자인지를 불문하고 해당 지역에서 경제활동을 영위하고 있으면 그에 따른 경제적 이득은 그곳에서 과세하도록 하자는 입장이다. 해당 지역은 당해 활동을 효과적이고 안전하게 영위할 수 있도록 여러 가지 편익을 제공하고 있으며, 실제 거둔 편익은 경제활동의 규모에 비례할 것이라는 인식에 근거한다.

다음 각국이 과세의 근거로서 채택하는 넥서스는 집행가능성의 입장에서도 바라볼 수 있다. 거주지를 넥서스로 채택하는 경우에는 당해 납세자가 해당국에 거주하고 있기 때문에 조세를 신고받고, 부과하고 징수할 수 있는 여건이 마련되어 있다고 볼 수 있다. 그에 따라 거주지국가에서는 소득세를 예로 들면 일반적으로 거주자에게 귀속하는 소득에 대해 과세하면서 신고납부의 방식으로 징수한다. 한편 경제활동지역을 넥서스로 하는 경우에도 경제활동을 하고 있는 동안에는 당해 소득의 귀속자가 체재할 수 있으며, 당해 거래활동의 상대방이 일정 금원을 귀속자에게 지급하는 활동이 그 지역에서 영위될 것으로 볼 수 있으므로 징수의 가능성이 열려 있다고 볼 수 있을 것이다. 다만 그 활동으로부터의 소득의 귀속자가 늘 그 지역에 체재하고 있다고 전제할 수 없으므로 신고납부하도록 하는 것보다는 원천징수의 방법으로 징세권을 확보하는 것이 일반적이다. 특정 지역에 거주하지도 않고 경제활동이 이루어지지도 않은 경우에는 그곳에 넥서스가 있다고 보기 어려울 것이다. 예외적으로 그 지역에 국적을 갖는 경우나 그 지역에 자산의 등기 또는 등록을 한 경우가 있을 수 있기는 하다.

문제는 여러 나라가 각기 서로 다른 명분으로 동일한 경제활동에 귀속하는 경제적 이득에 대해 각자의 과세권을 행사할 경우 이중과세가 발생하고 이러한 이중과세는 국제적인 경제활동을 위축시키는 결과를 초래한다는 점이다. 이는 국제적 경제활동에 따른 세후순이익이 단순히 국내에서 이루어지는 경제활동에 따른 세후순이익에 비해 세부담이 늘어나도록 하는 결과를 초래한다. 국제거래가 이루어지되 전체적인 세원은 국내거래가 이루어질 때와 같은 규모로 확보하는 방법은 없을까? 논리적으로 보면 과세권을 분배한다고 하여 전 세계적인 세원규모가 영향을 받지는 않을 것이다. 양국 간의 합의에 의해 납세자의 국제거래에도 지장을 주지 않는 방법으로 과세권을 분배할 수 있을 것이며 이는 두 당사국에 손해될 일도 아니다. 이와 같이 국제적 이중과세가 완전하게 조정될 수 있다면 국제거래의 증가 및 그에 따른 세원의 증가가 뒤따르게 된다. 이중과세의 배제는 과세상 국제거래가 국내거래와 다를 바 없도록 만들며 이에 따라 다른 경제적 요인, 예를 들면, 제조, 판매 및 금융 등의 다른 요인들의 비교우위 여부에 따라 국제거래가 증가할 수 있도록 한다. 이중과세의 배제는 세원의 증가에 기여하게 되는 것이다. 이중과세배제제도는 자본수출중립성 및 자본수입중립성 중 어느 논리에 따르는가에 따라 구체적인 모습에 차이를 보이게 된다. 이와 같은 중립성의 요청은 각국의 국내세법 및 조세조약규정에 구체적으로 표현되어 있다.

(1) 자본수출중립성

> 자본수출중립성은 자본을 수출하는 자의 입장에서 수출하는 자가 소재하는 국가가 일정하다면 국내에서 투자하든지 국외에 투자하든지 동일한 세부담을 하게 한다는 것이다. 자본수출중립성에 입각한 과세제도를 거주지주의 과세제도라고 한다. 외국납부세액공제방법으로 국제적 이중과세를 조정하게 된다.

1) 거주지주의 과세제도

① 개념

거주지주의 과세제도라 함은 국가가 자국 거주자에 대해서 소득의 발생원천을 불문하고 당해 거주자에 귀속하는 모든 소득에 대해 과세하는 제도이다. 소득의 원천지가 어딘가에 관계없이 거주자에 귀속하는 소득은 모두 과세하기 때문에 거주지의 개념이 매우 중요하다. 물론 비거주자에 대해서는 국내원천소득만 과세하기 때문에 그것이 국내원천인지를 판별하기 위한 목적으로 원천지의 개념이 의미를 가질 것이지만 비거주자의 국내원천소득에 대해서는 조세조약을 통해 낮은 세율로 과세하는 등 비교적 관대한 제도를 갖게 된다. 각 나라가 거주지주의 과세제도를 도입하고 있을 때 국가 간 거래를 영위하는 자에 대해서는 국제적 이중과세의 문제가 발생하게 된다. 거주지주의 제도하에서 이러한 국제적 이중과세를 외국납부세액공제의 방법으로 해소하게 된다. 이때 외국납부세액의 공제는 동일한 소득을 국내에서 얻을 경우 부담했을 세액을 한도로 허용된다.

② 국외원천소득과세를 둘러싼 역학

거주지주의 과세제도하에서 국가는 거주자의 국내외원천소득에 대해 과세하게 되어 있기 때문에 거주자의 입장에서는 가급적 자신이 거둔 경제적 이득이 거주지국가의 세법에 의하여 과세되는 소득으로 인식되지 않도록 거래를 구성하고자 하는 동기를 갖기 마련이다. 반드시 소득으로 보아야 할 경우라 하더라도 그것의 신고납부시기를 가급적 연기하기를 원할 것이다. 국외원천소득을 예로 들면 소득이 발생한 원천지국에서 과세되는 시점에 국외원천소득을 거주지국에 신고하여야 할 것이다. 원천지국은 소득이 발생할 때, 소득이 지급되거나 거주지국으로 송금될 때 또는 기타 권리의무가 확정되는 때에 과세하게 된다. 거주지국은 자국에서의 소득의 인식시기에 관한 법제가 원천지국의 소득의 인식시기에 관한 법제와 다르다 하더라도 원천지국의 인식시기를 존중하지 않을 수 없다. 외국정부가 소득으로 인식하지 않은 것을 먼저 과세할 수는 없는 것이기 때문이다. 이에 따라 국외에 투자한 거주자의 입장에서는 가급적 국외에서의 과세시기를 늦추고 거주지국에서의 과세시기도 늦추기를 바랄 것이다. 특히 거주자가 외국법인에 투자하여 해당 법인의 소재지에서 법인의 소득에 대해 과세를 받았지만 그 법인이 배당결의를 하지 않아 배당소득에 대해 과세를 하지 않은 경우 투자자의 거주지국가가 배당한 것으로 보아 과세할 명분이 없는 것을 이용하고자 할 것이다. 만약 해당 외국법인의 소재지국가가 법인의 소득에 대해 매우 낮은 세율을 적용하는 국가로서 배당결의를 하지 않는다면 법인의 세부담도 적으면서 주주의 세부담도 없는 결과를 초래할 것이다. 이러한 방식의 조세부담의 이연*은 거주지국가의 입장에서 보면 국내투자에 대한 과세에 비해 국외투자에 대한 과세를 우대하는 결과를 초래한다고 보지 않을 수 없을 것이다. 이는 투자의 왜곡을 초래하고 세원을 일실하는 결과를 초래하기 때문에 거주지국가는 마치 실제 배당이 있었던 것처럼 과세하는 제도를 도입하기도 한다. 우리나라에서도 이러한 목적으로 조세피난처 자회사에 대한 배당간주제도가 도입되어 있다. 이는 국내외 투자에 대해 세제가 중립성을 유지하도록 하기 위한 것으로 이해할 수 있지만 외국납부세액공제제도가 외국에서 부담한 세액을 공제하여 주는 것과 묘한 대조를 이룬다.

③ 외국납부세액공제

통상 외국납부세액공제의 한도는 횡단면적으로 설정되면서 동시에 역사적으로도 설정된다. 횡시적인 한도는 같은 과세연도에 귀속하는 국외원천소득의 외국납부세액 간에도 서로 다른 소득으로부터 주어진 한도를 활용할 수 없게 하는 것이다. 이런 한도를 설정하는 것은 특정 부류의 소득이 다른 부류의 소득에 연원하는 한도를 활용하게 할 경우에는 거주지국의 재정기반이 침식가능성이 높기 때문이다.[296] 한도의 활용에 장벽을 설치하는 방법에는 소득의 원천지국가가 다르면 활용하지 못하도록 하는 방법과 소득의 종류가 다르면 활용하지 못하도록 하는 방법이 있다. 우리 세법은 전자의 방법과 전 세계 총괄한도방법 중 납세자가 선택하도록 하고 있으므로 실제로는 국별 한도를 설정하지 않고 있는 것과 다를 바 없다. 미국은 국별 한도를 설정하지 않고 소득종류별 한도를 두고 있다. 참고로 미국은 수동소득(passive category income), 일반소득(general category income), 제재국가소득(section 901(j) income)[297] 및 조세조약에 의해 원천지가 재규정된 소득으로 구분한다. 역사적으로 한도를 설정하는 방식으로는 예를 들면 당년의 한도 미사용분을 소급하여 사용하지 못하도록 한다든지 미래에 사용할 수 있게 하더라도 몇 년간의 기간 이내에만 사용할 수 있도록 하는 방법이 있다. 우리나라의 경우 미래 5년간 사용할 수 있다.

---

296) 그리고 국가별 한도를 두지 않는다면 거주지국 입장에서는 거주지국과 특정 원천지국 간의 자본수출중립성을 저해하게 된다. 그러나 거주지국 입장에서 굳이 특정 국가와의 관계에서만 자본수출중립성을 고집할 이유는 없다고 보아야 할 것이다. 자국과 외국 전체와의 관점에서 중립성을 유지하면 될 것으로 보인다. 이는 국가별 한도 설정방식이 새삼 필요하지는 않다는 주장을 가능하게 한다.

297) 외교관계상 제재국가로 분류된 국가에서 가득한 소득을 말한다.

2) 논거

거주지주의 제도는 형평성에 있어서는 하나의 거주자에게 귀속하는 모든 소득을 기준으로 세부담을 결정한다는 측면에서 더 우월하다. 자본수출 국가인 선진국의 입장에서 볼 때에는 자국의 세원확보측면에서 거주지주의가 더 많은 가능성을 제공하고 있다.

① 효율성(efficiency)

거주지주의 과세제도하에서 국내의 투자자는 동일한 자본을 국내에 투자하든 국외에 투자하든 같은 세율에 따라 조세를 부담하게 되는 결과를 얻게 된다. 예를 들어, 어떤 거주자가 국내에 100억 원을 투자하여 한 해에 10억 원의 소득을 얻었으며 그에 대해 25%의 세율로 과세된다면 2.5억 원의 조세를 부담하게 된다. 만약 같은 자본을 A라는 국가에 투자하여 같은 소득을 거두고 20%의 세율로 과세된 후 그것을 국내에 송금하여 국내원천소득과 합산하여 과세될 경우에는 국내에서 0.5억 원의 세액을 부담하게 되어 국내에서 투자한 것과 같은 세후순이익을 거두게 될 것이다. 이와 같이 어느 나라에 투자하든 같은 조세를 부담하게 될 경우에는 당해 조세제도는 조세가 자본의 국내외투자에 간섭을 하지 않고 중립성을 유지한다는 의미에서 자본수출중립성(capital export neutrality)을 갖고 있다고 한다. 즉 자본을 수출하는 투자자의 입장에서 보아 어떤 경우에도 같은 조세를 부담한다는 의미이다.

경제이론적인 관점에서 볼 때 자본수출중립성은 효율성을 보장한다. 일반적으로 투자대상이 여럿일 경우 자기가 보유하고 있는 일정한 자본을 투자함으로써 가장 많은 투자수익을 확보하기 위해서는 각 투자대상으로부터의 수익률이 일치하도록 투자를 배분하여야 한다. 두 개의 투자대상이 있는데 하나로부터의 수익률이 다른 하나로부터의 수익률보다 낮은 경우 낮은 수익률을 내는 곳으로부터 높은 수익률을 내는 곳으로 투자금액을 이전하여 두 개의 투자수익률이 같아지도록 할 경우에는 전체 수익은 늘어나게 되어 있다. 이는 낮은 수익률을 낸 곳으로부터 거두지 못하게 되는 수익보다 높은 수익률을 내는 곳으로부터 거두게 될 수익이 더 많기 때문이다. 결론적으로 각 투자처로부터 투자수익률이 같게 될 경우에 경제적으로 가장 효율적인 투자 포트폴리오를 갖게 된다고 볼 수 있다. 이러한 관점에서 국제적으로 투자처를 찾는 투자자의 입장에서는 수익률이 같아지는 포트폴리오를 구성하게 된다. 한편 정부가 국내에 투자하든 다른 어느 나라에 투자하든 동일한 수익에 대해 동일한 세액을 부과한다면 이러한 투자자의 선택에 영향을 주지 않게 된다. 즉 투자에 중립적이 되면서 조세부과전의 효율적인 투자선택을 방해하지 않게 되는 것이다. 이 제도하에서는 투자자의 입장에서 보면 각 포트폴리오의 세전수익률이 같아지는 수준으로 투자를 배분하는 것이 가장 효율적인 선택이 될 것이다.

현실 세계에서는 자본수출중립성은 지켜지지 못하며 그에 따라 효율성의 가치도 반감되는 경우가 발생하게 된다. 우선, 자본수출자의 거주지국 세율보다 고세율 국가에 투자한 경우 자본수출자의 입장에서는 국내투자와 국외투자 간 조세부담이 동일하게 되지 않을 것이다. 이 경우 투자자는 세후수익률을 기준으로 투자를 배분하게 될 것이다. 자본수출중립성을 완전하게 보장하기 위해서는 국내외투자 각각에 대한 경제적 이중과세를 고른 방식으로 배제하여 주어야 하는데 실제 각국의 제도를 보면 그렇지 못하다. 그만큼 자본수출중립성의 가치가 지켜지지 못하고 있는 것이다. 간주외국납부세액공제도 자본수출중립성을 유지하지 못하게 하는 효과가 있다. 자본수입지국가에서 부여할 조세특례를 자본수출지국가에서 흡수하지 못함에 따라 국외투자의 실질적 세부담이 낮아지게 될 것이기 때문이다.

② 형평성(Equity)

거주자의 입장에서 국내에 투자하든 해외에 투자하든 동일한 금액의 소득에 대해 동일한 세액을 부담하도록 되어 있기 때문에 수평적인 형평성을 보장하게 된다. 소득의 종류나 그 발생지를 불문하고 거주자의 종합적인 소득금액을 기준으로 세액을 계산하기 때문이다. 역시 거주자의 입장에서 국내에 투자하든 해외에 투자하든 서로 다른 금액의 소득에 대해 다른 세액을 부담하도록 되어 있기 때문에 수직적인 형평성을 보장하게 된다. 특히 누진세율체계는 수직적인 공평성을 담보하는 장치로 볼 수 있는데 그러한 국내의 누진세율체계가 국외원천소득에 대해 동일하게 적용되므로 수직적인 형평성이 보장된다 할 수 있을 것이다.

③ 거주지국의 세원확보

거주자가 해외에 투자하여 얻는 소득에 대해 과세하지 않는다면 조세회피를 위해 해외에 투자하는 경우가 적지 않게 발생할 것이고 이는 국내세원의 고갈, 그를 보전하기 위한 세율 인상, 그리고 이를 기피하는 해외투자의 악순환을 초래할 가능성이 높다. 거주지주의 과세제도하에서는 해외투자소득에 대해 과세함으로써 그러한 악순환이 발생하지 않도록 할 수 있게 된다.

(2) 자본수입중립성

자본수입중립성은 자본을 수입하는 국가에서 볼 때 동 자본이 국내에서 조달된 것이든 국외에서 조달된 것이든 동일하게 과세하는 결과를 가져온다는 개념이다. 자본수입중립성은 원천지주의 과세제도의 도입을 통해 이룰 수 있다. 국외소득면제방법으로 국제적 이중과세를 조정하게 된다.

1) 원천지주의 과세제도

원천지주의 과세제도라 함은 소득의 귀속자가 그 나라의 거주자인지의 여부에 불문하고 당해 국가에서는 영토 내에서 발생한 소득에 대해서만 과세권을 행사하되 거주지국 여부를 불문하고 동일하게 과세하는 제도이다. 소득의 원천지가 어디인지를 기준으로 국내원천소득은 과세하고 국외원천소득은 과세하지 않게 된다. 따라서 원천지주의 과세제도를 도입하고 있는 국가 간에는 국제적 이중과세의 문제가 발생하지 않게 된다. 원천지주의 과세제도를 도입하고 있는 국가의 거주자가 거주지주의 지역에서 경제활동을 영위하는 경우에도 국제적 이중과세의 문제는 발생하지 않는다. 거주지주의 과세제도를 도입하고 있는 국가의 거주자가 원천지주의 지역에서 소득을 얻을 경우에도 국제적 이중과세의 문제는 발생하게 될 것이다. 원천지주의 과세제도를 도입하고 있는 나라의 경우 특히 국내원천소득을 국외원천소득으로 변환하는 것과 같은 자국세법의 남용행위를 규제하는 제도를 두고 있기도 하다.

2) 논거

원천지주의 과세제도하에서는 영토 내 소득에 대해서는 투자자의 거주지를 불문하고 동일한 과세를 한다는 점에서 무차별의 원칙[298]을 비교적 충실히 준수하고 있다고 볼 수 있을 것이다. 한편 국가입장에서 볼 때 원천지주의 과세제도는 다국적기업의 모회사나 지역본부회사에 좋은 유인을 제공한다는 장점을 가지고 있다. 투자자의 입장에서 볼 때 논리적으로 경제적 효율성을 제고할 수 있는 방안은 거주지주의 과세제도라 할 수 있을 것이지만 현실적으로 투자자들은 원천지주의 과세제도를 더 선호하고 있다. 모회사나 지역본부회사는 여러 나라에 산재하는 관계회사에 용역을 제공하는 특징을 가지고 있는데 그에 따른 국외원천소득을 그 나라에서만 과세한다면 해당 모회사나 지역본부회사 입장에서는 조세부담을 줄일 수 있는 기회가 주어질 것이기 때문이다. 이는 비록 원천지주의 과세제도가 일단 세원확보에 있어 거주지주의 과세제도에 비해 모자란 점이 있고 어떤 외국자본을 유치하더라도 주요한 사업활동을 국외에서 영위하면 국내

---

298) 무차별의 원칙이라 함은 동일한 조건(in the same circumstances)에 있는 자 간에 차별을 하지 말라는 것으로 '거주지'가 다른 경우에는 동일한 조건에 있는 것으로 볼 수 없기 때문에 거주자에 대해서는 거주지주의에 대해 과세하고 비거주자에 대해서는 국내원천소득만 과세하는 것이 무차별의 원칙에 위배되는 것으로 볼 수는 없다. 다만 거주지가 다름에도 동일한 조건에 있는지의 여부에 대해서는 1992년판 모델조세조약에 가서야 언급되게 되었을 정도로 논쟁의 대상이었던 점을 감안한다면, 원천지주의 과세원칙은 보다 확실하게 무차별의 원칙을 적용한 것이라 볼 수 있을 것이다(OECD Model Tax Convention Commentary, Art.24, Para 1, #3).

세원확보는 미진할 것이라는 우려에 불구하고 장기적으로 볼 때 세원확보에 긍정적 효과를 제공할 수 있다는 점을 시사하고 있다.

① 효율성(efficiency)

원천지주의 과세제도를 도입하고 있는 국가의 거주자가 보유하는 자본을 수입하는 주체의 입장에서 보아 자본의 원천이 국외이든 국내이든 그 자본의 투자수익에 대한 과세는 동일하다는 조건을 제시할 수 있게 된다. 설사 국외에서 조달한 자본이라 하더라도 그것의 과실이 거주지국에 송금될 경우 당해 거주지국에서 다시 과세되지 않을 것이라는 점을 알고 있기 때문이다. 자본의 수입주체가 자본조달에 있어 국내외의 구분을 하지 않을 수 있게 된다는 의미에서 자본수입중립성(capital import neutrality)을 가지고 있다고 한다. 이러한 경우 자본을 조달하는 입장에서는 여러 자본제공자 중 가장 유리한 조합을 구성함에 있어 조세제도의 간섭을 받지 않게 된다. 자본수입중립성은 자본을 수출하는 자의 입장에서 볼 때 투자하는 국가가 동일하다면 자본을 수입하는 국가의 국내자본에 대한 과세와 동일하게 과세된다는 것이 된다.

원천지주의 과세제도는 자본수입자의 의사결정에 개입하지 않는다는 의미에서 나름대로 경제적 효율성을 가지고 있는 것으로 평가되고 있다. 경제학적 논리와 별도로 국제적인 자본은 원천지주의 과세제도를 선호하고 있는 것으로 알려져 있다. 이는 대체로 국제적인 자본은 실제 그 기구(vehicle)가 어디에 소재하든 대체로 고세율 국가로부터 자금이 이동하기 시작하는데 거주지국인 고세율국에서 원천지주의 과세제도를 채택할 경우 상대적으로 저세율 국가에 투자하여 얻은 소득에 대해서는 원천지국의 조세만 부담하면 되기 때문이다. 특히 다국적기업의 경우 개발도상국에 진출하여 그 나라에 소재하는 기업과 경쟁을 하도록 되어 있는데 다시 본국의 높은 조세를 부담하게 될 경우 경쟁에서 뒤처진다는 이유도 제시한다. 현실에 있어서는 개발도상국은 외국인직접투자에 대해 내국기업에 비해 유리한 조세특례를 주기 때문에 그러한 조세특례를 적용받고 다시 본국의 과세를 받지 않게 될 경우 다국적기업은 오히려 조세상 유리한 대우를 받게 되는 결과를 초래한다.

② 집행상 용이성

원천지주의 과세제도에 있어서 거주지국가는 거주자의 국외원천소득에 대해 과세하지 않기 때문에 외국납부세액공제제도 또는 조세피난처세제를 도입하지 않게 될 것이다. 그러한 의미에서 원천지주의 과세제도는 집행상 매우 단순한 제도라 할 것이다. 거주자에 귀속되는 소득이든 비거주자에 귀속되는 소득이든 국내원천소득만 동일한 세율로 과세하면 되는 것이기 때문이다.

자국의 세율은 높게 유지하면서 영토 내 소득만 과세하는 체계를 가질 경우 거주자의 입장에서는 보다 낮은 세율을 갖고 있는 국가에 투자하고자 할 것은 매우 자연스러운 일일 것이다. 이 경우 원천지주의 과세에 대한 예외조항을 둠으로써 자본의 유출을 억제하지 않을 수 없는 상황이 발생한다. 예로서 투자수익을 조세피난처에 있는 법인에 유보(parking)하여 놓은 경우에는 이를 자국원천소득으로 실현되었다고 보고 과세하는 일종의 과세이연방지(anti‐deferral)제도를 도입하게 된다. 결국 국외원천소득에 대해 과세하는 셈인데 이러한 경우에는 국외원천소득에 대해 원천지국에서 과세당한 세액을 공제해 주는 외국납부세액공제제도를 병행하여 도입하지 않을 수 없게 되어 원천지주의 과세제도의 장점인 집행상의 용이성에 손상이 가게 된다.

한편 원천지주의 과세제도는 자국원천소득이 아니면 과세권을 행사하지 않기 때문에 과세 여부를 판정하기 위한 기준으로서 소득의 원천과 그에 대응하는 비용의 귀속에 관한 매우 자세한 규정을 두지 않을 수 없게 된다. 아울러 이전가격과세에 대해 지대한 관심을 가지게 된다. 이 역시 원천지주의의 장점인 집행상 용이성을 감소시키는 효과를 가져온다.

[탐구] 6‐1

제2절 외국의 사례

제1항 세계적 동향

1. 단일세율에 의한 자본소득과세

> 1980년대 이래 주요국의 세제는 과세기반은 확대하고 세율을 낮추는 방향으로 진화하여 왔다. 그리고 부가가치세에 대한 의존도를 높이고 있다. 경제생활을 단순화하여 보고 형평성보다는 효율성을 그리고 수직적 형평보다는 수평적 형평을 강조하는 목적으로 단일세율세제, 지출세, 현금흐름세 및 이원적 소득세제가 강구되고 있다.

오늘날 세계경제질서는 세제상 여러 새로운 시도를 촉발하고 있다. 1950년대의 지출세(expenditure tax), 1970년대의 현금흐름세(cash flow tax), 1990년대 초 북구국가의 이원적 소득세제(dual income taxation), 그리고 최근의 동구국가를 중심으로 한 단일세율제(flat rate taxation)가 그러한 것들이다. 이와 같은 창의적인 세제의 도입시도는 소득세제가 지향하는 형평성과 효율성의 가치를 어떻게 하면 조화롭게 잘 이룰 수 있는가 하는 방법론을 모색하기 위한 노력의 소산이다. 그런데 최근 시도되고 있는 이들 아이디어들에 흐르는 공통점은 경제생활을 단순화하여 보고 형평성보다는 효율성을 그리고 수직적 형평보다는 수평적 형평을 강조하는 것이다. 소득을 지급하는 자는 누구나 일정 율의 세금을 원천징수하여 세무서에 납부하는 것으로 소득세납세의무를 이행하게 하는 것을 기본적인 아이디어로 하는 것들이다.

(1) 포괄적 소득세론에 입각한 제도

원래 포괄적 소득세론은 소득의 종류를 구분하지 않고 모든 경제적 이득을 과세하되 과세대상 순소득금액에 대해 누진세율을 적용하자는 이론이다. 일부 국가에서 도입한 단일세율제도는 모든 경제적 이득을 순소득금액으로 계산하되 단일세율로 과세하자는 것이며, 현금흐름세는 모든 경제적 이득에 대해 과세하되 기존의 소득개념을 대체하는 경제적 이득의 개념을 설정하고 그에 대해 단일세율을 적용하자는 것이다. 이들 제도 모두 과세대상을 포괄적으로 설정하고 있다는 점에서 공통점을 가지고 있다.

1) 단일세율세제(flat rate tax)

단일세율세제는 부가가치에 대해 단일세율로 과세하는 부가가치세처럼 소득세도 소득에 대해서 단일 세율로 과세하자는 것이다. 이는 1994년 에스토니아가 최초로 도입하였다. OECD국가로서는 슬로바키아가 2004년 최초로 도입하였다.[299)]

2) 현금흐름세(cash flow tax)

현금흐름세라 함은 말 그대로 현금의 흐름에 대해 단일의 세율로 과세하고 다른 조세는 폐지하자는 아이디어라고 할 수 있다. 제한적인 형태이지만 법인세를 현금흐름세로 바꾸어 보고자 한 예는 에스토니아에서 발견할 수 있다. 이태리에 지방세 사례가 있다. 노르웨이와 영국에서는 일부 사업부문이나 영역에 한정된 법인세에 도입되어 있다.[300)]

경제활동을 단순화하여 보면 현금은 교환거래에서 항상 교환의 대상이 되는 재화나 용역의 이동과 반대방향으로 건네지므로 재화나 용역의 공급에 대해 과세하지 않고 현금의 흐름에 대해 과세할 수도 있는 것이다. 재화나 용역의 공급에 대해서는 부가가치세가 과세되므로 굳이 그것을 대체하기 위해 현금흐름세를 도입할 이유는 없는 것이다. 또한 현행의 부가가치세제는 각 생산단계별 부가가치에 대해 과세하는 것인데 현금의 흐름에

---

299) OECD, Fundamental Reform of Personal Income tax, 2006, pp.99-104.
300) OECD, Fundamental Reform of Corporate Income tax, 2007, pp.115-121.

과세하게 되면 단계가 많아질수록 세금이 많아지는 문제가 나타나게 된다. 이를 방지하기 위해서는 부가가치세 과세대상거래에 부수하여 현금이 흐를 때에는 현금흐름세를 과세하지 않는 것이 필요하다. 그렇다면 현금흐름세는 어떤 곳에 과세할 수 있을까?

현금흐름세제에 대한 이해를 돕기 위해 그것을 현행 제도에 대입해 보면 다음과 같이 설명할 수 있다. 부가가치세를 현금의 공급에 대한 거래로 상정해 보자. 현금을 지급하는 자가 자신이 지급한 현금액수를 계산하여 세금을 직접 납부하는 대신 현금을 수령하는 자가 자기가 받은 현금 중 일부를 납부하는 것이 현재의 부가가치세이다. 이 경우 현금수령세가 된다. 만약 현금을 지급하는 자가 스스로 자기가 지급할 현금 중 일부를 떼어 세금으로 납부한다면 대리납부(reverse charge)라고 한다. 이 경우는 현금지급세가 된다. 세금을 누가 납부하도록 할 것인가는 조세제도를 설계하기 나름이다. 소득세도 동일한 관점에서 이해할 수 있다. 소득을 자본의 제공에 대한 자본소득과 노무의 제공에 대한 노무소득으로 구분해 보자. 자본소득의 경우 자본이라는 원본을 제공한 데 대한 대가로 이자와 배당을 지급하는 데 지급받는 자가 신고납부하는 방식이라면 현금수령세가 될 것이며, 지급하는 자가 원천징수하는 방식이라면 현금지급세가 될 것이다. 노무소득은 인적 용역을 공급하는 자가 그 대가로 현금을 수령할 때 자신이 받는 현금에 대해 세금을 신고납부하는 경우라면 현금수령세가 된다. 일종의 수득세(revenue tax)가 될 것이다. 그의 상대방이 현금을 지급할 때 원천징수하는 경우라면 현금지급세가 된다.

현금흐름세제는 소득에 대한 과세에 대한 과세에 적용될 수 있다. 부가가치세가 생산의 각 단계별 부가가치에 대해 과세하는 것이라면 소득세는 각 단계별 부가가치가 분배된 결과에 각 경제주체에 귀속하는 금액에 대해 과세하는 것이다. 이때 현금을 지출하는 자, 즉 인적 용역을 제공받거나 자본을 제공받는 자가 그 대가를 지급할 때 과세한다면 소득에 대한 과세를 대체할 수 있을 것이다. 실제 현행법상으로도 대다수의 소득세는 소득의 지급자가 원천징수를 하고 있으니 이와 같은 의미에서 현금흐름세가 도입되어 있다고 볼 수 있다. 현금흐름세는 소득과세상 소득의 귀속자가 인별 소득을 합산하여 신고납부하지 않고 원천징수로 납세의무가 종결된다는 것이므로 현행의 소득세제상 누진과세제도를 없애고 단일세율에 의한 원천징수제도로 전환하면 바로 도입될 수 있는 성격을 지니고 있다. 요약하면 단일세율(flat rate tax)제도와 다를 바 없는 것이다.

개인이 비사업적인 목적으로 보유하고 있는 자산을 처분할 때에는 현금을 수령하게 된다. 그런데 수령하는 현금 전액에 대해 과세할 경우에는 중첩적인 과세가 될 수 있다. 그리고 세제가 거래단계의 수에 중립적이지 못하는 문제가 발생한다. 그러한 문제를 해소하는 데에는 개인의 비사업적 용도의 자산의 처분도 마치 부가가치세에 있어 재화의 공급과 같이 보아 부가가치세를 과세하면 된다. 재화를 공급받는 자, 즉 현금을 지급하는 자에게 세금을 징수하면 된다. 이와 관련하여 자본이득이 부가가치인지 궁리해 볼 필요가 있다. 개방경제하에서 일국에 소재하는 자산에 대해서는 해당 국가의 화폐로 평가한 가치의 증감에 따라 자본이득과 손실이 존재함을 판단하게 되지만 실질적으로 해당 국가의 부나 국민소득은 가상의 세계공통화폐에 대한 자국화폐의 가치증감에 좌우되기도 한다. 자국화폐의 가치가 증가하면 자국의 실질적인 소득, 즉 자국의 생산부가가치가 증가하고 부도 부가가치의 축적물이니 자본이득은 세계공통화폐로 표시한 자국의 부가가치의 산물이라고 볼 수 있는 것이다.

현금흐름세와 관련하여 현금의 범주를 분명히 할 필요가 있다. 특히 현금과 동일한 기능을 하는 금, 신용카드 및 전자화폐 등 다양한 결제수단이 나타나고 있기 때문이다. 이런 관점에서 보면 무엇이든지 재화나 용역의 이동방향과 반대의 방향으로 제공되는 것을 현금으로 보는 것이 타당하다. 현금이 개입하지 않은 물물교환거래의 경우 과세될 수 없을 것이다.

현금흐름세는 부의 무상이전에 대한 과세까지 포함하는 방식의 지출세 모델에 단일세율의 개념을 접목하고 (지출세의 도입에 불구하고) 소득세를 존치시킨 형태와 같게 된다. 예를 들어, 지출세에 대한 세율을 10%로 하고, 소득세도 10%로 한다고 가정한다면[301] 모든 현금(또는 현금등가물)의

'이전'에 대해서는 현금의 지급자나 수령자 어느 한 사람에게 원천징수 또는 대리납부의 방법으로 세금을 거두어 세무서에 납부하도록 하는 방식으로 납세의무를 이행할 수 있도록 할 수 있을 것이다. 현금의 '이전'이 없이 재산이 생긴 경우(길 가다가 보물상자를 줍거나 재산을 증여받은 경우라면) 차후 그 재산을 이전하면서 받는 현금을 '이전'받을 때 소득세를 내면 된다.[302] 순소득을 계산하는 것은 부가가치세에 있어 전단계매입세액공제방식처럼 징수한 세액과 징수당한 세액과의 관련성을 입증하여 개별 납세자가 신고하여 환급받아 가는 방식을 활용할 수 있을 것이다. 이러한 아이디어는 현금흐름세(cash flow tax)에 연결되는 것이다. 평생 100을 벌어 100을 지출(예를 들어, 구성비는 문제 안 되지만, 60을 자기를 위해 쓰고 40을 상속)한 자는 세금을 19만큼 내게 된다.

(2) 생애지출세론에 입각한 제도

생애지출세론에 의하면, 개인의 담세력은 생애 전체의 경제력, 즉 '생애 소비 기회'에 이하여 결정되므로 자본소득은 비과세되어야 한다는 입장을 취한다.

1) 전통적 의미의 소비지출세(expenditure tax, consumption tax)

1955년 N. Kaldor는 소득세를 대체하는 모델로서 지출세를 주창하였다. 이는 기존의 소비세가 물세로서 물건을 소비하는 자에게 전가되도록 구성되어 있는 데 반하여 개별 소비자의 일정 기간 총 소비액에 대해 과세하고 이를 도입하는 대신 소득세를 폐지하자는 것이다. 이와 함께 세율구조에 대해서도 언급이 없지만 인별 소비의 규모에 따라 누진세율을 적용할

---

301) 실제 슬로바키아공화국은 2004년부터 법인소득세, 개인소득세 및 부가가치세에 대해 동일한 19%의 세율을 적용하고 있다.
302) 현금이 이전 없이 실물재산을 증여받는 경우에 대해서는 지출로 보는 조치가 필요하다.

수도 있다. 인별 소득보다는 인별 소비에 대해 과세하는 것이 효율과 형평 측면에서 유리하다는 주장을 한다.303) 소득 중 소비를 차감한 부분에 대해 과세하자는 것이기 때문에 부의 무상이전에 대한 과세에 대해서는 언급이 없다. 인도의 도입사례는 실패로 끝났지만 오늘날 각국은 연금세제 및 VAT 등을 통해 지출세제적인 제도를 도입하고 있다고 볼 수 있다.

2) 부의 무상이전까지 대상으로 하는 지출세 모델

지출의 개념을 소비지출에 한정하지 않고 모든 자산의 처분으로 확대하여 본다면 부의 무상이전도 지출(expenditure)이라고 볼 수 있을 것이다. 기업의 투자지출은 거시경제적으로 보아서는 당연히 지출에 해당할 것이지만 무릇 소득세를 소비지출세로 전환하는 모델이므로 기업에 의한 사업소득은 과세대상에서 배제될 것이다. 이에 따라 기업의 투자지출은 고려할 필요가 없게 된다. 이에 따르면 지출세는 소비형 부가가치세와 무상이전세를 병합한 것이 될 것이다. 아래 ①의 등식 중 (소비)에 대해서만 과세한다면 한 개인이 평생 누적한 (저축)을 누군가에게 이전할 때 그것을 (지출)로 보는 방식으로 소득에 대한 과세와 별도로 지출세가 존립할 수 있게 된다.

$$(소득) = (저축304)) + (소비) \dots\dots\dots\dots\dots\dots①305)$$

즉 자산의 무상이전도 (소비)와 다를 바 없는 (지출)로 볼 수 있다는 것이다. 이는 위 등식 ①에서 좌변에 한 번 과세하고 우변에 대해 다시 과세하는 격이다. 소득세를 이미 낸 다음 가처분소득에 대해 우변에 대해 과세하는 것이므로 이를 좀 더 정확하게 표현한다면 아래 등식 ②와 같을 것이다.

---

303) 이준구, 재정학, 다산출판사, 2002, pp.409-415.
304) 순자산의 증가를 의미한다.
305) 평생 누적된 수치이다.

(소득)＝(저축)＋(소비)＋ (소득세)......................②

이 경우 지출세는 다음 등식 ③에서 우변에 대해 과세하는 격이다.

(소득)－(소득세)＝(저축)＋(소비)......................③

실제 자기가 지출하는 금액 중 국고에 들어가는 부분을 제외한 순수한 지출은 다음 등식 ④ 중 '(순저축)＋(순소비)'가 될 것이다.

(소득)－(소득세)＝(순저축)＋(순소비)＋(지출세)....④

이와 같은 생각은 현행 부의 무상이전에 대한 과세가 논리적으로 타당한 것임을 뒷받침한다. 이때 소득에 대한 과세제도는 사라지는 것이니 부의 무상이전에 따른 장부가액상향조정(stepped up basis)의 문제는 거론할 필요도 없는 것이 된다. 부의 무상이전까지 고려하는 지출세제는 전체적인 지출의 규모에 따라 누진세율을 적용할 수도 있는 구조로 되어 있다.

(3) 최적과세론에 입각한 제도 – 이원적 소득세(dual income tax)

자본소득에 대해서는 단일의 세율로 과세하고 노동소득에 대해서는 누진세율로 과세하자는 이원적 소득세제가 나타난 것은 이러한 자본소득의 특성을 감안한 것이다. 이원적 소득세제는 1980년대 북구국가들로부터 도입되기 시작하였으며 기타 지역의 몇몇의 국가도 이원적 소득세제적인 요소를 도입하고 있다. 이원적 소득세제는 소득을 노동소득과 자본소득으로 구분하되 노동소득에 대해서는 누진세율로 과세하고 자본소득에 대해서는 단일(또는 복수)세율로 과세하는 제도이다. 자본소득에 대해서도 납세자는 자신의 순자본소득을 계산하여 환급받을 세액이 있으면 신고할 수 있도록 되어 있기는 하다. 자본소득은 국제적 유동성(mobility)이 높아 개인에 귀속하는 순소득을 누진세율로 과세하게 할 경우 누실만 있고 얻는 것은 적다는 경험에 따라 단일(또는 복수세율)로 원천징수하고 순자본소득이 원천징수의 대상이 된 소득금액보다 적은 사람만 선택에 의해 신고하여 환급받도록 하는 방식을 택한 것이다. 이는 결국 신고납부보다는 원천징수에 의존하게 되는 방식이다.306)

1) 장점

자본소득에 대한 과세를 노동소득에 대한 과세와 구분하여야 한다는 주장은 보다 현실적인 데서 그 논거를 찾는다. 노동소득은 인신과의 관련성이 직접적이어서 어느 누구에게 귀속하는 징표를 용이하게 찾을 수 있는 반면, 자본소득은 그렇지 않다. 즉, 노동소득은 소득이 귀속하는 인을 찾아 그에게 징수할 수 있는 개연성이 높은 반면 자본소득은 그렇지 않다. 이에 따라 자본소득에 대해서는 소득의 지급자에게 원천징수의 의무를 부과하여 과세하는 방법이 널리 활용되게 되었다. 노동소득에 대해서도 급여를 지급하는 자에게 원천징수의무를 부과하는 제도가 보편화되고 있지만 이는 조세채권확보의 목적보다는 재정의 수입과 지출을 월별로 균형화하기 위한 목적에 의한 것이라고 보아야 한다.

오늘날 이원적 소득세제는 이러한 국내정책적인 문제와 더불어 자본이 국제화되면서 보다 낮은 세율을 가진 국가로 유출된 후 다시 국내로 들어오는 방식으로 국내자본에 대한 과세를 회피하는 것을 막아야 한다는 현실적 고려도 반영하고 있다. 이른바 조세회피방지규정과 같은 장치로 막는 데에는 한계가 있는 것이다. 자본소득에 대해 높은 세율로 과세하면서 신고납부하도록 하는 것이 수직적 형평을 고려한 이상론에 그친다면 아예 수평적 형평만 고려한 단일(예외적으로 복수의) 세율로 과세하면서 누구의

---

306) 물론 EU는 역내 개인에게 귀속하는 이자소득에 대해서는 원천지국가에서 과세하지 않고 거주지국에 이자지급사실을 통보하여 거주지국에서만 과세하도록 하는 EU Savings Directive를 시행하고 있다. 그렇다 하더라도 거주지국에서 단일세율(또는 복수세율)로 과세한다면 거주지로 자기 나라를 선택하도록 하는 효과가 있을 것이다.

이름으로 어디에 있든 동일하게 과세되도록 하는 것이 나을 것이라는 기대 때문인 것이다. 실제 어느 국가가 국내자본이든 국외자본이든 구별하지 않고 자본소득의 지급자에게 모두 일정 율의 세금을 원천징수하도록 한다면 마치 부가가치세에서와 같이 과세할 수 있게 된다. 경우에 따라 자본비용 또는 자본손실과 합산되어 신고납부할 수 있는 선택권을 부여하는 것은 제도운영의 묘에 불과한 것이다.

이원적 소득세제는 일견 노동소득과 자본소득 두 종류의 소득에 대한 차별적인 세율의 적용으로 수평적 형평을 잃는 단점이 있음에도 불구하고 다음과 같은 장점 때문에 아직까지 그 제도가 유지되고 있다.

첫째, 자본소득에 대한 낮은 세율 적용은 자본이 자본소득을 누적적으로 낳는 성격을 감안한다면 노동소득에 비해 낮게 과세할 필요가 있다. 자본소득에 대한 과세는 명목소득에 대한 과세로서 물가상승분만큼 세금부담을 감소시킬 필요가 있다. 인적 자본에 대한 투자비용은 여러 경로로 공제하는 제도가 열려 있는데 물적 자본에 대한 투자는 그러한 혜택이 없음을 감안할 필요가 있다. 둘째, 자본은 노동보다 국제적인 유동성(mobility)이 높기 때문에 고세율 국가에서 자본소득에 대해 동일하게 고세율로 과세할 경우 자본의 유출을 심화시킨다. 특히 거주지국과세원칙을 유지하고 있는 나라에서는 거주자의 국외원천자본소득에 대한 과세는 불완전할 수밖에 없는 현실을 인정하여야 한다. 셋째, 자본소득에 대한 단일세율은 자본소득에 대한 과세를 회피하기 위한 조세재정의 소지를 감소시킨다. 넷째, 자본소득과세상 비용공제가 용이하지 않아 조세부담이 높아지게 되어 있는 문제를 해소할 수 있다.[307]

2) 단점

이러한 장점에 불구하고 크게 처지가 다르지 않은 OECD국가들이 전폭

---

307) 물론 EU국가들 간에는 개인에 대한 이자소득은 거주지국과세원칙에 따라 과세하게 되어 있으므로 거주지국에서 관련 비용을 공제할 수 있게 설계한다면 이 문제는 해소될 수는 있다.

적으로 수용하지 않은 이유는 다음과 같다.

우선, 자본소득이 노동소득과 구분되어 별도의 과세논리를 적용받아야 논리적 당위성을 찾기 곤란하다는 점이다. 소득원천설상 원천의 차이를 본 다면 자본소득은 노동소득에 대칭하는 것이다. 노동의 결과 축적된 저축에 따른 소득이라는 점에서 보면 정부가 자본소득에 대해 과세하는 것은 중첩적인 과세라는 주장이 가능하다. 그러나 다른 한편으로는 노동의 결과 축적된 부 자체만으로는 결코 소득을 창출할 수 없다. 소득의 창출은 최소한 은행에 예치하는 결정 ― 일종의 투자결정 ― 을 필요로 한다. 투자활동에 따라 자본을 누군가에게 맡기는 것은 하나의 별개의 경제활동이며 그와 같은 자본소득의 창출에는 정부의 보호와 지원이 있어야 한다. 따라서 비록 이미 과세된 것을 재원으로 하여 가득한 것이기는 하지만 새로운 투자결정을 계기로 얻는 것으로서 과세대상이 될 수 있는 것이다. 이러한 논리는 노동소득에 대해서도 동일하게 적용될 수 있다. 노동을 통해 얻은 소득은 노동자의 신체와 정신에 소비를 통해 남아 있게 된다. 노동자의 신체와 정신이 활용되어 가득한 소득을 다시 과세하는 것을 중첩적인 것으로 단정할 수는 없을 것이다. 소득원천설과 달리 순자산증가설의 입장에 서면 소득의 원천은 고려의 대상이 되지 않는다. 자본소득이든 노동소득이든 귀속자의 경제적 지위를 향상시키는 것이라면 동일하게 과세되어야 한다. 어느 설에 입각하든 자본소득이 노동소득과 구분되어 별도의 과세논리를 적용받아야 할 당위를 찾기는 어렵다고 할 수 있다.

둘째, 동 세제가 수직적 형평성을 저해하는 세제라는 점이다. 이원적 소득세제가 던져 주는 근본적인 문제 중의 하나는 노동소득은 누진세율로 중과세하면서 자본소득은 경과세하는 점이다. 물론 제도를 설계하기 나름이지만 북구국가들이 자본소득에 대해서는 노동소득에 대한 세율 중 가장 낮은 것을 적용하고 있기 때문이다. 이에 대해서는 형평의 관점에서 다음과 같은 반론이 가능할 것이다. 즉 자본에 대한 과세는 노동을 통해 벌어들인 소득에 대한 중첩적인 과세이므로 낮은 세율로 과세하는 것이 노동소득을 차별하는 것이라고 볼 수 없다. 이러한 주장은 청부의 개념이 자리

잡고 있는 국가에서는 보다 설득력을 가질 것이다. 또한 형평의 관점에서 보아 이원적 소득세제가 갖는 약점은 부유세의 도입 그리고 사회보장지출의 확대에 의해 치유될 수 있다. 실제 이원적 소득세제를 도입한 북구국가들은 높은 조세부담률 및 방대한 사회정책적 지출로 유명하지 않은가? 역사적으로 보면 이원적 소득세제는 오히려 그와 같은 높은 조세부담률 및 많은 사회정책적 지출에 따르는 문제점을 치유하는 차원에서 차후에 도입된 것으로 보아야 할 것이다. 이는 최근 부유세로 유명한 스웨덴에서 부유세를 폐지하는 것을 보아서도 알 수 있는 일이다.

이 외에도 이원적 소득세제는 사업소득의 경우 자본소득적인 측면과 노동소득적인 측면이 있는데 그것을 기술적으로 분할하기 곤란하며, 다른 나라는 포괄적 소득세제에 입각해 있는데 자기 나라만 이원적 소득세제를 도입할 경우 국외원천주식양도차익과 배당소득에 대해서는 국내원천자본소득에 대해서보다 중과하게 되는 문제 등이 지적되었기 때문이다. 이 결과 많은 국가에서 포괄적 소득과세제도는 유지하면서 이원적 소득과세제도의 성격을 가미하는 방향으로 세제를 개편해 오고 있다. 이는 기본적으로 자본소득에 내해 단일세율에 의한 원천징수방식의 과세제도를 좀 더 폭넓게 적용하는 내용으로 이해할 수 있다.

2. 자본의 국제화에 따른 과세관할권 조정

OECD국가, 그리고 우리와 조세조약을 체결한 거의 대부분의 국가가 거주지주의를 과세원칙으로 하고 있다. 그런데 자본과 인력의 국제적인 이동이 증가함에 따라 거주지 개념을 근간으로 하는 거주지주의 과세제도가 불안정해지고 있으며 원천지주의 과세제도가 더 적합하다는 시각이 확대되고 있다. 주요 국가들과 비교하여 낮은 세율을 유지할 경우 원천지주의 과세제도는 그 자체만으로는 세수 일실의 부작용을 초래하지는 않을 것이다. 국제자본은 원천지주의 국가를 더 선호하므로 장기적으로 볼 때 원천지주의 과세제도가 세원확보에 긍정적인 효과를 줄 수도 있다.

(1) 거주지주의 원칙

각국의 동향을 보면 거주지주의로 가고자 하는 움직임과 원천지주의로 가고자 하는 움직임이 상당한 긴장관계를 형성하고 있다. OECD국가, 그리고 우리와 조세조약을 체결한 거의 대부분의 나라가 거주지주의를 과세원칙으로 하고 있다. OECD국가 간 조세조약에서는 자본이득에 대해 거주지주의가 보편화되어 있다. EU국가 간에는 이자소득은 거주지주의로 과세하고자 하고 있다.

(2) 원천지주의 확대

1) 배경

① 조세회피방지의 관점

자본국제화의 심화는 기존 거주지주의 과세제도의 약점을 확대하고 있다. 실제 세계에서는 거주지주의 과세제도가 보편화되고 그에 따라 거주지의 개념이 매우 중요한 역할을 하여 왔다. 거주지는 과거 경제활동이 단순한 시절에는 법인의 등기장소와 같은 일정 표식을 기준으로 판정하는 것이 실제 경제활동에도 부합하였지만 최근에는 특히 다국적 자본을 중심으로 너무나 많은 실체(entity)와 기구(vehicle)를 통해 전 세계적으로 투자를 해 오고 있기 때문에 법인의 등기장소가 큰 의미를 갖지 못한다고 보아야 한다. 더 나아가 법인의 실질적인 지배 또는 관리장소도 한곳에 모여 있지 않거나 수시로 이동하기 때문에 특정 납세자의 거주지를 확정하기 곤란한 경우가 적지 않다. 이러한 점은 국내세법의 적용에 있어 거주지주의 적용에 필수적인 자국의 거주자 판정에 문제를 야기하고 있으며, 조세조약의 적용에 있어서는 당해 조세조약의 혜택을 받을 자격이 있는 상대체약국의 거주자를 판정하기 곤란하게 하고 있다.

거주지주의에 의한 과세를 회피하고자 하는 기업의 행태 중 하나로서 法人

倒置(corporate inversion)를 들 수 있다. 미국에서의 문제되는 사례를 들어 설명하자면 아래와 같다. 일반적으로 조세피난처에 모회사를 설립하고 인수합병의 방법으로 미국 내 회사를 자회사로 만든다. 동 자회사에 귀속하는 미국 내 원천소득을 가급적 줄이고 모회사에 귀속하는 미국 외 소득을 늘리는 방법을 활용한다. 또는 다음과 같이 모회사에 귀속하는 미국 내 소득을 늘리는 방법도 사용된다. 이를 위해서는 자회사는 비용으로 공제하고 모회사가 그것을 수익으로 인식하되 미국 내에서는 낮은 세율로 과세되도록 하는 소득잠식(earnings stripping)기법을 활용한다. 법인도치가 늘어나고 있는 이유는 근본적으로 미국세법이 거주지주의 원칙에 따라 국외원천소득에 대해서도 과세하게 되는 데 기인하는 것으로서 해당 기업그룹의 국외원천소득을 조세피난처에 있는 회사에 거류(parking)시키기 위한 방법으로 고안되는 것이다. 조세피난처의 이용에 대해서는 조세피난처세제가 적용되도록 되어 있기는 하다.

이러한 관점에서 볼 때 거주지 개념을 기초로 하고 있는 거주지주의 과세원칙의 근간이 불안정해지고 있으며, 그만큼 원천지주의 과세제도가 더 현실에 적합하다는 견해가 늘어나고 있는 것이 사실이다. 원래 국제조세의 영역에서는 인별 조세형평싱의 개념은 중요하지 않다. 특히 자본소득에 대한 과세에 있어서는 단일세율에 의한 과세를 통해 수평적 형평을 추구하는 데 그치며 누진세율에 의한 수직적 형평을 추구하지는 않는다. 즉 국제자본에 대한 과세에 있어서는 형평보다는 효율의 가치를 앞세우게 된다. 오늘날과 같이 자본이 국제화된 시대에 있어서는 형평보다는 효율의 가치를 더 중시하여야 하는 방향으로 조세제도의 여건이 변화하고 있는 것이다.

② 기업자본의 유치

일국의 과세제도가 원천지주의를 채택하게 되면 그곳이 다국적기업이 자본을 거류시키기 좋은 환경을 갖게 된다. 이러한 점은 비단 외국자본계열의 다국적기업뿐 아니라 국내자본계열의 다국적기업에도 해당된다. 내국법인이 해외에 자회사를 가지고 있어 그로부터 배당을 받거나 지점을 가지고 있어 국외원천사업소득을 벌게 될 경우 거주지주의 과세체계하에서는 국외배당지급결의를 하지 않거나 국외원천사업소득에 대한 신고를 회피하는 방법으로 국내에서의 과세부담을 줄이고자 하는 성향이 나타나게 된다. 이는 자본의 국내유입을 억제하는 효과를 부수하게 된다. 이는 다른 말로 표현하자면 거주지주의는 국외로 나간 국내자본이 국내로 회귀하는 것을 억제하는 효과를 갖게 된다는 것이라고 말할 수 있게 된다. 경영참여소득면제제도는 이러한 문제를 해소하는 데에 탁월한 효과를 발휘한다. 이는 원천지주의적인 방법의 하나인데 이에서 조금 더 나아가 국외소득면제제도를 모든 종류의 소득에 대해 적용하는 방안을 도입할 수도 있겠다. 국내로 자본을 회귀하도록 하는 관점에서는 특히 일부 또는 전부의 국외소득에 대해서 국내로 송금할 때에야 과세하는 제도를 가지고 있는 국가에서는 국외소득면제제도를 도입할 필요성이 매우 크다고 보아야 한다. 예로서 2008년 5월 4일 요미우리신문에 의하여 보도된 일본 경제산업성의 보고서에 의하면 경영참여소득면제제도의 도입을 재무성과 협의하여 적극 추진한다고 한다.[308] 아직 이 제도를 도입하고 있지 않은 미국[309]과 영국에서도 도입을 추진하고 있다고 한다.[310] 동 보고서에 의하면 이러한 제도의 도입은 일본 내에서의 기업의 재투자를 유도하여 일본 내 산업생산에 기여할 것이라고 한다.

  2) 최근 추이

  프랑스(법인의 소득에 대해서 원천지주의 원칙을 적용하고 개인의 소득에 대해서는 거주지주의의 원칙을 적용), 홍콩 및 싱가포르가 원천지주의 과세제도를 사용하고 있다. 그리고 과반을 넘는 OECD국가들이 국외원천사업소득에 대해서는 원천지주의로 과세한다.

---

308) 일본 언론의 보도에 의하면 2008년 9월 집권한 아소다로 내각도 이를 긍정적으로 검토하고 있다고 한다.

309) Joint Committee on Taxation, Economic Efficiency and Structural Anaysis of Alternative U.S. Tax Policies for Foreign Direct Investment, 2008.6.26.

310) 영국 재무부가 주관하여 2007년부터 논의가 진행 중이다.

〈국외원천 사업소득에 대한 과세제도〉

구 분		원천지주의	거주지주의
과세	거주자	국내 발생한 소득에 대해서만 과세	전 세계에서 발생한 소득에 대하여 과세
	비거주자	국내 발생한 소득에 대해서만 과세	국내 발생한 소득에 대해서만 과세
적용 국가		EU국가: 오스트리아, 벨기에, 덴마크, 핀란드, 프랑스, 독일,[311] 그리스, 헝가리, 아이슬란드, 이태리, 룩셈부르크, 네덜란드, 노르웨이, 포르투갈, 슬로바키아, 스페인, 스웨덴, 스위스, 터키 영연방 국가: 호주, 캐나다[312](이상 21개국)	한국, 미국, 영국, 일본, 체코, 아일랜드, 멕시코, 뉴질랜드, 폴란드(이상 9개국)

국외사업소득에 대해 원천지주의를 도입한 국가는 일정 국외원천배당소득에 대해서도 동일한 과세방식을 취하고 있다. 이는 배당소득은 사업의 결과 얻어지는 측면이 있기 때문이다. 이 점에서 국제적으로 배당소득에 대해서는 원천지주의의 요소가 강한 편이라고 볼 수 있을 것이다. 특히 EU국가 간에는 원천지주의의 대표적인 사례라 할 수 있는 경영참여소득면제제도가 배당소득과 유가증권양도소득에 있어 도입되어 있다.[313] EU국가 간 이자소득이 원천지주의로 가지 못한 데에는 역사적인 이유가 있다. 자본이득의 경우 조약무효화의 방법으로 원천지주의가 강화되는 움직임이 보인다. 아래 배당소득에 대해 원천지주의를 도입한 국가들이 대체로 취하고 있는 제도의 모습을 소개한다.

① 국외배당소득면제의 정도

외국자회사로부터의 배당에 대해 완전면제하는 국가와 부분면제하는 국가로 나누어 볼 수 있다. 국외원천배당소득에 대해 완전면제하는 국가들은 대체로 해당 소득의 창출에 이용된 자금에 대한 이자비용의 공제를 인정하지 않는다. 국외원천배당소득이 부분적으로만 면제되는 국가에서는 배당소득과세비율이 이자비용배분비율로 활용된다.

---

311) 배당소득의 95%를 면제한다.
312) 적극적 소득으로부터의 배당에 대해 면제한다.
313) 위의 표에서 국외원천사업소득에 대해 원천지주의를 도입한 국가들은 경영참여소득면제제도를 도입하고 있다.

② 소유지분요건

배당소득과세 면제는 모회사의 지분이 일정 비율을 초과할 경우에만 주어지는 것이 보통이다. 해당 지분비율은 5% 또는 10%로 설정된다. 비율방식과 일정 규모 이상의 자본금액투자 중 하나만 만족하면 인정하는 국가도 있다. 일부 EU국가는 EU parent‒subsidiary directive[314]에서 규정하는 15% 기준[315]을 적용한다.

③ 국외과세요건

이 제도에 따른 이중무과세 혹은 원천지국에서만의 경미한 과세로 자본의 과도한 국외유출을 막기 위해 일부 국가는 원천지국과세요건(subject‒to‒tax)을 설정하고 있다. 구체적인 면제 배제 방법으로는 다음과 같은 것이 있다.

- black list에 열거된 경과세국 소재 법인으로부터의 배당을 배제
- 조세특례제도의 적용을 받은 배당을 배제
- 거주지국과 포괄적인 조세조약을 체결하지 않은 국가에 소재하는 법인으로부터의 배당을 배제
- 원천지국에서 해당 배당의 원천이 되는 소득에 대해 거주지국 과세에 비견할 수준의 과세가 이루어지지 않은 경우의 배당
- 원천지국에서 해당 배당의 원천이 되는 소득에 대해 어떠한 과세도 이루어지지 않은 경우의 배당

④ 비용의 배분

이자비용에서처럼 다른 일반비용도 면제되는 배당소득에 관련된 것일 경우 그것의 공제를 인정하지 않는다. 공제의 부인 정도와 방법은 나라마

---

314) 이 지침은 EU 내의 기업그룹 내 이윤의 배분에 대한 조세상의 장애를 없애고자 하는 취지에서 도입된 지침이다. 이 지침에 의해 서로 다른 나라에 소재하는 관계회사 간 지급하는 배당에 대해 원천징수가 면제되며, 자회사로부터의 분배받은 배당에 대한 경제적 이중과세가 배제된다.
315) 2009년 1월부터 이 비율은 10%로 낮추어질 것이다. 이 비율은 비율의 최고한도를 의미하므로 회원국은 그 이하로 설정하여야 한다.

다 상이하지만 대체로 면제되는 배당에 비례하도록 하는 방법을 사용한다.

제2항 분석과 전망

자본소득과세에 관한 한 오늘날 화두는 국제화이다. 세계질서에 근본적인 변화가 없는 한 국제화는 지속될 것으로 보인다. 지금은 민간자본은 세계화되는데 과세고권은 예전처럼 나뉘어 있어 시장의 실패 중 하나로 보아야 할 '조세회피'와 '부의 편재'를 정부제도로 시정하기는 매우 어려운 과도기적인 상황이다. 자본소득과세에 있어서는 자본이득과세가 과세권의 배분 및 조세회피의 방지 측면에서 가장 심각한 문제를 일으키고 있다. 각국의 세제는 이러한 여건의 변화에 따라 점차 단순화와 원천지주의의 방향으로 나아갈 것으로 전망된다. 각국의 조세경쟁을 하나의 통일된 기준에 의해 규율하는 것은 세계국가정부가 나타나는 정도의 체제변화가 있지 않는 한 어려운 일일 것이다. 이는 다른 측면에서 각 국가가 단순화와 원천지주의를 확대하는 요인이 될 것으로 보인다.

1. 분석

(1) 차등과세의 계기

거주지주의에 입각한 누진세율체계는 현행의 국제자본질서에서 효율성과 형평성 모든 관점에서 한계를 노정하고 있다. 원래 납세의무란 인적 자산 또는 물적 자산의 생성, 보유 또는 이전을 과세대상으로 삼아 부과하는 것이다.[316] 현행 각국의 제도들은 다음과 같은 점에서 차등과세의 계기를 지니고 있는데 그것들이 당초의 목적대로 작동하기 어려운 여건에 처해 있는 것이다.

---

316) 아래에서는 인적 자산으로부터의 소득, 즉 근로소득이나 사업소득의 일부를 인적 자산소득이라고 하고, 물적 자산으로부터의 소득, 즉 이자소득, 배당소득 및 양도소득 등을 물적 자산소득이라고 한다.

1) 현행 세제상 납세의무가 누구에게 발생하는가에 따라 차등을 두어 과세하는 제도로서 가장 핵심적인 것이 '누진세율'제도이다.

2) 납세의무가 어디에서 발생하는가에 따라 차등적으로 세금을 부담하게 되는 것은 나라마다 달리 설정된 세율 때문이라고 할 것이다.

3) 그리고 어떤 과세대상이 발생하였는가에 따라 ①소득세, ②부의 무상이전세 또는 ③부가가치세가 부과된다. 소득세 안에서는 과세사건 내지 소득종류 간 차등이 있을 수 있겠다.

이와 같이 현행 세제상 설정된 차등과세의 계기는 효율과 형평을 조화하면서도 굳이 따지자면 형평의 가치를 고려한 것이다. 물론 국가 간 차이가 있는 세율은 효율 또는 형평과는 무관하게 각 나라의 재정형편과 정책방향에 따라 결정되는 것이기는 하다. 오늘날 국경 없이 오가는 국제자본은 이러한 차등과세의 계기를 자기에게 가장 유리한 방향으로 이용할 수 있도록 거래를 설계한다. 예를 들면, 1)의 차등의 계기는 인적 귀속을 조정하는 방법으로 이용한다. 2)의 계기는 과세사건의 발생지를 조정하는 방법을 활용한다. 그리고 3)의 계기를 소득세를 빌려 설명하자면 소득의 종류를 조정하는 방법을 사용한다. 소득의 귀속시기에 관한 것은 회계적인 사안으로서 3)의 문제에 부수하는 것이라고 보아야 할 것이다.

(2) 단순화의 효과

1) 이원적 소득세제

조세회피적 설계행위에 대해 개별적으로 법적 대응을 하는 방법만으로는 근본적으로 한계가 있으므로 아예 조세체계를 개혁함으로써 그러한 조세설계의 소지가 발생하지 않도록 하는 전략을 추구할 필요성에 대한 인식이 제고되고 있다. 앞에서 소개한 조세제도들을 위에서 언급한 계기들에 대한 해결능력의 관점에서 보면 아래와 같은 분석이 가능하다.

우선 조세회피적 설계행위에 의해 그 본래의 취지가 많이 저감되고 있는 형평의 가치는 배제하고 오로지 효율만을 추구하는 방법으로는 현금흐름세를 생각할 수 있다. 현금흐름세는 위에서 1) 및 3)의 계기는 완전하게 해소할 수 있다. 현금흐름세는 단일의 세율을 적용하게 되므로 1)의 계기는 해결된다. 다음 ① 내지 ③의 조세를 하나의 세금으로 통합할 수 있으므로 무엇이 발생하는가에 따라 세금의 크기가 달라지지 않으므로 3)의 계기도 해소된다.

다음 3)의 계기를 부분적으로 해소하는 조세제도로 '부의 무상이전세를 조합한 지출세'를 생각할 수 있다. 이는 소득세를 대체하거나 병존하게 된다. 상속 및 증여는 지출의 하나로 보게 되므로 상속세 및 증여세는 폐지된다. 이때 과세사건에 따른 과세상의 차등이 줄어들게 된다.

다음 1)의 계기를 소득세에 있어 해소하는 데에는 단일세율제도가 주효하다.

마지막으로 1)의 계기를 부분적으로 해소하는 방안으로 이원적 소득세제를 생각해 볼 수 있다. 이 방안은 인적 자산소득과 물적 자산소득에 대한 세율체계를 달리하도록 하면서 물적 자산소득에 대해서는 단일세율을 적용하는 방법이다. 물적 자산소득에 대한 명목세율은 인적 자산소득에 대한 평균실효세율과 비교하여 더 높게 설정하든가 더 낮게 설정할 수 있겠다. 북구국가는 더 낮게 우리나라는 더 높게 설정하고 있다. 우리나라의 이자소득 및 배당소득에 대한 과세제도는 이원적 소득세제*적인 성격을 부분적으로 가지고 있다.

각국의 동향을 보면 점차 이원적 소득세제적인 요소를 도입해 가고 있음을 발견할 수 있다. 국제자본이 조세설계의 대상으로 하고 있는 것은 주로 물적 자산소득임을 감안한다면 조세설계의 대상이 됨으로써 효율 및 형평 모두를 잃는 것보다는 형평 하나를 잃는 것이 낫다는 판단이다.

이미 시도되어 단점이 확인된 바 있는 전통적 의미의 지출세를 제외한다면 단일세율세제 또는 현금흐름세제는 효율성 측면에서 이원적 소득세제보다 탁월한 이점을 가지고 있다. 그런데 인적 자산소득에 있어서까지 형평을 방기하는 것이 될 텐데 인적 자산소득은 상대적으로 조세설계의 대상이 될 가능성이 적고 그간 형평의 가치를 비교적 잘 유지하여 왔으므로 단일세율세제를 적용할 당위성은 적다고 할 것이다. 이와 관련하여 인적 자산소득에 대해서는 높은 세율을 적용하고 물적 자산소득에 대해서는 낮은 세율을 적용하는 북구국가들의 상황을 보면 자본을 노동에 비해 우대하는 것이 아닌가 하는 의구심을 가질 수도 있겠다. 북구국가에서는 일찍이 사회주의적인 정책이 보급되어 부유세(이제는 폐지되었음[317])를 두기도 하는 등 물적 자산소득에 대해 중과하고 있었다. 이원적 소득세제를 도입하는 나라가 물적 자산소득에 대한 세율은 각국의 형편에 맞추어 설정하면 되는 것이며 그 제도 자체가 물적 자산소득을 우대하는 성격을 가지고 있는 것은 아니다. 다만 물적 자산소득에 대해서는 누진세율이 적용되지 않는다는 점에서 수직적 형평성을 결하게 되는데 이는 재정지출의 확대를 통해 보완할 수 있는 것이다.

2) 원천지주의

본서에 걸쳐 필자는 줄곧 개방경제에서 이동이 자유화된 자본은 화폐 또는 자본자산의 형태로 존재하면서 이득을 거두고 있으며 이는 각국의 국내법제 및 국제규율이 보호하고 있다는 전제에 입각하여 논의를 전개하였다. 자본은 어느 나라에 소재하는 자산이건 화폐를 포함한 모든 형태의 자본자산으로 존재할 수 있다. 이론적으로 자본가는 자산의 보유형태를 선택함에 있어 다음과 같은 가능성을 염두에 둔다.

- 제1단계: 자신의 거주지국을 선택
- 제2단계: 자본자산 중 하나를 선택

즉 자본가는 자유화된 국제자본시장에서 자신에게 가장 유리한 장소에서 가장 유리한 형태로 자본을 증식시킬 수 있다는 것이 된다. 여기서 하

---

317) 오스트리아, 덴마크는 1990년대에 부유세를 폐지하였으며, 2000년대 들어서는 네덜란드, 이태리 및 핀란드가 부유세를 폐지하였다. 스웨덴은 2007년 말에 부유세를 폐지하였다. 스페인은 2008년 부유세 폐지를 추진하고 있다. 2008년 현재 부유세가 유지되고 있는 국가들로는 프랑스, 스위스 및 독일이 있다.

나 주의할 것은 자본가는 자기가 추구하는 경제적 이득을 실현하기 위해 법적 형태를 자유롭게 재구성할 수 있다는 것이다. 동일한 경제적 실질을 추구하면서 서로 다른 법적 형태를 선택할 수 있다는 것이다. 이를 좀 더 체계적으로 분석하기 위해 자본가에게 주어진 조건으로서 국제적 자본과 세망과 자본가가 선택할 수 있는 조세설계의 방법을 아래와 같이 단순화해 보자.

우선 국제적인 자본과세망은 다음과 같이 설정되어 있다.

첫째, 국가마다 세율이 다르다.

둘째, 원천지주의 과세국과 거주지주의 과세국이 있다.

셋째, 국가 간 과세권의 배분은 조세조약에 의한다.

넷째, 소득의 종류에 따라 원천지국과 거주지국 간 과세권의 배분이 달라지며 소득의 종류에 대한 각국의 판단기준이 다를 수 있다.

이러한 제도적 여건하에서 자본가는 자신의 거주지국과 소득의 발생지국을 서로 다르게 설정하면서 다음과 같은 조세설계를 할 수 있을 것이다.

첫째, 거주지주의를 채택하고 있는 중과세국에 거주하고 있다면 원천지국에 과세권이 배분되는 형태의 소득을 발생시킬 것이다.

둘째, 원천지주의를 채택하고 있는 중과세국에 거주하고 있으면서 무과세국(경과세국)에 원천을 둔 소득을 발생시킬 수 있다.

셋째, 원천지주의를 채택하고 있는 중과세국에 거주하고 있으면서 거주지국에 과세권이 배분되는 소득을 발생시킬 수 있다.

넷째, 무과세국(경과세국)에 거주하고 있다면 주로 거주지국에 과세권이 배분되는 형태의 소득을 발생시킬 것이다.

이와 같은 여건하에서 자본가는 주로 거주지의 이전(또는 alter ego[318]의 생성) 또는 소득형태의 변경의 방법으로 자신에게 가장 유리한 거래구조를

---

318) 자회사와 같은 별도의 실체를 만드는 것을 의미한다.

설계해 낸다. 이에 따라 자본소득에 대한 과세에 빈틈이 생길 수밖에 없다. 예를 들어 소득형태의 변경을 통해 절세를 하는 방법은 다음과 같이 설명할 수 있다. 현재로서는 국제자본이 주로 거래되는 OECD국가 간 과세권은 이자소득에 대한 과세는 거주지국에 배당소득에 대한 과세는 원천지국에 그리고 유가증권양도소득에 대한 과세는 거주지국에 배분되는 양상으로 진행되고 있다. 이자소득과 배당소득은 혼성증권의 출현으로 그 구분이 불분명해지고 있다. 특히 혼성증권은 이자소득으로 보는 국가가 있는가 하면 배당소득으로 보는 국가가 있다. 혼성증권의 소득을 배당소득으로 보는 국가에 거주하면서 이자소득으로 보는 국가의 혼성증권을 취득한 자본가는 이론적으로 어느 곳에서도 과세되지 않는 상황을 만들어 낼 수 있다. 굳이 혼성증권과 같은 새로운 형태의 증권을 사용하지 않고서도 자본가는 소득의 형태를 배당소득이나 유가증권양도소득 중 하나로 선택하여 실현할 수 있는 경우가 많다. 이론적으로 고세율국에 거주하는 자본가는 배당소득의 형태로 소득을 실현하고 저세율국에 거주하는 자본가는 유가증권양도소득으로 소득을 실현하고자 할 것이다. 자본소득에 대한 과세가 이와 같이 엉성한 구조로 되어 있는데 폐쇄경제하에서 형평을 추구하기 위해 설정한 누진세율제도를 통해 과세상 형평을 추구한다는 것은 이제 매우 어려운 과제가 될 수밖에 없다.

이러한 상황에서 국제자본에 대한 과세에 빈틈을 주지 않고 형평과 효율을 추구하기 위해서는 조세조약에 의해 어느 나라의 누구에게 어떤 형태의 소득이 귀속되었는가에 따라 세율을 조정하거나 과세권을 양허하는 방식을 채택하기보다는 각국의 국내세법에 의해 각국에 원천을 둔 자본소득에 대해 일률적으로 하나의 세율로 원천징수의 방법으로 과세하는 것이 바람직하다. 소득세이지만 마치 부가가치세를 부과하듯이 과세하는 것이다. 부가가치세는 대금을 받는 자가 거래징수하지만 원천징수세는 대금을 지급하는 자가 징수하는 것이기 때문에 부가가치세제도상 대리납부와 유사한 형태가 될 것이다. 이와 같이 외양상 부가가치세와 다를 바 없는 소득세를 도입하는 것보다는 소득세제도를 아예 폐지하고 부가가치세율을 두

배로 인상하는 것이 바람직하다는 주장도 가능할 것이다. 그러나 EU국가와 우리나라의 부가가치세제도는 소비형 부가가치세이며 자본소득의 수수는 과세대상으로 하지 않기 때문에 소득세를 폐지하고 부가가치세율을 2배로 인상할 경우 자본소득에 대한 과세가 불가능하게 되는 문제가 발생할 것이다.

각국의 국내세법에 의해 각국에 원천을 둔 자본소득에 대해 일률적으로 하나의 세율로 원천징수하는 방법은 특히 OECD국가 간 조세조약에 의해 거주지주의가 보편화되어 있는 유가증권양도소득에 대한 과세상 문제점을 시정하는 데 결정적인 공헌을 할 것이다. 오늘날 국제금융시장은 금융의 증권화에 의해 자본소득의 자본이득화가 가속화하고 있다. 증권화에 터 잡아 파생금융시장은 폭발적으로 증가하고 있다. 무기명증권의 급증과 파생거래를 통한 소득의 이전이 일상화되어 있어 소득의 귀속주체의 파악이 어려워지게 되고 그에 따라 적용할 조세조약을 찾기 날로 곤란해지고 있는 상황에서 거주지를 찾아 과세한다는 것 자체가 불가능한 지경에 이르러 받는 자가 누구인지 불문하고 원천징수하는 제도의 장점이 부각되고 있다.

3) 부의 무상이전세제

외환자유화로 상속세 및 증여세의 회피를 막지 못한다면 아예 상속세 및 증여세를 폐지하는 방안을 고려하는 것은 어떠한가? 증여세를 폐지하게 되면 거의 모든 사람들에게 자신이 거둔 소득을 증여받았다고 주장하는 방법으로 조세를 회피할 가능성을 제공하는 결과가 될 것이다. 이러한 부작용을 막기 위한 근본적인 방법으로는 다음의 두 가지를 생각해 볼 수 있다.

첫째, 상속세 및 증여세를 모두 자본이득과세로 전환하는 방법이다. 캐나다 및 호주는 이미 도입하였으며 미국은 2010년부터는 부분적으로 도입하기로 예정되어 있는 방안이다.

둘째, 현금흐름세적인 제도를 도입하는 것이다. 현금흐름세제는 부의 무상이전에 대한 과세에도 적용될 수 있다. 부의 무상이전은 현금을 무상이전하는 경우와 재화를 무상이전하는 경우로 구분하여 볼 필요가 있다. 현금의 무상이전은 바로 무상이전하는 자가 원천징수하도록 하면 된다. 마치 지출세에 있어 무상이전하는 자가 지출하는 것으로 보아 세금을 부과하는 것과 같은 이치이다. 재화를 무상이전하는 경우 현금의 흐름은 없게 된다. 따라서 과세가 되지 않게 되는데 이는 무상이전을 받은 자가 해당 재화를 처분할 때 과세된다. 처분의 대가 전액에 대해 과세하려는지에 대해서는 아래와 같이 별도의 고려가 필요하다.

2. 전망 – 단순화와 원천지주의

오늘날 자본소득과세에서는 국제화가 화두이며 세계체제에 근본적인 변화가 없는 한 그러한 추세는 지속될 것으로 보인다. 비록 2007년 하반기 이후 미국의 금융자본의 투자행태가 많은 모순점을 노정하여 파생거래를 이용한 투자은행방식의 투자가 향후 국제금융거래를 주도할지에 대해서는 부정적인 견해가 많은 것이 사실이다. 그러나 2008년 현재 진행되고 있는 미국의 금융위기가 세계화와 규제완화의 큰 틀 속에서 진행되고 있는 자본의 국제적 이동의 흐름을 바꾸지는 못할 것으로 보인다.

과세상으로 우리가 간과하지 말아야 할 것은 국제조세원칙 중에는 실질적 형평을 보호하는 원칙은 없다는 점이다. 오늘날 특히 자본이득 형태의 소득을 통해 조세회피가 많아지고 있다. 이는 투기적인 펀드의 활동에 의해서 그 규모가 증가하고 방법이 다양화되고 있다. 그리고 날로 폭발적으로 증가하는 제도권 내 파생상품거래는 그러한 투기적 성향을 부추기고 있다. 그리고 국제자본거래에 나서는 납세자들은 거주지국 과세를 회피하기 위해 조세피난처로 지속적으로 자금을 유출하고 있다.

조세회피 방지의 개념이 국제적으로 적용될 때에는 국내세법과 조세조약의 남용을 방지하기 위함이지 직접적으로 실질적인 형평을 추구하기 위한 것은 아니다. 조세의 국제화는 기존의 국내조세체계가 추구하는 가치의 하나로서 형평이 많은 부분 상실될 수밖에 없음을 의미한다. 그러한 추세에 맞서 국내조세의 형평의 가치를 더욱 높이기 위해 제도적으로 보완할 것인지 아니면 형평의 가치를 포기하고 효율의 방향으로 나갈 것인지의 전략적 판단이 필요한 시점이다.

자본의 국제적 이동이 심화되는 현대경제에서는 자본소득에 대해 원천징수로 납세의무를 종결하도록 하는 방법이 설득력을 얻고 있다. 자본소득은 어디서 누가 얻든 한 국가정부가 하나의 세율로 원천징수하도록 하는 것이 타당하다는 것이다. 원천지국에 과세권을 부여할지 거주지국에 부여할지는 국가 간 협의할 사항이지만 자본소득의 이동성을 감안한다면 원천지국에 과세권을 부여하는 것이 타당할 것이다. 물론 EU국가들 사이에서 다자간협약의 방식으로 그리고 일부 OECD국가 간 양자 간 협약의 방식으로 거주지국가에 보다 많은 과세권을 부여하는 동향이 나타나고 있기는 하다.

이원적 소득세제는 1990년대 노르웨이, 스웨덴, 핀란드 및 덴마크에 도입되기 시작하였다. 2001년 네덜란드는 Box system[319]이라 불리는 이원적 소득세제를 도입한 바 있다. OECD 보고서[320]에 의하면 이와 같이 본격적으로 이원적 소득세제를 도입한 국가 이외에도 불완전하나마 오스트리아, 프랑스, 이태리, 폴란드, 포르투갈, 아이슬란드, 벨기에, 체코, 그리스, 헝가리, 일본은 준이원적소득세제(semi – DIT)국가로, 캐나다, 독일,[321] 아일랜드, 한국, 룩셈부르크, 스페인, 스위스, 터키, 영국 및 미국은 준포괄적소득세제(semi – comprehensive taxation)국가로 분류할 수 있다고 한다. 우리나

---

319) 세율을 인하하고 과세기반을 확충하는 것을 주목적으로 한 제도개혁이다. 공제항목들을 세액공제항목으로 전환하는 내용과 부유세를 폐지하고 자본소득에 대한 소득과세제도를 자본에 대한 간주소득(imputed income)을 계산하여 과세하는 제도로 바꾸었다. 이는 자본이득에 대해 과세되지 않는 부분이 많아 과세상 중립성이 떨어지는 문제를 시정하기 위한 것이다.

320) OECD, Fundamental Reform of Personal Income Tax, 2006, pp.83 – 85.

321) 독일에서도 최근까지 이원적 소득세제의 도입에 대한 논의가 활발하다가 법인세율을 낮추는 방향으로 개혁이 이루어졌다.

라는 배당소득에 대한 경제적 이중과세의 해소 폭이 적어 금융소득에 대한 세율이 여타 소득에 대한 세율과 큰 차이가 없다는 이유로 후자의 그룹에 편입되어 있지만 필자의 소견으로는 이자소득이나 배당소득의 대부분이 원천징수로 종결되는 점을 감안한다면 준이원적소득세제국가로 분류하여야 할 것으로 보인다.[322]

필자는 각국이 자본소득에 대한 과세제도를 단순화하면서 점차 원천지주의의 방향을 택할 것으로 전망한다. EU는 거주지주의적인 과세제도를 정립해 가고 있지만 그것은 매우 특수한 경우이다. EU는 스스로가 마치 하나의 국가의 체제로 정립되어 가고 있다. 따라서 그 EU지역 안에서 거주지주의로 나아간다는 것은 한 나라 안에서 과세할 때 인별로 과세하는 것과 다를 바 없는 것이다. 세계가 하나의 국가가 된다면 거주지주의로 갈 수 있을 것이다. 현재는 민간자본은 세계화되는데 과세고권은 예전처럼 나뉘어 있어 시장의 실패 중 하나로 보아야 할 '부의 편재'를 정부제도로 시정하기는 매우 어려운 과도기적인 상황이라고 할 것이다. 이때 시장의 실패를 치유하기 위해 각국의 정부는 조세제도보다는 재정지출을 채택하는 것이 바람직할 것이다. 전자보다는 후자가 더 일신전속적인 요소를 감안하여 시행할 수 있기 때문이다.

각국은 원천지주의적인 요소를 도입하면서 국제자본의 조세회피를 방지하기 위한 수단뿐 아니라 외국 포트폴리오 자본을 유치하기 위한 유인수단으로 활용하고 있다. 이는 비단 비교적 소국인 EU의 네덜란드 등뿐 아니라 미국이나 영국과 같은 경제대국에도 공통적으로 적용되는 말이다. 제도 도입에 가장 보수적이라고 할 일본의 경우에도 우리나라 세제보다는 외국의 자본의 유입을 촉진하는 제도가 도입되어 있다.

[탐구] 6-2

---

322) 오윤, 소득포괄주의 과세제도 도입에 관한 연구, 세무와 회계 연구, 한국세무학회, 2008.

제3절 우리 제도의 개혁

제1항 방향 정립

우리나라는 OECD국가 중에서 상대적으로 낮은 조세부담률에 불구하고 건전재정을 유지하고 경제성장률도 높은 편이니 재정이 그간 역할을 충실히 해 온 것으로 평가할 수 있다. 현재 각 부문별 조세부담의 현황을 좀 더 자세히 보면 우리나라 현행 세제는 효율보다는 형평에 부합하는 모습을 갖고 있다. 노동소득과 자본이득이 과소하게 그리고 법인형태의 사업소득이 과중하게 과세되고 있다. 그러나 자본소득 중 이자소득과 배당소득에 대해서는 효율성이 더 강조되는 과세체계를 유지하고 있다. 사실상 이원적 소득세제에 매우 가까운 모습을 보이고 있지만 북구의 이원적 소득세제와는 달리 노동소득의 실질 세부담은 높은 명목세율에 불구하고 단일세율이 적용되는 이자소득이나 배당소득의 실질 세부담에 훨씬 못 미치고 있다. 금융소득종합과세는 전체적으로 보아 미미한 규모에 그치고 있다. 변화하는 세계 자본시장의 틀 안에서 우리의 세제는 단순성과 효율성을 보다 강조하는 방향으로 발전해 나가야 할 것으로 보인다. 자본소득과세상 우리 세제는 이미 상당 부분 이원적 소득세제적인 요소를 함유하고 있기 때문에 그것을 심화하는 방향으로 나아가고 국제자본소득에 대해서는 원천지주의를 도입할 필요가 있다.

1. 자본소득과세의 단순화

(1) 이원적 소득세제의 확대

근본적 조세개혁 측면에서는 실제 우리나라는 부지불식간에 이원적 소득세제적인 요소를 매우 많이 도입하고 있다. 오늘날 상당수의 나라가 조세의 근본적 개혁을 위한 실험을 하고 있다. 우리나라의 여건을 감안할 때 기왕의 이원적 소득세제적인 요소를 보다 확실히 할 필요가 있다. 일신 전속적 소득이 아닌 소득, 즉 자본소득에 대해서는 일률적으로 단일세율을 적용하는 제도적인 전환을 고려할 필요가 있는 것이다. 이원적 소득세제를 보다 확실히 한다면 다음과 같은 긍정적인 효과를 기대할 수 있을 것이다.

우선, 거주자, 비거주자 모두의 자본소득에 대해 단일세율로 과세하게 됨에 따라 국제자본의 국내유입을 촉진할 것이다. 둘째, 조세조약의 적용 여부에 따른 세금부담의 차이가 적을 것이기 때문에 국제자본에 의한 조세조약의 남용을 통한 조세회피가 줄어들 것이다. 셋째, 누구에게든지 지급하는 자가 단일세율로 원천징수하면 납세의무가 종료할 것이므로 납세협력비용을 줄일 수 있을 것이다.

이원적 소득세제를 도입한다는 것은 우리나라 자본소득과세상 금융소득종합과세제도를 없앤다는 것과 유가증권자본이득을 양도소득으로 분류과세하지 않고 종합소득으로 과세하면서 이자소득 및 배당소득과 동일한 세율로 과세한다는 것을 의미한다. 우선 금융소득종합과세제도는 선택과세제도로 전환하는 것이 바람직하다. 그것을 폐지하는 대신 선택과세로 존치하자고 하는 것은 자본소득금액이 포괄적으로 파악되는 것이 필요하기 때문이다. 자본소득을 포괄적으로 과세하기 위해서는 상장주식양도차익에 대한 비과세제도를 폐지하는 등 개인자본이득과세기반은 확대하는 조치가 병행되어야 할 것이다. 물론 자본손실도 적절한 범위에서 소득금액 산정에 포함하도록 하여야 할 것이다.

이원적 소득세제는 자본소득에 대해 예외 없이 포괄적으로 과세하되 단일의 세율로 과세하는 것을 내용으로 한다. 따라서 이원적 소득세제의 심화는 각종 비과세 및 감면의 폐지를 의미하기도 한다. 누구에게 귀속하였는가에 따라 세부담이 달라지도록 하는 것은 이원적 소득세제의 근간을 흔드는 것이기 때문이다. 이에 따라 위에서 언급한 바와 같이 상장주식양도차익에 대한 비과세제도를 폐지하고 이자 및 배당에 대한 각종 감면도 폐지하여야 할 것이다. 국제자본에 의한 이자소득과세상으로는 미국이나

EU국가처럼 면세하는 제도는 도입하지 말아야 할 것이다. 이원적 소득세제심화와 더불어 원천지주의 요소를 도입할 경우 우리나라는 국제자본이 거류하기 유리한 곳이 될 것이다. 이는 면세제도의 도입보다 훨씬 더 효과적인 수단이 될 것이다.

이원적 소득세제의 심화는 우리나라 노동소득에 대한 과세상 과세기반의 확충을 의미한다. 우리나라 노동소득에 대한 세율은 높은 명목세율에 불구하고 실질적인 세부담 수준과 과세자 비율이 매우 낮은 편이다. 노동소득과 자본소득 간의 전체적인 세부담 비중의 조정은 본서의 주된 연구대상은 아니므로 필자는 노동소득의 상대적인 세부담을 늘리자거나 그것을 위한 방안을 제안하지는 않고자 한다. 다만 노동소득계층 내에서 저임금의 노동자도 적은 수준이지만 세부담을 하고 고소득의 노동자의 세부담은 줄이는 방향으로 나아가는 것이 적절한 것으로 보인다. 이미 근로지원장려세제가 도입이 되어 저임금의 근로소득자로 조세체계로 들어오게 되었다. 정부는 세후순소득을 지표로 하여 세부담의 형평성을 확보할 수 있도록 하되 소득계층 간 실질 세부담 차이를 축소하는 방향으로 제도를 설계하여야 할 것이다

이원적 소득세제를 도입하게 되면 명목세율만 볼 때 일견 자본소득을 노동소득에 비해 경과세한다는 비난을 유발할 수도 있겠다. 그러나 우리나라의 노동소득에 대한 평균실효세율이 3%에 불과한 수준으로 자본소득에 대해 훨씬 낮은 수준의 세부담만 하고 있다는 점을 감안한다면 그러한 비난은 설득력이 없는 것이 된다. 자신의 노동소득에 대한 실효세율이 14% 이상인 자의 비중은 전체 노동인구의 미미한 수준에 불과하다. 만약 금융소득종합과세제도를 폐지하는 것에 대해 근로소득계층에서 반대를 한다면 그것은 노동소득과의 수평적 형평성을 저버린 것 때문이 아니라 금융소득종합과세를 할 정도의 계층에 대한 수직적 형평성을 저버린 것 때문일 것이다. 그것은 보다 근본적으로 우리나라 자본주의의 역사가 일천하여 청부의 개념이 뿌리를 깊게 내리지 못한 점도 영향을 줄 것이다. 자본소득에 대한 비과세 감면을 축소하면서 같이 추진한다면 부정적인 여론을 상쇄할

수 있을 것이다.

(2) 법인세율의 인하와 조세지원 축소

이원적 소득세제의 심화와 병행하여 배당소득에 대한 과세와 관련해서는 법인과세를 대폭 완화할 필요가 있다. 법인세율을 획기적으로 인하하고 복잡한 조세제원제도는 과감하게 정리할 필요가 있다. 우리나라의 외국인직접투자에 대한 조세지원은 그간 실적에 비추어 볼 때 화려한 외양에 비해 실질적으로 외국인자본의 유입을 촉진하는 효과가 그렇게 크지 않은 것으로 보인다. 그리고 포트폴리오자본과 외국인직접투자자본의 생리가 수렴하는 오늘날 국제자본시장에서 유독 그에 대한 구분을 철저히 하여 후자에 대해서만 눈에 띄는 세제지원을 하고자 하는 것은 포트폴리오투자자본이 우리나라 자본시장을 활용하는 것에 따르는 경제적 이점을 간과한 것으로 보이는 대목이다.

법인세율을 인하한다면 국내외 자본의 확대를 통해 그만큼 자본화의 진행이 빨라질 것이다. 이는 원천지주의 및 이원적 소득세제와 병행하여 추진한다면 가속도가 붙을 것으로 보인다. 이에 따라 자본가와 노동계급과의 상대적 소득격차가 심화될 가능성이 있으므로 정부로서는 재정지출 등을 통해 사회의 실질적 형평성을 제고할 수 있는 조치를 강구하여야 할 것이다.

참고가 될 만한 것은 자본주의의 역사가 오래된 영국, 미국 및 독일 등의 국가의 분배국민소득을 보면 피용자보수가 전체 국민소득에서 차지하는 비중이 55%를 전후한 수준으로서 오히려 우리의 수준(45%)보다 높다는 점은 자본화의 진행이 바로 분배구조의 악화를 의미하는 것은 아님을 일깨워 준다.

2. 원천지주의 요소의 도입

EU국가를 중심으로 하여 많은 OECD국가들이 도입하고 있는 원천지주의적인 요소를 도입할 필요가 있다. 우리나라는 다른 OECD국가들에 비해 비교적 낮은 세금부담률로 국가를 운영하고 있으므로 원천지주의를 도입한다 하더라도 국외원천소득을 과세하지 않는 데 따른 국고의 일실은 많지 않을 것으로 보인다. 오히려 장기적으로 국내산업활동이 활발해져 국내원천소득이 증가하는 결과 세금이 증가하는 효과를 기대할 수 있을 것이다. 이러한 제도개혁은 단기적으로는 경영참여소득면제제도를 도입하는 데서 시작하여 장기적으로는 홍콩이나 싱가포르와 같이 완전한 형태의 원천지주의를 도입하는 방향으로 나아가는 것이 바람직하다. 유력한 OECD국가들에서는 아직 도입되지 않고 있지만 우리는 다른 나라들에 비해 앞서서 제도를 개혁함으로써 first mover's advantage를 누릴 수 있다.

본서의 앞부분에서 필자가 자주 인용한 경영참여소득면제제도를 도입한다면 이미 여러 번 소개하였듯이 국제자본에는 국제적 이중무과세를 통한 조세회피를 위해 우리나라를 거주지로 채택하는 기회를 하나 더 추가하여 주는 격이 될 것이다. 이이 따라 이미 많은 국가들이 조세경쟁을 통해 국제자본과세가 왜곡되고 있는 상황에서 우리나라가 그 정도를 심화시키는 대열에 참여한다는 지적을 받을 수도 있겠다. 그러나 필자는 장기적으로 보아 각국의 과세제도는 원천지주의의 방향으로 나아갈 것으로 보고 있으며 경영참여소득면제는 부분적인 원천지주의 제도의 하나이므로 경영참여소득면제제도의 도입은 그러한 대세에 부합하는 것에 불과하다고 생각한다.

현행의 이중무과세의 현상은 원천지주의 자체 때문이라기보다는 거주지주의를 전제로 하는 조세조약과의 부조화 때문에 발생하는 것이다. 특히 문제되는 동산자본이득에 대해 국제적 이중무과세 현상을 바로잡기 위해서는 조세조약을 개정하는 방향으로 나아가야 할 것이다. 과도기적으로는 국내세법의 개정을 통해 동산자본이득의 소득구분을 배당으로 하는 방법 등을 통해 사실상 조세조약의 적용을 배제(override)하는 방법이 활용될 수 있을 것이다. 장기적으로 대다수의 국가가 원천지주의를 도입한다면 국가 간 조세조약은 소득의 원천지에 대한 통일적 규정을 두는 것으로 그 기능이 축소될 것이다.

아무리 획기적인 방법으로 효율을 추구하는 방향으로 세제를 개혁한다 하더라도 조세설계를 통한 조세회피의 소지를 모두 차단할 수는 없다. 이는 위에서 제기된 국가 간 세율차이에 따른 조세회피의 계기가 여전히 해결되지 않은 채 남아 있기 때문이다. 납세의무가 어디에서 발생하는가에 따라 차등적으로 세금을 부담하게 되는 차등적 요소를 활용할 수 있는 계기는 여전히 남아 있는 것이다. 근본적으로 각국이 과세고권에 의해 자율적으로 세율을 설정하고 있기 때문이다. 이러한 계기는 우리나라에 소재하는 자산 — 인적 자산이든 물적 자산이든 — 으로부터의 소득에 대해서는 동일하게 과세한다는 원천지주의를 채택함으로써 불식할 수 있다. 원천지주의를 도입하고 세금을 원천징수하는 방식을 채택한다면 다른 지역을 활용하여 자국의 과세를 회피하는 문제는 논리적으로 발생하지 않을 것이기 때문이다. 이 방식에 의하면 자본이득과세상 제기되는 국제적 조세회피의 문제도 동시에 해결할 수 있게 된다.323)

제2항 대책 수립과 단계적 추진

1. 단기적 개선방안

정부는 본서가 집필되는 2008년부터 1년 내지 2년 이내의 기간 동안 제도의 근본적 개혁을 위한 연구를 진행하면서도 단기적으로 제도개선이 가능한 범위 안에서 세제의 중립성 제고, 실체적인 기준의 보완 및 절차적인 불확실성의 해소를 위한 노력을 기울일 필요가 있다.

---

323) 다만 이 경우에도 원천지의 구분을 둘러싸고 과세당국과 납세자 간 긴장관계가 형성될 수는 있겠다.

(1) 세제의 중립성 제고

우선 조직형태에 대한 중립성을 제고하는 방향으로 세제를 개선할 필요가 있다. 이는 정적인 조직구조하에서 경제적 동일체 개념을 적용하는 측면과 동적인 구조조정에서 경제적 동일체 개념을 적용하는 측면으로 구분하여 볼 수 있다.

1) 경제적 동일체 개념의 제도화

동업기업과세제도가 금년부터 시행되도록 되어 있는데 그 적용대상을 설정하는 데 있어서는 외국의 사례를 감안하여 사업주체뿐 아니라 투자주체도 적용받도록 할 필요가 있다. 연결납세제도는 여러 차례 거론되었지만 세수감소를 이유로 도입이 지연되어 왔다. 이는 결국 기업의 자유로운 조직변경을 저해하는 측면이 있으므로 조속히 도입되어야 할 것이다. 그리고 외국법인의 국내지점이 자회사로 전환하는 경우에는 과세를 이연하는 제도를 도입할 필요가 있다. 금융기업그룹에 대해서는 간접세측면에서 그룹내 거래를 과세대상거래로 보지 않을 필요가 있다. 이를 위해 대부분의 EU국가가 도입하고 있는 VAT Group제도를 도입할 필요가 있다.

다국적금융기관은 다국적기업과의 거래 시 다국적기업 각 계열사 계정의 잔고를 순계 내어 계산한 금액(순대여금 또는 순예치금)에 대한 대출 또는 예금이자를 계산한 금액과 순계를 내지 않고 각 계열사 계정 잔고에 대해 개별적으로 대출이자 또는 예금이자를 계산하여 합계한 금액과의 차이를 당해 다국적기업의 head office와 나누어 가지는 영업방법을 구사하는 경우가 늘고 있다. 이러한 거래가 가능하도록 하기 위해서는 (1) 다국적금융기관과 다국적기업 간 사전에 체결된 약정에 의해 수시로 자금을 유출입하도록 하거나 (2) 단순히 계산상 차액만 head office에 귀속시키는 것이 허용되어야 할 것이다. 현행 세법상으로는 (1)의 경우에는 head office와 국내 자회사와의 거래가 외국환거래법상 단기 대차거래가 되어 매번 계좌 이체 때마다 신고 또는 승인을 받아야 하는 불편이 있어 사실상 불가능하다. 이를 위해 이전가격세제 및 업무무관 자산 취급에 관한 규정에 특례를 둘 필요가 있다.[324]

2) 사업구조조정(Business Restructuring) 지원[325]

조세특례제한법 제38조에 의하면 내국법인이 현물출자하여 자회사를 설립할 때 계속성의 요건이 충족되면 당해 출자한 현물의 자본이득에 대한 인식을 이연하는 방법으로 조세혜택을 부여하고 있다. 이는 경제적 성질에 있어 분할과 다를 바 없는 것인데 조세특례제한법은 물적 분할에 대해 계속성의 요건과 사업목적 및 포괄적 분할의 요건이 충족되면 역시 과세를 이연해 주고 있다. 합병에 대해서도 그러한 특례가 인정되고 있다. 관계회사의 결손금과 상계할 수 있는 연결납세제도는 아직 도입되지 않고 있다. 요약하면 국내기업은 사업을 분리해 내거나 병합하는 데에는 일정 요건의 충족을 전제로 하는 것이지만 세금부담 없이 구조조정을 할 수 있는 길을 열어 놓고 있는 것이다.

그런데 국내외에 걸쳐 사업을 하고 있는 국내기업이 그러한 구조조정을 원하는 경우에는 어떤 제도를 가지고 있는가? 우선 국내기업이 해외의 회사와 합병은 하지 못하도록 되어 있으므로 상법상 합병에 관해 조세특례를 부여해야 할지를 검토할 이유가 없다. 연결납세제도도 언급할 필요가 없다. 현물출자에 의한 자회사의 설립이나 물적 분할의 경우에는 어떠한가? 조세특례제한법은 내국자회사나 분할의 경우에서와는 달리 과세이연에 관한 특례규정을 두지 않고 있다.

기업이 해외로 진출할 때 고정사업장 형태로 나갔다가 자회사를 설립할 경우 현물출자의 방식을 채택할 수 있다. 이때 국내에서 과세의 부담을 안게 된다면 사업 확대에 걸림돌이 될 수는 있겠다. 기업의 적극적인 대외진

---

324) 호주에서는 일괄적인 계약을 사전에 보고하고 예를 들어 매년 동 계약 운영의 적정성에 대한 보고를 하는 방법으로 대체하고 있다.
325) OECD, 2nd Annual Roundtable(CTPA)–Business Restructuring, 2005.1.

출을 도와준다는 의미에서 해외자회사의 설립에 대한 과세를 재고할 필요는 있다고 생각한다.

외국기업이 국내로 진출하는 과정에서 고정사업장을 국내자회사로 전환하는 데에도 동일한 관점에서 과세의 이연을 주는 것이 타당한 측면이 있다. 국내 고정사업장이 보유하고 있던 자산을 현물출자하여 국내기업을 설립할 때 고정사업장에 자본이득이 발생한 것으로 보지 않도록 제도를 설계할 수 있을 것이다. 위의 제반 문제는 결국 과세될 것을 미리 장부가액을 증액할 때 과세하도록 할 것인가 아니면 최종적으로 실질적인 사업을 정리할 때까지 과세를 유보할 것인가의 문제가 된다. 사업의 계속성과 그 사업주체의 실질적 동일성이 인정될 때에는 과세를 유보하는 것이 경제적 실질에 부합하고 기업의 원활한 사업구조조정을 돕는 길이 될 것이다.

한편 내국법인의 외국자회사 주식 등의 현물출자에 대해서는 다음과 같은 과세특례[326]가 있다. 5년 이상 계속하여 사업을 영위한 내국법인이 현물출자일 현재 발행주식총수 또는 출자총액의 100분의 20 이상을 출자하고 있는 외국자회사의 주식 또는 출자지분을 현물출자하여 새로운 외국법인을 설립하거나 이미 설립된 외국법인에 현물출자하는 경우에는 그 현물출자로 인하여 발생한 외국자회사의 주식 또는 출자지분의 양도차익에 상당하는 금액은 그 양도일부터 4년이 되는 날이 속하는 사업연도부터 각 사업연도의 소득금액 계산에 있어서 그 금액을 36으로 나눈 금액에 당해 사업연도의 월수를 곱하여 산출한 금액을 익금에 산입한다.

위는 동일한 과세관할권 안에서 사업의 운영주체의 법적 형태의 변환에 관한 논의였다. 이제 기업이 수행하는 일정한 기능을 분리하여 다른 과세관할권에 있는 형제회사에 이전하고자 할 경우 발생할 수 있는 조세문제에 대해 검토해 보자. 현행 조세특례제한법 제38조의3은 외국자회사주식을 현물출자한 경우 조세특례를 규정하고 있지만 그것이 모든 경우를 포섭하지는 못하고 있다. 이와 같은 방식의 사업구조조정의 가장 단순한 형태로

---

326) 조세특례제한법 제38조의3.

서는 관련 회사 간에 단순히 업무분장을 다시 하고 필요에 따라 인사이동을 하면 될 것이다. 그러나 많은 경우에 있어서 사업구조조정은 자산의 이전을 동반한다. 자산은 기능, 위험 및 수익의 발생과 직결되어 있기 때문이다. 자산에는 유형자산, 무형자산 그리고 영업권을 고려할 수 있을 텐데 주로 문제되는 것은 무형자산과 영업권이라 할 것이다. 무형자산으로서는 무체재산권의 소유권의 이전을 어떠한 방식으로 완결 지을 것인지 분명히 할 필요가 있다. 무형자산에 대해서는 각국의 보호법제가 다르기 때문에 어떠한 방식으로 이전하는가에 따라 관련 회사의 실질적인 기능의 변화와 과세당국이 보는 귀속소득금액이 달라진다. 납세자로서는 무형자산의 소유권을 조세피난처의 자회사에 두고 cascading(다단계) 방식으로 사용허여를 하면서 가장 세금을 절약하는 구조를 설계하고자 할 것이다. 어떠한 경우이든 무형자산의 이전문제가 나오며 그때 소득을 인식할 것인지 정상가격은 얼마로 보아야 할 것인지의 매우 어려운 문제가 나타나는 것이다.

무형자산의 경우 과세문제에 비하면 영업권은 더 형상화되지 않은 것이기 때문에 구체적으로 과세에 어떻게 반영할 것인가는 매우 어려운 문제이다. 그러나 통상 세무상 문제되는 영업권은 합병, 분할 또는 사업의 포괄적인 양도의 경우에 나타나는데 국제적인 사업의 양도의 경우에는 자산과 부채가 포괄적으로 이전하는 사업양도를 상정하기 곤란하다. 결국 영업권의 문제는 상대적으로 부각되지 않는다.

(2) 실체적인 기준의 보완

일반적으로 받아들여지는 국제적 과세관행327)을 수용하여 이를 법규화할 필요가 있다. 아래에서는 우리나라에 들어오는 국제자본에 대한 과세상 빈번히 제기되는 문제에 대해 언급한다.

---

327) 대개는 OECD의 각 회원국의 국내세법 적용관행 중 공통적인 것을 의미함.

1) 조세조약의 적용문제

외국자본에 대한 조세조약 적용은 국제적인 기준에 부합하게 하여야 하며 실제 그렇게 집행하고 있다는 사실을 알리는 데 주력하여야 할 것이다. 이를 위해 법령을 통해 실질과세적용원칙을 보다 구체화하고, 외국계펀드에 대한 과세지침을 작성하여 일정한 요건(다수의 투자자가 있거나 상장한 경우 등)을 충족한 경우에는 바로 조세조약을 적용하는 safe harbor[328]를 마련할 필요가 있다.

2) 국외관계회사에 지급하는 비용의 인정

다국적기업은 전문화와 규모의 경제를 고려하여 각 지역에 기능별 전담회사를 두는 전략을 활용하고 있는데 우리 과세당국은 계열사 간 용역의 공급사실에 관한 입증을 매우 구체적으로 요청하고 그것을 제공하지 못할 때에는 비용공제를 부인하고 있어 우리나라에 지역본부(기능전담회사)를 두기 어렵게 만드는 요인이 되고 있다. 계열사 간 거래된 용역에 대해 사전에 설정한 기준에 따라 대가를 수수하는 것이 국제적인 관행이며 과세당국들도 수용하고 있다. 계열사 간 합리성이 인정되는 배분기준을 사용하는 경우에는 수용하는 과세관행을 갖는 것이 필요하다.

3) 정상적 영업비용 인정

법인세법상 접대비 및 교제비·사례금 기타 명목 여하에 불구하고 이에 유사한 성질의 비용으로서 법인이 업무와 관련하여 무상으로 지출한 금액을 접대비로 보고 한도액(1천2백만 원＋수입금액*적용률[329])을 초과한 경우 비용으로 인정하지 아니한다. '업무와 관련하여 무상으로 지출'한 것의 기준을 엄격하게 적용하여 정상적으로 지출한 것도 비용으로 인정받지 못

---

328) 수치로 설정된 단순한 요건을 충족하면 복잡하거나 불확실한 규정(예, 조세회피방지규정 등)을 적용받지 않는 장치를 말한다.
329) 0.2%, 0.1% 및 0.03%

하는 등 국제적인 현실과 동떨어지게 집행하고 있다. 영업과 직접적으로 관련된 것으로서 간접적으로 대가성이 인정되는 경우에는 접대비의 범주에서 배제하고 제도적으로는 미국의 예와 같이 일반적으로 사업을 영위하거나 소득을 덜기 위하여 지출한 경비로서 통상적인 경비는 비용으로 인정하고 식사·향응비(meals and entertainment expenses)에 관해서는 일정한 한도를 주는 방식으로 개정할 필요가 있다.

4) cash pooling제도의 도입

법인세법상 국제적인 기업그룹 내의 현금통합관리약정을 인정한다면 기업의 납세협력비용을 감소시키고 우리나라에 재무기능전담회사가 위치하는 여건을 조성하는 데 기여할 것이다.

(3) 절차적인 불확실성 해소

세법을 알기 쉽게 하고 해석지침도 상세히 공표해야 하며, 개별사안에 대해서는 구속력 있는 답을 줄 수 있어야 할 것이다.

1) 세법해석기준

국세청이 국세법령정보시스템을 통해 방대한 양의 국세 관련 해석사례를 공개하고 있지만 개별적 사안에 대한 문제해결을 기대하기는 곤란하다. 해석사례의 구체성이 떨어지고 충돌하는 사례 간 우선순위를 찾기 어려우며 무엇보다도 법적 구속력이 없기 때문이다. 법령해석지침을 정비하여 주요 쟁점에 대해 구체적인 사례를 제시하고 적용시기를 분명히 할 필요가 있다. 특히 국내 진출한 금융회사에 적용되는 과소자본세제상 정상조건(arm's length condition)의 의미에 대해 분명한 가이드라인을 제시할 필요가 있다.

2) 세법사전적용

개별 사례에 대한 질의회신은 구체성이 떨어지고 구속력이 없기 때문에 납세자 입장에서는 불확실성이 매우 높다. 우리나라에서는 대부분 선진국에서는 도입한 사전인증(advance ruling)제도가 도입되지 않고 있다. 사전인증제도를 도입하여 세법 적용사항에 대해서는 원칙적으로 모두 사전결정이 가능하도록 할 필요가 있다. 특히 내국세를 부과하기 위한 정상가격(arm's length price)과 최근 관세청이 도입한 관세과세가격사전승인제도와 조율하는 제도가 필요하다.330) 그러나 이 제도를 도입하더라도 과세당국은 조세회피가 의심되는 경우에는 사전결정을 거부할 수 있어야 할 것이다. 증거의 수집이나 분석에 많은 시간을 요구하는 복잡한 사안에 대해서는 실비를 징구하여야 하며, 사전결정된 사항에 대해서는 사전결정의 근거가 된 사실관계에 변함이 없을 경우에는 구속력을 부여하도록 국세기본법을 개정할 필요가 있다.331)

3) 세무조사

세수증대에 몰두하여 무리한 과세를 하는 관행을 버리지 못하고 '애매한 경우에는 국고에 유리하게' 한다는 지적이 많았다. 이는 어느 나라의 세무조사의 경우에 있어서나 숙명적으로 배제할 수 없는 점이기는 하지만 우리나라는 그간 조사관이 자의적으로 판단하거나 세세한 증거수집에만 의존하는 경향이 있었던 것이기 때문이라는 지적이 있었다. 부실과세에 따른 책임을 묻는 내부인사지침을 강화하되, 증거에 의한 세무조사가 이루어지도록 하는 원칙을 정립할 필요가 있다. 세무조사단계에서 증거로 제출하지 못한 사유를 합리적으로 제시하지 않는 경우에는 법원에서 증거능력을 인정하지 않는 방향으로 제도를 개선할 필요도 있다.

---

330) 저세율국(라부안)으로부터의 투자소득에 대한 과세, 이전가격사전승인, 외국인투자기업에 대한 조세특례에 대해서는 현재도 advance ruling이 도입되어 있다.
331) 국세청은 2008년 10월부터 세법해석사전답변제도를 도입하였다. 이는 국세청 내부사무처리규정에 근거한 것이기 때문에 법적인 근거를 보강하기 위한 작업이 요구된다.

2. 중장기적 개혁방안

(1) 중기

원천지주의적인 요소를 도입하여 거주지주의적인 과세를 완화할 필요가 있다. 경영참여소득면제제도를 도입하고 외국인 거주자의 기타 국외원천소득에 대해서는 최소 5년간 송금주의를 적용할 필요가 있다.[332] 금융소득에 대해서는 이자소득, 배당소득 및 유가증권양도소득은 모두 단일세율로 과세하도록 하고 금융소득종합과세제도는 폐지하거나 선택제도로 전환한다.[333] 유가증권양도손실은 납세자의 선택에 의해 소득에 산입할 수 있도록 함으로써 소득과세기반을 포괄화하는 것이 바람직하다. 배당소득에 대해 경제적 이중과세를 조정할 필요를 원천적으로 줄이기 위해 법인세율을 배당소득세율 정도로 낮추고 연간 일정 금액(예, 4천만 원) 이상의 금융소득이 있는 자에게는 배당세액공제를 허용할 필요가 있다. 그리고 외국인직접투자자에 대한 조세지원은 법인세율을 인하하면서 폐지하여야 할 것이다. 자본이득에 대한 과세상 소재지를 특정하기 어려운 동산에 대해서는 양수자의 거주지를 원천지로 하는 제도의 국내세법 개정이 필요하다.

(2) 장기

과세관할권 설정상 장기적으로 홍콩이나 싱가포르와 같이 완전한 형태의 원천지주의로 나아가도록 하는 것이 바람직하다. 그리고 자본이득에 대한 원천지국의 과세권을 이자나 배당소득수준으로 회복하기 위한 국제적

---

332) 2008년 정부의 세법개정안은 단기거주외국인에 대해서 과세범위를 축소하는 규정을 도입하고 있다 (소득세법 제1항 및 제3항). 과거 10년 이내 국내 거주기간이 5년 이하인 외국인 거주자의 국외원천소득은 국내에서 지급되거나 국내로 송금된 부분에 한해서만 과세하도록 하는 내용이다. 이는 우수 외국인력의 국내 근무를 지원하기 위함이라고 한다.

333) 이원적 소득세제의 구체적 도입방안에 대해서는 안종석·전병목, 자본소득 분리과세에 대한 연구: DIT를 중심으로, 한국조세연구원, 2007. 12 참조.

인 협력을 도모할 필요가 있다.

상속세와 증여세와 같은 부의 무상이전세는 부가가치세율 정도의 단일 세율로 과세하는 것이 바람직하다. 우리나라의 상속세 및 증여세는 그렇게 많은 세수를 거두지는 못하면서 사회적으로 적지 않은 분쟁을 일으키는 문제를 안고 있는 조세이기 때문이다. 다만 현행의 세제가 무상이전 시 자본이득에 대해 과세하지 않는 점은 시정되어야 한다. 이에 따라 유형자산의 명의를 무상이전하는 경우에는 무상이전자의 장부가격에 대해 상속세나 증여세를 부과하고 무상이전받는 자는 이전하는 자의 장부가격을 넘겨받는 방법으로 자본이득과세를 강화할 필요가 있다. 물론 자본이득세율은 이자소득이나 배당소득에 대한 단일의 원천징수세율로 하는 것이 타당하다. 과세관할권 배분상으로는 장기적으로 지출세적인 요소를 도입하여 무상이전하는 자가 국내에 거주하면 전 세계 무상이전자산에 대해 과세하는 방향으로 가는 것이 타당하다. 이 경우 무상이전받는 자가 비거주자이거나 재산이 국외에 있으면 시가대로 과세하고 무상이전받는 자가 거주자이면서 재산이 국내에 소재하면 장부가로 과세하되 거주자 지위를 상실할 때 출국세를 부과하여야 할 것이다.

[탐구] 6-3

부 록

2-1: 조세전략의 방법

○ 세후순이익의 극대화는 미래현금흐름의 현재가치의 극대화를 지향한다. 이는 동일한 세액이라 하더라도 과세시기를 뒤로 미루는 것이 조세부담을 줄이는 효과가 있다는 것을 의미한다. 조세부담의 최소화와 세후순이익의 극대화의 개념의 차이에 대해 설명해 보자.

○ 배당을 과세하면서 주식양도차익에 대해서는 과세하지 않는 제도를 상정해 보자.
- 동 제도하에서 납세자가 더 선호하는 방식의 이익실현방법은 무엇이 될까?
- 정부가 과세기반의 축소를 감수하면서 주식양도차익에 대한 과세를 완화하는 이유는 무엇일까?

○ 세금을 절약하기 위한 납세자의 권리를 보호한다는 것은 동일한 경제적 목적을 달성하는 데에 선택가능한 여러 가지 거래형식 중 자신에게 가장 유리한 것을 고를 수 있다는 사적 자치의 원칙에 입각한 것이다. 계약의 자유는 보장되지만 사회적으로는 그러한 자유 내지 권리는 남용되어서는 안 된다는 제약이 존재한다. 그것은 행정법의 하나인 조세법이 납세자인 국민에 의하여 남용되어서는 안 된다는 것이 된다. 조세법이 남용되고 있는 것인지는 조세법이 제정 본래의 취지에 맞게 이용되고 있는지 여부에 따라 판단하는 것이 타당하다. 조세법은 형평과 효율을 가장 중요한

가치로서 추구하고 있다. 형평과 효율은 서로 양립하기도 하지만 상충하기도 한다.

- 어떠한 조세설계행위가 효율에는 부합하지만 실질적 형평에는 어긋나는 성격이 강할 때 그러한 행위가 조세법을 남용한 것으로 보아야 할까?
- 조세법남용 여부를 판정할 수 있는 일관된 기준을 설정할 수 있을까?

○ put call parity 등식을 이용하여 기초자산에 대한 경제적인 소유권을 형성하든가 법적으로 보유하고 있는 기초자산을 사실상 처분하는 지위를 창출할 수 있다. 이를 위한 구체적인 방법으로 옵션계약이나 선물계약 그리고 무이표채권이 활용된다. 여러 가지 지위를 결합하여 하나의 경제적 지위를 만들기 때문에 각 계약을 묶어 보고 그에 대해 세법을 적용하는 방법을 고안한다면 그것은 경제적 실질에 부합하는 과세방법이 될 수 있을 것이다. 국세기본법 제14조 제3항은 여러 거래를 하나의 거래로 볼 수 있다고 규정하면서 그 조항의 적용요건으로서 '국세기본법 또는 세법의 혜택을 부당하게 받기 위한 것으로 인정되는 경우'를 규정하고 있다. 여기서 '혜택'과 '부당하게'의 의미는 어떻게 해석되어야 하는가?

○ put call parity 등식을 활용할 경우 거래상대방이 없이 거래소에서 파생상품거래를 함으로써 기초자산에 대한 경제적 지위를 창출할 수 있다. Total Return Swap을 활용하려면 거래상대방이 설정되어 있어야 하며 거래상대방은 본인에 대한 의무를 이행하기 위하여 실제 기초자산을 취득할 필요성이 발생한다. 본인은 상대방이 기초자산을 취득하도록 자금을 빌려 주기도 한다. 본인은 자신의 돈으로 상대방이 기초자산을 취득하도록 한다는 측면에서 볼 때 명의신탁과 유사한 효과를 누리게 된다. 명의신탁의 경우 수탁자는 증여의제로 과세되고 수탁재산의 과실은 신탁자의 소득이 된다.

- Total Return Swap 계약의 본인은 어떤 소득에 대해 과세되는가?
- 거래상대방은 어떤 소득에 대해 과세되는가?

○ 응능과세의 원칙에서 볼 때 실질적인 형평성을 확보하기 위해서는 결손금은 해당 납세자의 기타의 담세능력의 지표에서 차감하여 주는 것이 타당하다. 만약 주식회사가 결손금을 안고 폐업한다면 주주는 잔여재산을 분배받으면서 주식 취득원가에 미달하는 부분에 대해 자본손실을 인식하여야 할 것이다. 주주는 출자액을 한도로 유한책임을 지므로 주식회사가 채무초과의 상태로 도산한 경우라면 채권자들이 손실을 보게 될 것이며 대손금으로 자기의 소득금액에서 차감하려 할 것이다. 이러한 경로를 거쳐 해당 주식회사가 보게 된 손실은 국고를 감소시키는 효과를 가져오게 된다. 그런데 개인주주는 자본손실을 상계할 수 있는 기회가 많이 제한되어 있으며 채권자가 대손을 인식하는 길도 만만치는 않다. 주주의 입장에서 자본손실을 인식하기 곤란한 점을 우회하기 위해 해당 주식회사의 주식을 다른 회사에 양도하고 추후 두 회사가 합병을 하게 된다면 원래 회사의 결손금은 다른 회사의 소득과 상계될 수도 있겠다. 이러한 상황에서는 협상과정을 통해 원래 주식회사의 주주가 인식하는 자본손실은 다른 회사가 법인세를 덜 부담하게 되는 정도만큼 줄어들 수 있다. 결과적으로 경영손실을 정부가 보전해 주는 것은 동일한데 정부로부터 직접 보전받지 못하고 거래상대방 기업으로부터 보전받는 격이 된다. 정부가 합병을 통한 이월결손금의 활용을 규제하여야 하는가?

4-1: 국내세법 간 차이의 이용

○ 모든 나라가 소득의 원천을 가리지 않고 소득을 포괄적으로 과세하면 국가 간 소득에 대한 인식의 차이는 소득으로 볼 것인가 아닌가(또는 증여로 볼 것인가)의 차이에 불과할 것이다. 그런데 (국내사업장이 없는) 비거주자의 소득에 대해서 소득을 포괄적으로 과세하는 나라는 존재하지 않는다. 비거주자에 대해서는 소득의 원천에 따라 과세하는 이유는 무엇인가?

○ 다음의 경우 본인에 대한 과세 효과를 비교하자.

(1) 원천지국가에서는 과세대상 소득이지만 거주지국가에서는 과세대상 소득이 아닌 경우

(2) 원천지국가에서는 과세대상 소득이 아니지만 거주지국가에서는 과세대상소득인 경우

(3) 원천지국가에서는 과세대상소득이지만 본인이 형식상 거주지를 조세피난처로 옮긴 경우

(4) 거주지국가가 국외원천소득에 대해서는 과세하지 않는 원천지주의를 적용할 경우

(5) 거주지국가가 거주자의 개념을 대폭 축소하여 5년 이상 거주한 자만 거주자로 보아 국외원천소득을 과세하는 경우

○ 영국에서는 개인의 국외원천소득에 대한 과세상 송금주의가 적용되는 부분과 타국국적인의 국외원천소득에 대한 과세상 특례를 많이 인정하고 있다. 그 이유는 무엇인지 토론해 보자.

○ 이중거주회사 또는 혼성체를 만들어 내면서 국내에 시행되는 연결납세제도를 이용하면 비용을 양국에 걸쳐 공제할 수 있게 된다. 연결납세제도를 외국자회사에 대해서까지 적용할 경우 해당 외국자회사가 소재지국의 연결납세제도를 이용하여 결손금을 활용하고 모회사의 소재지국의 연결납세제도를 이용하여 결손금을 활용할 수 있게 된다. 이러한 현상은 모회사의 소재지국의 재정의 건전한 운영에 방해가 되는가?

○ 법인의 조직변경에 대한 다음의 질문에 답하시오.

• 일반적으로 어느 지역에 진출한 법인은 초기에 결손을 시현하다가 차츰 사업이 자리를 잡으면서 적자를 면하게 된다. 진출 초기 결손을 시현할 때 유한회사로 있다가 이익을 시현할 때 즈음 가서 주식회사로 전환한다면 미국에서 조세를 절약하는 데 도움이 될 것이다.

이때 유한회사를 주식회사로 전환하는 것은 상법상 조직변경으로서 그러한 조직변경에 의해 받은 주식과 당초 유한회사 출자지분의 취득가액과의 차이를 의제배당소득으로 과세하여야 하는가?

- 소득세법은 법인의 해산의 경우 의제배당과세를 할 수 있도록 하고 있다. 만약 조직변경을 법인의 해산과 신설로 본다면 의제배당과세를 하는 것이 타당할 것이다. 그런데 소득세법기본통칙 17 - 3에 의하면 상법상 조직변경의 경우 의제배당과세를 하지 않는다고 하고 있다. 이는 출자자의 지위의 변화 없이 법인의 형태만 바뀐 것을 과세사건으로 보기는 곤란하다는 것이다. 그런데 다른 한편 법인의 이익잉여금을 자본에 전입할 때 받는 주식의 가액을 의제배당으로 과세하도록 하고 있다. 만약 조직변경을 하면서 이익잉여금을 자본으로 전환한 경우라면 어떻게 보아야 하는가?

- 법인이 그대로 있는 경우에도 의제배당과세를 하는데 조직변경을 하면서 자본전입을 하는 실질을 가지고 있다면 과세하여야 하지 않는가?

○ 과실수령권(usufruct)에는 이자쿠폰 및 배당쿠폰 등이 있을 수 있다. 이들은 채권이나 주식과 같은 자산으로부터 분리되어 별도의 청구권을 표창하는 증권이 된다. 이자쿠폰을 양수한 자가 이자소득세에 대한 부담까지 고려하여 이자쿠폰의 값을 쳐 준 것이라면 이자소득세는 양도한 자가 부담하는 것이라고 볼 수 있다. 이자쿠폰을 양수한 자는 시장이자율로 할인한 가액에 세금을 차감한 가액으로 샀을 터이므로 그자가 실현한 이익은 이자쿠폰을 양수한 시점과 실제 이자를 지급받는 시점 사이의 기간 동안의 시장이자율에 해당하는 이자가 될 것이다. 즉 이자쿠폰을 양수한 자가 원천징수당한 세액은 경제적으로 보아 그 대부분이 양도한 자에 귀속하여야 할 것이다. 우리나라에서 해당 이자소득에 대해 금융소득종합과세를 한다면 양도자의 소득으로 보는가, 양수자의 소득으로 보는가?

○ 외국법인 갑과 을이 내국법인 병의 주식을 각각 20%씩 보유하고 있

다. 외국법인 정이 갑과 을의 배당수령권을 양수하여 40%의 지분에 해당하는 배당을 수령하게 된다. 정의 거주지국가와 우리나라와의 조세조약상 지분비율이 25% 이상인 주주에 대한 배당에 대해서는 10%의 제한세율을 적용하고 지분비율 25% 미만인 주주에 대해서는 제한세율 15%를 적용하도록 하고 있다면 정에게 적용할 제한세율은 무엇인가? 외국법인 갑과 을이 거주지국으로 있는 국가와 우리나라와의 조세조약상 지분비율 25% 이상인 법인에 대해 지급하는 배당에 대해 면세하고 있다면 정에 대해 면세하여야 하는가?

4-2: 조세조약의 이용

○ 다음에 질문에 대해 답을 찾아보자.
● 조세조약의 이용과 남용의 개념을 구분해 보자.
● 조항 남용(rule shopping)과 조약 남용(treaty shopping)의 개념을 구분해 보자.

○ 외국에서 설립된 투자펀드는 그 경제적 역할은 투자의 기구로서 동일하지만 설립지의 법에 따라서는 신탁, 회사 또는 조합의 형태로 다양하게 구성되어 있다. 그것이 진출지국의 법에 의해 설립지의 세법상 취급을 존중받을 수 있지만 그것이 무시되고 진출지국의 법에 의하여 세법상 취급이 결정될 수도 있다. 투자펀드의 입장에서는 진출지국에서 얻는 소득이 그 나라의 세법에 의해 일종의 사업소득으로 판명되면 가장 유리한 결과를 얻을 수 있다. 대부분의 국가의 국내세법은 비거주자의 사업소득에 대해서는 약간의 예외가 있지만 그 나라에 고정사업장이 없으면 과세하지 않는다는 원칙을 수립하고 있기 때문이다. 세법상 우리나라에 진출한 비거주자나 외국법인의 사업소득의 개념은 무엇인지 알아보자.

○ 조세조약상 우리나라에 진출한 비거주자나 외국법인이 국내에 고정

사업장이 있으면 그것이 없었다면 우리나라에서 과세되지 않을 소득이 과세되는 경우가 발생할 수 있다. 그렇게 되기 위해서는 해당 소득이 고정사업장과 실질적으로 관련(effectively connected)되어 있어야 한다. 미국 내국세입법상 비거주자나 외국법인의 국내원천소득은 FDAP소득과 ECI소득으로 분류한다. 전자는 원천징수하고 후자는 신고납부하도록 한다. ECI소득의 경우 고정사업장과 실질적으로 관련되어 있어야 하는가 아니면 다른 무엇에 실질적으로 관련되어 있어야 하는가? 두 경우 '실질적으로 관련'의 의미의 차이에 대해 알아보자.

○ 신탁 및 조합과 고정사업장에 관한 다음의 질문에 답을 해 보자.

● 논리적으로 보면 누가 사업장을 갖기 위해서는 그 스스로가 법적인 주체이어야 하며 사업을 하여야 할 것이다. 영국과 미국에서 신탁은 과세실체이다. 신탁재산은 사업활동에 투자될 수 있다. 영국과 미국에서 설정된 신탁은 한국에서 고정사업장을 가질 수 있는가?

● 미국세법상 LP는 납세자의 선택에 의해 과세실체가 될 수도 있고 되지 않을 수도 있다. 과세실체가 되지 않을 것을 선택한 LP가 한국에서 고정사업장을 가질 수 있을까?

● 과세실체가 되지 않을 것을 선택한 LP가 한국 내에 그 LP의 한국 내 투자를 전담하여 관리할 대리인을 선임하여 한국 내 포트폴리오투자를 관리하도록 하면서 한국 내에서 포트폴리오투자소득을 올리고 있다면 그 대리인은 LP의 한국 내 고정사업장이 되고 해당 포트폴리오투자소득은 해당 사업장과 실질적으로 관련되어 있어 한국 내에서 과세될 수 있을까?

● 해당 LP가 한국 내에서 사업소득이 없는 경우에도 앞의 질문에 대한 답은 유지될 수 있을까?

○ 법인세법 제18조의3은 수입배당금액의 익금불산입에 대해 규정하면서 투자회사로부터의 배당금액에 대해서는 그 적용을 배제하고 있다. 따라

서 투자회사 갑이 어떤 법인 을에 투자하여 받는 배당에 대한 세금은 투자회사 갑의 지급배당공제에 의해 경제적 이중과세가 해소되지만 그 투자회사에 투자한 법인 병은 실질적으로 법인 을에 투자하여 받게 되는 배당에 대해 수령배당공제를 받을 수 없어 경제적 이중과세는 해소할 수 없게 된다. 한편 미국 내국세입법에 의하면 동일한 구조하에서 법인 병은 수령배당공제를 받을 수 있다. 법인 병이 투자회사 을에 회사채를 출자하여 외국법인 정이 투자회사 을에 주식을 출자하되 병과 정 사이에 주식으로부터의 배당은 병이 가져가고 나머지는 정이 가져간다는 합의를 할 경우 병은 수령배당공제를 받을 수 있고 정은 조세조약상 자본이득이나 이자소득에 대한 면세규정의 적용을 받을 수 있게 된다. 투자회사가 소득의 종류를 변경할 수 있는 기구가 되는 것이다. 2009년 2월부터 시행되는 자본시장통합법에 의하면 투자합자회사,[334] 투자조합[335] 또는 투자익명조합의 소득은 투자자 사이에 자율적으로 분배할 수 있도록 규정하고 있다. 만약 투자기구(투자신탁 및 투자회사)로부터의 분배금을 배당소득으로 일률적으로 규정하고 있는 현행 세법의 태도를 따르지 않고 2008년부터 시행되는 동업기업과세제도를 투자합자회사, 투자조합 또는 투자익명조합에도 적용할 수 있도록 한다면 미국에서와 같은 조세설계가 가능하게 될 것인가? 동업기업과세제도가 적용되면 동업기업에 귀속하는 소득의 형태가 그대로 유지되면서 동업자에게 분배되는 것으로 보게 된다.

○ 국심2002중3596 사건과 RMM Enterprise 사건을 비교해 보자.

---

334) 자본시장통합법 제217조(상법과의 관계) ④ 투자합자회사는 정관이 정하는 바에 따라 이익을 배당함에 있어서 무한책임사원과 유한책임사원의 배당률 또는 배당순서 등을 달리 정할 수 있다. ⑤ 투자합자회사는 손실을 배분함에 있어서 무한책임사원과 유한책임사원의 배분율 또는 배분순서 등을 달리하여서는 아니 된다.
335) 자본시장통합법 제223조(민법과의 관계) ③ 투자조합은 조합계약이 정하는 바에 따라 이익을 배당함에 있어서 무한책임조합원과 유한책임조합원의 배당률 또는 배당순서 등을 달리 정할 수 있다. ④ 투자조합은 손실을 배분함에 있어서 무한책임조합원과 유한책임조합원의 배분율 또는 배분순서 등을 달리하여서는 아니 된다.

4-3: 조세피난처의 이용

○ 국제조세조정에관한법률상 조세피난처세제는 조세피난처에 소재하는 법인의 경우에 적용된다. 조세피난처에 소재하는 조합이나 신탁의 경우에 대해서는 어떠한 규제제도가 존재하는가?

○ 우리나라 세법상 신탁을 도관으로 보도록 되어 있다. 한국의 한 개인이 해외로 송금하여 자산을 취득하되 그 자산을 누군가에게 신탁을 맡긴 경우 그곳에서 법적인 소유권은 수탁자에게 있게 된다. 그리고 신탁이 설정된 곳 ─ 대부분 수탁자의 소재지국 ─ 의 세법상 수탁자에게 과세하도록 되어 있다면 우리나라 과세당국은 그곳의 과세처분을 수용하여야 하는가 아니면 우리 신탁과세원칙에 따라 수탁자의 소득으로 보아야 할 것인가? 우리나라 소득세법은 국외신탁은 모두 투자신탁과 같이 보도록 하고 있다. 현행 세법상 투자신탁의 분배금은 모두 배당소득으로 보도록 되어 있다. 국외신탁이 분배하지 않고 소득을 지속적으로 유보시킨다면 국내에서 과세되지 않게 되어 있다.

○ 내국법인 갑은 국내 시중은행에 자금을 차입하여 홍콩의 을 은행에 빌려 주었다. 홍콩의 은행 을은 라부안에 소재하는 펀드 병에게 자금을 빌려 주었다. 펀드 병은 내국법인 갑이 다단계를 거쳐 설립한 것이며 사실상 갑이 지배하고 있다. 펀드 병은 갑이 투자한 내국법인 정의 주식을 갑으로부터 헐값에 사들여 단기간 보유하다가 국내의 무에게 양도하여 많은 양도차익을 실현하였다. 병은 자본이득을 실현하고 회수한 돈을 을에게 갚고 을은 다시 갑에게 갚고 갑은 국내 시중은행에 갚았다. 갑이 실현하여야 할 자본이득이 갑의 분신이라 할 병의 자본이득으로 둔갑한 것이다. 다음에 대해 답을 찾아보자.

- 펀드 병은 세무조사를 거쳐 갑과 특수관계에 있는 것이 밝혀졌다. 한국의 국세청은 국외특수관계인과의 이전가격거래로 보고 이전가격과

세를 하고자 하였다. 이 경우 정상가격은 얼마인가?

- 한국의 국세청은 이전가격과세를 하는 대신 갑이 설계한 모든 거래 구조를 무시하고 갑이 직접 법인 정의 주식을 무에게 양도한 것으로 보아 과세하고자 하였다. 이 경우 갑이 인식할 자본이득은 위(1)의 경우와 다를 바 없는 것인가?

- 위 문항에서 한국의 국세청은 이 모든 거래구조를 '사기 기타 부정한 행위'를 통해 조세를 포탈하기 위한 거래로 규정짓고 갑을 조세범으로 검찰에 고발하였다. 갑의 어떠한 행위가 '사기 기타 부정한 행위'로 분류될 수 있는 것일까? 하나하나의 법률행위는 적법한 것이었다. 갑이 국외특수관계인인 병과의 거래를 국외특수관계인과의 거래로 분류하여 국제조세조정에관한법률에 의해 신고하지 않은 것은 '사기 기타 부정한 행위'로 분류할 수는 없다.

- 국세기본법 제14조 제3항의 규정을 적용할 수 있는 논리를 구성해 보자. 동 항의 규정을 적용할 경우 조세포탈범으로 처벌할 수 있는가?

○ 거주자 갑은 비상장법인 을의 주식을 50% 소유하고 있다. 갑은 역외의 보험회사에 일시납보험료로 이전하면서 종신보험증권을 매입하였다. 역외의 보험회사가 수령하는 배당소득에 대해서는 조세조약상 15%의 제한세율이 적용된다. 갑이 배당소득을 직접 수령하였다면 한계세율은 30%에 이르렀을 것이다. 이러한 거래 유형에 대해 국세기본법 제14조 제3항을 적용할 수 있는가?

4-4: 소득귀속지의 변경

○ 무상이전과세와 이전가격세제에 관한 다음의 질문에 대해 답을 해보자.

- 각국의 이전가격세제의 역사는 다르다. 이전가격세제의 대상이 되는 거래에 금융거래가 포함이 되는 국가와 그렇지 않은 국가를 구분해 보자. 부의 무상이전거래가 이전가격세제의 대상이 될 수 있을까?

- 소득세법상 특수관계인에게 시장이자율보다 낮은 이자율로 자금을 대여할 경우 대여한 자에 대해서는 부당행위계산부인제도가 적용될 수 있으며 대여 받는 자에게는 상속세및증여세법상 증여세가 과세될 수 있다. 국제조세조정에관한법률상 국외특수관계인에게 정상 이자율보다 낮은 이자율로 자금을 대여할 경우 대여한 자에 대해서는 이전가격과세를 적용하게 되며 국외특수관계인에게는 소득처분을 하게 된다. 상속세및증여세법상 국외특수관계인에게 증여세를 과세할 수는 없을까? 비거주자는 국내에 소재하는 자산에 대해 증여세의 납세의무가 있다. 상속세및증여세법 제2조 제2항은 증여재산에 대해 소득세나 법인세가 부과되면 증여세를 부과하지 아니한다고 규정하고 있다.

○ 네덜란드의 국내세법상 국외사업소득은 네덜란드에서 과세되지 않는다. 네덜란드의 법인이 한국에서 사업을 영위하되 홍콩에 있는 server를 통해 영위한다면 한국, 네덜란드 및 홍콩에서의 과세는 어떻게 될까?

4-5: 국제인수합병

○ 혼성체(hybrid entity) 또는 역혼성체(reverse hybrid entity)는 설립지 국가와 관련 세법을 적용하는 국가 간 해당 실체에 대한 법적용의 결과가 다른 실체이다. 이 개념은 세법을 적용하는 국가가 해당 실체의 설립지의 세법적 취급을 존중하지 않을 수 있다는 것을 전제로 하는 것이다. 우리나라 세법상 혼성체의 개념이 존재할 수 있는가?

○ 국제적으로는 공동자회사를 설립하여 공동사업(joint venture)을 영위하는 방법이 많이 사용된다. 해당 공동사업체의 설립을 위한 외국인투자는 greenfield 투자에 해당할 수 있다. 국내의 사업파트너의 사업의 일부분을 분할하여 법인을 신설할 때 자본참여하는 방법으로 greenfield 투자를 할 수도 있겠다. 반면 국제적으로 공동의 모회사를 설립할 수도 있겠다. 양국

에 걸쳐 있는 회사들은 그대로 두고 한 나라에 양국의 기업들을 지배하는 지주회사를 설립할 수 있을 것이다. 이때 기존 각국의 기업들에 대한 지분을 보유하고 있던 각국의 주주들은 자신이 받는 배당이 국외원천배당소득이 되는 것을 바랄 수도 있고 그렇지 않을 수도 있겠다. 만약 양국의 주주 모두가 국외원천배당소득이 되기를 바란다면 어떠한 구조를 설계하겠는가? 자국에 원천을 둔 배당을 재원으로 하는 배당에 대해서는 경영참여소득면제(participation exemption)를 부여하지 않는 나라가 있는지 알아보자.

○ 이중지배구조에 관한 다음의 질문에 답해 보자.

● 우리나라 세법에 의한다면 우리나라 기업 갑이 외국기업 을과 우리나라 기업 병에 대한 이중지배구조를 설정한다면 갑과 을이 병으로부터 받는 소득에 대해서는 어떻게 과세될까?

● 우리나라 기업 갑이 외국기업 을과 외국기업 병에 대한 이중지배구조를 설정한다면 갑이 병으로부터 받는 소득에 대해서 어떻게 과세될까?

○ 우리나라에서 결합주식(stapled stock)이 거래될 수 있을까에 대해 생각해 보자. 이러한 방식의 증서의 창출은 주주의 권익을 제한하는 것으로 인식될 수도 있을 것이다. 그러나 이론적으로는 모든 주주가 찬성한다면 결합주식에서처럼 주주의 주식처분권이 제한되는 것도 허용될 수 있을 것으로 보인다. 그러나 결합주식을 발행하는 것을 사실상의 합병으로 볼 가능성도 있을 것이다.

5-1: 정부의 대응방법론

○ 일반적 조세회피방지규정과 개별적 조세회피방지규정의 장단점을 비교해 보자.

○ 국세기본법 제14조 제3항의 적용시기, 국제조세조정에관한법률 제2조의2 및 상속세및증여세법 제2조의 적용시기를 비교해 보자.

○ 조세회피방지규정의 집행에 관한 다음의 질문에 답을 해 보자.
● 프랑스에서는 일반적 조세회피방지규정을 적용하기 위해서 국세청 내에 민간이 참여하는 조세회피방지위원회가 심사하여 조세회피의 소지가 있다고 판단한 경우에는 부당하게 조세를 회피하지 않았다는 것에 대한 입증책임을 납세자에게 부담시킨다. 법원이 입증책임을 분배하는데 행정부의 준사법적인 위원회의 판단을 존중하는 것이다. 우리의 경우 유사한 제도를 도입한다면 법원이 수용할 것인가?
● 법원이 수용하도록 국세기본법을 개정하여 위원회의 결정에 법적 구속력을 준다 해도 판사가 그것을 배제할 수 있는 방법은 없는가?

○ 조약의 효력에 관한 다음의 질문에 답을 해 보자.
● '약속은 지켜야 한다(pacta sunt servanda).'는 국제법의 일반원칙이며 조약법에 관한 비엔나협약으로 성문화되었다. 비엔나협약에 가입하지 않은 국가들은 조약이 발효한 이후 국내법을 개정함으로써 조약의 적용을 금지할 수 있는가?
● 국내 법률에 근거한 협상권한을 행사하여 이룬 국가 간 행정합의에 대해 법원이 그 효력을 부인할 수 있는가? 상호합의와 법원의 재판 간의 관계를 사례로 답을 찾아보자.
● 발효 중인 조약상의 규정에 근거하여 조약의 적용을 구체화하기 위해 이룬 행정합의에 대해 법원이 그 효력을 부인할 수 있는가? 사실상 조약을 무효화하는 행정당국 간 합의를 상정해 보자.

○ 우리 법원은 다수의 판결에서 OECD 모델조세조약 주석서가 조세조약의 해석상 중요한 참고자료가 될 수 있음을 밝힌 바 있다. OECD 모델조세조약과 주석서의 법적 효력에 대해 생각해 보자.

○ 비거주자에게 이자와 배당을 지급하는 자에게는 원천징수의무가 있다. 원천징수를 제대로 하지 못한 것으로 밝혀질 경우 원천징수의무자가 받게 되는 불이익은 무엇인가? 원천징수를 과다하게 한 경우도 고려해 보자.

○ 원천징수의무자가 수령자가 누구이든 예외 없이 단일의 세율로 세금을 원천징수하는 제도를 도입할 경우 그것의 장점과 단점을 비교해 보자.

○ 자금이 해외로 송금될 때의 자금출처조사와 국내로 들어올 때의 자금출처조사의 절차를 비교해 보자.

○ EC Money Laundering Directive의 법적 성격에 대해 알아보자.

5-2: 사안별 정부의 대응방법

○ 국내세법 간 차이의 이용이 어느 나라의 관점에서 볼 때 해로운 것이 되는지 생각해 보자.

○ 거주지 선택의 자유를 존중하여야 한다면 거주지주의를 유지하면서 거주지의 이전을 제약하는 출국세를 둘 것이 아니라 원천지주의를 도입하는 것이 타당하지 않을까?

○ 조세조약상 자본이득에 관한 조항의 적용에 관한 다음의 질문에 답을 해 보자.
- 조세조약의 남용에 대한 대책으로 조세조약상 일부 조항을 일방적으로 적용하지 않을 수 있는가?
- 한미조세조약상 자본이득에 대해서는 거주지국에서 과세하도록 하고 있다. 우리나라의 소득세법상 의제배당으로 열거된 소득 중 일부는 실질적으로 자본이득에 해당하는 것이라는 주장이 가능하다. 미국

내국세입법상으로는 자본이득인 경우도 있다. 조세조약상 조항을 적용하기 위해서는 그것을 적용하는 국가의 국내세법상 개념 정의가 적용된다면 거주지국과세를 배제하기 위해 원천지국의 과세권을 확대하기 위해 국내세법을 개정하여 자본이득의 개념을 축소하고 배당소득의 개념을 확대할 수 있는가?

- 이때 OECD 모델조세조약 주석서는 해석상 어떤 역할을 하는가?
- 국내세법상 새로운 규정의 적용시기는 어떻게 될까?

○ 국내기획사가 외국연예·체육법인에 연예인, 체육인의 용역제공대가를 지급할 때에는 조세조약에 따라 외국법인으로서 고정사업장을 가지지 않으면 비과세되었다. 2008년부터는 새로운 소득세법 제207조의7의 규정에 따라 지급할 때에 우선 20%를 원천징수하고 연예인 등에게 지급한 내역서 등을 첨부하여 정산을 신청하면 국세청이 신고서 등을 확인한 후에 과다원천징수세액을 환급하도록 제도가 변경되었다. 이는 조세조약에 의해 연예법인에 지급하는 용역대가에 대한 과세를 회피하는 행위를 규제하기 위함이다. 이는 사실상 조세조약의 적용을 배제(treaty override)하는 것은 아닌지 검토해 보자.

○ 조세피난처세제가 잘 운용되기 위해서는 국내자본이 해외로 진출할 때 직접 또는 간접적으로 조세피난처에 실질적으로 투자하고 있는지에 대한 정보가 입수되는 체제가 갖추어져야 하는데 그러한 정보 수집이 원활하게 이루어지도록 하는 장치가 마련되어 있지 않다. 그리고 현행의 조세피난처세제는 조세피난처에 머무르고 있는 자금이 법인의 자본형태로 남아 있을 경우에나 적용이 가능하다. 네덜란드에 법인을 설립하고 1백만 달러를 투자하였는데 네덜란드법인이 다시 룩셈부르크법인에 투자하고 룩셈부르크법인이 다시 영국령 브리티시 아일랜드법인에 투자하고 그 법인이 영국에 투자한 경우 한국국세청은 조세피난처세제를 적용할 수 있는가?

○ 조세피난처세제는 OECD국가들에 의해 도입되고 있으며 조세피난처세제에 의해 배당으로 간주하여 과세하는 제도는 과세관할권을 벗어나는 성격을 지니지 않는 것으로 보는 데에 공감대가 형성되어 있다.

- 법인격부인이론(piercing corporate veil doctrine)을 조세피난처에 소재하는 기업에 적용하고 해당 기업에 귀속하는 소득에 대해 그 기업의 국내 실질적 지배자에 과세한다면 그것은 조세피난처국가의 과세권을 침해하는 것인가?

- 실질적 지배자가 우리나라에 거주한다고 할 경우 우리나라가 조세피난처기업에 소득을 지급하는 우리나라에 거주하는 지급자에게 원천징수의무를 부과하되 수령자를 실질적 지배자로 하여 원천징수하도록 하는 것은 우리나라 세법상 실질과세원칙에 비추어 합리적인 조치라고 볼 수 있는가?

○ 1997년 홍콩에 대한 주권이 영국으로부터 중국으로 반환되었다. 1998년 홍콩정청은 소급하여 1997년 귀속분 소득에 대한 세금을 1%p 인하하고 그에 따라 환급하는 조치를 취하였다. 이에 따라 홍콩에 소재하던 한국계 회사들은 당시 실질세율이 15%를 하회하게 되었으며 조세피난처세제가 적용되게 되었다. 조세피난처에 해당함을 미리 알았더라면 조세피난처세제에 따라 적절한 신고를 하였을 터인데 그렇게 하지 않음에 따라 가산세를 부과당하게 되었다. 실질세율에 따라 조세피난처세제의 적용대상을 판정하는 현행 제도의 문제점에 대해 토론해 보자.

○ 조세특성(tax attribute)의 의미에 대해 알아보자.

○ 과소자본세제는 국내사업장에도 적용된다. 국내사업장의 자본금은 어떻게 계산하는가?

○ 정상적인 조건에 의한 차입금의 의미에 대해 알아보자.

6-1: 공존의 모색을 위한 국제적 준칙

○ 과세권을 축소한 국가에는 자본이 많이 몰리게 되어 결국 그 국가에서의 투자에 대한 세전수익률을 과세권을 축소하지 않은 나라의 세전수익률에 비해 낮추게 되는 결과를 초래함에 따라 종국에는 어느 국가에 진출하건 자본의 세후수익률은 동일하게 된다는 이론이 암묵적 조세(implicit tax)*이론이다. 이러한 논리가 외국인직접투자자금과 포트폴리오투자자금에 동일하게 적용될 수 있을까? 포트폴리오투자자금은 진출한 지역의 투자에 그치지 않고 또 다른 지역으로 이전하는 특성을 지니고 있다.

○ 우리나라에서 증세에 대한 논의가 심도 있게 이루어지던 수년 전 경제가 래퍼곡선(Laffer curve)*의 어느 점에 위치하고 있는지가 관심을 끌었다. 이제 감세를 논하는 시기가 되었지만 여전히 우리 경제가 어느 위치에 있는가의 질문은 유의미하다고 보는데 과연 어디에 있는지 토론해 보자.

○ 국가 간 세율인하의 경쟁은 그러한 경쟁에 나선 국가들에는 재정적인 압박요인이 될 수 있다. 각국이 세율을 인하하고 있음에도 불구하고 국민경제에서 재정의 비중은 줄어들지 않고 있다. 이는 주로 세율인하가 직접세 중 소득과세부분에 그치고 있기 때문이다. 다른 한편으로는 과세기반을 확대하기 위한 행정적 노력에도 기인한다. 이를 지하경제 및 조세격차(tax gap)의 개념을 이용하여 기술해 보자.

○ 조세경쟁은 원천지국가로서 자국에 소득의 원천이 있을 때 그에 대한 과세를 완화하는 제도를 설정하는 방법과 거주지국가로서 자국에 거주지가 있을 때 과세를 완화하는 제도를 설정하는 방법으로 나누어 볼 수 있다. 세율을 인하하는 것은 두 가지 모두에 해당하는 방법이 된다. 세율을 인하하는 방법 대신 두 방법 중 하나만 사용할 수도 있다. 전자의 방법에는 외국인직접투자자에 대한 배당세액 감면, 후자의 방법에는 경영참여

소득면제방법이 있다. 특정 자본이 후자의 방법을 사용하는 국가 A국에 거주하면서 전자의 방법을 사용하는 국가 B국에 투자한다면 이중무과세 (double non‐taxation)의 효과를 거둘 수 있다.

- 이 경우 정책의 실패 ― 당초 정책을 추진한 목표를 달성하지 못하는 상황 ― 를 경험하는 국가가 있는가?
- 만약 A국에 경영참여소득면제(participation exemption)제도가 없다면 B국에서의 감면세액은 A국의 재정을 늘리는 결과를 초래할 것이다. 이러한 결과를 방지하기 위하여 외국인직접투자에 대한 조세지원을 하는 국가들이 간혹 조세조약상 도입하는 제도가 간주외국납부세액 공제(tax sparing credit)제도이다. OECD국가 간에는 간주외국납부세 액공제제도는 유해조세경쟁을 촉진하는 제도로서 그 확대를 방지하 자는 공감대가 형성되어 있는 반면 경영참여소득면제제도에 대해서 는 그러한 공감대가 형성되지 않고 있다. 그 이유에 대해 알아보자.

○ 미국 국내세법상 많은 경우 비거주자의 국내원천이자소득에 대해 면 세하고 있는데 미국 내 적극적 사업과 실질적으로 관련이 있는 이자에 대 해서는 원천징수하도록 하는 이유는 무엇인가?

○ 국가 간 제도의 차이를 이용하는 방법은 국제조세설계의 가장 기본적 인 방법 중의 하나이다. 지역적인 제도나 시장의 차이를 이용하는 것을 일 반적으로 재정(arbitrage)이라고 한다. 국가도 다른 나라와의 제도적 차이를 만들어 냄으로써 자본을 자기 나라로 유치하기 위한 재정행위를 할 수 있 다. 그것의 대표적인 사례가 영국의 거주자·본적제도이다. 이는 일종의 조 세경쟁이라고 볼 수 있는데 이러한 조세경쟁을 통제하기 위해서는 각국의 국내세법상 개념과 제도를 통일하여야 한다. 국민국가들로 구성된 세계에서 이러한 조세경쟁을 규제할 수 있는 방법의 하나로 고안된 것이 유해조세제 도(harmful tax regime)의 개념이다. 영국의 거주자·본적제도와 관련하여 유해조세제도의 역할과 그 한계에 대해 기술해 보자.

○ 리히텐슈타인은 유럽인들이 즐겨 이용하는 조세피난처이다. 리히텐슈타인은 협조적인 조세피난처이다. 따라서 OECD의 비협조적인 조세피난처의 명단에서 배제되어 OECD에 의한 국제적인 압력을 받지 않는 곳이지만 최근에는 독일 등의 유럽국가와 미국에서조차 리히텐슈타인에 은행구좌를 개설하고 있는 재력가들의 명단을 확보하고 그의 탈세와 관련된 사실을 적시하면서 리히텐슈타인 국세청에 관련 은행 구좌거래내역을 통보하여 줄 것을 요청하고 있다. 리히텐슈타인 정부는 각국의 요청이 각국과 체결한 정보교환협정에 부합하는 범위 안에서 협조하고자 할 것이다. 그 과정에서 리히텐슈타인 정부는 각국이 조사한 탈세혐의와 리히텐슈타인 은행구좌와의 관련성을 보수적으로 심사하여 가능한 구좌개설인들의 사적 비밀을 보호하고자 할 것이다. OECD가 국제적인 협력을 통해 유해조세경쟁을 규제하기 위해 OECD국가의 유해조세제도를 지정하여 폐지하도록 권고하는 방식과 비OECD국가 중 비협조적인 조세피난처를 고시하고 협조적인 방향으로 국내제도를 전환하도록 압력을 행사하는 방식을 병행하여 추진하고 있다. 리히텐슈타인과 같은 조세피난처에 대한 국제적인 압력의 한계에 대해 기술해 보자.

○ 자본의 수입지국가가 수출지국가에서 유해조세제도의 혜택을 받은 외국자본에 대해 수출지국가와 조세조약을 적용하는 데 관한 세부기준을 협의하지 않고 국내세법으로 재량껏 정할 수 있을까? 일본, 호주 및 캐나다와 같은 나라들은 국내세법으로 조세조약의 적용에 관한 절차를 규정하고 있다. 그러한 국내세법규정들은 자국의 조세조약이 남용되지 않도록 하는 규정을 두고 있기는 하지만 실제 상대방국가의 '유해조세제도'의 적용을 받은 경우 조세조약을 적용하지 않는다는 정도에까지 이르지는 못하고 있다.

○ 원천지국가는 자국이 체결한 조세조약의 남용이 주로 문제된다. 조세조약을 통해 양보한 과세권이 조세조약을 적용받을 자격이 없는 자에 의

해 남용되는 경우이다. 거주지국가는 조세조약의 개입 없이 자국의 국내세법 자체가 남용되는 경우가 주로 문제된다. 원천지국가로서 국제적 조세회피의 의미와 거주지국가로서 국제적 조세회피의 의미에 차이가 있을 수 있는가에 대해 기술해 보자.

○ 조세회피에 관한 다음의 질문에 답을 해 보자.
• 조세회피는 조세규범의 남용을 의미한다면 어느 나라의 조세규범도 남용하지 않고 조세를 절약할 경우에는 조세회피가 될 수 없는 것인가? 양국 간 조세규범의 차이를 이용하는 재정행위는 조세회피라고 볼 수 없는가?
• 이러한 행위를 직접 규제하기 위한 제도가 있는가 살펴보자.

○ GATS 제2조의 규정상 'all measures affecting all services trade in four modes(4가지 유형에 해당하는 모든 용역거래에 영향을 미치는 모든 조치들)'의 의미에 대해 알아보자.

○ 어느 일방국의 조치가 조세조약상 무차별원칙에 위반하면서 통상조약상 내국민대우원칙에 위반한 경우를 상정하자.
• 두 조약의 규정에 의해 조세조약에 따라 처리되어야 할 경우 무차별원칙의 적용을 주장하는 상대방국가의 국적인이 취할 수 있는 조치에는 어떠한 것들이 있는가?
• 두 조약의 규정에 의해 통상조약에 따라 처리되어야 할 경우 내국민대우원칙의 적용을 주장하는 상대방국가의 국적인이 취할 수 있는 조치에는 어떠한 것들이 있는가?

○ 외국인이 국내에 보유하고 있는 토지에 대해 택지초과소유부담금이 부과된 경우 투자보장협정상 '수용'에 관한 조항을 위반하였다고 한 주장은 타당한가? 동 제도는 이제는 위헌결정으로 폐지되었지만 위헌결정이

내려지기 전의 상황을 전제하자.

○ 개인사업자는 부가가치세 납부세액계산을 하는 데 있어서 개별소비세가 부과되는 승용자동차의 매입부가가치세를 공제할 수 없도록 되어 있다(부가가치세법 제17조 제2항 제3호). 수입승용차는 모두 개별소비세가 부과되어 부가가치세세액을 공제받지 못하도록 되어 있다면 부가가치세법 제17조 제2항 제3호는 통상규범에 위배되는가?

○ 역사적으로 보아 거주지주의는 원천지주의 방식에 비해 뒤늦게 발전하였다. 과세당국이 거주자의 국외원천소득에 대해서 그것을 파악할 수 있는 방법에는 제약이 있었기 때문이다. 소득세가 신고납부제도로 전환하고 있는 과정에서 납세자가 국외원천소득을 신고함으로써 납세의무가 확정되도록 되어 가고 있지만 실제 그것을 제대로 신고하는지에 대해서 과세당국이 조사하는 일은 어렵다. 이에 따라 다음과 같이 거주지주의를 완화하는 제도가 시행되고 있다. 국외에서 송금이 되어 올 때 소득을 신고하도록 하고 과세 여부를 판정하는 방법이 사용되기도 하고 국외에서 버는 일정 소득(소액의 국외원천근로소득 또는 경영참여소득 등)에 대해서는 면제하는 방법이 사용되고 있다. 다른 한편으로는 거주지주의를 제대로 시행하기 위해 국가 간에는 원천지국가가 거주지국가에 과세자료를 통보하는 제도가 확산되고 있기도 하다. 징세기술이 과학화되고 발달하여 국가 간 과세권 배분이 마치 국가 내 지방정부 간 과세권의 배분과 같은 정도의 의미만 갖는다 하더라도 거주지주의를 집행하는 데 있어서는 소득의 인적 귀속에 대해 분쟁의 소지가 나타나게 마련이다. 국내세법상으로도 소득의 인적 귀속상 나타날 수 있는 분쟁의 사례에 대해 조사해 보자.

○ 거주지주의는 집합투자기구(collective investment vehicle)의 확산에 의해 그 제도적 기반이 흔들리고 있다. 집합투자기구에 대해서는 그것을 도관으로 보는 과세방식과 하나의 과세실체로 보는 방식이 병존하고 있다.

국제적인 집합투자기구는 세계 여러 나라의 투자자의 자본을 하나로 묶어 투자하게 된다. 그것을 과세실체로 본다면 그것의 거주지를 특정하는 것이 경제적 실질에 부합하는가, 그것에 대해 누진세율을 적용하는 것이 수직적 형평성의 달성에 기여하는가?

6-2: 외국의 사례

○ 원천지주의 국가의 조세조약에 대한 다음의 질문에 대해 답해 보자.

• 조세조약은 기본적으로 상호주의에 입각하여 원천지국가의 과세권을 제한하는 내용을 담고 있다. 원천지주의를 도입한 국가에서 거주지주의를 채택하고 있는 국가와 조세조약을 체결할 이유가 있을까?

• A국의 국내세율이 30%, B국의 국내세율도 30%인데 A국은 거주자의 국내원천소득만 과세하고 B국은 거주자의 국외원천소득도 과세한다. A국과 B국 간의 배당에 대한 제한세율은 15%이다. 이 경우 A국의 거주자인 갑이 B국에서 배당을 수령할 경우 갑은 B국에서 15%의 세율로 과세되는 것으로 조세부담은 끝나게 된다. 반면 B국의 거주자인 을이 A국에서 배당을 수령할 경우 A국에서 15%의 세율로 세금을 부담하고 B국에서도 15%의 세금을 부담하여야 한다. A국의 입장에서는 조세조약을 체결하게 되면 손해를 보는 격이다. 원천지주의를 채택하고 있는 Hong Kong에서 조세조약을 체결하지 않는 이유를 설명하는 부분이다. 원천지주의를 부분적으로만 채택하면서 각국과 조세조약을 체결한 싱가포르가 원천지주의를 전면적으로 채택한 이후 조세조약을 개정할 필요는 없을까?

• 조세조약을 개정하지 않은 채로 있게 되면 자국에 거주하는 자는 국외원천소득에 대해 조세조약의 혜택을 받아 낮은 세금만 부담하게 된다. 이는 싱가포르가 홍콩보다 더 나은 기지국(base country)으로서 기능할 수 있도록 한다. 싱가포르에는 외국인직접투자자금이 순유입되고 있다. 그러나 전체적으로는 자본의 순수출국가이다. 즉 해외 포

트폴리오투자가 매우 활발하게 이루어지고 있다. 대외 외국인직접투자는 대부분 인수합병을 하는 것이며 greenfield 투자는 거의 없다. 이는 싱가포르가 제3국으로 포트폴리오투자를 위한 진출기지 역할을 한다는 것을 보여준다. 이러한 싱가포르의 상황과 네덜란드의 경영참여소득면제(participation exemption)제도와 비교해 보자. 그리고 영국의 본적(domicile)제도 및 영국의 자본수출입상황과 비교해 보자.

6-3: 우리 제도의 개혁

○ 현행 세법상 금융자산 상속에 대해서는 일정 율의 금융재산상속공제가 인정된다. 이는 실물자산을 처분하고 자본이득에 대한 세금을 부담하고 현금이나 금융자산을 보유하다가 상속하는 자와 실물자산을 상속하는 자 간 세부담의 형평을 고려한 것이라고 이해할 수 있다. 이에 대한 반론이 가능한가?

○ 무상이전에 대한 세금을 자본이득과세로 전환할 경우 무상이전 시 자본이득과세를 면하기 위해 미리 처분하고 현금으로 보유하다가 무상이전하고자 하는 회피행위가 나타날 수 있다. 이러한 회피행위를 차단하기 위해서는 무상이전 후 현금으로 보유하고 있거나 금융자산으로 보유하고 있을 때 발생하는 소득에 대해 무상이전 시 자본이득에 대한 과세에서와 같이 과세하는 장치가 필요하다. 이를 위해서는 무상이전상 자본이득에 대한 과세와 금융자산소득과세상 세율부담이 동일하여야 한다. 결국 이자소득이나 배당소득에 대한 세율을 15%로 설정한 경우에는 자본이득에 대한 세율도 동일한 수준으로 설정하여야 한다. 그에 따라 예상되는 부작용에 대해 생각해 보자.

용어설명

• 거주자(resident)

소득세법상으로는 국내에 주소 또는 1년 이상 거소를 둔 자를 말한다. 다른 나라 국내세법은 이와 다른 내용의 규정을 둔 경우가 많다. 조세조약 상으로는 해당 국가의 국내세법상 주로 전 세계 소득에 대해 납세의무를 진 자를 거주자로 하게 된다. 국내세법상 거주자의 개념은 개인에 대해 적용되고 법인에 대해서는 내국법인이라는 용어가 사용되지만 간혹 거주자의 개념에 내국법인이 포함되어 표현되기도 한다.

• 거주지주의(residence approach)

거주자에 대해서는 전 세계 소득에 대해 과세하는 과세원칙을 말한다. 전 세계 소득은 국내원천소득과 국외원천소득으로 구분된다. 이 원칙하에서 비거주자에 대해서는 국내원천소득에 대해서만 과세된다. 거주자의 국외원천소득은 그 원천이 있는 국가에서는 비거주자의 국내원천소득이 되어 양국에서 과세를 받게 된다. 이 경우 발생하는 이중과세는 외국납부세액공제방법으로 조정하게 된다. 거주지주의에 반대되는 말은 원천지주의이다.

• 간주세액공제제도(tax sparing credit)

투자유치국의 경제발전을 위하여 외국인투자가에게 국내법 또는 조세조약에 의해서 부여된 조세감면세액을 외국인투자가의 거주지국이 동 투자가의 세액를 계산함에 있어서 투자유치국에서 실제 납부한 것으로 간주하여 세액을 공제하여 줌으로써 실질적인 조세감면혜택을 투자가에게 주는 제도이다.

- **경영참여소득면제(participation exemption)**

일정한 비율 이상 되는 지분으로부터의 배당소득 및 주식양도차익에 대해서는 아예 과세소득에서 배제하는 소득면제제도이다.

- **고정사업장(permanent establishment)**

비거주자나 외국법인이 국내에서 사업을 영위하는 사업장을 말한다. 고정사업장은 고정되어 있어야 하며 그곳에서 사업이 영위되어야 한다. 고정사업장에는 물리적인 고정사업장과 기능적인 고정사업장이 있다. 전자는 해당 비거주자나 외국법인의 종업원이 실제 사업장을 마련하여 해당 비거주자나 외국법인의 사업을 영위하는 것을 말하며, 후자는 제3자가 그러한 역할을 해 주는 경우 그것을 말한다.

- **내국세입법(Internal Revenue Code)**

미국 연방정부의 세수입(revenue)의 원천이 되는 조세의 부과 및 징수에 관해 규정한 법률이다. 미국 연방법률 제26호로서 우리나라로 말하면 소득세, 법인세, 증여세 및 상속세 등 다양한 내국세의 부과와 징수에 관해 모두 규정하고 있다.

- **넥서스(nexus)**

과세고권을 가진 주권체가 인(person)에 대해 조세를 부과할 수 있는 근거가 되는 고리를 말한다. 소득과세를 예로 들어 설명하자면 과세관할권을 행사할 때 해당 국가에 소득이 발생하였다든가 해당 소득의 귀속자가 해당 국가에 거주하든가 하는 고리가 될 만한 것이 있어야 한다는 것이다. 실제 그것들은 과세채권을 집행하는 데 담보가 되는 무엇이 된다. 사람이 있다면 그것은 일종의 인질(人質)이 되고 소득이 있다면 채권 — 소득귀속 자에게 소득이 되는 금원을 지급할 채무를 진 자가 부담하는 지급채무에 대응하는 채권 — 에 대해 국가가 조세채권을 실현하기 위해 質權과 같은 권리를 행사할 수 있게 된다. 그와 같이 조세채권의 집행을 보장하는 담보 수단, 즉 넥서스가 없으면 현실적으로 과세권을 행사하기 곤란할 것이다.

● 도관체(conduit entity)

'conduit'은 우리말로 통상 도관이라고 번역한다. 따라서 conduit entity 는 도관체로 번역하는 것이 타당할 것이다. 이는 'pass through entity'를 말하는데 그것은 세법상 과세실체로 인정되지 않는 것을 의미한다. 이는 세법상 투시(look through)가 제도화되어 있는 기구(vehicle) 또는 실체 (entity)를 말하는 것이다. conduit는 pass through entity가 아닌 경우가 대 부분이다. 특정 거래에 있어 어떤 실체가 다른 실체들을 위하여 도관으로 서의 역할을 할 때 세법을 어떻게 적용하여야 하는가는 쉬운 문제는 아니 다. 본서에서는 pass through entity를 '도관체'로 그리고 conduit를 '도관' 으로 통일한다. 도관체가 아닌 것이 도관체와 같은 기능을 할 경우 도관 (conduit)으로 볼 수 있는데 그것을 도관회사(conduit company)라 하는 것 이다. 그러나 실무나 학계에서는 이를 구분하지 않고 모두 도관 또는 도관 체로 말하곤 한다.

● 동업기업과세제도(partnership taxation)

소위 파트너십과세제도라고 하는 것으로서 우리나라에서는 2008년 조세 특례제한법으로 도입된 제도이다. 원래는 민사법상 법인격을 가지고 있는 것이기 때문에 납세의무가 있는 실체로 보아야 하지만 과세상으로는 과세 실체로 보지 않고 해당 법인에 귀속하는 소득은 그 법인의 구성원에게 바 로 귀속시키는 제도이다. 이는 법인에 대한 과세는 늘 경제적 이중과세 — 법인에도 과세하고 그 구성원에게도 과세하는 데서 비롯 — 가 문제되어 배당세액공제, 수령배당공제 및 지급배당공제의 방법이 사용되는데 동업기업과세제도는 아예 법인에 대한 과세를 하지 않는 방법으로 경제적 이중과세를 조정하는 제도로서의 성격을 가지고 있다. 이는 주로 인적 용역을 제공하는 것을 업으로 하는 인적 회사나 단순한 돈의 모임에 불과하고 실질적인 돈의 운영은 별도의 법인이 하는 펀드회사에 적용되게 된다.

● 래퍼곡선(Laffer curve)

미국의 경제학자 Arthur B. Laffer 교수가 주장한 이론으로 세율과 세수의 관계를 나타낸 곡선이다. 일반적으로 세율이 높아질수록 세수는 늘어나는데 래퍼 교수에 의하면 일정 세율(최적세부담률)을 넘으면 반대로 세수는 줄어들게 된다. 래퍼 교수는 최적세부담률을 초과한 상황에서는 세율을 낮춤으로써 경제의 생산을 늘리고 그에 따라 오히려 세수를 증대시킬 수 있다는 공급경제학을 주창하였다. 이는 1980년대 미국 Reagan 행정부의 자유주의 경제정책의 재정정책의 모토이기도 하였다.

● 명목원금계약(notional principal contract, NPC)

계약금액에 해당하는 금원의 실질적인 이전이 없이 해당 금액을 원본으로 하여 변동하는 일정한 변수를 연계한 금액을 상호교환하기로 하는 계약을 말한다. 예를 들면, 이자율스왑계약은 일정 명목금액에 대한 확정금리를 제공하기로 하는 대신 그 금액에 대한 불확정금리를 제공받기로 당사자 간 약정할 수 있는데 이 경우 당사자 간에는 해당 원본에 해당하는 금액의 수수가 없기 때문에 그것을 명목원금계약이라고 한다.

● 목적론적 해석방법(purposive interpretation)

법제정의 목적이나 법에 내재하는 가치가 무엇인가를 찾아내어 개개의 법조문을 이에 합치되도록 해석하는 방법으로서 문리적 해석방법(literal interpretation)에 대칭하는 말이다.

● 권리남용의 금지 법리(abuse of law doctrine)

권리의 정당한 행사의 외양을 가졌더라도 그 권리행사나 결과가 신의성실의 원칙에 어긋나는 경우에는 동 행사에 따른 법률효과를 부인하는 원칙이다. 우리나라 법상으로는 민법 제2조의 규정상 제1항의 권리의 행사와 의무의 이행은 신의에 좇아 성실히 하여야 한다는 규정과 제2항의 권리는 남용하지 못한다는 규정에 근거한다. 권리남용금지의 법리는 법의 남용의 금지(abuse of law)라고도 하며 대륙법계 국가와 영미법계 국가 모두에서 판례법 또는 실정법으로 다소간 차이가 있지만 실재하는 법원칙으로서 기능하고 있다. 조세법을 남용하는 조세회피행위에 대해 국가가 조세법을 적용함에 있어 그 행위의 효력을 부인할 수 있는 논리적 근거를 제시하고 있다.

● 법인격부인의 이론(piercing corporate veil doctrine)

세법을 적용하는데 외형상 법인에 귀속하는 납세의무를 법인을 실질적으로 지배하는 자에게 귀속하는 것으로 보아 과세하는 법리이다. 조세법관계에서는 싱법상 법인격부인의 법리가 적용되는 사안에서 조세채무도 동 법리가 적용되어 실질적인 지배자에게 귀속한다고 보는 과정을 거쳐 적용된다. 우리나라 상법에 관한 판결례에서는 1980년대 후반부터 법인격부인의 법리가 적용되는 것들이 나타나고 있는데 조세채무의 귀속에 대해 동 법리를 적용한 판례를 매우 찾아보기 어렵다.

● 부당행위계산부인규정(unfair transaction adjustment)

법인세법상으로는 법인의 행위 또는 소득금액의 계산이 그 법인과 특수관계에 있는 자와의 거래에 있어서 그 법인의 소득에 대한 조세의 부담을 부당히 감소시키는 경우 그 행위 또는 소득계산을 부당행위계산이라 하고, 이 경우에 그 법인의 행위 또는 소득금액 계산에 불구하고 정부가 인정하는 바에 따라 그 법인의 각 사업연도의 소득금액을 계산할 수 있는 제도를 부당행위계산부인제도라고 한다. 개인은 사업소득이나 양도소득을 계산할 때 같은 취지의 규정이 적용된다.

● 부유세(富裕稅)

인(person)에 귀속하는 자산의 보유에 대해 부과하는 조세이지만 개별 자산 단위로 과세하지 않고 그 인에 귀속하는 순자산의 규모에 따라 세부담을 달리하는 조세이다. 북구국가와 몇몇의 서구국가(예, 프랑스 및 스페인 등)에 도입되었지만 서서히 폐지해 가고 있다. 주된 이유로서는 부유세가 자본가들이 자본을 해외로 이전하는 행태를 유발하는 데 반하여 이를 규제할 수 있는 실효성 있는 방법을 찾지 못하기 때문이다.

● 사전인증제도(advance ruling system)

납세자가 과세관청에 구체적인 특정 거래에 대한 세법적용의 효과에 대한 공적 견해를 구하고 과세관청은 해당 거래 및 납세자에 대해서만 과세관청을 구속하는 공적 견해를 생산하는 제도이다.

● 삼각합병(triangular merger)

모회사의 자회사가 제3의 회사와 합병하는 형태로 이를 통해 모회사가 실제로 제3의 회사에 대한 경영권을 획득하고 지배하는 합병이다. 자회사가 제3의 회사와 합병하면서 그 주주에게 모회사의 주식을 교부하게 된다.

● 소득원천설

소득과세의 대상을 설정함에 있어 소득의 범주에 일정한 원천에서 경상적, 계속적으로 발생하는 것만을 포함하여야 한다는 주장이다. 이에 따르면 과세대상이 되는 소득을 발생원천별로 구분하여 법에 열거하고, 열거되지 않은 소득은 과세하지 않게 된다. 우리나라 현행 소득세법은 이러한 소득원천설의 입장을 취하고 있다.

● 수령배당공제(dividend received deduction)

법인이 다른 법인으로부터 수령하는 배당에 대해 경제적 이중과세를 배제하기 위한 방법으로 배당을 지급하는 법인에 대한 지분비율에 따라 배당을 수령하는 법인이 배당액 중 소득에서 공제하는 비율이 달라지도록 설계한 제도이다. 우리나라 법인세법상 동 제도에 대해 규정하고 있다. 개인에 대해서는 소득세법상 배당세액공제(dividend tax credit)제도를 통해 동일한 효과를 거두고 있다. 수령배당공제와 대칭되는 말로서 지급배당공제(dividend paid deduction)제도가 있다. 이는 배당을 지급하는 법인이 특수한 목적을 위해 설립된 법인이기 때문에 사실상 도관체와 같이 취급할 필요성이 있는 경우 실제 해당 법인의 주주에게 배당을 지급하는 한 그 금액에 대해서는 소득으로 과세하지 않는 제도이다. 이러한 제도가 적용되는 대표적인 예로서는 유동화전문회사가 있다.

● 수익적 소유자(beneficial ownership)

조세조약상 체약국 간 이자, 배당 및 사용료소득에 대해서는 원천지국가가 기주지국가에 과세권을 일부 또는 전부 양보하는 규정을 두고 있는데 자신의 거주지국가도 아닌 나라의 조세조약을 이용하기 위하여 그 나라의 거주자에게 외양상 소득이 귀속하도록 하는 방법으로 해당 국가가 원천지국가와 체결한 조세조약을 이용하는 행위를 규제하기 위한 목적으로 조세조약상 이자, 배당 및 사용료에 관한 조항들에 해당 소득의 수익적 소유자가 상대방 체약국의 거주자인 경우에 한하여 해당 조항들을 적용한다는 규정을 두고 있다. 이는 조세조약의 남용을 방지하기 위한 가장 대표적인 개념인데 그 구체적 개념에 대한 해석은 각 나라마다 상이하여 납세자의 법적 안정성을 저해하거나 반대로 납세자의 조세회피를 조장하는 결과를 초래한다.

● 순자산증가설

소득원천설에 대칭되는 말로서 일정 기간 특정 인(person)에게 귀속하는 모든 경제적 이득을 소득으로 보아 과세하자는 주장이다. 이러한 개념이 적용되기 위해서는 각자가 자신의 경제적 지위를 정기적으로 측정할 수 있어야 하며 국가는 각자가 그렇게 성실하게 측정하여 신고하는지를 조사할 수 있는 능력을 실제 구비하여야 한다. 우리나라의 경우 법인에 대해서는 순자산증가설의 입장에서 소득을 포괄적으로 설정하고 과세하고 있다 (포괄적 소득의 개념을 정의하고 있는 것은 아니다). 미국은 개인과 법인 모두에 대해 순자산증가설적인 입장에서 과세한다. 미국의 경우 순자산증가설의 논리는 Haig‒Simons가 제공하였기 때문에 Haig‒Simons의 포괄적 소득개념(comprehensive income concept)이라고 한다. 해당 기간 동안의 순자산의 증가액에 동 기간 동안 소비액을 합한 금액이 된다.

● 시장의 실패(market failure)

가격기능이 제대로 작동하는 시장은 사회후생을 극대화한다는 것이 시장의 원리이다. 시장이 아무리 제대로 작동한다고 하더라도 시장화시킬 수 없는 ─ 즉 거래상대방을 지목하여 그에게 대가를 요구할 수 없는 ─ 효용(utility) 또는 비효용(disutility)이 존재하는데 시장화시킬 수 없는 효용이 있는 경우를 외부경제(external economy)라고 하고 시장화시킬 수 없는 비효용이 있는 경우를 외부불경제(external diseconomy)라고 한다. 사회후생을 극대화하기 위해서는 전자의 경우 거래량을 확대하고 후자의 경우 거래량을 축소할 필요가 있는데 시장이 그렇게 하지 못하는 것을 지칭하여 시장의 실패라고 한다.

● 실질과세원칙

과세물건의 명목상의 귀속 여하에 관계없이 사실상으로 과세물건이 귀속된 자를 납세의무자로 하거나 실질적인 거래사실을 파악하여 가급적 과세권의 발동과 과세의 객체 내지 과세물건이 내용 면에서 실질적으로 결부하도록 조세를 부과하는 제도를 말한다. 이는 명목과세의 원칙에 대한 것으로서, 국세기본법은 사실상의 담세력에 따라 조세를 부과함으로써 과세의 실질적 공평을 도모하기 위하여 실질과세의 원칙을 채택하였다.

• 암묵적 조세(implicit tax)

말 그대로 암묵적으로 부담하는 세금을 지칭하는데, 암묵적 조세는 세금혜택이 주어지는 자산에서 발생한다. 예를 들어 보면, 첫째, 만기, 위험 등 세금 혜택을 제외한 여타의 모든 조건이 동일한 채권 A와 B가 존재한다. 둘째, 채권 A는 비과세채권임에 비해 채권 B는 개인소득세율에 따라 과세되는 과세채권이다. 셋째, 개인소득세는 20%, 30%, 40%의 누진구조에 의해 과세된다. 이때 만약 이 두 채권의 세전수익률이 10%로 동일하다면 어떻게 될까? 당연히 모든 사람들이 채권 A를 선호할 것이다. 따라서 채권 A의 수요가 급증할 것이고 채권가격은 상승할 것이다. 이렇게 되면 투자원금의 증가로 채권 A의 세전수익률이 하락하게 될 것인데, 이때 채권 A를 구입한 투자자는 비록 채권 A로 인해 발생한 소득에 대해서 명시적으로 세금을 부담하지는 않지만 세금혜택으로 인하여 수익률의 손실을 보게 될 것이다. 바로 이 수익률의 손실분만큼이 암묵적으로 부담한 세금이 된다. 이런 이유로 시장에서 위 두 채권의 세전수익률은 다르게 결정될 것이다.

• 원천지주의(source approach)

거주자든 비거주자든 국내원천소득에 대해서만 과세하는 원칙이다. 거주지주의와 다른 점은 거주자의 국외원천소득에 대해 과세하지 않는다는 점이다. 거주지주의에 있어서도 국외원천소득에 대해서는 외국납부세액공제방법으로 거주지국가의 과세권이 거의 사라지게 되므로 원천지국가와 거주지국가가 세율이 같다면 둘 중 어느 주의를 채택하든 납세자가 부담하는 세액은 동일하게 될 것이다.

• 외국납부세액공제(credit for foreign taxes)

거주지주의를 채택하고 있는 국가에서 거주자나 내국법인의 국외원천소득에 대해 해당 외국에서 납부한 세액을 세액공제해 주는 방법으로 국제적인 이중과세를 배제하는 제도를 말한다.

• 응능부담의 원칙

각종 과세에 있어서 납세자의 부담능력에 맞게 공평한 과세를 해야 한다는 조세원칙이다. 응능부담(ability-to-pay)의 원칙은 조세평등 내지는 조세정의를 실현하기 위하여 모든 조세에 요구되는 원칙이지만, 특히 직접세인 소득세에 있어서 더욱 강하게 요구되는 원칙이다. 응능부담의 원칙은 수평적 공평과 수직적 공평의 두 가지 개념에 의해 더욱 구체화된다. 수평적 공평은 동일한 부담능력을 가진 사람은 동일한 부담을 하여야 한다는 것을 말하며 수직적 공평은 더 큰 부담능력을 갖춘 사람은 보다 많은 부담을 해야 한다는 것을 뜻한다. 특히 수직적 평등을 달성하기 위해서는 누진세제가 필수적이다.

• 응익부담의 원칙

납세자는 공공서비스로부터 받은 편익에 비례하여 조세부담을 하는 것이 공평하다는 조세원칙이다.

• 이월결손금

세금목적상 기업이 적자가 생길 경우 이를 차기 이후의 이익에서 공제할 수 있는 제도이다. 우리나라 법인세법상 결손금은 원칙적으로 5년간 이월공제할 수 있다. 한 해의 영업손실이 미래의 기간으로 이월되고 이월된 금액만큼 차기의 이익으로 상쇄해 나가게 된다.

● 이원적 소득세제(dual income tax)

납세자에게 귀속되는 소득을 근로소득과 자본소득으로 구분하여 과세하는 제도이다. 보통 근로소득에 대해서는 누진적 세율체계를 적용하며, 자본소득에 대해서는 비교적 낮은 수준의 단일세율을 적용하고, 법인소득에 대해서는 자본소득과 동일하거나 유사한 수준의 세율을 적용한다.

● 이전가격세제(transfer pricing taxation)

이전가격세제는 국내 거주자와 국외 특수관계자와의 거래, 즉 이전가격 거래에서 이전가격이 정상가격에 미달하거나 초과하는 경우 과세당국이 정상가격을 기준으로 소득을 다시 계산하여 과세할 수 있는 제도를 말한다.

● 자본수출중립성(capital export neutrality)

자본을 수출하는 자의 입장에서 수출하는 자가 소재하는 국가가 일정하다면 국내에서 투자하든지 국외에 투자하든지 동일한 세부담을 하게 한다는 것이다.

● 자본수입중립성(capital import neutrality)

자본을 수입하는 국가에서 볼 때 동 자본이 국내에서 조달된 것이든 국외에서 조달된 것이든 동일하게 과세하는 결과를 가져온다는 개념이다.

● 장부가액상향조정(stepped up basis)

무상이전과세를 함에 있어서 무상이전을 받는 자가 추후 이전받은 자산을 처분할 때 취득원가를 무상이전과세를 받을 당시 과세가격으로 올려주는 제도를 말한다. 이 경우 무상이전과세는 무상이전시점의 시가를 기준으로 이루어지기 때문에 문제가 없을 것이지만 무상이전하는 자가 보유하고 있던 기간 중 자본이득은 영원히 과세되지 않는 결과를 초래한다.

● 재정거래(arbitrage transaction)

일종의 차익거래로서 시장이나 제도의 차이를 이용하여 무위험차익을 거두는 행위를 말한다. 대개의 경우 그러한 차익을 거두기 위한 목적 이외의 다른 정상적인 사업목적(business purpose)을 가지지 않는다. 시장 간 가격 차이를 이용하는 방법으로서는 한 시장에서 외환·금·금융증권·상품을 구매하여 다른 시장에 즉각 판매함으로써 두 시장 사이에 존재하는 가격 차이로부터 이윤을 얻는 행위가 있다.

● 조세조약

소득 및 자본에 관한 조세의 이중과세회피 및 탈세방지를 위한 협약을 말하는 것이며, 실무적으로 조세조약(tax treaty), 조세조약(tax convention), 조세협정(tax agreement), 이중과세협약(double taxation convention), 이중과세방지협약 등으로 부른다. 조세조약은 2개의 국가 간에 체결되는 것이므로 2개국 간 조약, 양자조약(Bilateral Treaty)의 특성을 가지며 서면의 형식으로 되어 있다.

● 조세특성(tax attribute)

경제적으로 보아 기업이 조세채무와 관련되어 해당 기업의 순자산가치를 증가시키거나 감소시킬 수 있는 요인으로서 자신에게 귀속하는 사실을 말한다. 이는 기업의 재무제표에 반영되는 경우도 있고 반영되지 않는 경우도 있다. 일반적으로 기업의 조세특성에는 이월결손금 및 이월세액공제액 등이 있다. 조세특성은 해당 기업이 인수 또는 합병되어 소멸하게 될 때 인수 또는 합병기업이 그 기업의 조세특성을 승계받을 수 있는가와 관련하여 문제된다. 일반적으로 세법은 그러한 어떤 특정한 법인에 귀속하는 조세특성은 그 법인이 소멸함으로써 사라지게 된다는 원칙을 가지고 있다. 이는 어떤 기업이 소멸할 때 국가로서는 조세채권이 일실되더라도 달리 채권을 확보하기 곤란한 경우가 많은데 기업은 반대로 자신의 조세채무를 절감할 수 있는 기회를 경제적으로 활용하는 것을 허용한다면 과세기반이 위축되는 결과를 초래할 것이기 때문이다. 그러나 계속성의 요건이 충족되면 조세특성을 승계받을 수 있다는 예외를 두기도 한다.

● **조세피난처(tax haven)**

세금이 면제되거나 현저히 경감되는 국가나 지역을 의미한다. 보통 해당 국가 등이 자본의 유치 등을 목적으로 세금을 낮추거나 면제한다. 서류상의 회사 등을 설립함으로써 돈세탁을 하거나 조세를 회피 또는 탈루하기 위하여 자주 이용된다.

● **조세부담의 이연**

조세부담의 이연은 당기에 부담하여야 할 세액을 차기 이후에 이연하여 부담하도록 하는 조세특례제도이다. 반면 조세부담의 이월은 자신의 거래 상대방이 자신의 조세부담을 넘겨받도록 하는 방법인데 시기적으로 거래 상대방이 자기로부터 넘겨받은 자산을 처분할 때 조세를 부담하게 된다.

● **주식스왑(equity swap)**

주식으로부터의 과실인 배당을 해당 주식의 시가에 상응하는 가액을 지닌 채권으로부터의 과실인 이자와 일정 기간 동안 교환하는 계약을 말한다. 주식으로부터의 배당이 어느 정도 주어질는지는 대개의 경우 불확실하다. 반면 채권은 확정부 이율에 의한 경우가 많은데 이 경우 거래당사자들은 확정소득과 불확정소득을 교환하는 효과를 거두게 된다. equity swap에서 더 나아가 기초자산이 되는 주식으로부터의 자본손익까지 교환하는 계약은 total return swap라고 한다.

● **주식예탁증서(depositary receipt)**

주식에 대한 권리증을 말한다. 즉 주식 현물은 국내에 두고 해당 주식에 대한 권리만 사고파는 게 주식예탁증서이다. 외국 증시에서 국내기업 주식을 팔기 위해선 상장을 해야 하는데 이는 복잡한 절차를 거쳐야 한다. 이를 피하기 위해 상대적으로 절차가 간단한 주식 권리증 형태로 국내기업 주식을 파는 것이다. 물론 의결권 등 주주로서 행사할 수 있는 권리는 모두 보장된다.

● 주식차입매도계약(short sale)

장래 기대되는 가격 하락에서 생기는 시세차익을 얻기 위하여 자신이 가지고 있지도 않은 주식을 타인으로부터 빌려 매도하는 행위를 말한다. 증권규제법상으로는 공매도라고 한다. 주식가격이 유지되고 있는 현시점에서 주식을 타인으로부터 차입하여 매도하고 계약 기간이 되면 타인으로부터 빌린 주식을 시장에서 매수하여 반환하면 된다.

● 지점세(branch tax)

외국법인의 국내사업장 소득 중 법인세 납부 후 소득을 배당으로 보아 과세하는 제도이다. 이는 외국기업이 국내에 진출함에 있어 지점을 설치한 경우와 현지법인을 설립한 경우에 발생하는 조세부담의 불공평을 시정하기 위하여 도입된 제도이다. 우리나라 법인세법상으로는 조세조약을 체결한 국가 중 일부 국가로부터 진출한 자본에 대해서만 적용되는 제도이다. 우리나라 법인세법상으로는 실제 해당 국내사업장이 국외로 소득을 송금할 때에나 과세하게 되어 있으므로 지점송금세(branch remittance tax)라고 할 수 있다.

● 집합투자기구(collective investment vehicle)

다수의 투자자의 자금을 모아 동일한 방식으로 투자하기 위해 모은 돈을 넣어 두는 법적인 기구를 말한다. 법제상 나라마다 여러 가지 형태를 지니게 되며 해당 기구의 법적인 권리나 책임이 다소 다르게 구성된다. 그러나 경제적으로 볼 때에는 해당 기구는 단순한 돈의 모임에 불과하고 그

돈은 자산관리회사(asset management company), 즉 펀드 매니저 또는 펀드 매니저 회사가 관리하게 된다. 그와 같이 해당 기구의 특수한 경제적인 성격 때문에 하나의 과세실체로 볼 것인가 아니면 도관체로 볼 것인가에 관해 각국의 세제상 취급이 달라지게 된다.

● 징발적 조세(confiscatory taxation)

통상법상의 개념으로서 조세의 부과가 과도할 경우 사실상 재산의 징발과 다를 바 없으므로 통상법상 수용(appropriation)에 관한 조항의 적용을 받아야 된다는 논의가 이루어진다. 통상 내국민에 대해서 적용되는 과세원칙이 동일하게 적용되지 않고 외국인에 대해 차별적인 과세원칙이 적용되어 예기치 않은 조세부담을 하게 될 경우에 사실상 수용과 같은 효과를 나타낸다고 하는 의미에서 그것을 징발적 조세라고 한다.

● 투시접근방법(transparency approach)

일반법적으로 법인격을 가지고 있지만 세법상으로는 그것의 경제적 실질이 과세실체로서의 특징을 구비하지 못하고 있기 때문에 그것의 배경에 있는 실체에 소득을 귀속시키는 접근방법이다. 법해석론 및 입법론에 두루 사용되고 있는 개념으로서 법해석론으로는 법인격부인의 법리라는 이름으로 존재한다. 입법론적으로는 납세자의 선택에 의해 공동기업과세제도 (partnership taxation)를 적용할 수 있도록 한 것은 투시접근방법의 하나라고 할 수 있다.

● 포트폴리오투자(portfolio investment)

경영참가목적이 아닌 증권투자를 가리킨다. 이에 반하여 경영참가를 목적으로 하는 투자를 직접투자라고 한다.

● 포합주식

광의의 포합주식이라 함은 합병일 현재 합병회사가 소유하고 있는 피합병회사의 발행주식과 피합병회사가 소유하고 있는 합병회사의 발행주식을 말한다. 하지만 세법에서 말하는 포합주식은 협의의 포합주식으로서 합병회사가 보유하는 피합병회사 주식을 말한다. 포합주식에 대해서는 피합병법인의 청산소득 및 피합병법인의 주주의 의제배당소득을 계산함에 있어 합병신주나 합병교부금이 증가하면 세금이 증가하는 현행 세법상의 규정을 회피하기 위해 합병법인과 피합병법인의 주주 간에 합병 전에 미리 협의하여 합병법인이 피합병법인의 주식을 매수하는 방법을 사용하는 데 대해 세법이 규제하는 규정을 두고 있다. 상법상으로는 합병법인이 가지고 있던 피합병법인의 주식에 대해 합병신주를 발행하는 것이 금지되지는 않지만 위와 같은 목적으로 발행하지 않는 경우가 나타나는 것이다. 법인세법은 합병 전 2년 이내에 취득한 포합주식에 대해서는 그 포합주식의 가치를 합병대가(즉 합병신주 및 합병교부금)에 가산하도록 하고 있다.

● 한계생산성

여러 가지 생산요소 중에서 여타 생산요소들의 투입량은 고정시켜 둔 채 하나의 생산요소만이 한 단위씩 증가할 때마다 생산량이 증가한다면 그 생산요소의 증가분으로 인한 생산물의 증가분을 그 생산요소의 한계생산성이라 한다.

● 합성주식(synthetic stock)

특정 주식을 소유할 때와 똑같은 금융적 결과를 초래하도록 구성한 주식이다. 예를 들어, 콜옵션과 풋옵션을 적절히 구성하면 개별 주식과 동일한 현금흐름(Pay-off)을 산출해 낼 수 있다.

• 헤지펀드(hedge fund)

증권당국의 규제를 받지 않는 집합투자기구를 말한다. 주로 사모형태로 조직되므로 증권당국의 규제를 받지 않게 된다. 따라서 투자자와 펀드 매니저의 관계 및 그들과 피투자처와의 관계는 일반민사법에 의해 규율된다. 헤지펀드라고 하는 것은 이런 형태의 사모펀드는 주로 재력가들의 자금으로 구성되며 이들은 고위험수익자산을 선호하는 경향이 있는데 그런 만큼 위험회피, 즉 헤지를 위한 장치를 마련하고 있다는 의미에서 붙여진 이름이다. 그들이 주로 사용하는 위험회피전략은 보유하는 자산(long position)의 일정 비율에 대해 파생거래를 통해 매도지위(short position)를 구성함으로써 자산가치의 하락 위험을 헤징하는 방법을 사용하는 것이다.

• 환매조건부증권거래(repo거래)

특정한 유가증권을 정해진 기간 후에 정해진 가격으로 환매수한다는 조건으로 매도하거나 혹은 환매도할 것을 조건으로 매수하는 계약이다. 현물거래와 선도거래가 결합된 형태의 계약이라고 할 수 있다. 세법상으로는 환매도조건의 매도는 진정한 매매(true sale)로 보지 않는다. 경제적으로 보면 원매수자는 자금을 융통하는 효과가 있으므로 원매도가격과 미리 정해진 환매수가격과의 차이를 이자로 보아 과세하게 된다. repo거래 기간 중 해당 유가증권에서 발생하는 과실 — 즉 주식이라면 배당 — 의 귀속자를 누구로 할 것인가에 대해서는 실질과세원칙에 의한다면 원매도자로 하여야 할 것이다.

• 혼성증권(hybrid securities)

두 개 이상의 증권들의 특성을 함께 가지고 있는 증권을 말한다. 예를 들어 전환사채를 들 수 있는데 전환사채는 이자, 원금 및 만기를 가지고 있다는 점에서는 보통사채와 같지만 전환대상 주식의 가격 움직임에 의해 크게 영향을 받고 있다는 점에서 주식의 성질을 내포하고 있다.

- coordination center

다국적기업이 일정 지역 ─ 예를 들면, 동북아지역 ─ 내에 소재하는 계열기업을 기능별로 편성하면서 각 계열회사 간의 업무를 조정하는 기능을 가진 회사를 coordination center라고 부른다. 동 제도가 과세상 중요한 의미를 가지는 이유는 일부 국가에서 coordination center를 자국에 유치하기 위해 조세상 혜택을 부여하는 제도를 두기도 하였는데 그것에 대해 OECD가 유해조세경쟁을 규율하는 차원에서 폐지하도록 권고한 바 있기 때문이다.

- greenfield investment

외국인 직접투자 중에서 특히 외국인이 새로운 공장을 짓거나 서비스를 제공하는 사업장을 만드는 것을 그린필드형 투자라고 하고, 기존기업의 주식을 취득해 경영에 참가하는 것을 M&A(인수합병)형 투자라고 한다.

- ring fencing

국내에 진출한 외국자본에 대해 조세지원을 부여하면서 그와 같은 외국자본은 국내시장에 참여할 수 없도록 하는 것을 말한다. 이 경우 해당 외국자본은 조세지원을 부여하는 국가의 국내경제에는 아무런 영향을 주지 않고 단지 해당 외국자본의 거주지국가의 과세기반만 약화시키는 대신에 조세지원을 부여하는 국가에는 혜택을 주는 결과를 초래하게 된다. 이는 국가가 제도를 이용하여 일종의 재정(arbitrage)행위를 하는 것과 같다. 이러한 요소를 갖춘 조세지원제도를 OECD는 유해조세제도라 하여 규제하고 있다.

- stock lending

주식을 증권회사 또는 증권금융회사로부터 대여받는 것을 말한다. 주식대차거래에는 증권회사가 고객에게 주식을 빌려 주는 자기대주와 증권금융회사가 증권회사에 대여하는 유통대주가 있다. 주식대차거래는 결국 고객이 높은 가격에서 주식을 빌려 주식을 매각한 후 향후 이를 낮은 가격에서 매입, 상환함으로써 시세차익을 얻고자 하는 신용거래의 일종이다.

- straddle

일정 외국통화를 동일만기의 풋옵션과 콜옵션으로 동일행사가격에 동시에 매입하는 옵션을 말한다. 스트래들은 환율 변동이 극히 불안정하여 그 변동방향이나 변동폭을 예측하기 어려운 불확실한 상황에서 이용되는 옵션형태이다.

- substance over form doctrine

미국 세법상 일반적 조세회피방지규정의 하나로서 과세관청은 '거래의 실질이 형식과 명백하게 괴리되는 경우'에는 그 실질에 따라 거래를 재구축할 수 있다는 원칙이다. 우리나라의 실질과세원칙과 유사한 원칙이다.

- total return swap(TRS)

equity swap에서 한 걸음 더 나아간 스왑거래유형이다. 자산 A로부터 향유할 수 있는 수익과 자산 B로부터 얻을 수 있는 수익을 민기일에 서로 맞바꾸는 계약을 말한다. TRS거래는 거래조건에 따라 자금 이동 없이 원하는 수익을 올릴 수 있는 장점이 있다. TRS거래는 거래형태에 따라 다양하게 계약을 맺을 수 있는데, 이의 전형적인 예는 다음과 같다. 현재 주식을 가지고 있지만 향후 3개월 동안 주가가 떨어질 것으로 예상하여 주식 대신 채권을 보유하고 싶은 거래자 甲과 현재 채권을 보유하고 있으나 향후 3개월 동안 금리가 상승하여 채권가격이 하락할 것으로 예상하여 주식을 보유하고 싶어 하는 거래자 乙은 3개월 동안의 주식수익과 채권수익을 서로 맞바꾸는 스왑을 거래함으로써 거래자 甲은 주식 대신 채권을 보유하고, 거래자 乙은 채권 대신 주식을 실질적으로 보유한 것과 같은 효과를 거둘 수 있다.

색 인

▌약 력

　서울대학교 법학사 · 행정학석사
　미국 미시간주립대학교 MBA
　미국 코넬대학교 LLM
　미국 뉴욕대학교 Tax LLM과정 수학
　국민대학교 법학박사
　제29회 행정고등고시
　국세청 · 재정경제부 근무
　법무법인 율촌(미국변호사 · 미국회계사)
　서울시립대학교 세무학과교수
　한국세법학회 · 국제조세협회(연구이사)
　기획재정부 세제발전심의회 · 예규심의회 위원
　국세청 · 서울세관 과세적부심 위원
　한양대학교 법과대학 교수(현재)

▌주요논문 및 저서

「조세조약의 적용에 관한 소고」
「복합파생상품거래에 대한 과세」
「이전가격과 관세과세가격의 조화방안」
「New Anti-Treaty Shopping Measures」
「New Korean Tax Rules for Cross-Border Investments」
「Recent Amendments to the Transfer Pricing Rules and Their Implications」
『금융거래와 조세』(한국재정경제연구소)
『외국인직접투자제도해설』(세경사, 공저)
『외국펀드와 조세회피』(한국학술정보)

　외 다수

조세전략과 대응

초판인쇄 | 2008년 12월 15일
초판발행 | 2008년 12월 20일

지은이 | 오 윤
펴낸이 | 채종준
펴낸곳 | 한국학술정보㈜
주 소 | 경기도 파주시 교하읍 문발리 513-5 파주출판문화정보산업단지
전 화 | 031) 908-3181(대표)
팩 스 | 031) 908-3189
홈페이지 | http://www.kstudy.com
E-mail | 출판사업부 publish@kstudy.com

등 록 | 제일산-115호(2000. 6. 19)
가 격 | 35,000원

ISBN 978-89-534-9934-8 93360 (Paper Book)
     978-89-534-9935-5 98360 (e-Book)